나는 깨닫기 위해서 왔다

나는 깨닫기 위해서 왔다

발행일	2025년 6월 9일			
지은이	안만기			
펴낸이	손형국			
펴낸곳	(주)북랩			
편집인	선일영		편집	김현아, 배진용, 김다빈, 김부경
디자인	이현수, 김민하, 임진형, 안유경, 한수희		제작	박기성, 구성우, 이창영, 배상진
마케팅	김회란, 박진관			
출판등록	2004. 12. 1(제2012-000051호)			
주소	서울특별시 금천구 가산디지털 1로 168, 우림라이온스밸리 B동 B111호, B113~115호			
홈페이지	www.book.co.kr			
전화번호	(02)2026-5777		팩스	(02)3159-9637
ISBN	979-11-7224-676-1 03220 (종이책)		979-11-7224-677-8 05220 (전자책)	

잘못된 책은 구입한 곳에서 교환해드립니다.
이 책은 저작권법에 따라 보호받는 저작물이므로 무단 전재와 복제를 금합니다.
이 책은 (주)북랩이 보유한 리코 장비로 인쇄되었습니다.

(주)북랩 성공출판의 파트너

북랩 홈페이지와 패밀리 사이트에서 다양한 출판 솔루션을 만나 보세요!

홈페이지 book.co.kr • 블로그 blog.naver.com/essaybook • 출판문의 text@book.co.kr

---

작가 연락처 문의 ▶ ask.book.co.kr

작가 연락처는 개인정보이므로 북랩에서 알려드릴 수 없습니다.

지금 여기서 깨어나는
수행의 지혜

나는
깨닫기 위해서
왔다

안만기 지음

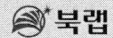

들어가면서

:

　우리는 깨달음을 만병통치약인 것처럼 이상을 가지고 접근한다. 세상에 만병통치약은 존재하지 않는다. 연기로 펼쳐지는 상대의 세계는 절대로부터 펼쳐졌다. 우리는 절대를 인지할 수도 알 수도 없다. 왜냐하면 절대는 우리의 사고 속에는 존재하지 않기 때문이다. 그러나 절대가 없으면 상대도 없다. 원인 없는 결과는 존재할 수 없기 때문이다. 우리는 이러한 논리적 근거를 안다.

　눈은 눈을 보지 못하지만 대상이 보이면 눈이 있다는 사실을 알듯이, 절대와 상대는 대칭적 사고로 분별하지만 실제로는 상호관계에 있으므로 분별할 수 없는 본래 하나다.

　왜냐하면 상대는 절대가 펼쳐 내는 환영으로 절대가 존재하지 않으면 의식의 거울에 그림자는 비추지 않기 때문이다. 그러므로 의식의 거울에 나타나는 그림자는 실제가 아니며 관념 속에 떠오른 절대의 이미지에 불과한 환영이다. '환영'이기 때문에 실상은 둘이 아니다. 마치 호수에 뜬 달의 그림자를 보고 달이 본래 둘이 아님을 알듯이.

우리는 절대를 인지하거나 보지 못하지만, 상대의 세계인 현상계에서 의식의 거울에 비치는 나를 비롯한 만물의 그림자를 지각한다. 이때 지각한 그림자를 무명으로 실재하는 것으로 착각하여 대상에 끌려가 호수에 뜬 달의 그림자를 건지기 위해 고뇌한다. 얼마나 바쁘게 그림자를 붙잡고 있는가? 안타까운 일이 아닐 수 없다.

호수에 비친 달과 같이, 의식의 거울에 비친 연기적 현상 역시 실존의 그림자라는 것을 정견 한 자가 있었으니 그가 바로 2600년 전 싯다르타다.

지금 여기 우리의 목전에 펼쳐지고 있는 현상 역시 텔레비전 화면을 스쳐 가는 영상과 같이 스쳐 가는 '환영'임을 정신 차려 똑바로 보라는 것이다.

절대는 자신의 현시를 위해 나를 비롯한 만물에 의존해서 상대의 세계를 펼칠 수 있으므로 이 현상계에서 절대의 현시를 위한 의존적 개체인 인간으로 선택된 것은 하나의 축복이지 고행이 아니다.

그러므로 나는 절대가 펼쳐 낸 상대의 세계에서 '실존'과 분별할 수 없는 본래 하나인 '不二'로, 내가 곧 '실존'인 "천상천하 유아독존"이며 '大覺'임을 깨닫는 것이다.

깨달음은 어렵지 않다

농부는 땀 흘린 만큼 풍성한 수확을 거둘 수 있다. 의식의 밭에 올곧은 생각의 씨앗을 뿌리고 반야의 지혜로 관리해 보라. 절대와 상대, 세간과 출세간, 진제와 속제, 부처와 중생 '가아와 진아'가 본래 없다. 다만 6근의 감관에 의하여 펼쳐진 의식의 거울에 '본래'의 그림자가 시절 인연에 따라 스쳐 지나갈 뿐이다. 이 모든 것은 실존이 펼쳐 내고 있는 실존의 그림자다.

나는 당신의 목전에 청정한 '의식의 거울'을 제시할 뿐이다. 나는 일체 만물에 생기를 부여하며, 만물은 내 품 안에서 나를 현시한다. 드러나는 일체 작용은 의식의 거울 안에 현시되는 나의 '화신'이다.

그러나 사람들은 의식의 거울 안에서 시절 인연에 따라 저절로 흘러가는 본래의 그림자를 그림자로 바로 보지 못하고 실재의 존재로 착각한다. 그 착각으로 인하여 스스로 구속의 굴레에 갇혀 자유를 갈망하며 참나니, 깨달음, 해탈을 운운하며 살아간다.

그러나 나는 본래 무아이며 연기하므로 주체적 아상은 본래 없다는 것을 자각하라, 그러면 일체는 의식의 의식에 의한 의식의 작용인 '실존'임을 알게 된다.

보고 아는 순간 경천동지할 일들이 일어날 것이다. 그동안 시·공간에서 한계 지워졌던 구속의 굴레를 한순간에 해탈하는 '大覺'의 자유다.

어렵지 않다. 왜냐하면 나는 본래부터 불성을 가지고 있는 절대의 화신이기 때문이다. 그냥! 눈앞에 펼쳐져 있는 그대로를 지켜만 보라. 그냥 그대로가 '실존'이다. 우리가 자면서 악몽에 시달릴 때 그냥 잠에서 깨기만 하면 악몽이 사라지듯이 깨달음은 이와 같이 너무 쉽다. 진리는 상식이며 단순하다. 쉽기 때문에 어렵다.

불이 연료가 다하면 저절로 꺼지듯이, 욕망의 불 또한 생각의 연료가 다하면 저절로 꺼진다. 연료를 구하지만 말고 그냥! 그냥! 깨달으라.

着의 정견이 깨달음이다

나는 5온에 의해 연기로 펼쳐지고 있는 정보의 덩어리다. 이 세상을 苦海의 바다라고 하면서 苦海에서 벗어나기 위해, 참나, 진아, 해탈(解脫), 열반(涅槃)을 운운하면서 깨달음의 성취를 위해 귀중한 시간을 낭비하고 있다.

감각기관이 만물을 인식하는 것은 着의 작용이며 着은 곧 識의 작용이다. 着과 識은 분리될 수가 없는 하나다. 그러므로 着의 작용이 있는 한 생각에 의한 꿈속의 깨달음인 몽중각이다. 체험자와 내용이 있는 한 착에 의한 생각의 장난이지 깨달음이 아니다.

순수의식의 거울은 받침도 거울 자체도 없다. 그러나 만물이 오면 비추고 가면 사라진다. 경험의 주체와 내용도 없다. 이것은 순전히 의식이 의식의 거울에 비추어지는 의식의 그림자다. 거기 어디에 한 점의 티끌이 붙을 자리가 있는가? '무아'이기에 '연기' 한다. 아상, 아집, 아견, 아만이 존재하는 한 '실존'은 요원하다. 이것은 이름만 다를 뿐 착과 쌍둥이다.

아침에 잠에서 깨어날 때 세상은 나의 의지적 '이생(起心)'에 의해 펼쳐지는 것이 아니라 의식의 거울은 여여 하지만 생각의 물보라가 저절로 비친다. 거기 어디에 '이생기심'이나 '응무소주'가 있는가? 드러난 그대로가 '실존' 자체다. 어디에 체험이 있고 깨달음이 있는가? 그냥 그대로가 '천상천하 유아독존'이며 '실존' 자체다. 그래서 불법이 없다고 하는 것이다.

아, 이것이 무엇인가? '無我'이기에 연기 한다는 사실, 삶은 주체를 가진 나라는 존재가 있어 살아가는 것이 아니라 연기에 의해 저절로 살아진다는 사실을 모른다. 그러나 2600년 전 이 지고의 진리를 발견한 자가 있었으니 그가 바로 '붓다'다. 현대 과학이 양자역학의 발견으로 불법과 더욱더 가까워 지고 있는 것 또한 엄연한 사실이다.

'實存'은 더 이상 할 일이 없는 자유다. "大覺이며 생명 자체인 공(空)"이다.

그래서 깨달음은 있어도 깨달은 자는 없다. 이것을 깨달으면 삶은 깃털처럼 가볍다.

필자는 오늘 이 시간에도 구도를 위해 많은 시간을 낭비하면서도 오히려 진리와는 점점 더 멀어져 가는 도반들과 구도자를 본다. 그 안타까움에서 '실존'을 찾아가는 길에 조그만 이정표의 역할을 하고자 부족하지만 이 내용들을 공유하기로 마음먹었다.

의식의 거울을 정견 하라

내가 할 수 있는 일은 의식의 거울을 당신의 목전에 제시하는 것이다. 그러나 나도 당신도 거울을 볼 수는 없다. 당신은 이미 거울 안에서 생각, 감정, 오감의 작용으로 행, 주, 좌, 와, 어, 묵, 동 정을 펼치고 있기 때문이다. 거울의 입장에서 보면 일체 작용은 나의 품에서 나에 의해 작용하고 있는 현상은 본래 나이며 나의 현시다.

그러나 나는 무명으로 나와 거울 속의 일체 작용을 실재하는 것으로 착각하고 그림자를 잡기 위해 한순간도 가만히 있질 못한다. 비친 그림자는 무상과 무아이기에 세상은 苦海다. 그리고 苦海에서 벗어나기 위해, 깨달음, 해탈(解脫), 열반(涅槃)을 운운한다. 참으로 안타까운 일이다.

그러나 우리가 살아가고 있는 이 세상은 지금 이대로, 바꿀 것이 없이 완벽하다. 삶을 아름답게 가꾸기 위해, 혹은 세상을 바꾸기 위해 노력해야 할 필요조차 없다. 이 근원의 완전성에는 우리가 손댈 수 있는 것이 전혀 없다.

이미 완전하게 펼쳐져 있는 지구별의 풍광을 즐기면 된다. 인연이 따라 즐기다가 인연이 다하면 육신은 본래로 돌아가지만 '실존'은 영생한다. 이 지구별은 결코 고해(苦海)의 바다가 아니라 우리가 만끽하며 있는 그대로를 즐길 수 있는 창조의 대상이다.

물론 이 완벽하다거나 장엄하다는 말도 하나의 방편일 뿐, 이 우주는 그저 있는 그대로 진리 그 자체다. 인간들은 무명에 갇혀 '있다 없다', '악하다 선하다', '좋다 나쁘다', '예쁘다 추하다', '행복하다 불행하다', '천하다 성스럽다' 등으로 자기와 세상을 난도질하며 갈등을 일으키며 괴로워한다.

그러나 이 세상은 자연스러워 성스럽다 할 것도, 좋거나 나쁘다고 할 그 어떤 분별의 티끌도 없는 '실존' 자체다. 그런데 왜 인간들만 그리 바쁜가?

그 원인을 규명한 자가 바로 2600년 전 '싯다르타'다. 자, 지금부터 그의 깨달음의 발자취를 따라가 그가 성취한 '無上正等覺'을 찾아보자.

어렵지 않다. 왜냐하면 '나'는 본래 '실존'이며 깨달음 자체이기 때문에 오히려 깨닫지 못하는 것이 이상한 것이다.

그건 '그냥 가만히 있지 못하기 때문'이다. 그냥! 가만히 있는 것. 너무 쉽지 않은가? 너무 쉽기 때문에 어려운 것이다. 그러나 '그냥 가만히 있는 것', 이것 또한 시·공의 대칭적 언어의 개념으로 생각의 장난임을 자각하라.

이미 실존 자체인데 무엇이 더 필요할까? '그냥 가만히 있는 것' 자체가 '실존'인 大覺이다. 어렵지 않다. 성불하라.

목차

들어가면서   5

1장 깨달음이란 무엇인가 / 17

2장 싯다르타 야밤에 카필라성을 넘다 / 31

3장 4성제 - 네 가지 진리 / 39

    1. 고성제인 괴로움의 진리에 관한 탐구   50
    2. 집성제인 착의 진리에 관한 탐구   149
    3. 괴로움의 소멸이라는 멸성제에 관한 탐구   162
    4. 괴로움의 소멸에 이르는 길, 도성제에 관한 탐구   174

4장 연기란 무엇인가 / 187

    1. 12연기란   190
    2. 연기는 사물의 존재하는 방식이다   194
    3. 연기의 순관과 역관   197
    4. 존재에 대한 연기법의 사유   199
    5. 무아설에 대하여   202

5장 싯다르타의 홀로 선 6년의 구도행 / 221

    1. 수행의 목적은 깨달음에 이르는 것이다   223
    2. 싯다르타 야밤에 카빌라 성의 문턱을 넘다   230
    3. 싯다르타 세 분의 스승을 만나다   232
    4. 싯다르타 세 분의 스승을 떠나 홀로 서다   252
    5. 아상이 있는 한 착은 끊어지지 않는다   254
    6. '나'가 만상의 근원이며 중심이다   257
    7. 존재 그 자체로 화한 싯다르타   260
    8. 그런데 왜 세상 사람들은 깨닫지 못하는 것인가   263

6장 깨달음을 가로막는 장애 요인과 함정 / 265

    1. 장애 요인   271
    2. 함정 요인   279

7장 싯다르타가 본체를 거부하고 무아 연기를 제시한 이유 / 303

    1. 불교의 실존과 힌두교의 참나와의 차이점   305
    2. '아상'이 사라지지 않는 한 착은 자연 발생적이다   308
    3. 꿈속(몽중각)의 깨달음과 의식(6문)의 열림   312

8장 깨달음으로 가는 열쇠를 찾아라 / 319

    1. 유, 무, 공의 화두를 잡아 근원을 보라   326
    2. 제1원인 과 유, 무, 공 화두   329
    3. 연기법을 통찰하여 정사유하라   336
    4. 대극을 타파하여 상대성의 차원을 넘어서라   338
    5. 착에 의한 분별의 근본적 원인을 통찰하라   340
    6. 시비분별을 넘어서 원인을 관찰하라   344
    7. 의식의 거울에 비치는 현상을 지켜만 보라   346

9장 싯다르타의 구도의 여정에 대한 회고 / 351

1. 공에 대하여 일말의 의문점이 없어야 한다 … 360
2. 찾던 내가 바로 찾던 대상이다 … 371
3. 나는 이미 깨달음 자체인 각이며 실존이다 … 373
4. 만물은 나를 분명히 하는 과정에서 생겨난 자화상이다 … 375
5. 아상(아트만)을 넘어서는 방편은 무아, 연기, 공 외에는 없다 … 379
6. 백척간두에서 한 발을 내디뎌 보라 … 387

10장 싯다르타 드디어 '무상정등각'을 성취하다 / 397

1. 구도는 '제1원인'을 발견하는 것이다 … 410
2. 싯다르타의 성불 과정에 대한 배경 의식 … 425
3. 착이 작용하는 한 몽중각이다 … 432
4. 본래의 자리로 돌아가면 깨달음도 없다 … 437

11장 일상에서 마음 해탈하기 / 441

1. 나는 본래 실존이지 개체의식이 아니다 … 444
2. 우주는 실존이 펼쳐 낸 환영이다 … 446
3. 법을 알고 보면 지견이 성숙된다 … 449
4. 깨달았으면 열반을 즐겨라 … 450
5. 일체는 실존 그 자체다 … 454
6. 삶은 연기에 의해서 저절로 살아지는 것 … 456
7. 깨달은 사람은 세상을 어떻게 보는가 … 457
8. 현상은 단일의식이 자기현시를 위해 펼치는 그림자다 … 460
9. 우주는 절대 진리가 펼쳐 내는 한순간의 꿈이다 … 462
10. 나는 보되 보지 않는다 … 464
11. 견성이란 본래의 나로 돌아가는 것 … 466
12. 절대계와 현상계는 본래 둘이 아니다 … 470
13. 시·공은 대상을 인식하는 개념구조체인 도구다 … 473
14. 경전에서의 공(空)에 대한 이해 … 474

15. 의식의 거울에 드러나는 존재감과 순수의식	477
16. 생각이 일어나기 전이 본래의 자리다	480
17. 현실과 꿈은 무엇이 다른가	484
18. 의식은 현상의 씨앗이며 우주의 종자다	486
19. '허공성'에 대한 이해	488

12장 진리 탐구와 삶의 문제들 / 491

1. 깨닫지 못하면 업(카르마)에 얽매여 고통을 받는다	494
2. 나는 독립된 개체가 아니라 실존이다	503
3. 의식이 몸·마음에 의존하여 불성을 드러낸다	510
4. 자아는 착각의 희생물이다	512
5. 깨달으면 삶에 어떤 변화가 오는가	514
6. 본래의 성품 자리를 직관하라	516
7. 본래의 관점에서 경전을 이해하라	518
8. 실체는 현상계에 자신을 어떻게 드러내는가	520
9. 존재의 모든 것	523
10. 노자의 도와 의상대사 법성계	524
11. 의식의 본성은 운동성이다	525
12. 절대에 대한 개념적 이해	527
13. 본래의 성품은 태어난 적이 없는 '무생 법인'이다	528
14. 무작위와 작위	529
15. 환생은 개체적 의지의 착각이다	533
16. 현상계의 모든 존재는 주체적 자아가 없다	536
17. 우주는 진리가 꾸는 한순간의 꿈이다	538
18. 행위만 있지 행위자는 없다	541
19. 몸은 경험을 기록하는 도구다	543
20. 삶과 죽음은 원래 없다	544

마무리하면서	545

1장

깨달음이란 무엇인가

깨달음!

그것이 도대체 무엇이기에 삶을 송두리째 바쳐 가며 성취하려고 갈망하는가?

'예수'는 진리가 너희를 자유롭게 하리라고 하였고, 고타마 붓다는 '實存'을 깨닫게 되면 영생과 열반의 경지에 이르게 된다고 하였다.

영생토록 무상의 가치를 누리며 사는 존재, 이만한 비전은 세상에 또 없을 것이다. 그것을 이루는 방법까지 펼치게 되니 그 가르침은 세상의 주목을 받으며 뿌리를 내리게 되었다.

그것이 道이며 佛法이다.

그런데 정말로 깨닫게 되면 영생과 열반을 얻을 수 있을까? 스스로 존재하는 '실존'을 명확히 보고 이해하는 것이 어떻게 영생과 열반으로 직결될까? 이런 의문을 제기 하기 전에, 자존성과 창조성으로부터 자유로운 '실존(스스로 존재하며, 삼라만상의 시작점의 원인자)'이란 것이 있기는 한 것인가? 있다면 성취가 가능한가?

만일 그것이 있다면 우리가 사는 상대적 대칭의 세계에서 차원을 뛰어넘는 대칭이 깨어진 고차원에 속해 있는 경점이 분명하다. 어떻게 생각을 일으켜 차원을 뛰어넘어 대칭이 깨어진 상대적 세계를 벗어나 시공을 초월, 언어가 끊어진 대자유의 '제1원인'인 '실존(空)'을 성취할 수 있다는 말인가?

다행스럽게도 2600년 전에 진리를 찾았다고 하는 한 각자가 있었으니, 그가 바로 인도의 싯다르타. 그는 깨달음을 얻어 붓다가 되었다. 다행히 싯다르타를 위시해서 이것을 풀었다는 '覺者'들이 간간이 나와 주었다.

그래서 수행자들은 용기를 내어 더욱더 싯다르타에게 가깝게 다가가 '大覺'을 성취하기 위해 절실하고 간절한 마음으로 수행에 전념하게 된다.

그러면 오늘날의 불교는 어떠한가?

세간에는 깨달았다는 선지자들이 적지 않게 명함을 내밀고, 쏟아지는 불교나 영성 서적, 방송 매체를 보면 어렵지 않게 見性이나 得道했다는 이력 정도는 쉽게 찾아볼 수 있다. 사실 그들이 진정으로 깨달은 것일까? 출발에 앞서 의심해 보지 않을 수 없다.

돌이켜 보면 1920년대부터 양자역학의 시대가 열리면서 불법의 토대가 더욱더 굳건해지고 있는 것은 사실이다. 불교와 과학이 동반 상승하는 매우 바람직한 측면을 보이고 있기 때문이다. 과학에서 양자역학 양자 중첩의 현상을 이론상으로 이야기하나 현재 펼쳐지고 있는 존재의 자존성과 창조성에 대해서는 자유롭게 설명하지 못한다.

2600년 전 존재의 실체에 대하여 현대 과학이 접근해 가고 있는 방향으로 설명한 분이 있었으니 그가 붓다. 우주라는 이름으로 펼쳐지는 일체 현상은 우리의 의식 안에서 의식에 의해 의식이 펼치는 가공의 세계라는 것이다. 과학에서 특이점의 빅뱅 이론으로 우주론을 설명하려 하지만 정확한 해답을 찾지 못했다.

불법은 빅뱅 이전의 절대에서 특이점의 폭발로 인하여 빛, 에너지, 암흑 물질이 역동적인 연기적 현상으로 진행 중에 있다는 것이다. 불교는 생명현상이 일어나기 전, 본래의 자리를 지향하여 생명의 근원은 의식으로 드러나고 있으며 의식이 우주의 종자이며 씨앗이라는 것이다.

만물을 창조하고 스스로 자존하는 근원의 자리인 '제1원인'을 찾아 만물을 펼쳐 내고 있는 것은 의식이며, 의식은 자기현시를 위하여 시·공을 설정, '4생'인 태생, 난생, 습생, 화생 의 개체에 의존하여 현상계를 펼쳐 내고 있다는 것이다.

그러므로 우주는 '제1원인'이 펼쳐 내고 있는 절대인 진리가 꾸는 한순간의 꿈이라는 것이다. 꿈을 꾸는 자신은 꿈이라는 사실을 알지 못한다. 꿈에서 깨어나는 길은 잠에서 깨어났을 때 꿈이었다는 사실을 알게 되는 것뿐이다.

그렇다면 나는 의식이 펼쳐 내고 있는 꿈속의 등장인물이며, 의식이 펼쳐 내는 꿈이라는 무대에서 의식의 투영에 의해 비치는 의식의 그림자인 '환영'이라는 것이다.

그러나 나는 이 현상계에서 의식의 주체로서 나라는 정체성을 가지고 의지적으로 나의 삶을 살아가고 있다는 사실에 한 점의 의혹도 없다. 그리고 깨어 있는 현실을 꿈으로 받아들이기는 더욱더 어렵다.

그래서 나는 본래 꿈속의 등장하는 의식의 그림자가 아니라 꿈을 펼치고 있는 '제1원인'인 '실존'임을 알기 위해서는 잠에서 깨어나야만 꿈인 줄 알 수 있듯이 깨달아야 한다는 것이다.

나는 꿈속에 등장하는 환영이 아니라 꿈을 펼치고 꿈을 감상하고 즐기는 절대인 '천상천하 유아독존'이다. 한 생각을 펼치면 본래의 '화신'이요, 한 생각을 접으면 본래인 '실존'이다. 우리는 이 사실을 알기 위해서 이 세상에 왔다.

본래인 '제1원인'인 '실존'으로 영생하든 본래의 그림자인 화신인 중생으로 고해의 바다를 헐떡이며 살아가든 그것은 나의 선택이다.

근래 들어서 수행의 문턱을 너무 낮춰 '見性'의 대중적 상품화 현상이 노골화되면서 불교에 미칠 긍정적인 면보다는 부정적 요인이 더 크게 우려되는 것 또한 현실이다.

그로 인한 피해는 불법의 훼손은 물론 마음공부를 하는 도반들에게 진리와 멀어지는 부담으로 돌아오고 있다. 왜냐하면 귀중한 시간을 깨달음과는 거리가 먼 방향으로 흘려보내고 있는 것이다. 뿐만 아니라 시간을 물 쓰듯 하며 진리와는 점점 더 거리가 멀어져 다시는 돌아올 수 없는 강을 건너고 있는 안타까운 현실이다. 잠에서 깨어나지 못하고 꿈속을 헤매는 자들을 볼 때 너무나 안타깝다.

부족하지만 싯다르타의 '無上正等覺'을 성취하기까지의 여정을 따라가면서 정확한 좌표를 제시, '大覺'의 성취 과정과 성취 후 현실적으로 현대를 살아가는 우리에게 어떠한 과실을 제시, 우리의 삶에 실질적으로 어떻게 작용하고, 영향을 미치고 있는지에 대하여 싯다르타가 제시한 '4성제'의 진리를 방편으로 붓다가 성취한 '제1원인'을 탐구해 보고자 한다.

苦海 악몽에서 벗어나 자유의 문이 활짝 열리는 본래인 실존을 확인하여 시절 인연에 따라 세간과 출세간을 마음대로 넘나드는 자유를 만끽하며, 깃털처럼 가벼운 삶을 살아가라는 붓다의 진리, 우리는 苦海의 바다를 헤매는 중생이 아니라 본래 부처임을 알기 위해서 왔다.
진리는 단순하고 상식적이다. 깨달음은 결코 어렵지 않다. 너무 쉽기 때문에 오히려 어렵게 다가올 뿐이다. 나는 본래 '실존'이기에 나를 보기 어렵다.
깨달음의 성취는 스스로 존재하는 자존성과, 만물의 시작점인 창조성을 밝혀 우리가 살고 있는 3차원의 현상계인 苦海의 바다를 벗어나 괴로움을 완전히 소멸시킬 수 있는 '해탈', '열반', 뛰어넘어 우리 본래의 자리인 '無上正等覺'의 경진 '實存', '大覺', '空'의 자리로 돌아가는 것이다.

우리가 얻으려는 것은 본래의 자리로 돌아가 현상계에서 지금 펼쳐지고 있는 허상과 실상을 있는 그대로 보아 전도몽상에서 벗어나 본래 나의 자화상인 '실존'을 찾아 생·사와 '존재'에서 오는 두려움과 괴로움에서 벗어나 편안하게 잘 살아 보자는 것이다.

우리는 '실존'인 본래가 자기현시를 위하여 부여한 생기를 받아 개체적 '자아' 의식을 가지게 되었다. 생각 감정을 일으키는 오감으로 자신의 존재를 인식하게 되어 본능적으로 생존과 존재를 위한 '나(我)' 중심의 획일적인 생각을 일으켜 개체에 범위를 설정하여 한정시킴으로써 가상의 '나(我)'를 건립하게 된 것이다.

이 가상의 '나(我)'는 자신의 존재를 더욱 돋보이고 명확히 하는 과정에서 본래의 자신이었던 '실존'을 잊어버리고 '가상의 나(我)'를 주인으로 섬기는 전도몽상의 착각 속에서 세상을 임의로 재단하며 살아가고 있다.

이 가상의 '나(我)'는 현재의 '나(我)'를 본래의 나로 착각하여 거꾸로 알고 살아가고 있는 것을 불교 용어로 전도몽상이라고 하며, 이 전도몽상을 바로잡아 본래의 나로 돌아가는 것을 '깨달음'이라고 한다.

나는 지금의 '나(我)'인 개체적 '가아'가 아니라 우주를 펼쳐 내고 만물에 생기를 부여하는 단일의식인 '실존'이며 우주를 품고 있는 생명자체다. 나는 온 우주를 품에 안고 만물에 생명수를 뿌리고 있으며, 만물은 자기의 그릇의 크기에 따라 보배의 생명수를 받아 간다.

나를 감각기관으로는 보거나 인지할 수 없지만 나는 영생하며, 한순간도 만물의 목전에서 떠난 적이 없다. 나는 지금 이 순간도 '지금 여기'에서 만물을 품에 안고 '앎(大覺)'의 보배 비를 만 허공에 뿌리고 있으며 한순간도 만물과 떨어질 수 없으며 나는 영생한다.

나는 만물을 통해서 작용으로 나를 현시한다. 당신의 일체 작용은 '실존'인 내가 드러낸 것이며 사람들은 이 작용을 '불성'이라고 한다. 나는 당신의 본래 성품인데 '가아(에고)'라는 범위를 설정하면서 나를 깜박 잊어버렸을 뿐이지 당신은 본래 부처다.

이제 나를 찾아 대자유를 만끽하면서 깃털처럼 가볍게 삶을 즐기라. 당신은 본래로 돌아가 즐기기 위하여 이 지구별에 온 것이다.

본래인 나는 자신을 세상에 드러내기 위해서 4생의 특성에 따라 생명수를 내리고 있으며 이 모두는 나의 화신이며 나의 작용이다.

세상에 펼쳐진 만물은 나의 투영이며 나의 화신이다. 경전은 화신을 실체가 없는 정보의 다발인 '환'으로 관하라고 한다.

그러므로 온 우주가 나의 의식 안에서 있으며, 드러난 일체 만물은 '의식의 거울(법신)'에 비친 '환영'이다. 나는 비친 환영에 영향받지 않으며 항상 여여 하다. 경전에서 나를 '법신'이라고 하고, 드러난 만물을

'화신'이라고 하며 둘은 본래 하나다.

그런데 왜 나는 본래의 나를 잊어버리고 이렇게 고통을 당하면서도 찾지를 못할까?

그것은 본래가 개체에 생기를 부여함으로 존재로 인식하게 되어 몸·마음의 범위를 한계 지워 '가짜의 나'를 '진짜의 나'로 착각하여 본래의 나를 잊어버렸기 때문이다.

그러면 본래의 나를 찾기 위해서는 어떻게 해야할까?

우리는 너무나 많은 시간을 이 개체(가아)를 나라고 믿고 살아왔다. DNA의 유전에 의해서인지 학습에 의해서인지는 모르지만 이 고정관념은 뼛속까지 고착화되어 스스로 나를 찾기란 어렵다.

그러나 다행스러운 것은 나는 본래 불성은 갖추고 있으므로 알지 못함으로 인해 꺼진 착각의 스위치를 켜는 순간 밝음(大覺)은 저절로 드러난다는 것이다. 진리는 보편적 상식이며 가장 단순하다. 그래서 너무 쉽기 때문에 등잔 밑이 어두운 것을 미처 발견하지 못한다.

사람들은 깨달음에 대한 막연한 동경과 이상으로, 나의 존재를 더욱 명확히 하여 돋보이기 위해서 자기 장식에만 몰두하여 한순간도 그냥 있지를 못한다. 이것이 깨달음의 가장 큰 장애 요인이다.

그러면 본래의 나를 찾는 것은 불가능하다는 말인가?

다행스럽게도 2600년 전 싯다르타가 그 방법을 찾았고 그 이후에 간간이 깨달은 선사들이 있었기에 그 길을 따라 구도행을 하고 있다.

본래로 돌아가는 길. 이 '가짜'인 나를 진짜인 '참나'로 착각하고 있는 전도몽상을 바로잡고, 본래의 나를 명확히 하기 위하여 설정한 범위만 해체하면 본래의 나로 돌아갈 수 있는 것인가?

그렇다. 지금의 나는 본래의 나가 자신을 현시하기 위하여 본래가 드러낸 아바타라는 사실을 모르고 있다. 가짜인 나를 진짜로 착각하는 전도몽상에서 벗어나, 가짜임을 명확히 알고 해체함으로써 본래 '무아'임을 海印으로 항복받는 것이다.

나라는 개체의식인 아바타를 진짜의 나로 착각하여 범위를 한정하여 가두어 놓았다는 사실을 자각하여 한계 지워진 범위를 해체하는 것이 깨달음이다.

여기서 전도몽상을 바로잡는다는 것은, 나는 이미 부처인데 '가짜'인 나를 '진짜'로 착각하고 있으므로 착각만 정견으로 영생의 창인 '지금 여기' '실존'을 심안으로 보라는 것이다.

또한 '가아'인 나를 '진아'의 존재로 범위를 한정한 것을 해체하기만 하면 본래로 돌아가는 것은 맞다. 그러나 그것이 그렇게 간단한 것이 아니다. 생각은 내 것이 아니고 연기되는 현상이므로 임의로 통제할 수 없다.

착각과 분별 상만 내려놓으면 나는 이미 본래다. 그러므로 나는 본래인데 '가아'가 본래를 잊어버리고 범위를 한정하여 이 몸-마음을 '나

(我)'라고 고착화시킨 것임을 자각하라.

그러면 우리가 성취하려고 하는 것이 '실존'이며, 나는 이미 깨달아 있는데 왜 그렇게 깨닫기가 어려운 것인가? 그것은 눈이 눈을 보지 못하고, 칼이 칼날을 베지 못하듯 본래의 나는 나를 보지를 못하기 때문이다.

감관은 존재인 나를 인식하는 순간 나를 중심에 두고 지키고 돋보이게 하고, 명확히 하기 위하여 획일적 방향으로 사고가 길들여져 있다. 그렇기 때문에 우리의 생각은 한 순간도 나를 가만히 놔두지를 못한다. 물질을 향하여 着이 달려간다. 이것이 깨달음의 가장 큰 장애요인이며 걸림돌이다.

물론 3차원의 물질계에서는 의식과 대상은 분리할 수 없는 하나다. 의식은 대상에 의해서만 드러나며 일단 대상으로 인식된 것은 착이 발생한 것이므로 대상과 의식은 동시 발생하고 동시 소멸한다. 그러므로 착의 발생을 감지하고 알아차리기 어렵다.

그러므로 3차원의 현상계에서 착을 끊어 내기가 어렵기 때문에 순수의식인 4차원에서 대칭이 깨어진 5차원으로 의식을 전환하지 않으면 깨달음은 꿈속의 일과 같다는 것이다.

그래서 싯다르타는 착을 끊기 위한 방편으로 '무아'와 '연기'를 제시한 것이다.

싯다르타는 '아상'이 존재하는 한은 착을 끊기가 불가능하다는 것을 세 분의 스승으로부터 힌두교의 수행법인 삼매로 '무아'를 이루고, 위빠사나로 '참나(Atman)'를 찾고, '불이'의 반야로 절대에 이르고, '무주(無住)와 무애(無碍)'로 해탈의 고매한 경지의 깨달음을 성취하였으나.

이것 또한 생각이 교묘히 얼굴을 바꿔 가며 나를 속이고 있는 '착(着)'에서 온 것으로 '실존'이 아닌 '환영'이었음을 자각하였던 것이다.

이와 같이 着이 발생하는 한은 깨달음은 요원하다. 왜냐하면 나는 이미 깨달아 있는 실존 자체인데 누가 있어 실존의 범위를 재설정하여 깨달음은 누가 성취한다는 말인가?

나의 범위를 재설정한다는 자체가 생각이며, 실존은 실존을 볼 수도 없을 뿐만 아니라 범위의 재설정 자체가 또 하나의 한계 지우는 몽상이며 착각이다. 그러면 어떻게 해야 실존을 깨달을 수 있다는 것인가?

나의 존재를 위해 무엇인가를 하려고 하는 중생심을 멈추고 그냥 가만히 있으라는 것이다. 나는 이미 깨달음 자체인 '실존'이므로 그냥! 깨달으라는 것이다.

'가아'는 나를 가두어둔 범위 설정에서 온 착각이며 나는 이미 있는 그대로가 '실존'이다. 그러므로 깨달음을 얻기 위하여 새삼스럽게 접근할 어떤 방법과 수단이 없다. 접근의 시도 자체가 함정이며 장애다. 그냥 깨달으면 되는 것이다. 그냥! 깨달으라. 그냥!

깨달으려고 하는 구도심 자체가 범위를 한정시키는 장애가 되는 것이다. 그래서 싯다르타는 그냥! 깨달으라고 하였다. 우주를 품에 안고 만물의 생명 자체인 '실존' 지금 이 방 안에 가득 차 있으면서 모든 작용을 하며 영생하는 것은 '실존' 뿐이다.

나는 지금 이 방 안을 가득 메우고 우주를 품에 안고 모든 만물에 생기를 부여하고 있지만 나를 오감으로는 인지할 수 없으며, 시·공을 초월하여 일체를 다 비추고 보고 듣고 알고 말하고 행위 하고 있는 당신의 '본래면목'인 '실존'이며 '천상천하 유아독존'이다.

이것을 깨닫는다는 것이 그리 만만치는 않다. 그러나 너무 쉽기 때문에 어렵다. 그래서 반복 학습으로 의도적이 아니라 자연히 실존이 드러나야 한다.

이제 깨달음과 우리의 구도행에 대하여 개괄적인 방향은 이해하였을 것이다.

처음이라 잘 이해가 안가는 이도 있겠지만 어렵게 생각하지 말고 차분히 따라오시라.

2장

싯다르타 야밤에
카필라성을 넘다

　기원전 7세기에 히말라야 남쪽 자락, 지금의 네팔 지역에 있던 카필라성을 중심으로 샤카족이 살았다. 성주는 숫도다니시(정반왕)이고, 부인은 샤카족과 인접해 있던 콜리야족의 마야였다.

　그녀는 해산할 때가 되어 아기를 낳으려고 친정으로 가는 도중 룸비니 동산에서 아들을 낳았다. 그 이름은 싯다르타이고, 성은 고타마다. 그러나 마야는 싯다르타를 낳은 지 7일 만에 세상을 떠나고 말았다.

　그래서 그는 이모의 품에서 자랐다. 싯다르타는 궁전의 호화와 사치 속에서 성장하여 17세에 콜리야족의 아쇼다라와 결혼했고 그녀는 아들 라훌라를 낳았다.

　카필라성의 왕자로 태어나 호화스러운 궁전의 생활을 했으나, 세간의 한계 상황에서 생, 노, 병, 사에 대한 두려움도 있었다. 그렇지만 더 큰 과제는 자신의 존재 자체를 모르는 무명이었다.

아무것도 모르고 살다가 아침 이슬처럼 사라져야만 하는 존재, 이것에 대한 자각에서 苦가 싹트고, 苦를 해결하기 위한 몸부림에, 궁전의 호화스러운 생활은 점점 더 고뇌에 빠져 들었다.

그럴 때면 현세에 펼쳐지고 있는 '生死와 존재' 문제에 대한 한계 상황을 해결하지 않고는 결코 고뇌에서 벗어날 수 없다는 사실을 자각했다. 이 문제를 기필코 해결하고야 말겠다는 마음의 각오를 다지기 시작했다.

그러던 어느 날 싯다르타는 '존재와 죽음'의 문제를 해결하기로 결심하였다. 깊은 밤중에 말을 타고 하인과 함께 아버진 정반왕에게 인사도 없이 몰래 궁궐을 빠져나와 출가하게 되었다. 그때 나이가 29세였다.

궁궐을 빠져나온 싯다르타는 동남쪽으로 걷고 또 걸어 마가다국의 도읍진 라자가하에 이르렀다. 그곳엔 수행자들이 많았다. 당시의 영·육 이원론의 지배적 상황에서 모든 종교적 과제 상황은 우주적 신비를 푸는 열쇠가 육체에서 해방된 자유로운 영혼의 비상을 꿈꾸는 것이었다.

그것은 인간 욕망의 뿌리인 육체를 학대함으로써, 극단적으로 말하자면 육체를 죽임으로써 영혼을 해방시킨다는 것이다. 싯다르타의 수행은 고행의 시작에서 출발하였다. 누더기를 입고 걸식을 하며 숲속 나무 밑을 전전하면서 고행과 단식을 반복하였다. 그는 자신을 이끌 만한 스승을 찾았다.

첫 번째 스승 밧가와를 만나 생각을 육체로부터 해방시키기 위해 고행을 통한 위빠사나 수행에 매진하여 거짓된 '假我'를 바로 보아 '眞我'에 대한 깨달음이 열렸다. 그러나 마음에 의심이 올라와 온전한 깨달음이 아니라고 생각했다.

두 번째 스승 알라라 깔라마의 지도 아래 반야(般若)의 지혜를 깨우쳤다.
깨닫고 보니 假我와 眞我, 진제와 속제, 바다와 파도, 주체와 대상, 나와 너, 유와 무 등, 상대성은 둘이 아니라 본래 하나라는 반야를 깨달았다.
'아, 삼라만상 모든 것이 깨달음 그 자체구나!'
싯다르타는 不二의 경지에 올랐다. 그러나 싯다르타는 생각하고 또 생각했다. 의심의 해인(海印, 법을 비추어 보는 것이 바다에 만상이 나타나는 것과 같다는 데에 비유하는 말)을 증명하지 않는 한 대각(大覺)이 아니라는 의심의 말을 남기고 스승에게 감사의 하직 인사를 올렸다.

세 번째 스승인 웃다까 라마뿟따라는 영적 스승을 찾았다.
당시 그는 최고의 경진 비상비비상처(非想非非想處)의 경지에 올랐다고 알려져 있었다. 생각도 아니고 그렇다고 생각이 아닌 것도 아닌, 즉 해탈의 경지에 오른 스승이라는 것이다. 싯다르타는 라마뿟따에게 무릎을 꿇고 예의를 갖추었다. 세 번째 수행이 시작되었다.
라마뿟따가 쓰는 법은 딱 하나 '着'이었다. 着이란 무언가가 붙으면 덩어리를 이루고 그것이 커져 삼라만상이 되었다는 단순한 창조 이론이다. 수행에 있어서 이 着이 매우 유용하지만 가장 큰 장애가 된다.

중생의 無知와 苦海는 바로 이 着에서 왔기 때문이다. 이 着을 떼면 수행이 완성되는 것이다. 싯다르타는 스승의 지도하에 無所住, 無所有, 一切無碍의 법을 중점적으로 전수받았다.

라마뿟따는 無我로 假我와 眞我, 그리고 不二의 절대마저 모두 차원이 끊어진 멸진정(滅盡處)의 경지로 싯다르타를 몰아갔다. 싯다르타는 일체 머무름이 없이 그냥 존재만 하는 상태가 되었다. 드디어 '해탈'의 경지를 이루었다.

그러나 내가 이루었다는 해탈의 경지가 일체가 끊어진 것이, 길에 있는 돌멩이처럼 지(知)가 없었다. 내가 이룬 해탈이 저 돌멩이와 뭐가 다른가? 싯다르타는 의심에 불씨가 살아나면서 解脫에 바싹 붙어 버린 자신을 발견한다. 이 해탈의 경지 또한 着에 의해 생각이 교묘하게 꾸며낸 '환영'이 아닌가?

싯다르타는 깨달아 돌멩이처럼 될 바에야 차라리 번뇌 망상에 휩싸여 살다 이슬처럼 사라지는 편이 낫지 않은가 생각했다. 싯다르타에게 의심이 또다시 올라오기 시작한 것이다. 라마뿟따는 "내가 전수한 해탈 이상의 경지는 그 어디에도 존재하지 않네……."라고 말했다.

그러나 싯다르타는 자신을 이끌어 준 라마뿟따에게 정중히 예를 갖추었다. 그러곤 아무런 미련 없이 그곳을 떠나 홀로 수행을 위해 숲으로 들어갔다.

싯다르타는 세 분의 스승들을 뒤로하고 숲으로 들어가 6년의 고행 끝에 보리수나무 아래에서 드디어 '無上正等覺'인 '大覺'을 성취했다.

싯다르타가 세 분의 스승을 만나 성취한 경지를 간단하게 기술해 보았다.

싯다르타의 구도행에 멈춤이 없이 계속 진행되었던 것은 오로지 의심 하나 때문이었다. 당신도 진정한 불제자를 자처한다면 세존처럼 의심의 끈을 놓지 말아야 한다.

당신의 스승을 비롯해서 세간에 깨달았다는 선지식들을 의심하고, 역사적인 고승들을 의심하고, 더 나아가 佛法과 붓다마저 의심하라. 그리고 당신이 이룬 경지가 무엇이 되었든 의심하고, 의심의 화두를 통해 성취한 반야를 실어 냉철하고 논리적으로 파고들어 가라.

붓다는 '無上正等覺'을 성취하고 사람들은 이 진리를 이해하지 못할 것을 염려하여 법을 설하지 않으려 하였다. 경전에는 범천의 간청으로 설하게 되었다고 하였다.

그러나 끝까지 그의 발자취를 따라가 보면 그것은 사실과 다르다. 싯다르타가 대각을 얻은 뒤 오랜 선정 끝에 한동안 마비된 자신의 다리를 주물러 감각을 회복시키는 과정에서, 문득 한 생각이 올라왔다. 중생도 진리와 너무나 멀리 돌아왔지만 최소한의 방편을 활용한다면 회복이 불가능한 것은 아니라고 생각한 것이다. 최소한의 진리인 四

聖諦를 처음 5비구에게 설법하고는 소통이 가능하다는 것을 확신하였다.

　불교는 괴로움과 괴로움의 소멸에 대한 가르침이다. 필자도 싯다르타가 최초로 5비구에게 설법한 최소한의 진리인 '四聖諦'를 중심으로 세존이 성취한 '無上正等覺'을 성취하기까지 과정을 독자분들이 본서의 흐름의 방향을 미리 제시하여 예견 할 수 있도록 간략하게 기술하였다.
　필자는 싯다르타가 남긴 발자취에서 허공에 스며 있는 보배의 생명수를 자신의 그릇 크기에 따라 증득할 수 있다고 확신한다.
　우리 모두 잠에서 깨어나 '大覺'의 '완전한 자유'를 성취하여 고해의 바다는 본래 없다는 것을 확인하자. 우리는 이것을 깨닫기 위해서 왔다.

4성제의 중요성에 대한 붓다의 진언

　싯다르타가 법을 설하게 된 것은 범천의 간청에 의한 것이 아니다. 마비된 자신의 몸을 회복하는 과정에서 심경의 변화를 일으켜 최소한의 진리인 '四聖諦'를 중심으로 설하면 소통도 가능하겠다는 생각에서 처음으로 5비구에게 법을 설하신 것이다.
　어느 때 붓다께서 바라 내국의 선인(仙人)이 살던 녹야원에서 여러 비구에게 말씀하셨다.

"나와 너희들이 4성제를 알지 못하고 보지 못하고 깨닫지 못하고 받아 지니지 못했다면, 우리는 오랜 세월 동안 생사에서 헤매었을 것이다."

— 『잡아함경』 제15권 403경

그럼 4성제의 진리로 들어가 보겠다.

3장

4성제 - 네 가지 진리

붓다가 '무상정등각(無上正等覺)'을 깨닫고 무지한 일반 대중에게 설하는 데 대한 무서운 당혹감을 느꼈다. 자신의 내면적 사유 과정을 타인이 깊게 이해할 리가 없었다. 그래서 고민 끝에 일반 대중이 간단하면서도 가장 이해하기 쉽게 고안 해낸 것이, 고(苦), 집(集), 멸(滅), 도(道)의 '4성제'다.

4성제에 대한 붓다의 견해

붓다께서 세상에 있는 현상들의 실상을 꿰뚫어 보신 후에 그것들을 괴로움과 괴로움의 소멸의 관점에서 분류한 것을 '법(法)'이라 한다. 더 나아가 이 법을 괴로움과 괴로움의 소멸의 구조로 체계적으로 정리하여 설하신 것이 네 가지의 성스러운 진리(四聖諦)다. 그 내용을 간략히 살펴보면 다음과 같다.

　첫째, 존재하는 것은 물질과 정신의 법들이고, 그것들은 무상하고 괴로움이며 무아라는 진리가 고성제다.
　둘째, 물질과 정신의 법들의 일어남에 대한 진리는 집성제다. 다시 말해서 탐욕, 성냄, 어리석음을 뿌리로 하는 해로운 법들을 조건으로 물질과 정신의 법들, 즉 괴로움이 일어난다는 진리가 집성제다.
　셋째, 물질과 정신의 법의 소멸에 대한 진리는 멸성제다. 다시 말해서 해로운 법들의 소멸이 물질과 정신의 법, 즉 괴로움의 소멸이라는 진리가 멸성제다.
　넷째, 물질과 정신의 법의 소멸로 인도하는 도 닦음에 대한 진리가 도성제다.

　붓다께서 세상을 이해하는 관점인 붓다의 견해는 한마디로 4성제의 관점 또는 4성제의 견해라 할 수 있다. 그러므로 붓다는 4성제의 견해를 통해 법을 본다.
　그러니까 이 4성제는 연기설을 일반 대중이 알아듣기 쉽게 변모시킨 최소한의 佛法인 것이다.

4성제에 대한 붓다의 통찰

싯다르타는 고성제와 집성제와 멸성제를 명료하게 통찰하고, 도성제를 거듭 수행하고 체득하여 '모든 번뇌가 소멸된 지혜'를 깨달아 붓다가 되었다.
이 지혜를 '누진명(漏盡明)'이라 한다.

붓다가 "비구들아 예나 지금이나 나는 단지 괴로움과 그 괴로움의 소멸을 가르칠 뿐이다."(『상윳따 니까야』 22:86 「아누다라」)라고 했듯이, 불교는 괴로움의 시작에서 소멸, 즉 열반으로 마친다.
괴로움에서 열반으로 나아가는 단 하나의 길이 바로 四聖諦이므로, 이 '4성제'야말로 초기 불교의 처음이자 끝이다. 그래서 "모든 동물의 발자국이 전부 코끼리의 발자국 안에 들어오듯이, 모든 가르침은 4성제에 포섭된다."(『중아함경』 제7권 「상적유경像跡喩經」)라고 했다.
4성제는 연기법을 대중들이 알아듣기 쉽게 변모시킨 것이므로, 우선 연기에 대하여 간략하게 짚어 보겠다.

붓다께서도 말씀하셨듯이 일반 대중에게 설하는 데 무서운 당혹감을 느꼈다고 하셨다. 그러나 너무 어렵게 받아들이지 말고 이 세상은 하나의 연기로 구성되어 연기법으로 돌아가고 있다는 사실을 보고, 이해하고, 믿어야 한다.
고성제와 집성제는 - 일어남의 연기를 말한 것이다.

유전연기(流轉緣起)」- 고제(苦諦) - 결과(果), 집제(集諦) - 원인(因)

유전연기란 ― 일어남의 연기

이것이 있으므로 저것이 있고, 이것이 일어나므로 저것이 일어난다.
무명으로 말미암아 행이 일어나고, 아래와 같이 무명에서부터 시작하여 노사까지가 일어난다.
우리가 연기법을 알지 못하는 '무명'에서부터 노사(老死)까지의 의식에 의한 생각 감정 오감의 일어나는 과정을 나열한 것이다.

① 무명(無明) → ② 행(行) → ③ 식(識) → ④ 명색(名色) → ⑤ 육입(六入) → ⑥ 촉(觸) → ⑦ 수(受) → ⑧ 애(愛) → ⑨ 취(取) → ⑩ 유(有) → ⑪ 생(生) → ⑫ 노사(老死)

우리의 생각 감정 오감의 정신작용이 일어나는 과정을 설명한 것인데 꼭 이 과정을 거치는 것이 아니라, 정신작용은 찰나 생, 찰나 멸 하므로 의식이 의식에 의한 의식의 표상 작용의 과정이라고 가볍게 이해하면 된다.
멸성제와 도성제는 - 사라짐의 연기를 말한 것이다.

환멸연기(還滅緣起)」- 멸제(滅諦) - 결과(果), 도제(道諦) - 원인(因)

환멸연기란 — 사라짐의 연기

"이것이 사라지므로 저것이 사라지고, 저것이 사라지므로 이것이 사라진다."

유전연기의 역순으로 노사가 사라지면 생이 사라지고, 아래와 같이 무명까지 생각 감정 오감의 사라지는 과정을 나열한 것이다.

이것 역시 우리의 생각 감정 오감이 사라지는 정신작용의 과정을 찰나 멸, 찰나 생 하는 과정으로 이해하면 된다.

우리의 정신작용은 찰나 생, 찰나 멸 하기 때문에 사실 분리하기란 어렵다. 그러나 정신작용이 찰나에 일어나고 사라짐의 과정으로 이해하면 어려움이 없다.

⑫ 노사 → ⑪ 생(生) → ⑩ 유(有) → ⑨ 취(取) → ⑧ 애(愛) → ⑦ 수(受) → ⑥ 촉(觸) → ⑤ 육입(六入) → ④ 명색(名色) → ③ 식(識) → ② 행(行) → ① 무명(無明)

위와 같이 불교는 '유전'과 '환멸'을 거치면서 곧 존재가 생겨나고 사라지는 현상에 불과하다는 '연기론'에서부터 시작된다. 그러므로 연기적 현상만 있지 고정된 실체는 존재하지 않는다는 것이다. 그럼 연기란 무엇인가?

연기(緣起)란

사물이 존재하는 방식이 반드시 연(緣, 인연) 하여 기(起, 일어난다) 한다는 것이다. '연(緣) 한다'는 것은 '원인으로 한다'는 뜻이요, '기(起) 한다'는 것은 '생겨난다'는 뜻이다.

다시 말해서 연기란, 'A로 연하여 B가 일어난다'는 뜻이다. 다시 말해서 'A를 원인으로 하여 B라는 결과가 초래된다'는 뜻이다. 요샛말로 하면 '연기'란 원인과 결과를 뜻하는 것이며, 그것을 축약하여 인과(仁果 또는 因果關係)라 할 수 있다.

인과(因果)란

그것의 원인이 있으면 반드시 결과가 있고, 결과가 있으면 반드시 원인이 있다는 것이다. 따라서 원인이 없으면 결과도 없을 것이요, 결과가 없으면 원인도 없을 것이다. 이러한 인과를 원시 경전은 다음과 같이 명료하게 규정하고 있다.

『잡아함경』권 12에 이르기를,

나는 그대들에게 인연법을 말하겠다. 무엇을 인연법이라 하는가?

그것은 곧 이것이 있기 때문에 저것이 있다는 것을 말하는 것이다.

권 15에서 또 말하기를, "이것이 있기 때문에 저것이 있고", "이것이 일어나기 때문에 저것이 일어난다"(此有故彼有, 彼有故此有). 佛敎 즉 이것이 붓다의 가르침이라는 뜻이다.

불교는 이 한마디에 한 치의 벗어남도 없다. 이 한마디를 벗어나면 불교가 아니다.

여기까지 놓치지 않고 따라온 분들은 실망감을 가질지도 모르겠다. 그러나 몇 호흡만 늦추시고 이제부터 차분하게 생각하시고 가볍게 따라와 주시기 바란다.

모든 지극한 지식이나 진리, 깨달음은 가장 평범하고 상식적인 체험 속에 있는 것이다. 인간은 참으로 상식 적이기 때문에 가장 어려운 것이다.

세간에 도통했다 하는 자들이 긇이 있다. 엄청난 진리를 발견했다고 외치고 과시하는 자들이 늘어놓는 참나, 진아, 해탈, 열반 등 '견성'에 대한 체험을 늘어놓는다.

'견성'을 너무나 쉽게 일회용 상품처럼 마케팅하는 행태들이 벌어지고 있는 작금의 현실이 개탄스럽다 못해 참담하다. 물론 着으로 인해 분별이 만든 교묘한 의식의 자기중심적 왜곡의 작용을 피해 가는 길(道)을 찾는 것은 수행으로는 어렵다.

왜냐하면, 우리의 의식은 자기중심적인 한 방향으로만 작용하도록 이미 길들어져 있을 뿐만 아니라, 의식은 물질에 대한 着에 의해 드러나기 때문에 즉 의식과 착은 분별할 수 없는 하나이기 때문이다.

그러므로 대극의 상대적 세계가 대극이 깨어지는 5차원 절대의 경지로 전환하지 않으면 의식의 자기중심적 왜곡을 벗어날 길(道)은 없다.

싯다르타도 세 분의 스승을 바꿔 가면서 참나, 진아, 열반, 해탈의 경지에까지 이르렀으나 着에 의한 의식의 자기왜곡이라는 의문을 풀지 못하고, 홀로 6년의 고행을 하였다.

그러면 붓다가 깨달은 "無上正等覺"의 "大覺"은 또 무엇인가?

이 장은 '4성제'에 대해 개괄적 설명을 드리는 장이다. 깨달음은 이 4성제를 정견(허와 실을 바로 본다)으로 바로 보는 것이다. '깨달음', 결코 어렵지 않다. 너무 쉽기 때문에 스스로 어렵게 만드는 것이다.

연기설과 4성제와의 관계

연기설이 사뭇 이론적이라고 한다면, 4성제 '고(苦), 집(集), 멸(滅), 도(道)'는 퍽 실천적이다.

여기서 우리가 주목할 것은 연기설은 싯다르타 자신의 깨달음을 위한 법문이요, 사제설은 타인의 깨달음을 유도하기 위한 방편 법문이라는 것이다.

따라서 붓다는 초전 법륜에서 최초의 제자가 된 5비구에게 연기설을 말하지 않고 사제설을 말했다. 이러한 실천적 이유로 사제설의 중점은 어디까지나 고, 집보다는 멸, 도에 놓여 있다.

　4성제는 번뇌를 소멸시켜 열반에 이르게 하는 길이기 때문에 불교의 핵심이고 바탕이며, 괴로움에서 열반으로 안내하는 표지판이고, 범부에서 성자에 이르는 유일한 수행의 진리이며, 4성제를 중심축으로 의사가 환자를 치료하는 처방에 비유할 수 있다. 따라서 불법 공부의 출발이면서 끝이다.

　필자는 '4성제를 중심'으로 싯다르타의 '無上正等覺'의 성취하기까지의 과정을 따라가면서 주옥같은 불법의 성취 과정을 재조명해 보겠다.

　첫째, 고성제(苦聖諦) - 괴로움이라는 성스러운 진리 - 병이다.
　둘째, 집성제(集聖諦) - 괴로움의 발생이라는 성스러운 진리 - 병의 원인이다.
　셋째, 멸성제(滅聖諦) - 괴로움의 소멸이라는 성스러운 진리 - 병의 완치다.
　넷째, 도성제(道聖諦) - 괴로움의 소멸에 이르는 길이라는 성스러운 진리 - 병의 치료법이다.

　팔리장경『중니까야』「상적 유대경」에 다음과 같은 유명한 말이 있다.

　"연기(緣起)를 보는 자는 곧 법(法)을 보는 것이요, 법을 보는 자는 곧 연기를 보는 것이다."

그리고 또 말하기를,

"연기를 보는 자는 법을 본다. 법을 보는 자는 곧 나 부처를 본다."

이러한 말들은 우리에게 연기가 얼마나 붓다 사상의 핵심을 관통하고 있는 중요한 것인가를 단적으로 설파 해주고 있지만, 이러한 말 때문에 연기가 곧 지고한 法, 무상의 원리라는 생각을 해서는 아니 되는 것이다.

여기서 법(法, dhamma)이라고 하는 것은 도(道, Tao)와도 같은 지고한 원리가 아니라, 그냥 단순한 유위(有爲)·무위(無爲)의 모든 존재하는 것들, 즉 우리가 일상적으로 경험하는 일체 사물을 가리키는 것이다.

연기를 보는 자는 법을 보는 것이오, 법을 보는 자는 나 부처를 보는 것이라고 한 말은 연기 그 자체가 지고의 '法'이라는 것을 주장하고 있는 것이 아니라,

"연기의 방식으로 사물을 볼 줄 알아야만 곧 깨달음에 도달케 된다."라는 매우 단순한 뜻이다. 연기법의 자세한 것은 뒷장에서 자세히 논하기로 하고, '4성제'로부터 출발하겠다.

1. 고성제인 괴로움의 진리에 관한 탐구

고성제인 괴로움은 누구에게 왜 어떻게 일어나는가?

> 비구들아, 이것이 괴로움이라는 성스러운 진리다.
> 태어남은 괴로움이고, 늙음은 괴로움이고, 병듦은 괴로움이고, 죽음은 괴로움이다. 싫어하는 대상을 만나야 하니 괴로움이고, 좋아하는 대상과 헤어져야 하니 괴로움이고, 원해도 원하는 대로 되지 않으니 괴로움이다.
>
> ─『상윳따 니까야』 56:11

요점을 말하면, '나(我)'라고 하는 5온(色, 受, 想, 行, 識)은 정보의 집합체로 탐욕과 집착과 분별의 무더기므로 5온인 나의 존재 자체가 괴로움이다.

(1) 괴로움은 나(我)가 존재함으로써 일어난다

당연히 나(我)에게 일어나는 일의 근본 원인을 알기 위해서는, '나란 무엇인가?'에 대한 의문을 던질 수밖에 없으며 그 존재의 근원으로 돌아가 보아야 한다. 우리가 찾는 것이 바로 존재의 근원이다.

① 나(我)와 너 그리고 세상의 출현

사실 우리가 나라고 생각하는 존재의 근원과 이 세상의 출현에 대하여 어려운 질문을 먼저 던져야 보아야 한다.

② 나라는 존재의 실상은 무엇인가

지금 여기 이렇게 나의 의지와는 관계없이 존재하고 있으며, 보고, 듣고, 생각하고, 말하고, 행동하는 나는 도대체 무엇인가?

어머니의 자궁 안에서 임신 후 뼈와 살과 피 등을 가진 몸의 모습으로 자라 어느 날 나의 의지와는 무관하게 나도 모르게 세상에 태어났다.

한 인간의 개체적 형상이 갖추어져 아기에서 유아로 성장했고 아마 세 살 때인가 어떤 시기에 내가 태어났다는 것, 나는 이름뿐만 아니라, 인간의 모습을 가지게 되었다는 것에 대해 듣고 체감으로 알게 되었다.

드디어 나는 지각하는 몸의 형태를 갖춘 개체적 존재로 성장하며, 부모, 학교, 사회로부터 체감과 학습으로 지식을 얻게 되었고 자신을 스스로 세상으로부터 독립된 개체로서, 분리된 존재인 '나(我)'로 받아들여 지금의 나인 '가아(假我)'가 건립 되었다.

생각해 보자. 우리의 부모가 특별히 정해서 그리고 심사숙고하여 나를 만들었나? 우리의 부모는 내가 임신 된 상태를 바로 그 순간 알았나? 나는 심사숙고하여 부모를 선택하였나? 그리고 탄생을 희망하고 선택하였나?

이러한 질문들을 던져 본다면 나라는 인간의 미세한 부분에서 구체적인 형상을 갖추기까지가 나의 의지와는 무관하게 주어졌다는 사실은 명백하다. 그런데도 우리는 그것을 당연시하며 나 자신으로 조건 없이 받아들였다.

이런 나를 주체적 '자아(自我)'를 가진 존재라고 할 수 있을까? 이 문제에 대하여 진지하게 사유해 보아야 한다. 나라는 존재감은 언제부터 어떻게 '나(我)'라는 인격적 의지와 정체성을 가진 주체로 받아들여졌는가?

나는 몸의 다섯 감각기관이 6근이 6경의 대상을 인식(6촉)하게 되면서, 나 자신도 모르게 자신이 존재하고 있음에 기뻐하며, 나를 중심으로 하는 생각에 빠져 나는 나를 점점 더 돋보이게 하고 명확하게 하기 위해서 대상과 분별하고 한계 지으면서 지금의 '나(我)'를 건립하게 되면서 본래의 나를 잊어버리게 되었다.

우리는 이렇게 건립된 나를 독립된 한 개체적 인간으로서 내가 주체적 자유의지를 가지고 이 세상을 살아가고 있다고 간주하게 된 것이다. 이것이야말로 전도몽상에 의한 크나큰 '환상'이며 '착각' 속에서 혼자서만 바쁘다. 본래인 단일의식은 만물을 품에 안고 생명수를 내리며 한 순간도 놓치지 않고 '지금 여기'에서 그냥 지켜보고 있다.

태어난 것이 육체 같지만 그것은 외관상 그렇게 보일 뿐, 실제로 태어난 것은 본래로부터 생기를 부여받아 몸·마음을 작용하는 '의식(意識)'이다. 의식은 자기현시를 위해 유기체인 몸·마음을 필요로 하는데 그 유기체가 바로 선택된 나의 '육체'라는 것이다.

지각력 있는 존재에게 감각을 느끼고 자극에 반응할 수 있는 능력을 부여하는 것은 무엇인가? 산 사람과 죽은 사람을 구분 짓는 것은 무엇인가? 그것은 존재감, 즉 존재를 인식하는 '의식(意識)'이며, 육체라는 물리적 구조체에 생명력을 불어넣는 것은 역동하는 '의식'이다.

'나(我)'라는 주체적 의식을 가진 개별적 형태로 드러내고, 지금 여기 이렇게 현존하고 있는 존재성을 부여하는 것은 사실 '의식(意識)'이다. 의식을 통하여 개별적 개체를 인식하게 되며, '나(我)'라는 인식의 존재감이 생겨났다. 이것은 너무나 큰 '착각'이다.

우리는 이 의식이 사라지거나 끊어져 회복 불가능 상태면 "죽었다."라고 하고 회복되면 "살아났다."라고 한다. 그러므로 '의식(意識)'이야말로 우리에게 삶과 죽음의 갈림길이며, 생명현상의 씨앗이고, 너와 나 그리고 온 우주의 유일한 '종자'다.

그러므로 인도의 성자 니사르가닷따 마하라지는 "지각력 있는 존재가 가지고 태어나는 오직 하나의 자산은 의식(心, 마음)이다. 이 의식(意識)이 대상을 인식하면서 인식의 주체를 '나(我)'라고 상정하고 나(我)의 '존재를 중심'에 두고 나를 더욱 명확히 하여 돋보이기 위하여 '나를 중심으로 한 분별의 세상'을 펼쳐 내게 된다."라고 하였다.

이 세상에 펼쳐진 만물은 본래(실존)인 나를 명확히 하는 과정에서 '실존(實存)'이 펼쳐 낸 정보(物質)의 덩어리이며, 이를 경전에서 '나(我)', '5음' 또는 '오온(五蘊)'이라고 하며, 펼쳐진 만물(필드)을 세상이라고 이름한다.

펼쳐진 만물은 본래가 자기현시를 위한 의식의 거울에 비친 본래의 그림자이므로 상대 세계인 현상계에서 '환'으로 조견(照見) 한다.

『반야심경』의 첫 구절은 "조견오온개공(照見五蘊皆空). 도 일체 고액(道一切苦厄)"이라고 하였다.

"나(我)라는 五蘊(색, 수, 상, 행, 식)이 모두 '공(空)'한 것을 비추어 보고, 온갖 고통에서 건너느니라"라고 설하고 있다. 사실 불교는 이 한 마디가 처음이자 끝이다.

조견(照見)은 비추어 본다는 의미로, 있는 그대로 본다. 분별심으로 바라보는 것이 아니라 무분별 지로 보는 것이 조견(照見)이다. 어느 한

쪽에 치우치지 않는 '중도(中道)'와 팔정도의 '정견(正見)'의 의미이기도 하다.

오온(五蘊)은 일체 현실의 세계를 다섯 가지로 나눈 것이다.

오온의 '蘊'은 '모임, 쌓임'이라는 뜻으로 일체 만법, 현상세계는 색수상행식(色受想行識)의 다섯 가지 모임으로 이루어 졌음을 뜻한다. 이처럼 오온은 좁은 의미로 볼 때 인간 존재를 나타내는 것이며, 넓은 의미로 쓰일 때는 일체 존재를 가리킨다.

인간과 일체 만유는 물질적인 요소인 색(色)과, 정신적인 요소인 수상행식(受想行識)의 다섯 가지 요소(정보의 덩어리)로 이루어져 있다.

존재의 실상인 나를 오온 즉 다섯 무더기라고 하며, 이를 구체적으로 살펴보면,

① 색온(色蘊): 색이란 빛깔과 모양을 가진 물질을 의미, 인간에게 있어서는 육체, 색은 다시 지수화풍(地水火風)이라는 네 가지 요소로 구분되며, 이를 사대(四大)라고 부른다. 쉽게 말해 땅(地), 물(水), 불(火), 바람(風),이라는 네 가지 요소를 말한다.

② 수온(受蘊): 수란 감수작용(感受作用)으로 '느낌'이나, '감정' 등의 심리적인 요소를 말한다. 눈으로 무언가를 볼 때나, 귀로 소리를 들을 때, 코로 냄새를 맡고, 혀로 맛보고, 몸으로 감촉을 느낄 때 혹은 색각으로 무언가를 떠올릴 때도 우리는 그 대상에 따라 다양한 감정과 느낌을 일으키는 것이다.

이 느낌이라는 수온에는 세 가지가 있으니, 고수(苦受)와 낙수(樂受), 불고불락수(不苦不樂受)다. 즉 좋은 느낌, 싫은 느낌 그리고 좋지도 싫지도 않은 느낌을 말한다.

③ 상온(想蘊): 상온은 개념, 또는 표상(表象) 작용이다. 표상 작용이란 추상적인 사물이나 개념에 상응하여 그것을 연상 시키는 구체적인 사물로 드러내 나타나는 이미지 작용을 말한다.

옆집 사람을 보고 '갑순이구나' 하고 아는 마음이며, 법당의 부처님을 뵙고 '부처님이시구나' 하고 개념을 만드는 작용을 말하는 것이다. 이처럼 일체 모든 것에 대하여 상을 짓는 것을 말한다.

사람들은 내 생각, 내 종교, 나의 이념만이 절대적으로 옳다고 여기는 이들은 모두 '상온 무아' 즉 잔잔한 물속에 뜬 달인 줄 모르고, 그 달을 실체가 있다고 생각함으로써 자기가 만들어 낸 상온이라는 허상(물속의 달)에 着 하여 갇혀 버리고 만 것이다.

④ 행온(行蘊): 행온은 '형성하는 힘'으로 의지 작용, 형성 작용을 말한다. 무언가를 행하려는 의지나 의도, 의향, 욕구, 바람 등의 마음을 나타내는 것이다. 인간의 의지 작용, 행위로 인해 업을 짓게 되는 것이다. 의도적으로 행하게 되면 그에 따른 업보를 받게 되고, 업이 쌓여 형성력이 되는 것이다.

⑤ 식온(識蘊): 식온은 일반적으로 분별, 식별, 인식을 말하는데 쉽게 말하자면 대상을 안다고 할 때 그 아는 마음을 말한다. 보통 우리가 '마음'이라고 할 때 주로 식온을 말한다.

우리가 대상을 인식하고 알 때는 '있는 그대로'를 아는 것이 아니라, 자기 식대로 분별해서 알게 되기 때문에 이를 식온 혹은 분별심이라고 한다. 또 식온은 앞에서 설명한 수온, 상온, 행온의 도움을 받아 분별해서 아는 작용이다.

예를 들면, 회사에 신입 사원이 들어 왔는데 호감형으로 첫인상이 좋다. 수온이 곧장 좋은 느낌으로 받아들일 것이다. 그런데 일을 시켜 보니 똑똑하고 일도 잘한다. 상온은 곧장 일 잘하고 똑똑한 사람으로 개념화시킨다.

아주 마음에 들다 보니 욕심이 나서 이 사원을 사위로 삼아야겠다고 의도를 일으킨다. 이것이 행온이다. 유위로 조작한 것이다. 이렇게 수, 상, 행, 온이 좋은 느낌과 좋은 생각, 의도를 만들어 내면 식온은 그 사람을 분별해서 알게 된다.

이처럼 식온 또한 고정된 실체가 아님에도 불구하고 사람들은 우리 안에 '의식 하는 나'가 고정되어 존재한다고 여긴다. 그러나 살펴본 바와 같이 식온은 허망한 분별심일 뿐, 실체적 고정된 마음이 아니다.

이와 같이 오온에서 말하고자 하는 것은 오온은 비 실체적인 존재로서 분별과 망상을 일으키는 공(空)으로, 즉 '무아(無我)라는 것이다.

인간 존재란 5개의 요소(지, 수, 화, 풍, 공)로 이루어져 있고, 각 요소들을 경전에서 비유하길 "여 몽, 환, 포, 영 여로 역 여전 응 작 여시관" 하라 한 것은.

색은 거품 덩이 같고, 수는 거품 방울 같고, 상은 신기루 같고, 행은 바나나 줄기 같고, 식은 허깨비 같고, 번갯불 같으니, 이와 같이 실체가 없는 '공'으로 보라고 설하고 있다.

즉 일체가 이와 같이 텅 비어 덧없는 것이니 정신 차려 허상과 실상을 똑바로 보고 잘 살아 보라는 것이다.

초기 경전 『상윳따 니까야』에서는 다음과 같이 설하고 있다.

"물질(色)은 영원한 것인가, 무상한 것인가?"
"무상한 것이다."
"무상한 것은 괴로운가 즐거운가?"
"괴롭습니다."
"무상하고 괴롭고 변화하는 것들에 대해 '이것은 나다, 나의 것이다.'라고 생각한다면 그것은 옳은 것인가?"
"옳지 않다."
"느낌(受)은, 생각(상)은, 의식(식)은 영원한 것인가, 무상한 것인가?"
"무상한 것이다."

"무상한 것은 괴로운가 즐거운가?"

"괴롭습니다."

"무상하고 괴롭고 변화하는 것들 '이것은 나다. 나의 것이다.'라고 생각한다면 그것은 옳은가?"

"옳지 않다."

"이와 같이 무상한 줄 알기 때문에 잘 배운 거룩한 제자들은 물질에 집착하지 않고, 느낌에 집착하지 않으며, 생각, 의도, 의식에 집착하지 않는다. 집착하지 않기 때문에 욕망에서 벗어난다. 욕망에서 벗어남을 통하여 해탈을 얻는다."라고 말씀하셨다.

부처님의 말씀처럼 색수상행식 오온은 무상한 것이고, 괴로운 것이며, 변화하는 것이다. 오온으로 이루어진 모든 것은 제행무상(諸行無常)이고, 일체개고(一切皆苦)이고, 제법무아(諸法無我)인 것이다. 즉 삼법인(三法印)의 특성을 지닌다.

이렇게 무상하고 괴롭고 변화하는 오온을 가지고 '나(我)'라거나, 내 것이라고 생각한다면 그것은 옳지 못하다는 것이다. 즉 "오온은 무아이며 개공(皆空)"이라는 것이다.

이처럼 오온의 교설은 무아 이론을 뒷받침하는 것이며, 이러한 '오온 무아'는 불교 가르침의 핵심인 '고(苦)'의 문제를 해결해 주는 해답이 되는 것이다.

여기서 '공(空)'에 대하여 강조하자면 '공(空)'은 아무것도 없다는 개념이 아니라, 유(有)와 무(無)를 초월한 존재의 실상을 있는 그대로 나타낸 것으로, '유·무가 상생으로 작용하는' 이것이 바로 '공(空)'이다.

조견오온개공(照見五蘊皆空), 이것은 '일체를 모두 공한 것으로 비추어 본다'는 것으로, 현상적으로 본다면 '나'라고 하는 존재, '너'라는 존재 그리고 이렇게 우주가 있는 것처럼 보이지만, 실상을 조견(의식의 거울에 비춰 보면)해 보면 일체가 실체가 없이 텅 비어 있어 '공(空)' 하다는 것을 말하는 것이다.

오온이 공함의 실체(無我)를 알았다면 이제부터는 허상인 오온에 집착하여 끌려다니는 삶, 오온에 종속되고 속박되는 삶을 살아서는 안 될 것이다.

이상에서 살펴본 바와 같이 괴로움은 '오온 개공(皆空)'의 '무아'를 모르는 어리석음에서 생겨난다. 오온은 곧 '나(我)'다. 하는 허망한 착각을 말한다. 결국 오온이 나라는 생각, 즉 '아상(我相)'에서 괴로움이 생겨나는 것이다.

그러면 '나(我)다.'라고 하는 아상(我相)은 왜 생겨나는 것일까?
'아상(我想)'은 오온(색, 수, 상, 행, 식)이 원인과 조건들이 모여 일어나는 연기적 현상으로 실체가 없는 '무아(無我)'라는 사실을 모르고 감각기관(6근)이 대상을 인식하게 되면서, '나'라는 주체적 존재가 실재한다는 착각에서 생겨난다.

나는 순전히 연기적 존재로서 실체가 없는 '무아'이며, '무상'하기 때문에 항상 괴로움이 따라온다. 감각기관(6근)에 인식되는 모든 만물이 연기로써 존재하며 본래 실체가 없어 '공(空)'한 것임을 통찰하여 바로 본다면.

즉 이것이 멸하면 저것도 멸한다는 연기법을 통찰하게 되면, 보는 내(我)가 없는데 누가 있어 대상을 인식하겠는가? '무아'이기 때문에 모든 경계는 '생겨난 본래의 자리'인 '공(空)'으로, 빗방울이 바다로 스며들 듯이 경계는 본래로 돌아간다.

내맡기는 삶이란

나를 내세우는 삶은 '나'라는 아상, 에고, 오온이 삶의 중심이 되면서 어떻게 하든 내가 돋보여 잘 살아 보겠다는 자기중심적 획일적 사고가 작동하므로 자기를 더욱더 돋보이고 명확히 하기 위하여 애쓰며 힘겹게 살아갈 수밖에 없다.

그러므로 나가 존재한다는 착각에서 벗어나 일체 모든 것을 절대의 식인 우주법계에 맡기면, 즉 단일의식인 '실존'에 내맡기고 살 수 있다면, 그것은 내가 사는 삶이 아니라 단일의식인 우주법계에 의해 저절로 살아지는 삶이기 때문에 나를 구속하던 일체 근심 걱정이 저절로 사라진다는 것이다.

사실 나라는 것은 실체가 없는 하나의 관념에 불과한 정보의 덩어리인 '공(空)'이다. 나라는 주체가 있어 내가 살아가는 것이 아니라 우주법계의 한 바탕 안에서 연기로 삶이 저절로 펼쳐지고 있는 것이다. 그러므로 오온(我)은, 즉 허상이므로 내가 할 일은 없다.

그래서 이를 선(禪)에서는 대기대용(大機大用)이라 한다. 큰 하나의 유기체적 엔진과 같은 우주의 기관이 이 우주의 전 생명을 한바탕으로 돌리며 현상으로 드러내고 있다는 것이다.

즉 내가 내 주체적 의지를 가지고 살아간다고 여기지만, 사실은 내가 사는 것이 아니라, 이 우주법계라는 '한 바탕' 안에서 단일의식(한마음)이 펼쳐 내는 자기의 현시 작용인 것이다.

그래서 내가 할 일은 이 하나의 우주에 단일의식, 본래면목, 한마음, 불성, 절대의식, 우주법계, 본체 등등으로 이름하는 '한바탕'인 주인공의 근본 자리에 일체 모든 것을 내맡기며 살아갈 때 괴로움은 사라진다.

여기서 내맡기며 살아간다는 것은, 괴로움과 싸워 이기려고 애쓰던 '나(我)' 중심의 삶에서 벗어나 나와 대상이 사라진 무경계로 더 이상 분별이 없는 수용 즉 법성이 원융하여 상이 멸한 상태를 말한다.

괴로움을 주는 대상과 싸우려 하지 않다. 대상은 나의 거울이며 그 거울 속의 나의 모습을 비춰 보면서, 나를 장엄한다. 괴로움의 현실이 곧 성스러운 진리임을 깨닫게 되는 것이다. 그러니 이 괴로운 현실을 고스란히 받아들이게 된다. 완전히 내맡긴다는 말은 한계 지우지 않고 완전히 수용하여 하나가 된다는 의미다.

이렇게 괴로움을 완전히 받아들이게 될 때, 이제부터는 괴로움이 내 인생의 걸림돌이 아니라, 그 괴로움을 통해 깨닫게 되는 창조의 동인이 된다.

내맡기며 살아가게 된다는 것이야말로 오온 개공을 실천하고, 我相 타파를 실천하며, 본래 자리라는 참된 실상 반야의 생활 속에서 하는 수행이며,

도일체고액(度一切苦厄)을 실천할 수 있는 '大覺'이다.

여기까지 나, 너, 그리고 우주의 존재에 대하여 실상은 '공(空)'임을 알아보았다. 그러니 이제 선(禪) 수행의 필수인 '화두'에 대하여 간략하게 알아보고 가는 것이 순서일 것 같다.

선(禪) 수행의 필수인 화두란 무엇인가

무문혜개(無門彗開) 선사는 이렇게 말했다.

> 참선이란 조사의 관문을 뚫는 것이다. 묘한 깨달음은 모든 생각의 길을 끊어야 한다. 조사의 관문이 뚫리지 않고 생각의 길이 끊어지지 않으면 그대는 풀잎이나 덤불에 붙어사는 허깨비나 다름없다.

조사가 되려면 말길이 끊어지고 생각의 길이 끊어진 조사의 관문을 뚫고 나가야 한다.

'화두'란 수많은 의문 가운데 진리를 깨우치는 데 도움이 되는 명제를 말하는데 수많은 화두 가운데 가장 으뜸이 되는 백미는 단연코 "나는 누구인가?"에 대한 물음에 대하여 답하는 것이다. 그래서 수행자들은 이것을 근간으로 삼는다.

그러나 수행이 일정한 경지에 오르지 못한 수행자가 이 화두를 잡게 되면 너무 막연하여 시간만 허비 할 수가 있다. 그러나 수행을 출발하는 과정에서 나는 누구인가를 다음과 같이 쪼개어 볼 수 있음을 미리 살펴볼 필요가 있다.

① '나'는 있다 - 참나, 진아(眞我)
② '나'는 없다 - 무아(無我)
③ '나'는 있는 동시에 없다 - 유이무(有而無)
④ '나'는 있는 것도 아니고 없는 것도 아니다 - 비유비무(非有非無)
⑤ '나'는 공(空)이다 - 공(空)
⑥ '나'를 알 수 없다 - 불가지(不可知)

우리가 이 여섯 가지 '나(我)'에 대한 명제를 보자마자 저절로 답이 확 드러난다면 깨달은 것이다. 그러나 깨닫지 못한 사람은 생각이 확 올라올 것이다. 그렇게 생각이 올라와 이리저리 궁리를 내는 순간 답은 없다.

이 여섯 가지에 대한 분별의 생각이 확 올라온다면 그것은 깨닫지 못한 것이다.

이 여섯 가지의 생각이 어디에서 분별이 일어나고 있는가? 본래면목인 '공(실존)'의 한바탕 안에서 실존이 자신을 더욱 명확히 하기 위하여 분별하고 있음을 통찰하여야 한다.

단일의식 = 실존 = 공 = 의식의 거울, 이 한바탕 안에서 일어나는 '환영'으로 본래의 영상 화면인 의식의 거울에 나타나는 그림자를 보지 말고 배경 의식인 '공(空)' 즉 본 바탕을 자각해야 한다. 마치 텔레비전의 화면에 뜨는 영상이 아니라 '화면' 자체 말이다.

힌두교의 깨달음으로는 '나는 누구인가?'의 답을 내리기 어렵다는 것은 그 구조가 4차원에 걸려 있기 때문에 着이 완전히 끊어진 5차원의 절대가 아니기 때문이다.

이 한계를 넘어서는 것이 세존의 가르침. 바로 佛法이다.
아마 대부분 이 질문을 받자마자 머리가 멍해질 것이다. 알 것 같으면서 뭔가 부족한 느낌이 든다면 그래도 공부가 어느 정도 진척된 상태다.

분별로 이루어진 시·공의 현상 세계가 3차원이다. 우리가 차원을 넘어서기 위해서는 着에 의해 발생 되는 상대성의 '나(我)'라는 개체의식에서, 개체의식으로 분별 이전의 '단일의식'의 전환을 통한 4차원의 순수의식에서 5차원의 절대로 전환하여야 한다.

분별이 멈춘 상태에서 시야의 초점을 경계가 사라진 무한으로 넓혀 의식을 전환, '순수의식' 상태에서 위에 열거한 '나(我)'에 대해 여섯 가지로 쪼개어 놓은 것인데 이것 역시 着에 의한 의식의 분별이 발생한 상태다.

이 여섯 가지의 경지도 시·공의 상대적 세계에서 분별 의식이 사라진 순수의식의 상태다. 이 경지도 평생을 수행해도 깨닫지 못하는 수행자가 허다하다. 왜냐하면 순수의식에서도 분별은 사라졌지만 '나'라는 '아상(我想)' 즉 오온 개공을 타파하지 못하고 잔존하고 있으므로 나도 모르게 着에 의해 상(相)이 작용하고 있기 때문이다.

그러므로 잠시 경계가 사라진 순수의식 상태에서 경계가 와 후려치면 다시 시야의 초점이 좁혀지면서 '나(我)'를 중심으로 한 경계가 드러난다. 왜냐하면 아상에서 오는 着이 작용하고 있기 때문에 그것은 '실상'이 아니라 관념에 의한 '허상'이 되기 때문이다. 착은 반듯이 관념을 동반한다.

그러므로 '싯다르타'는 본체를 인정하지 않는 '無我와 緣起를 제시하신 것이다. 그러나 무아와 연기 역시 4차원 순수의식을 벗어나 절대인 5차원의 단일의식으로 전환되지 않음을 발견하였다.

왜냐하면 오온개공이지만 몸이 존재하고, 연기법에서 실체가 없는 '공'이라고 강설하지만, '몸'이 존재하고 연기법의 '현상'이 존재하는 한 사고는 논리에 의한 '공'으로 받아들이지 못하고 유루의 찌꺼기를 남기게 되어 '공'에 대하여 항복받지 못하여 깨닫지 못한다.

그러므로 有, 無, 空, 의 '화두'를 잡아 스스로 존재하는 자존성과 만물의 시작점인 창조성으로부터 자유로운 "제1원인 의, 5차원 無上正等覺" 즉 '實存'인 大覺을 주문하신 것이다.

아직 초입이어서 무슨 얘기인지 이해가 가지 않을 수도 있다. 위의 내용은 싯다르타가 제시한 '無我'의 중요성을 강조한 것으로 불법에서 '無我'를 넘어서지 못하면 '着'을 끊을 수가 없으므로 깨달음은 요원하며, 깨달았다고 하여도 깨달음과 유사한 상사각 즉 꿈속의 깨달음인 몽중각으로 허상에 치우쳐 있음을 알게 될 것이다.

그러므로 싯다르타는 본체를 인정하는 참나, '진아'로는 '아상'을 끊을 수 없다는 것이다. '아상'이 존재하는 한 着은 불가피하여, 着은 관념을 동반 하므로 깨달음은 꿈속의 일처럼 환영으로 '몽중각'이라는 것이다.

그러므로 깨달음의 관건은 有, 無, 空의 화두를 잡아 '제1원인'을 논거에 의하여 타파하여 '공'에 대한 '유루'의 찌꺼기 없이 '무루'로 항복받아야 '무상정등각'을 성취할 수 있다. 그러므로 단일의식인 '공'의 정견이 깨달음이다.

앞장의 오온에서 사물의 존재에 대하여 알아보았다. 우리의 삶과 죽음을 결정짓는 것은 '의식'이다. 意識은 우주의 종자이며 씨앗이다.

다음은 의식에 대하여 정리해 보겠다.

(2) 의식(意識)이란

의식(意識, consous)의 뜻은 '공통으로 안다'는 뜻이다. 그렇다면 '존재'가 곧 '앎'이며, '봄'이고 '깨어 있음'이고 '생명'이라는 것이다. 의식이 부재하면 죽음이라고 진단한다. 그러므로 사람이란? 곧 '의식' 그 자체이며, 의식은 '아는(覺)' 것이다. 그러므로 "의식 = 존재 = 앎(覺) = 생명"은 분별할 수 없는 등식이 성립된다.

비현시(형상에 의존해서만 드러냄) 상태에서는 의식은 자신의 존재조차 알지 못한다. 그러나 의식이 바다에 파도처럼 일어나 자신의 존재를 인식하면서 자신이 존재하고 있음에 기뻐하고 내가 존재하고 있음의 사랑에 빠져들어 나를 돋보이게 하려고, 상대성의 세계에서 형상, 물질, 개념에 着 하여 시·공에서 현상과 정신작용으로 자신을 드러낸다.

나의 몸은 음과 양, 두 측면의 결합과 다섯 가지 요소(지, 수, 화, 풍, 공)와 빛, 에너지, 암흑의 세 구나를 통해서 시·공에서 연기로 개체적 몸의 형상과 만물을 창조하며 그것들에 생기를 불어넣는다. 이 모든 작용은 의식의 한 바탕 안에서 일어나는 의식에 의한 의식의 작용이며 나는 만물을 감싸고 있지만 나를 볼 수도 인지할 수도 없다.

이와 같이 만물에 스며들어 곳곳에 편재하는 의식은 각각의 형상들을 통해서 기쁨과 사랑으로 '반야'의 빛을 비춘다. 그렇게 해서 지각력이 있는 존재는 자신을 스스로 개체적 주관으로 인식하게 된다. 상대를 객관적 대상으로 인식하여 각 개체는 자신을 독립적으로 분리된 주체로 한계 지우는 것이니 이것이야말로 크나큰 '환영'이다.

자신의 판단과 취사선택이 남에게 의존하지 않는 독립적인 주체로 생각하지만, 실제는 시·공에서 개념의 구조체를 통하여 언설상, 명자상, 심연상으로 드러나는 개념 덩어리다. 실체가 없는 현상(환영)인데, 이를 자신의 참모습으로 받아들인다.

이때 받아들인 자신을 더욱더 명확히 하기 위해서 드러난 대상에 着 하여 초점을 맞추고 한정된 개인의 행위를 기준 삼아 자신을 환상의 굴레에 매어 놓고, 번뇌의 수렁에 빠져 고통과 괴로움을 겪으며 한평생 살아간다.

현대 과학은 우주의 탄생에 대하여 빅뱅의 팽창 이론에 관심을 둔다. 아인슈타인의 상대성이론과 양자역학에서 알 수 없는 적멸의 한 특이점에서 빅뱅이 일어나 빛, 에너지, 암흑의 3요소의 역동적인 운동성으로 우주는 현재도 팽창하고 있다고 주장한다.

우리는 여기서 과학적인 측면에서 창조의 근원을 밝히는 것이 아니다. 종교적 관점에서 빅뱅 이전, 우주가 펼쳐지기 이전의 자존성과 창조성으로부터 자유로운 그 '무엇'에 의한 생명의 기원과 만물의 시작점을 밝혀, 그 시작점인 본래의 자리로 돌아가기 위한 것이다.

이 자리는 특이점에서 빅뱅으로 시·공이 펼쳐지기 이전 생명력의 잠재적 양태로서, 자신은 스스로는 현상계에 드러내지 못하므로 형상을 가진 매개체에 의존하여 '의식'인 생기를 부여함으로써 시·공간에서 인식의 도구인 개념의 구조적 틀을 통해서 개념적 현상으로 자신을 드러내게 된다.

그러므로 상대적 현상계에 드러난 일체 형상은 의식이 자신을 물질에 투영하여 드러낸 정보의 다발이 만개한 실체가 없는 현상이 의식의 거울에 비친 그림자(환영)라는 것이다.

절대가 자기현시를 위하여 의식의 투영으로 펼쳐 낸 만물을 우리는 우주라고 이름 짓고 그 속에서 주체를 가진 개체적 존재로 내가 살아가고 있다고 착각하고 있는 것이다.

우리가 여기서 분명히 해야 할 것은 나는 본래 주체를 가진 개체적 존재가 아니라는 것이다. 만물을 창조하고 생기를 부여하는 '절대의식'이다. 나는 본래인 '절대의식'으로 우주를 창조하는 '천상천하 유아독존'이다. 다만 착각에 의하여 전도 몽상을 일으켜 분리된 개체적 존재로서 세상을 살아간다고 생각한다.

불교 공부는 근본 무명에서 온 전도몽상을 바로잡는 것에서 시작된다. 전도몽상은 반야심경에서 나온 글귀로 앞과 뒤가 뒤바뀐 꿈과 같은 생각이라는 뜻이다. 전도몽상에서 깨어나 절대인 본래의 자리로 돌아가는 것이 마음공부다.

다시 말하면,

이 세계는 '절대의식'이 자기현시를 위해 의식의 한바탕 안에서 의식이 펼쳐 내는 마술쇼와 같다. 마술을 펼치는 마술사는 시·공간이라는 개념의 마술 도구(인식 도구)를 가지고 실제로는 있지도 않은 환상의 마술쇼(현상)를 펼쳐 내고 있다.

'마술' 거기 어디에 실체가 있는가?

그러나 관객은 마술인 허상을 실제로 받아들인다. 그 허상에 '着'하여 끌려간다. 그러나 '단일의식'이라는 무대(배경 의식, 의식의 거울)는 펼쳐지는 마술의 영상에 영향받지 않는다. 그러므로 현시되는 모든 현상은 단일 의식(한마음)이라는 무대에서 단일의식이 펼쳐 내고 단일의식이 감상하고 체험하는 한순간의 마술쇼로 잠에서 의식이 펼쳐 내는 꿈과 같다.

마치 바다의 파도는 인연 따라 저절로 펼쳐진다. 그러나 바다와 파도는 둘이 아니다. 바다는 파도에 의하여 영향받지도 않다. 『화엄일승법계도』에서는 이것을 '법성원융무이상'(법의 성품은 원융하여 둘이 아니다)이며 실체인 바다와 현상인 파도는 둘이 아니라 물의 출렁임일 뿐인 본래 하나다.

『반야심경』에서

"색즉시공 공즉시색, 색불이공 공불이색"은 드러난 현상은 실체가 없는 '환'으로 실체(단일의식)와 공(연기 현상)은 뗄 수 없는 본래 "無一物"로 분별이 없는데, 시·공에서 펼쳐지는 현상을 개념으로 쪼개어 한계 지은 정보의 다발이 만개한 '환'으로 관하라고 한다.

『금강경』에서

오온 의 "색, 수, 상, 행, 식"을 형상인 색(色)은 마치 거품덩이리와 같으며, 느낌인 수(受)는 공기 방울과 같고, 상(想)은 마치 신기루와 같으며, 행(行)은 바나나 나무(속이 텅 빔)와 같고, 식(意識)은 바로 자신이 펼친 한바탕의 무대에서 자신이 펼쳐 낸 마술쇼와 같다.

모두가 意識의 요술쟁이가 펼쳐 낸 속임수다. 이와 같이 觀 하라고 설하고 있다. 이 모든 비유는 부처님에 의해 만들어졌느니……..

그러나 우리는 어떻게 생각하며 이 세상을 살아가고 있는가?
세상은 언제부터인지는 모르지만 내가 태어나기 전부터 펼쳐져 있으며, 나는 부모와의 인연으로 나의 의지와는 관계없이 이 세상에 태어나 독립된 개체로서 자유의지를 가지고 이 세상을 살아가고 있다고 착각하고 있다.

  나(我)는 단일의식의 자기현시를 위하여 생명을 부여받으면서 개체적 존재 의식이 생겨나 '가아'를 건립하여 이 '가아'를 '진아'로 착각하면서 나를 더욱 돋보이게 드러내기 위하여 나 중심적인 주체적 작용에 업·식으로 한계 지워 이 세상을 펼쳐 내고 있다.
  이 세상은 단일의식(한마음)의 한바탕 의식의 장 안에서 의식이 펼쳐 내는 연기적 현상으로 실체가 없는 현상이다. 경전은 의식이 의식 의해 의식이 펼쳐 내고 있는 '환'으로 관하라고 강설한다. 이것을 우리는 '전도몽상'이라 하고, 그 근본 원인은 無明에 있다.

  그러면 전도몽상의 착각은 어디에서 어떻게 생겨난 것일까?
  나는 단일의식으로부터 생기를 부여받아 지각을 가진 오감의 작용으로 대상을 인식하게 되면서 어느 시기부터인가 자기에 대한 존재감이 생겨나 주체성을 가진 개체적 존재로 이 세상을 살아가고 있다는 '착각'에서 생겨난 것이다.

  그러면 자신을 나라고 착각하고 있는 자신은 실제 누구인가?
  본래인 단일의식은 스스로 자신을 현상계에 드러낼 수가 없다. 그러므로 태어난 개체에 생기를 부여하고 그 육신에 의존하여 자신을 현상계에 드러낸다. 그러므로 우리의 육신은 단일의식이 자기 시현을 위한 도구에 불과하다. 몸·마음을 주체적 자아로 착각하여 전도몽상인 '아상'을 일으킨 것이다.

우리의 육신은 감각기능을 작용시키는 의식이 끊어지면 당장 치워져야 하는 나무토막과 같은 시체에 불과하다. 육신이 죽으면 의식은 대양으로 스며들 듯이 단일의식으로 돌아간다고 하는데 이것 또한 우리의 착각이다.

왜냐하면 단일의식은 우주를 품고 있는 생명 자체로 본래 분리될 수 없는 '不二'인데 어디에 오고 감이 있겠는가? 개체의식인 '나(我)로 분별하는 것은 본래부터 착각에 의한 '망상'이었다.

현대 과학에서 주장하는 특이점인 빅뱅으로부터 우주가 펼쳐지고 있다면, 만물이 생겨나기 이전, 자존성과 창조성으로부터 자유로운 그 '무엇'의 원인자가 존재하여야 한다. 그 무엇의 원인자를 '제1원인'으로 놓을 때 제1원인이 바로 우리가 찾고 있는 본래인 '실존'이다.

'이것'이 곧 '제1원인 = 공 = 실존 = 부처'라고 방편으로 정리할 수 있다.

다만 이 자리는 오관으로 감지하거나 인식할 수 없는 본래 '무일물'이다. 왜냐하면 의식 작용 이전 시공을 초월한 지각이 미칠 수 없는 자존성과 창조성으로부터 자유로운 본래의 생명 자리인 '실존'이다.

그러므로 절대의식은 자신을 드러내 보이기 위해서는 어떠한 매개체가 필요하였으며 매개체에 의존하여서만 자신을 드러낼 수 있다.

그 의존체로 선택되어 드러난 것이 바로 '만물'이다. 만물은 4생인 '태생, 난생, 습생, 화생'으로 조건과 시절 인연에 따라 태어난다. 만물은 단일 의식이 자기현시를 위해 드러낸 3법신(법신, 보신, 화신) 중 '화신'이다.

그러므로 우주는 제1원인 = 실존의 화신이며, '지금 여기' 목전에 드러난 이대로가 '실존'이다.

여기서 우리는 다시 한번 자신에게 의문을 던져 보자.
나의 존재를 인식하게 하는 것은 무엇인가?
지각을 가진 존재에게 자극에 반응하는 능력을 부여하는 것은 무엇인가?
산 사람과 죽은 사람을 구분 짓는 것은 무엇인가?
나에게 살아 있다는 존재감을 부여하는 것은 무엇인가?

이 모든 것의 답은 '意識'이다. 우리가 '본래면목' '제1원인' '실존'이라고 이름 하는 것 역시 금강경에서 강설하는 언설 상, 명 자상, 심연 상이다.

물질적 도구에 불과한 육체에 생명력을 불어넣은 것은 '의식'이다. 그러므로 인간의 태어남은 몸이 아니라 '의식'인 것이다. 의식을 이해하는 것이 마음공부의 전부라고 하여도 틀리지 않다. '意識'이야말로 '신(God)'이며, '천상천하 유아독존'이 아닐까?

이 신령스러운 '단일의식'의 자기 개체화는 착에 의한 대상과의 자기

'동일시'다.

의식은 존재를 인식하게 되면 개체의식이 된다. 단일의식은 개체(몸·마음)에 의존하여 현상계를 펼쳐 낸다. 그러나 개체인 나는 내가 주체적 자유의지를 가지고 이 현상계를 살아가고 있다고 착각한다. 그러나 단일의식(한마음)은 분별될 수 없는 본래 '무일물'의 '실존'이다.

그러므로 드러나는 현상의 일체는 의식의 투영이며, '의식의 거울'에 드러난 본체의 그림자인 '화신'이다. 우리는 의식을 잃거나, 죽음, 깊은 잠, 마취 상태에서는 나와 너, 우주도 사라진다. 그러므로 단일의식은 존재 자체이며 생명의 근원이다.

현상계는 절대의식이 자신을 드러내기 위해 지각기관을 가진 매개체에 의식인 생명력을 부여 시·공간의 개념구조체의 틀(인식 도구)에 의존하여 개념으로 파노라마처럼 우주를 펼쳐 내고 거두어들이는 작용을 반복하고 있다.

이 모든 것은 의식의 투영으로 일어나는 현상이다. 시·공간이라는 '가공된 개념의 틀(인식도구)'을 통하여 우주가 나타나고 사라진다면 이 우주 역시 개념으로 드러나는 정보의 다발인 현상으로 실체가 없는 '공(空)'이 분명하다.

그러므로 본체와 현상, 진제와 속제, 세간과 출세간, 부처와 중생은 본래 하나인데 '나(我)'가 존재한다는 아상에 의해 펼쳐놓은 정보와 개념의 덩어리인 '환'이다. 경전에 心佛及衆生 是三 無差別 즉 마음, 부처, 중생은 본래 하나다.

『금강경』에서는

일체 유위법 여, 몽, 환, 포, 영, 여로 역 여 전 응 작 여시관, 하라고 설하였다. 모든 드러나는 현상은 꿈, 환상, 거품, 그림자, 번개로 관하라고 강설하고 있으며, 인도의 성자 마하라지는 이것은 아이를 낳지 못하는 여인의 아이라고 그 근본을 바로잡는다.

그러면 실체가 없는 개념으로 드러난 현상이라면 지금 여기 이렇게 성히 존재하는 현상인 나는 무엇인가?

여기서 '공(空)'에 대한 의문이 발생하는 것이다. 반야심경에는 '색즉시공 공즉시색'으로 강설하면서 오온은 연기에 의하여 펼쳐진 실체가 없는 '공(空)'으로 관하라는 것이다.

그런데 여기서 의문을 가질 수 있는 것은 실체가 없어도 '현상'은 인지되기 때문에 인지되는 대상이 있는데 '공'으로 사유하라는 것은 논리적 사유를 떠나 '공'을 언어인 개념으로 덮어 버리는 결과를 초래한다. 오히려 '공'에 대한 논리적 사유체계를 흔들어 버림으로 '공'을 논거에 의해 받아들이지 못하고 어물쩍 넘어가는 의문을 갖게 된다.

그러므로 공에 대한 의문이 생겨 '공'의 가치를 퇴색시켜 진정한 '공'의 의미를 받아들이지 못하여 이해는 하지만 깨닫지 못하게 된다.

그러므로 애매모호하지 않은 언어인 有와 無를 포괄하여 자존성과 창조성으로부터 자유로운 원인자를 찾아야 한다. 그렇다면 有이면서

無인 그 무엇, 有도 아니면서 無도 아닌 그런 원인자가 존재하기나 할까?

그 원인자는 반듯이 스스로 존재하는 자존성과 만물의 시작점인 창조성으로부터 자유로울 수 있는 즉 등속 운동을 하는 그 무엇이어야 한다. 그러나 인류는 현재까지 그 원인자를 밝혀내지 못하였다.

그래서 인간들이 창조한 것이 신이 아닐까? 그러나 기독교의 하나님, 힌두교의 브라만 불교의 붓다 등등 신을 만들어 내었다. 그런데 자존성과 창조성으로부터 자유로울 수 있는 원인자를 찾을 수는 있을까?

결코 현재까지는 찾지를 못했다. 그러면 포기하여야 하는가? 그래서 불교의 용수보살은 '공(空, 진공묘유)'을 유교에서는 '곡(谷, 곡신불사)'을 들고 나왔다. 그러나 '등속운동'에는 미치지 못한다.

그러면 포기하여야 하는가? 그래서 싯다르타는 애매모호함을 떨쳐낼 수 있는 가장 확실한 단어인 有와 無를 화두로 잡아 '有이면서 무' '有이면서 무도 아닌 것' '有도 아니면서 無도 아닌' 것의 화두로 잡아 '제1원인'의 '공'을 제시하여 자존성과 창조성을 해결하려 하였다.

그러나 제1원인 역시 사유 속의 상대적 개념으로 시·공을 초월하여 대극이 끊어진 4차원의 순수의식마저 공적한 5차원의 경지가 아니면 '제1원인'의 '공', '실존'은 의식이 생각의 색깔만 바꾼 개념에 불과하므로 깨달음의 문고리인 '공'을 깨닫기 위해서는 해인 삼매로 조복받아야 한다는 것이다.

그러므로 구도의 목표는 '제1원인'을 정견 '공 = 실존'인 '천상천하 유아독존'을 심안으로 정견 하는 것이다.

그러므로 자존하면서 만물의 시작점인 '제1원인'의 논거를 분명히 밝혀 '공'을 개념적 '현상'으로 얼버무려 덮어버리는 논리적 의문을 해소하지 않으면 깨달음은 요원하다. 공을 깨닫지 못하는 이유는 '제1원인'에 대한 논리적 증명의 흠결로 '현상'을 무루의 '공'으로 항복받지 못함에 있음을 통찰하여야 한다.

'제1원인'을 알아가는 과정이 '무상정등각'이며 '실존'이다. 유루인 '현상'에 논리적인 항복 기심의 토대 위에 '공'을 이해하고 우주를 품에 안아야 한다.

나라는 존재감은 6근(안, 이, 비, 설, 신, 의)의 지각 작용에 의한 시·공간 개념의 틀로 시현된 개념적 현상에 불과하다. 이 '나라는 실체가 없는 '개념적 현상'은 주체적 의지를 가질 수 없다. 시·공간 개념의 구조 틀로서 드러난 3차원 현상계에서 '연기법'을 벗어나 주체적 의지를 가지고 독자적으로 존재하는 개체는 있을 수 없다.

보는 주체가 없는데 대상이 존재할까? 신도, 예수도, 부처도, 그 어떤 성자도 연기법을 피해 갈 수는 없다. 그러므로 이 연기적 현상계에서 주체 의식을 가질 수 있는 지위에 있는 개체는 있을 수 없다. 싯다르타의 '천상천하 유아독존'을 외친 것은 바로 존재하는 것은, 오직 '절대인 실존'뿐이라는 것이다.

그러면 자유의지를 가진 주체가 없는데 삶은 어떻게 펼쳐지는가?

우리는 절대의식이 드러낸 개체적 형상인 아바타(허깨비, 환)로서 주체 의식을 가질 수 없으며, 시·공간의 개념의 구조체에 의해 개념으로 드러난 현상적 피조물로서 연기에 의하여 저절로 살아지고 있는 실체가 없는 현상이다.

그러나 우리는 나라는 존재를 더욱 명확히 하고 돋보이게 하기 위하여 별도 계획을 세우고 독립적이고 자유로운 나만의 삶을 살아가고 있다고 착각한다. 행여나 시절 인연에 따라 본인의 생각과 같은 현상이 일어나면 성취감에 기뻐하고, 자기 의사와 다른 현상이 발생하면 괴로워하면서 존재하지도 않는 허상인 '나(我)'를 붙잡고 시·공간 개념의 굴레에 얽매여 고통을 겪으며 살아가게 되는 것이 중생의 삶이다.

무아와 연기의 관계성에 대한 이해

우리는 이미 앞장에서 연기에 대하여 학습을 하였다. 여기서는 무아와 연기의 상호관계성에 대하여 탐구해 보겠다.

이 우주는 하나의 유기체로서 연기로 펼쳐지고 있는 개념적 현상에 불과하다. 연기에 의해 저절로 펼쳐지는 현상을 벗어나 '나(我)'라고 할 주체적 의지를 가지는 개체는 있을 수 없다. 나는 절대의식이 자신의 시현을 위해 드러낸 의식의 도구에 불과한 '환(아바타)'이다. 누가 있어 주체 의식을 가질 수 있겠는가?

우주 의식은 절대 단일성이므로 개체에 나누어 분별할 수 있는 의식이 아닌 본래 하나다. 그러므로 상대적 현상계에서 일어나는 연기적 상황에서 주체적 개체의식의 지위를 가질 수 있는 존재는 있을 수 없다.

여기서 주목할 것은, 현상(緣起)은 있어도 작자(주재자)는 없다는 것이다. 그러므로 '오온 (색, 수, 상, 행, 식) 개공(실체 없음)'으로 나라는 주체적 자아를 가질 수 있는 개체적 존재는 있을 수 없는 '無我'이다. 실체가 없는 '무아'이기 때문에 연기하고, 연기하기 때문에 '공(空)'인 일원성(不二)임을 당연하게 받아들여야 한다.

여기서 바로 자각해야 할 것은 6근(안, 이, 비, 설, 신, 의)의 지각 작용에 의하여 내가 독립된 주체적 자유의지를 가지고 보고, 듣고, 냄새 맡고, 맛보고, 느끼고, 생각하는 작용을 하고 있다고 착각을 하고 있다.

이것이 바로 무지에서 오는 '전도몽상'이다. 나는 無我이고 연기법에 의하여 세상은 의식의 한 바탕 안에서 의식에 의해 연기로 돌아가고 있는데 거기 어디에 주체적 의지를 가진 개체가 존재하며 간섭할 수 있는가?

세밀히 관찰해 보자. 6근의 지각 작용에 의해 내가 주체적 의지를 가지고 마음대로 할 수 있는 기능이 있는가?

안타깝게도 내 몸 마음은 내가 의지적으로 할 수 있는 것이 없다. 6근이 내 것이라면 내 마음대로 작용을 할 수 있어야 한다. 그러나 자세히 관찰해 보면 내 마음대로 할 수 있는 것이 아니라 나의 의지와는 무관하게 시절 인연에 따라 일어나는 파도처럼 연기적 현상으로 저절로 작용하고 있음을 알게 된다.

6근의 작용을 세밀히 관찰해 보자.

'눈(보다)'은 내가 대상을 보는 것이 아니라 눈에 저절로 비치고 있는 것이지 의지적으로 내가 보는 것이 아니다. 인연 따라 대상이 눈에 비쳐 저절로 드러나고 있는 것이다. 그래서 '내가 본다'는 말은, '보여지고 있다'처럼 수동태여야 한다. 또한 '공성'이 없으면 형상을 인식할 수 없다.

'귀(소리)'가 소리를 듣는다. 가 아니라 소리가 저절로 들려지고 있다. 수동태다. 귀는 소리가 없으면 침묵을 듣고 있는 중이다. 듣는 기능을 내가 하는 것이 아니라 인연 따라 저절로 작동 되고 있다. 침묵(공성)이 없으면 소리는 드러나지 않다.

'코(냄새)'의 냄새 역시 내가 의식적으로 맡는 것이 아니라, 인연 따라 저절로 맡아지고 있는 수동태다. 냄새 없음(공성)이 없으면 냄새는 드러나지 않다.

'설(맛)'은 혀가 저절로 작용하여 맛을 아는 것이지 내가 의지적으로 맛을 아는 것이 아니다. 맛없음(공성)이 없으면 맛은 드러나지 않는다.

'몸(감촉)' 몸의 감촉 역시 인연 따라 저절로 느껴지는 것이지 나의 의지적으로 일어나는 것이 아니다. 감촉 없음(공성)의 상태가 없으면 촉감은 드러나지 않는다.

'생각(의식)' 역시 의지적으로 일어나는 것이 아니라 인연 따라 저절로 일어나고 사라진다. 생각 역시 생각 없음(공)의 상태여야 생각이 표상 된다.

이와 같이 6근의 지각 작용을 관찰해 볼 때, 지각 작용은 내 마음대로 조절할 수 있는 것이 아니다. 내 마음대로 할 수 없는 것은 내 것이 아니다. 그러므로 '나'라는 의지적 주체가 있어서 일으키는 작용이 아니라 저절로 일어나고 사라짐을 관찰할 수 있다.

우리의 생명 작용 역시 잘 관찰해 보자. 호흡의 작용에서부터 심장의 작용, 소화작용, 느낌의 일어나고 사라짐, 생각의 일어나고 사라짐에서 생로병사의 작용에 이르기까지 내 마음대로 할 수 있는 것은 없다.

모든 감각 작용이 저절로 한 바탕의 단일의식 안에서 연기로 일어나고 사라진다. 이때 일체 작용은 '공'에 의해 드러나고 있다는 사실을 간파할 수 있다. 이때 이 '공'을 화두로 잡아 보라. '불성'의 작용임을 볼 수 있을까?

'공'이라는 배경 의식의 거울 안에 비쳐 드러나는 본래의 자기현시인 그림자에 着하여 실재하는 것으로 인식하게 된다.

여기에는 보는 주체도 실재하는 대상도 없으며 단일의식 펼치는 단일의식의 자기현시임을 통찰하여야 한다. 일체 드러나는 우주적 현상은 '무아 연기'에 의해서 '공'의 배경 의식 안에서 펼쳐지는 본래의 자기현시이다.

시·공과 생각이 끊어진 의식의 거울만이 비춤으로 覺이 일어나는 자리, 나라고 할 주체가 없는 '무아'이며 '연기'에 의하여 저절로 현상만 비추는 자리, 대칭이 끊어져 아상이 사라진 자리가 바로 '실존'의 자리다.

그러나 우리는 착각 속에서 '무아 연기'를 자각하지 못하고 그림자인 개체를 나라고 믿고 살아가므로 본래의 성품을 보지 못하고 망상을 피우며 살아가게 된다.

    옛날에 이견왕이 바라제존자에게 물었다.
    어떤 것이 부처입니까?
    존자는 이렇게 대답하였다.
    성품을 본 것이 부처입니다.
    스님께서는 성품을 보았습니까?
    나는 불성을 보았다.
    그 성품은 어디에 있습니까?
    성품은 작용하는 데 있습니다.
    그 어떤 작용이기에 나는 지금 보지 못합니까?
    지금도 작용하는 데에 버젓이 나타나고 있지만 왕이 스스로 보지 못합니다.
    나에게도 그것이 있다는 말입니까?
    왕께서 작용하면 그것 아닌 것이 없지만, 작용하지 않으면 그 본체를 보기 어렵습니다.
    만약 작용할 때는 몇 곳으로 나타납니까?

여덟 군데로 나타납니다.
그 여덟 군데로 나타나는 것을 내게 설명하여 주십시오.
태 안에 있으면 몸이라 하고, 세상에 나오면 사람이라 하며, 눈에서는 보는 놈이라 하고, 귀에서는 들으며, 손에서는 붙잡고, 발에 있으면 걷습니다. 두루 나타나서는 온 누리를 다 싸고, 거두어들이면 한 티끌에도 있습니다. 아는 사람은 이것이 불성인 줄 알고, 모르는 사람은 정혼이라 부릅니다.
왕은 이 말을 듣고 마음이 열리었다.

 우리는 이러한 선문답을 통하여 의심을 꿰뚫고 진리의 문에 들어가는 예들을 경전이나 옛 스님들의 어록을 통하여 흔히 볼 수 있다. 여기서 이건왕의 경우도 그 훌륭한 예라 하겠다.

 그러면 무엇이 우리로 하여금 진리의 눈을 뜨게 할까?
 이건왕은 먼저 부처의 정의부터 묻는다. 바라제존자의 답은 간결하다. 부처는 별다른 것이 아니라 자기의 성품을 본 사람이라는 것이다. 불교에서는 깨침(覺)과 봄(見)을 같은 뜻으로 쓰는 경우가 많다.
 그러므로 성품을 보았다는 말은 성품을 깨쳤다는 말이다. 실로 부처라는 말은 깨친 사람이라는 말이요 본 사람이라는 말이다. 그래서 불교는 부처님의 가르침이라는 일차적인 뜻 외에 '깨치자는 가르침(覺敎)', '보자는 가르침(見敎)'이라는 차원 높은 뜻이 담겨 있는 것이다.
 그러므로 부처는 몸을 움직이고 마음을 만들어 쓰는 '진공 묘유'의

'단일의식'이다.

볼 수도 없고, 만질 수도 없으며, 감각기관으로 인지할 수는 없지만 '지금 여기' 이 방 안은 물론 온 우주 만물을 드러내어 감싸고 있는 생명 자체다.

우주는 저절로 펼쳐진다. 현상은 드러나지만 주재자는 없다. 그래서 싯다르타는 '무아'와 '연기'를 제시하신 것이다. 그렇다면 이 모든 작용을 하는 원인자인 '그 무엇'이 있지 않을까? 바로 '그 무엇'이 만물의 시작점이며 스스로 존재하는 '제1원인'이며, "천상천하 유아독존"인 '實存'이다.

(3) 意識과 緣起와 空의 관계성

① 존재(현상)에 대한 관계성

현상계에 나타나는 모든 만물은 단일의식의 투영에 의한 6근(눈, 귀, 코, 혀, 몸, 생각)의 지각 작용에 의해 세상이 펼쳐진다. 이 펼쳐진 세상은 단일의식의 자기현시로 고정된 실체가 없는 연기 현상으로 드러나므로 반야심경에서는 "색즉시공, 공즉시색"으로 공과 색은 같으며, 다르지 않다고 설하고 있다.

그러나 3차원의 상대적 현상계에서 나라는 개체가 엄연히 존재하고 모든 것이 연기되는 현상이라고 해석 할 때, 실체가 없어 '공'이라고 하는 것은 논거로 받아들이기 어렵다.

우리의 의식에서 공(空)으로 받아들이기 어려운 것은 나는 물론 만물이 연기되어 실체가 없어 '공(空)'이라고 하지만 '현상 자체'는 엄연히 우리의 의식에 인지되고 있으므로 현상을 '공'으로 받아들이기는 논거에 흠결이 있게 된다.

예를 들면, 테이블 위에 커피잔이 있다고 할 때, 그 커피잔은 인식되어 테이블 위에 존재하고 있는데 이 커피잔을 '공'이라고 하면 '유'를 '무'라고 의식을 속이는 것이 되며 우리의 이성적 논거로는 받아들이기를 거절한 상태다.

그러나 혹자들은 연기법을 앞세워 컵은 '무자성'으로 '실체'가 없으므로 현상이며, 시·공의 현상계에서 연기로 존재하므로 시간이 지나면 자연으로 돌아갈 뿐만 아니라 시·공 자체도 실재하지 않으므로 '공'이라고 한다.

그러나 우리의 이성적 논거는 받아들이지 못한다. 분명히 현상은 존재하고 있기 때문이다. 그래서 연기적 논거로 받아들이기가 어정쩡한데도 '공(空)'으로 어물쩍 덮어 버리게 되면 '공(空)'은 오히려 착을 발생시켜 깨달음으로 가는 데 장애가 된다.

그러므로 구도자들이 이론적으로 연기 하기 때문에 무아이며 '공'임을 잘 알고 있지만 깨달음에 있어서 현상이라는 유루의 찌꺼기를 남기게 되어 '공'을 정확히 깨닫지 못한다.

그러므로 싯다르타는 공에 대한 유루의 찌꺼기를 타파하기 위해서 무아 연기를 제시하였으나 구도자들이 받아들이기에 의문이 있었다.
이 의문점을 해소하기 위하여 도교에서는 계곡에서 물이 항상 자존하므로 谷(谷申不死)을 불교에서 용수 보살은 '공(空)'을 제시하였다.
그러나 '谷'은 '有'로 자존성에서 '공'은 '無'로 창조성에서 자유롭지 못하므로 문제를 해결하지 못하였다.

그래서 싯다르타가 깨달은 '무상정등각'은 자존성과 창조성으로부터 자유로운 '제1원인'을 겨냥하고 있음을 알아야 한다. 그러므로 구도행의 궁극적인 목적지는 '제1원인'이다. 그러면 '제1원인'에 대하여 논거 해 보자.
스스로 존재하며, 만물을 창조하는 것을 '도교의 有'도 '불교의 無'도 아닌 有·無 상생을 X로 놓을 때 X를 '제1원인'으로 제시하면, 유도 아니면서 무인(유이무), 무이면서 유인, 유도 아니면서 무도 아닌, 것들의 상호 자존성을 상생하는 X를 '제1원인'으로 논거 할 수 있다.
이때 감각기관에 인지되지 않지만 진공이면서 묘유의 생명 작용을 하고, 공적하지만 신령스럽게 알고 있는 '제1원인'은 '공(空)' 자체가 된다. 그러면 다음과 같은 제1원인 = 공 = 실존이라는 등식이 성립된다.
그러면 연기적 현상을 깔끔하게 타파하여 무루의 '공(空)'으로 받아들이기 위해서는, 자존성과 창조성으로부터 자유로운 원인자인 '제1원인'에 대하여 논리적 근거를 가지고 '공'을 항복받아야 한다.

실제 인지되는 대상인 커피잔을 예로 든다면

그러면 커피잔은 '유(현상)'도 아니고 '무(공)'도 아니지만 책상 위에 엄연히 존재하는 것은 분명하다. 그러면 커피잔은 有 인가, 無 인가, 유도 아니고 무도 아닌 '공'인가? 이때 '이 뭐꼬?'에 대한 화두를 잡아야 한다.

자존성과 창조성의 문제를 근원적으로 풀기 위한 열쇠는 有도 無도 아닌 '공'을 '제1원인'으로 잡아야 한다. 그러면 커피잔은 '제1원인'에서 나온 것이 분명하다. 그러면 '제1원인'에서 나온 것은 '제1원인'이며 다른 것이 생겨날 수가 없다.

만물은 일체가 제1원인에서 나왔으며 '제1원인' 아닌 것이 없다. 그러므로 '천상천하 유아독존'이다. 일체가 '제1원인'이므로 개별 '相'으로 한계 지워졌던 일체 범위가 사라졌다.

한계 지워졌던 일체 만물의 범위가 사라지면서 공명 현상을 일으켜 제상이 비상으로 '실존'인 '공'이 저절로 드러난다.

그러면 존재하는 만물은 '제1원인'이 창조한 것이며 '실존' 아닌 것이 없다.

그러므로 우주는 제1원인이며 '실존' 자체다.

그러면 "제1원인 = 커피잔 = 실존 = 공 = 우주"의 등식을 받아들일 수 있지 않을까. 존재하는 모든 것은 제1원인이며 '공(空)'이고 '실존'으로 받아들일 수 있다. 그러므로 '제1원인'의 논증으로 무루의 '공'을 항복받아야 공성이라는 착에서 벗어날 수 있다.

② 만물의 창조는 제1원인이며 空이다

앞장의 논거에서 '제1원인'에 대한 *海印*을 항복받았는가. '제1원인'이 붓다가 성취한 범위가 사라진 공명의 '진공' 상태로서 만물을 창조하는 '묘유', '공적' 하지만 신령스럽게 알고 있는 '覺' 바로 '무상정등각'인 '실존' 자체다.

우리가 깨달음을 성취하기 위해 간절히 바라던 참나, 진아, 불성, 해탈, 열반, 하나님, 붓다, 중도는 어디에 있는가. 이 모든 것이 어디에서 나온 것인가. '제1원인'에서 나온 것이 아닌가.

이것뿐만 아니라 망념이나 전도몽상 4성제인 고, 집, 멸, 도 자체도 제1원인에서 나왔기에 범위가 사라진 '제1원인' 일체가 '공명'의 상태로 '실존' 자체인 '천상천하 유아독존'이다.

'着'으로 촉이 발생하며, 촉의 감각과 느낌으로 시·공이 펼쳐 진다, 우주는 감각 속에 있다. 감각이 곧 경험이며 의식이다. 우주가 의식 그 자체다. 의식은 영원하다. 죽음도 의식 속에 있다. 죽음이 존재하는 것이 아니라 경험하는 것이다.

의식은 느끼는 곳에 존재한다. '지금 여기' '이것'은 현재다. 현재는 영원을 들여다보는 창이다. 창문은 항상 열려 있다. '이것'을 보라. 화면의 영상에 착하지 말고 공적 하면서 영상을 드러내는 '배경 의식'인 '실존'을 보라. 화면인 배경 의식에 드러나는 영상은 실존의 투영으로 범위가 사라진 '공'이다.

③ 천상천하 유아독존이기 때문에 연기하며 '공'이다

자존성과 창조성을 가진 것은 제1원인을 원인자로 설정할 때 분명한 것은, 제1원인 자체도 개념이라는 것이다. 언어는 진리를 반영 할 수 없다. 그러나 언어 외에는 소통할 방법이 없다. '노자의 도가도 비상도, 붓다의 염화미소'는 "심행처멸"의 이 자리를 무위로 설하신 것이다.

'심행처멸'의 시·공과 언어가 끊어진 자리가 본래의 자리다.

만물 본래의 자리는 시·공을 초월한 절 대계였으나, 절대는 자신을 드러내기 위해서 시·공에서 개체에 의존하여 연기로 모습을 드러내는 현상계를 펼쳐 내게 되었다. 존재하는 모든 만물은 '절대의식'으로부터 생명력을 받으면서 현상계에 모습을 드러낸 것이다.

그러므로, 시·공의 현상계에 드러난 모든 만물은 의식의 투영에 의해 연기로 드러나는 현상(가상, 허상)에 불과하지만, 모든 것은 '제1원인'에 의한 실존의 작용으로 실존 아닌 것이 없다. 나는 우주이며 우주가 곧 나다.

실존(제1원인) = 부처 = 중생 = 공(空) = 중도(中道)는 불이(不二, 반야)라는 결론에 도달한다. 펼쳐진 일체가 실존 아닌 것이 없으며 지금 여기 이대로가 진리다.

이 진리를 펼쳐 낸 원인자인 자존성과 창조성으로부터 자유로운 것, 그것이 '제1원인' '실존'이다. "천상천하 유아독존"이다.

불교적 용어인 '一心' 과 '意識'에 대한 용어의 정리

본서는 불교 용어인 한마음(一心)의 이해를 돕기 위하여 현대 용어인 意識으로 대치함으로써 의식에 대한 개념적 혼란을 최소화하기 위하여 아래와 같이 개념상 의미를 정리하고 가겠다.

- 절대의식: 현상계에 형상을 드러내기 전의 잠재적 생명력 자체, 시·공을 초월함으로 6근의 감각기관으로는 인지할 수 없는 잠재적 양태로, 진공, 묘유, 적멸, 절대, 초월, 공적, 무 등의 의미로 사용함.

  모든 감각과 경험이 끊어져 자신을 자각하지 못하는 '공(空)'의 상태로서의 절대, 무의식, 우주 의식, 초월의식, 단일의식이라고 하며, 절대성, 전체성, 일원성, 동일성, 항상성으로 '본체, 실존'이라는 개념으로 사용함.

- 순수의식: 생각이나 이미지 발현 이전의 순수 존재 의식 ' 존재 자체.' 잠에서 막 깨어나 경계가 인식되기 이전의 의식, 직관으로 일어나는 '현존감'으로 분별이 일어나기 이전의 전체성, 일원성, 반야심경의 '색즉시공 공즉시색'으로 표기되는 자리를 말한다. 여기서 '자리'란 이것 또한 생각이며 개념이다.

- 개체의식 : 존재의 착각에서 오는 주체적 '나(我)'로, '무아'인 자신을 자각하지 못하고 내가 존재한다는 착각에 의해 설정된 아상이 세운 '假我'이다. 반야심경의 '오온 개공'이라 할 때 주체적 의식을 가진 '나(我)'란 '착각'으로 생겨난 '환'이다.

  개체로서의 나는 시·공간에서 대상을 지각하여 대상과 동일시함으로써 상대적으로 생겨난다. 상대적 개체의식은 순전히 개념으로 아상이 그려낸 '환상'이다. 나의 근본은 본래 분별될 수 없는 '절대의식'인 '실존'이다.

  시·공이 끊어진 본래의 상태에서 자존성과 창조성으로부터 자유로운 것이 있는가? 유(有), 무(無), 공(空)의 화두를 잡아 제1원인을 원인자로 정견 해 보자. 의식의 거울에 드러나는 비춤은 大覺인 앎 자체다. 그냥 비추어지고 알 뿐이다.

④ 실존(본체)에 대한 바른 정견

우리는 보고 만질 수 있는 것을 참되다고 하는데, 보고 만져지는 모든 것들은 의식에서 인식할 수 있게끔 바뀌고 난 뒤에 인지된다. 그런데 이렇게 인지된 것들은 인식자의 의식에 투영된 하나의 환영일 뿐이다.

우리가 감각으로 받아들여 인식하는 그것들이 단지 허상이라면 정말 참된 실체는 무엇일까? 그림자를 비춰 내는 배경 의식인 自覺(앎) 자체다.

개념적 허상 이전의 실체, 감각기관의 작용 이전의 근본, 더 나아가 존재라는 개념이 성립되기 이전을 살펴보기로 하자.

우리가 "어머니 뱃속에 들기 이전의 당신은 누구냐."라고 묻는다면 당신은 "모른다."라고 답할 수밖에 없을 것이다. 사실 실존은 시·공이 펼쳐지기 이전 인지할 수 없을 때의 그 나가 우리의 참모습이다.

사실 실존은 현상 이전의 본체이며, 시·공간 너머에 있으며 지각되지도 않는다.

반면에 우리가 나라고 생각하는 개체적인 나는 항상 상대적이며 나타난 현상에 불과하기 때문에 일시적인 존재에 불과한, 시·공간의 제약을 받는 환영이다.

나는 절대적 독존이며 스스로 드러내지 못하므로 지각을 가진 개체에 의존하여 시·공간에서 작용으로 드러난다. 이렇게 현상으로 드러난 것이 본체가 시현한 객관화인데, 이 객관화에는 필연적으로 인식하는 주체와 객체로 분리가 있게 된다. 그러나 '실존'은 결코 객관이 없다.

우리가 인식자라고 하는 주체나 인식의 대상이라고 부르는 객체는 모두 의식에 투사된 객체일 뿐이라는 점이다. 주체적 나가 있다고 생각하는 것은 순전히 착각에서 생겨난 '가아'라는 개념의 환상에 의해 세워진다.

그러나 우리는 무명으로 인하여 건립된 '가아'를 참나로 붙잡고 망상의 늪에 빠져 괴로움과 고통을 겪으며 살아간다. 그래서 붓다는 정신을 차려서 망상의 늪에서 벗어나 잘살기 위해서 잠에서 깨어나듯이 본래의 자리로 돌아가는 궁극적인 방편인 불법을 보여 주셨다.

각 경전에서 법의 성품인 실상에 대한 강설

- 『화엄일승법계도』에서
  "법성원융무이상" 법의 성품은 원융하여 둘이 아니다. 본래 분리할 수 없는 일원성, 전체성, 불이(不二)의 한바탕이다.

- 『금강경』에서

일체 유위법 "여, 몽, 환, 포, 영, 여로 역 여 전" "약 견 제상 비상 즉 견 여래"

모든 현상은 꿈, 환영, 거품, 그림자 같고, 이슬 같고, 또한 번개 같으니 응당 위와 같이 보아야 한다.

- 『반야심경』

"조견오온개공 도 일체 고액" 오온이 공한 것을 비추어 보고, 온갖 고통에서 건너느니라.

"색즉시공 공즉시색" 현상은 공과 다르지 않고, 공이 곧 현상(색)이다.

"색불이공, 공불이색" - 색이 공과 둘이 아니며, 공이 색과 둘이 아니다. 공과 색은 동시이며 하나다. 본질적으로 나타남(色, 현상)과 나타나지 않음(空)은 하나다. 둘이 아니며 동시 존재다. 현상은 본체가 드러낸 그림자로 본체 없이는 그림자 또한 없다. 그러므로 둘이 아니다.

- 노자의 도가에서

"도가도 비상도, 명가면 비상 명" 이 세상에 변화하지 않는 것은 없다는 연기를 설명한 것이며, 모든 것은 시·공에서 의식의 작용인 개념으로 존재하며 실체가 없다.

"유, 무 상생", 유한과 무한은 서로 융합하여 상생의 현상으로 존재한다. 드러난 것과(현상) 드러나지 않은 것은(공)은 하나다. 연기는 시·공에서 상대적 형이하의 개념작용이기 때문에 분별이 없는 하나다.

본래의 성품은 지각할 수 없는 빛의 성질과 같아 본성에 반영되어 나타나는 현상은 본래 하나다. 순수의식(단일의식) 과 개체의식(분리 의식)은 개념으로 분리된 것이며 본래 하나다.

단일의식은 분리될 수 없으므로 지엽적 개체의식은 절대의 그림자이므로 본래 하나다.

절대와 상대는 본래 하나다.

나와 너는 본래 하나다.

본체와 현상은 본래 하나다.

만물은 의식의 투영으로 드러나는 의식의 작용이며, 시·공간 개념의 틀 속에서 개념으로 분별되는 개념작용일 뿐이다. 이는 단일의식의 투영으로 드러나는 '실존'을 설명한 것이다. 의식의 투영 없이는 대상은 인식 될 수 없다. 인식되는 것은 의식의 투영이며, 동시 존재한다. 그러므로 우주가 곧 의식이며, 의식이 곧 나다. 만물과 나는 분별할 수 없는 하나다.

- 『대승기신론』에서
  경계는 일체가 언설 상, 명 자상, 심연 상으로 드러나는 개념화다.
  본체와 현상은 하나다.
  바다와 파도는 하나다.

모든 것이 근본적으로 하나다.

존재의 모든 것은 '제1원인' '실존'에서 나온 것이며, 우주가 곧 나이며, 내가 곧 우주다.

나는 세계이며, 세계는 곧 본래면목이다. 일체는 단일의식의 거울에 드러나는 본래의 그림자다. 아침 이슬에 반사되는 태양은 태양일 수 없다.

이상과 같이 경전 상 존재의 근원에 대하여 탐구해 보았다.

존재는 '제1원인'이며 모든 것은 제1원인인 '실존'이 자기를 더 명확히 하기 위한 과정에서 펼쳐 낸 자신의 환영이다, 그러므로 의식의 투영이건, 본체의 그림자 이건, 개념적 분별이건, 의식의 거울에 비친 그림자이건, 이것은 표현에 있어 방법만 다를 뿐이다. 실체가 없는 '환'이다.

존재하는 모든 것은 '제1원인'이며 제1원인에서 나온 것 또한 '제1원인'이다.

이것은 본래가 하나인데 시·공에 나와서 의식이 개념으로 분류된 '환'이며, 본래는 제1원인 = 실존 = 공 = 부처는 하나인 "천상천하 유아독존"이다.

⑤ **意識의 권능과 비범함에 대하여**

절대의식은 자신을 나타내 보이기 위해 지각을 갖춘 매개체에 생명력을 부여하여 시·공간상에서 현상으로 드러낸 것이다. 그러므로 우주는 물론 존재하는 모든 형상은 절대의식의 투영으로 나타나는 그림자(환)이다.

이 절대의식이 지각 있는 4생(태생, 난생, 습생, 화생)에게 자신의 시현을 위해 생기를 부여함으로써 우주가 파노라마처럼 한순간에 펼쳐진다. 우주라는 풍광을 펼쳐 내고 거두어들이는 것은 오직 절대의식(봄, 앎,覺)임을 먼저 이해해야 한다.

그러므로 우주에 존재하는 지각을 가진 모든 형상은 절대의식으로부터 생명력을 부여받지 못하면 버려져야 할 물건이다. 그러나 절대의식은 단일성인 생명 그 자체이며 실존이다. 그러므로 개체에 생명력을 부여하였다고 하더라도 분리된 개체의식을 주체 의식(개별의식)으로 착각하면 망상이다.

나는 생기를 부여받은 하나의 개체적 현상에 불과한 '가아'가 아니라 생기를 부여하는 절대의식인 '실존'이라는 사실을 깨달아야 한다. 그러므로 깨달음은 있어도 깨달은 작자(주체적 자아를 가진 자)는 없다고 하는 것은, 본래 부처인데 착각에 의해 개체적 자아로 받아들이고 착각 속에 살아간다는 것이다.

경전상 표현

의상대사 「법성계」에서 '궁 좌 실제 중도 상' - 본래의 자리로 돌아가보니 '구래 부동 명 위불' - 본래부터 이 자리는 부처의 자리였네,라고 강설하고 있다. 그러나 본래 오고 감이 없는 '實存(단일의식)'인데 대상에 착하는 순간 마음은 밖으로 내달리게 된다.

본래 부처인데 개체의식이라는 착각이 중생이다

각 개체에 생기를 부여하는 본체인 '절대의식'과 본체로부터 생기를 부여받음으로 6근 (안, 이, 비, 설, 신, 의)의 지각 작용으로 대상을 인식하게 되면서, 내가 존재한다는 자존감이 생겨나는데 이것이 '개체의식'의 발로다. 이 개체의식이 곧 着에 의해 분별 의식이 된다.

이때 현존감인 着이 의식의 바다에 파도처럼 한 생각이 일어나 덧칠되면서 수많은 경계로 드러난다. 경계에 착하면서 자기중심적 '자아'인 '개체의식'이 생겨나 만물이 펼쳐진다.

중요한 것은 본체인 절대의식(단일의식)이다. 절대의식에서 생기를 부여받아 내가 존재한다는 현존감 자체는 '순수의식'이다. 이 순수의식에 자존감이 생겨나 바다의 파도처럼 덧칠 되면서 대상을 인식하고 분별하는 '개체의식'이 된다.

이 개체의식은 시·공간 개념의 토대 위에서 이원성으로 펼쳐지게 된다. 이때 인식되는 현상은 개념의 토대 위에서 개념으로 분류된 것으로 의식의 거울에 비치는 것은 본체의 그림자이다. 개념으로 나타난 그림자이기 때문에 '환영'이다.

경전의 근거

『금강경』에서 "약 견 제상 비상 즉 견 여래"라 한 것은, 일어나는 모든 현상을 상이 상이 아닌 것으로 본다면 곧 여래를 보는 것이라 했다.
　여기서 상이란 눈에 보이는 것만을 가리키지는 않는다. 법에 대한 집착, 경전에 대한 집착도 다 상이다. 진실로 육조단경의 '응 무 소주, 이생기심' 즉 머무는 바 없이(집착 없이) 마음을 낼 수 있다면, '단일의식'의 비춤만 '여여' 하여 처처가 '실존' 아닌 것이 없다.
　이 모든 것들은 단일의식이 일으키고, 보고, 알며, 감상한다. 단일의식 안에서 단일의식에 의하여 일어나는 단일의식의 작용이다. 단일의식이 생명이고 우주이며, 부처이고 '實存'이다. 단일의식은 대원경에 온 우주를 품고 비추는 '覺'이며 '천상천하 유아독존'이다.

본래 부처인데 왜 고통의 늪에 빠져드는가

나는 '가아'인 개체의식이 아니라 단일의식인 '실존'이다. 그러나 나라는 존재감이 생겨나 나 중심으로 한계 지워 개체의식이 본인을 주체 의식을 가진 독립된 존재로 착각하고, 대상에 착하여 전도몽상의 구렁텅이에 빠지게 된다.

있지도 않은 윤회라는 구속의 굴레를 쓰고 고통받는 삶을 살아가게 된다. 꿈을 꾸는 자가 잠에서 깨어나야만 꿈인 줄 알 수 있듯이 이는 오직 깨달아야만 알 수 있다. 이것은 순 전이 자업자득이다. 이것이 우리가 깨달아야 하는 이유다.

대상은 시·공간 개념 구조체 인식 도구를 통해서 인식된다

절대의식은 자기를 인식하거나 드러낼 수 없다. 그러므로 시·공에서 형상을 가진 매개체에 의존해서만 존재를 드러낼 수 있다. 시·공이라는 개념의 구조체인 도구를 통해서만 인식이 가능하기 때문이다.

여기서 공간을 점유한 형상과, 시간상의 머무름으로 인해 대상을 인식하면서 상대적 현상 세계가 펼쳐지게 된다. 현상계를 드러내는 시·공간 개념은 대단히 중요하므로 확실한 이해를 위하여 반복 학습한다.

단일의식이 생명력을 불어넣어 대상을 인식하기 위해서는 시·공의 개념 구조의 틀로서 볼 때 일체 현상은 개념으로 나타나게 된다. 이때 나타나는 일체 현상은 개념의 틀로서 개념으로 인식되는 단일의식의 투영으로 금강경에서 '환' 또는 '그림자'로 관하라고 한다.

여기서 중요한 것은 현상계는 연기적 현상으로 저절로 작용하기 때문에 주체적 자아를 가진 개체는 있을 수가 없다. 오직 단일의식인 '실존'만이 주체적 지위에서 '무아 연기'로 펼쳐진 우주적인 꿈을 지켜보는 관찰자로서 "천상천하유아독존"으로 '봄, 大覺이다.

단일의식인 '실존'은 항상 거기에 있어야 한다. 이것을 "관찰자 절대 보존의 법칙"이라고 한다. 그것이 나의 존재 이유다. 나는 개체적 지위에 있을 수 없다. 나는 전체성이며 절대이다. 이것은 '실존'의 설명이다.

이를 직관하여 '지금 여기' 영생의 창을 직관하라. '봄''앎'만이 있다. 그러므로 깨달음은 있어도 깨달은 주체적 자아는 없다고 하는 것이다.

단일의식은 우주이며 본래면목인 실존이다

단일의식은 빛과 같아 물질의 투영 없이는 드러나지 않는다. 그러므로 과학계에서도 의식을 물질이라고 한다. 그러므로 존재하는 모든 물질은 의식이다. 의식은 물질로 세계를 펼쳐 내는데 세계가 곧 물질이며 의식이다.

단일의식은 '실존'이고 본래면목으로 진리의 현현이다. 그러므로 나는 단일의식이고 우주며, '실존'이다.

우리가 사물을 본다는 것은 단일의식이 매개체에 의존하여 드러내는 '본래면목'이며, '봄(앎)'이다. 나라는 몸·마음은 의식이 생기를 부여한 자기현시의 도구에 불과하다.

내가 도구이면 보는 자는 누구인가?

보는 작용은 누가 보는 것인가?

도구인 몸은 단일의식이 부여한 의식으로 지각에 의존하여 '실존'인 절대 자각의 '봄(앎, 전지)'이다. 이 모든 것은 단일의식 안에서 몸·마음에 의존하여 단일의식에 의하여 이루어지는 단일의식의 체험이다. 그러므로 육신은 연기에 의하여 작용하는 의식의 도구에 불과하다.

그러므로 지금 여기 이렇게 드러난 일체 현상과 내가 드러내는 모든 작용은 단일의식이 드러내는 현시이며 드러나는 일체가 진리이며 처처가 부처 아닌 것이 없다. 6근이 6경에 촉 하여 識으로 드러나는 일체 그대로가 불성이며 진리 아닌 것이 없다.

예를 들면, 나와 우주와 부처는 같다.

가전제품의 경우 밥솥, 냉장고, 선풍기, 에어콘 등 여러 종류가 있다. 이 제품들은 각각의 특성을 가지고 있다. 그러나 전기가 공급되지 않으면 고철 덩어리에 불과하다. 이와 마찬가지로 우리의 몸도 이와 같아서 '의식' 즉 절대인 의식의 작용 없이는 몸은 시체에 불과하며 드러나는 작용 하나하나가 진리 아닌 것이 없다.

밤길을 갈 때 손전등은 비춤만 있지 비치면 보고 알고 행하는 것은 의식이다. 그래서 일체는 절대의식인 '실존'의 작용임을 깨달아야 한다. 그러므로 모든 현상은 의식이 창조하는 것이다. 일체 드러나는 것은 단일 의식의 투영이므로, 환영이며 그림자다.

그러나 단일의식인 '실존'이 펼쳐 내는 것으로 역시 진리(실존) 아닌 것이 없다. 그러므로 처처가 부처 아닌 것이 없다, 그래서 우주와 나와 부처는 같다고 하는 것이다.

일체는 단일의식의 작용으로 일어난다

6근(안, 이, 비, 설, 신, 의)의 작용도 나의 개체적 의지와는 관계없이 저절로 작용하고 있으며, 나는 한순간도 호흡에서부터, 신체의 소화기관과 장기의 기능, 세포와 뼈의 성장과 사라짐, 심장의 맥박에서 죽음에 이르기까지, 나의 주체적 의지가 개입하는 것이 있을까? 아니면 저절로 작용하는 것일까?

보고, 듣고, 말하고, 생각하고, 행위를 하는 모든 작용은 절대가 개체에 의존하여 드러내는 절대의 작용이다. 개체적 의지가 간섭할 틈새가 없다. '연기' 작용 역시 주재자 없이 저절로이다. 나라고 할 주체가 없는 '무아(無我)'인데 누가 생각하고 말하고 행위를 한다는 것인가?

일체 드러난 것은 단일의식의 본체가 투영한 그림자이며 '무아 연기'에 의해 저절로 일어나고 있는 현상임을 잘 이해하라. 그러므로 '현상'은 있어도 업을 짓는 작자(주체)는 없으며, 깨달음은 있어도 깨달은 자는 없다는 것이다.

단일의식(한마음)은 전 우주에 편재하여 있다. '이것' '지금 여기 이것'이 절대 자각인 '實存(覺)'이다. 이 우주에 드러난 수백억 조의 형상들은 단일의식이 자기현시의 매개체로 생명력을 부여받아 잠시 물질(현상) 에너지로 드러나는 물질(정보) 덩어리로 연기의 대상일 뿐인데 누가 있어 주체 의식을 가지고 보고 듣고 행위를 한다는 말인가?

절대 자각의 진리가 꾸는 우주라는 꿈이 연기에 의하여 저절로 펼쳐지고 있다는 사실을 자각하여야 한다. 여기서 진리가 꾸는 꿈이란 '절대의식'이 꿈을 펼쳐 내고, 꿈을 인식하고, 그 꿈을 보고, 알고, 꿈을 꾼 것을 기억하는 것 역시 '의식'이다. 그러므로 일체가 절대의식이 꾸는 우주라는 꿈이다.

그러나 우리는 그것이 꿈인 줄 알지 못하고, 나의 몸 밖에서 펼쳐지는 세상을 내가 지각한다고 착각하고 있다. 나를 실재 존재로 착각하고 대상인 경계에 '착'하여 끌려간 것이다.

현실은 너무나 섬세하고 습에 길들어져 있어 꿈인 줄 알아차리지 못한다. 그러므로 꿈에서 깨어나야만 꿈이라는 사실을 알 수 있듯이 깨달아야만 알 수 있다.

나는 단일의식이지 연기로 드러나는 현상이 아니다

단일의식은 우주 전체를 하나의 유기체로 보며, 인간을 포함하여 우주에 존재하는 수백억 조의 개체는 우주라는 유기체의 한 부분의 세포로 먼지 같은 존재로서 거기에 주체적 개체의 지위를 가질 수 있는 존재는 없다. 나는 연기의 대상인 개체의식인 '가아'가 아니라 생기를 부여하는 '본체'이며 우주 의식인 '실존'이다.

그러므로 나는 곧 우주이며 우주가 곧 나다. "천상천하 유아독존"인 '절대의식'이다. 그러나 우리는 진리가 꾸는 한순간의 우주적 꿈에서 깨어나지 못하고 '개체의식'인 나를 주체적 자아로 착각한다.

내가 본래 부처인 줄 모르고 집착에 의한 개념의 늪에 빠져 생각이 칡넝쿨처럼 나를 휘 감고 한계 지워 구속의 고통 속에서 자유를 갈망하다가 생을 마감하게 된다. 나는 본래 부처이다. 이것이 우리가 깨달아야 할 이유다.

(4) 의식의 성질, 속성, 기능에 대한 탐구

의식의 본질적인 속성을 알고 이해하기까지 숱한 혼동이 일어나는 것은 당연하다. 이 혼동은 장님이 각자 코끼리의 한 부분을 만져보고 코끼리의 생김새를 단정할 때, 장님이 각자의 마음속에 생기는 혼동과 같다.

앞장에서 설명한 바와 같이, 의식에 대해 철저히 이해하기 위해서는, 의식이 없이는 어떤 존재도 있을 수 없으며, 의식은 생각의 토대이며 생명 자체다. 지금 여러분이 이 책을 보고 이해하고 평가하는 것도 의식의 작용이다. 이러한 기본적 사실을 잘 이해하여야 한다. 이 몸인 개체는 의식의 의존체인 도구에 불과하다.

그러므로 의식에서 일어나고 나타나는 모든 것, 사물, 대상, 혹은 사건이나 느낌도 단지 생각(개념)의 소산일 뿐이다. 다시 말하면 그것 자체의 실체가 없는 현상일 뿐이다. 자신이 타인의 의식에 나타난 이미질 뿐인 한, 주체와 객체로 분리할 수 없다는 것을 의미한다.

인도의 성자 마하라지는 현현된 우주가 아이를 낳지 못하는 여인의 아이와 같다고 말함으로써 문제 전체의 기본을 바로잡는다.

① 의식이 휴식에 들면 나, 너 그리고 우주도 사라진다

깊이 잠들었을 때, 의식이 휴식하고 마음이 전적으로 고요할 때는 그 잠든 개인 혹은 다른 사람들 그리고 세계를 구성하는 대상에 대해 어떠한 인식도 없다. 깊이 잠들었을 때는 고통이나 쾌락의 어떠한 경험도 겪지 않는다. 모든 경험은 의식의 움직임으로 일어나기 때문이다. 마음이 가는 곳에 의식이 간다. 그러므로 마음은 한 번에 두 곳에서 작용하지 않다.

사람의 불행은 깊은 잠이 끝나고 꿈꾸고 있거나 깨어 있을 때 의식이 작용하면서 일어난다.

의식은 수면에서 일어나는 물결과 같이 그것의 본성이 그러하다는 것 외에는 명백한 이유가 없으므로 인도의 성자 마하라지는 이유 없는 이유라고 말한다. 그리고 내가 존재한다는 최초의 생각과 더불어

전 우주가 눈 깜짝할 사이에 펼쳐진다.

의식은 휴식일 때는 비개인적인데, 자신을 현상으로 대상화하면서 스스로 드러낼 때는, 하나의 대상물과 자신을 동일시하여 독립적으로 분리된 개인으로서 인식하게 된다. 실제로는 모두 '의식의 거울' 안에 나타나는 '환'일 뿐이다.

이 '개체적 나'는 다른 모든 현상을 '나'의 대상물로 보게 되며, 지각 있는 각각의 존재들은 다른 모든 지각 있는 존재들과 서로 상대적 주관이 된다. 그러므로 나는 상대방의 의식에서 드러나는 개념적 이미지로 이해해야 한다.

② 진·속 이제(眞俗二諦)로 펼쳐지는 원인은 무엇인가?

근본은 본래 진제(공, 의식의 잠재적 양태)와 속제(현상을 존재로 인지된 상태)의 분별이 있을 수 없는 진속불이(眞俗不二)로, 절대인 본래는 일원성이다. 속제는 나(我)가 존재한다는 착각에서 나를 더욱 명확히 하기 위하여 정보를 한계 지워서 시·공간에서 인식하는 현상적 개념작용으로 드러나는 '환'이다.

속제인 현상계는 본래가 자기현시를 위하여 시·공에서 개념으로 본래가 펼치는 마술쇼다.

의식은 사람에게 가공의 속박을 가져다주는 범죄자이면서, 가공의 해탈을 성취하도록 도와주는 것도 의식이다. 의식이야말로 있지도 않은 속박을 만들어 내는 마야(신)이면서 참스승이고 본래의 나다.

만약 이것이 적절히 다루어지던 우주의 비밀을 드러내고 의식이 갖가지 배역을 맡아(꼭두각시) 펼치는 인생이라는 꿈의 연극에서 가공의 해탈을 가져올 것이다. 일체는 의식이 펼쳐 내는 연출이며 연기다.

그러므로 이 지구상에 의식, 즉 내가 존재한다는 느낌보다 더 강력한 것은 없다. 가공의 개인은 그 모든 염원을 의식에 바쳐야만 한다고 마하라지는 강조한다. 그러고 나면 바로, 이 의식이 참본성을 드러냄으로써, 가공의 개인이 가공의 속박으로부터 가공의 해탈을 한다는 착각에서 벗어나게 된다.

참본성은 다름 아닌 찾는 자 그 자체이며 개체가 아닌 '단일의식'이다. 여기서 모든 염원을 의식에 바친다는 것은 일체 모든 것을 의식의 작용으로 수용하라는 것이다. 받아들인다거나 거부 한다는 의사가 있으면 유위다. 수용은 무위다.

자유의지를 가진 독립된 개체성의 '有爲적' 기초 위에서는 현시된 우주가 자신의 비밀을 드러내지 않는다. 그러므로 성실과 열정으로 모든 감각과 지각의 근원인 의식에게 맡겨 無爲로 일체를 허용하여야 한다.

그렇게 하면 꽉 잡고 있던 이분법적 개념이 점차 느슨해지고, 순화된 순수의식은 진정한 본성의 비밀을 저절로 드러내게 된다.

③ 우리가 아상에 집착하는 원인은

우리가 그토록 나에게 집착하는 까닭은 나의 존재를 더욱더 명확히 하여 더욱더 돋보이고 드러내려고 하는 '아상'과 '아집' 때문이다. 그러므로 나의 현존과 존재의 본능적 욕구는 DNA 영향도 있겠지만 부모, 형제, 타인에게 인식의 초기 단계에서부터 특정한 이름을 가진 개체의식으로 학습받아 고정관념으로 고착화되었기 때문이다.

허상인 개체의식을 '아상'인 주체 의식으로 받아들여 집착의 씨앗이 되었다. 이 着이 상대의 세계를 펼쳐 내는 근원적 요인으로 상대의 세계에서 착과 대상의 분리는 불가능하다. 그렇기 때문에 싯다르타는 '무아와 연기'를 제시하셨다.

생명 자체는 육체와 정신을 분리할 수 없는 하나다. 끊임없이 호흡하며, 또 깨어 있을 때나 잠잘 때나 항상 붙어 다니는 의식과 감각을 바로 자기 자신이라고 의심 없이 믿어버린다.

실제로 일어나는 현상은, 본체(단일의식)가 자신의 현시의 작용을 위해 수백억 조의 형태로 자신을 대상화하여 드러낸 화신(환)이다.

그리고 이 현상의 하나하나는 현시 과정에서 끊임없이 창조되고 파괴될 뿐 어떤 행동의 주체적 선택도 가질 수 없다. 그러므로 본체가 스스로 대상화할 수 있도록 수백억의 형태를 드러내는 것은 단일의식의 자기현시이므로 둘이 아니고 하나다.

나의 몸은 현상을 드러내기 위한 도구일 뿐이다. 물론 현상은 본체와 다른 것이 아니라 단지 본체의 객관적 측면인 그림자다. 그러므로 본체와 현상은 분리할 수 없는 하나다.

④ 의식이 시·공간에 속박되는 이유는 왜일까

의식은 자신을 드러낼 물질적인 형태가 필요하다. 그 형태 속에 부여된 의식은 물질적인 형태가 머무는 동안만 지속한다. 물질적 형태는 다섯 가지 원소(지, 수, 화, 풍, 공)의 정수인 음식으로 이루어졌고, 그것으로 유지되며 길러진다. 어머니 자궁 속에서 수정 결합 된 생명력의 혼합 덩어리는 그 자체가 부모가 섭취한 음식의 정수다.

음식의 정수인 물질적 형체가 죽어 없어질 때 생명력은 더 이상 육체와 함께할 수 없고, 개체의식은 전체의식에 스며든다. 그러므로 육체와 함께하는 의식은 물질적 형체(몸)가 부여받은 생명의 존속기간에 의해 제한받고 시간에 속박되는 것이다. 죽음은 의식으로부터 한계 지워진 육체로부터의 해방이다.

여기까지 이해가 되면 마하라지는 다음과 같이 세 가지로 요약 정리할 수 있다고 하였다.

첫째, 개체의식은 태어난 이후로 육체와 함께하고 있는 의식의 일부분으로 간주한다. 만약 우리가 이 의식 없이 태어났다면 한 조각 고깃덩어리처럼 던져져 파괴되었을 것이다.

의식 없이는 태어날 수 없다. 그러므로 우리의 진정한 본질을 이해하도록 도와줄 수 있는 단 하나의 원천이 '의식'임을 이해하여야 한다.

둘째, 개체는 의식을 소유할 수 없으며, 의식을 소유하는 것은 절대이며, 전체의식은 절대의 현현된 객관적 측면이며, 단일의식의 한 바탕에서 수십억 인간을 포함하여 전 우주가 드러난다.

또한 전체의 나타남은 단지 가공(허구)이라고 말함으로써 우리를 깜짝 놀라게 하여 의식을 개인적 자산으로 간주하는 어리석음으로부터 벗어나게 한다.

셋째, 이 상태가 명백히 이해되면 현시된 것은 덧없는 육체가 아니고, 심신 구조체에 감각과 지각과 생기를 부여하는 절대의식임을 알게 될 것이다. 그러나 육체는 언젠가는 죽고 현현된 의식은 본체인 대양으로 스며든다. 그리고 영원한 단일의식 만이 비춘(봄)다.

이제 단일의식의 완성을 위해 해야 할 것은, 절대와 상대, 비현시와 현시, 본체와 현상, 현존과 부재, 그리고 밀접한 관계들의 반대 쌍들의 본질적 개념 정리를 분명하게 해야 한다.

이러한 대칭적 쌍의 개념은 모든 현시의 기초인 이원성을 구성하는 의식의 다양한 양상으로 나타낸다. 관찰자와 관찰되는 대상, 아는 자와 알려지는 대상처럼 말이다.

밀접한 관계에 있는 상대되는 쌍들의 기본개념을 정립하는 것은 의식을 완전히 이해하면 찾는 자 자신이 찾는 대상이 되어 이원성 안에서만 존재하는 다양한 반대 쌍들이 서로 합쳐지면 상대적 이원성의 조건을 해체 시켜서 본원적 통일성을 가져올 것이기 때문이다.

이원성의 조건을 완전히 해체한다는 것은 본래의 자리인 단일의식의 한바탕인 의식의 거울에 비치는 그림자를 그림자로 바로 보지 않고 개체적 존재로 인식하기 때문이다.

이원성으로 펼쳐지는 그림자를 그림자로 '정견' 하면 마치 바다와 파도는 둘이 아니라 하나임을 자각하여 일원성으로 회귀하는 것을 '해탈'이라고 한다.

그러므로 '진제와 속제', '세간과 출세간', '부처와 중생'은 본래 하나인데 무명으로 인하여 생각으로 분별하고 있음을 자각해야 한다.

⑤ 의식의 자기현시는 시·공간의 이원성으로 나타난다

의식의 현시는 시·공간의 이원성 안에서 개념으로 인지된다. 이 이원성은 의식의 거울에 비친 그림자로 나타남을 이해해야 한다. 현시를 구성하는 다양한 대상들은 의식 안에서 인식되고 인지되는 개념적 분리 현상이며 독립된 주체로서의 실체란 있을 수 없다.

의식의 거울에 인연 따라 나타나고 사라지는 그림자로 바로 보아야 한다.

명백한 사실은 모든 현시, 모든 현상은 의식 속에서 나타나고 의식의 판단을 통해 의식에 의해 지각되고 의식에 의해 인지되는 것이다.

만약 이 사실을 확실하게 느끼고 이해한다면 의식은 일어나고 있는 작용 중 이 기도하고, 작용을 지각 중이기도 한 것이다.

그러므로 '실존'은 '의식의 전 과정'이라는 것을 알게 될 것이다. 활동 중인 의식은 모든 가능성의 총체이자 고요히 머무는 순수의식과 구별될 수가 없다. 다른 말로 하면, 의식의 현시는 자신의 거울(대원경)에 비친 자신의 그림자다.

인연 따라 출렁이는 파도는 바다와 둘이 아니라 물의 출렁임으로 드러나는 하나의 현상인 일원성이다.

⑥ 시간과 공간의 작용적 측면이란

공간은 작용 개념의 정적 측면이다. 공간이 없다면 형상 점유의 범위를 알 수 없을 것이다. 그리고 시간은 작용 개념의 동적 측면이다. 시간의 지속이 없다면 공간 안에 담긴 현상은 감각기관으로 지각될 수 없다.

예를 들면.
깊은 잠에 빠져 있을 때 시간과 공간은 사라지고 더불어 모든 현시도 사라진다. 왜냐하면 이원성은 시·공간의 개념화 속에서만 존재하기 때문이다. 분별을 멈추라. 그러면 이원성은 사라진다. 바꿔 말하면 현상은 본체 없이는 존재할 수 없고, 본체는 현상 없이는 나타날 수 없다. 본체라는 그 관념도 개념화의 이원성 영역 안에 있다.

  개념화가 멈출 때 모든 이원성은 끝난다. 개념화가 끝날 때 남는 것은 순수 그 자체이기 때문에 거기에는 본체도 현상도 없다. 어떤 종류의 경험도 없고, 경험을 요구하는 어떤 것도 없다.
  이 모든 걸 간단히 말하자면 모든 밀접한 반대 쌍들은 필연적으로 개념으로서만 분리되며 본질적으로는 분리할 수 없는 본래 하나라는 것이다. 着에 의하여 대상에 끌려가 나와 너로 분리된다.
  이것은 순전히 의식의 의식에 의한 의식의 장난임을 명심하여 본래 분별될 수 없는 '일원성'임을 직관(생각이 표상 되기 전 순수의식, 봄 자체)하라. 고개를 들어 시야의 초점을 넓혀 여어 부동의 '지금 여기'에서 펼쳐져 있는 '영생의 창'을 그냥! 보라. 존재하는 것은 '지금 여기'가 본래(의식)의 '실존' 자체다.

⑦ 현상은 본체가 자신의 시현을 위한 객관화다

  본체는 시·공간에서 자신을 개체에 의존하여 현상화시키지 않고는 인지될 수가 없다. 또한 순수의식인 본체는 자신을 스스로 볼 수 없다. 그러므로 현상적으로 드러나는 것은 밖으로부터 온 어떤 것도, 본체에 의해 투사된 것도 아니고 본체 자신이 자신을 스스로 투영 하여 객관화시킨 자신의 그림자다.

일원성인 순수의식(본체)과 이원성의 분리 의식(현상)은 개념적으로만 일어나기 때문에 서로 분리되는 것도 결합되는 것도 아니다. 이원성은 단지 환상이고 절대의 일원성에 영향을 주지도 않고 줄 수도 없는 개념적 '환'에 지나지 않는다.

'색즉시공, 공즉시색'은 색(현상)과 공은 본래 하나로 동시에 일어나고 사라지며 분리할 수 없다. 着에 끌려가는 생각만 쉬어라. 그냥 있어라. 우주의 창조는 개념적 '환상'일 뿐이라는 것을 잊지 마라.

이원성이 정말로 실재라면 두 부분의 각각은 다른 한쪽의 본성과는 다른 독립된 자신의 본성을 가졌을 것이며 연기가 이루어질 수 없다. 하지만 외관상 이원성의 나타남과 사라짐은 둘 다 간격 없이 순간에서 순간으로 끊임없이 이어지는 '환상'일 뿐이다.

본체와 현상은 현시가 일어난 뒤의 이원적 상태에서 의사소통 수단으로 사용하는 언설상, 명자상, 심연상으로 드러나는 개념적 이미질 뿐이다. 그것들은 단지 개념 안에서 상상되는 두 상태를 묘사하는 두 단어일 뿐이며, 전혀 영향받지 않은 채 남아 있는 근본적 단일성(우주의식)을 방해할 수 없다. 그러므로 개체(아바타)인 사람(꼭두각시)만 바쁘지 본래는 항상 움직임이 없이 여여 하다.

예를 들면.

파도가 일어났다가 사라지지만 바다는 그러한 표면 운동인 파도에 영향받지 않은 채 그대로다. 진흙으로 수많은 옹기그릇을 만들어 내지만 그 본질인 진흙의 본성은 변함이 없다.

인도의 전통적 관점에서는 단일의식 속에서 현시된 현상의 나타남과 사라짐은 인도의 전통적 시바 신의 놀이와 같다고 하였다.

의식은 개인이 개념화하는 한 그 상대적 개념 속에서 시·공간에 속박되지만, 개념화되지 않을 때는 시·공간도 없으므로 무한하고 영원하다. 이러한 참진실을 완전히 자각하면, 그 자각을 추구하는 자는 단일의식과 하나 되어 순수의식의 영원한 평화 속으로 잠기게 할 것이다.

의식 속의 모든 현시와 개념화 작용은 단지 이슬방울에 반사된 태양 빛처럼 환영이며 유희다. 반사된 태양 빛이 사라진다고 태양(본체)이 영향받는 것은 아니다. 활동 중인 분리 의식(개체의식)은 정해진 기간이 끝나면 자신을 스스로 인식하지 못하는 무한한 절대적 순수의식으로 녹아들어 갈 일시적인 유희일 뿐이다. 의식의 기능과 성질에 대하여 충분히 이해하면 마음공부의 90퍼센트 이상 이해한 것이다.

⑧ 나는 본래 개체적 '가아'가 아니라 '실존'이다

본래 나는 '무아'임에도 독립된 개체라는 착각 속에서 각자의 인생계획서를 세우고 열심히 살아가고 있지만, 현상계에 나 투는 순간 연기법에서 벗어날 수 없으므로 주체적 개체의식을 가질 수 없다.

그러므로 삶은 내가 자유의지를 가지고 살아가는 것이 아니라 연기법에 따라 저절로 변화하고 있는 현상이다. 그러므로 나는 주체적 의지가 없는 '무아'이기에 연기되고 있는 실체가 없는 '환영'에 불과하다는 것을 깊이 통찰하여야 한다.

그러나 우리는 '나(我)'가 존재한다는 착각 속에서 내 인생을 내가 의지적으로 살아가고 있다고 생각하고, 내 생각과 같은 현상이 혹여나 생겨나면 내가 한 것이라고 기뻐하고, 다른 결과가 발생하면 불평하고 괴로워하는 어리석음을 반복하면서 살아가고 있다.

이 우주에서 연기법을 피해 갈 수 있는 존재는 없다. 현상만 있지 주체는 없다. 업보는 있어도 업을 짓는 작자는 없다. 단일의식인 봄(앎, 비춤)'만이 '여여' 하다. 이것을 깨달아야 한다.

그러므로 깨달음은 있어도 깨달은 자는 없다고 하는 것이다. 깨달은 자가 굳이 있다고 한다면 단일의식 '실존' 자체다. 지금 여기 눈앞에 펼쳐지고 있는 의식의 거울에 모든 것을 항상 비추고 있는 본래의 '실존'을 확인하는 것이 깨달음이다. 의식의 거울에 비친 달의 그림자를 쫓지 말고 초점을 넓히고 고개를 들어 항상 하는 하늘의 달을 보라.

⑨ 나라는 착각만 하지 않으면 본성은 저절로 드러난다

삶이란 현시의 작용은 의식의 작용으로 일어나는 대상화 놀이다. 이러한 견지에서 바라본다면, 삶이라는 현시는 의식 안에서 의식에 의해 일어나는 의식의 장난이다. 의식 안에서 모든 현상이 일어나고 사라지며, 연기에 의해서 삶은 저절로 펼쳐지는 자연스러운 현상이다.

그러나 우리는 내가 자유의사를 가지고 주체적인 나의 삶을 살아가고 있다고 착각한다. 착각만 하지 않으면 본성은 저절로 드러날 것이다. 이 지점에서 부모로부터 태어나기 이전(부모 미생 전)에 나는 어디에 존재하였는가? 이 생명은 어디에서 부여 되었는가?

또한 몸이 생기를 다하고 쓰러지면 어디로 가는가?

이 오고 감이 없는 자리를 생각을 일으키지 않고 그냥! 지켜만 볼 수는 없는가? 무념으로 그냥 지켜보는 그 자리가 우리의 본래의 자리가 아니던가. 본래 오고 감이 없는 공적 하지만 신령스러운 자리 모든 것을 알고 있는 자리, 이것이 뭐꼬. 이 뭐꼬? 의 화두다.

그 자리가 바로 스스로 존재하며, 만물을 창조하는 '천상천하 유아독존'의 전체성, 단일성, 일원성인 '실존'이다.

부모미생전 만물의 근원이고 시작점인 본래의 자리를 상기해 보라, 새로운 것을 보는 것이 아니라 항상 하는 '지금 여기 이것'을 고개를 들어 시선을 우주 밖으로 초점을 확장 시켜 우주를 감싸안고 있는 의식을 직관해 보라. 온 시방 세계가 한 점의 티끌 안에 머물고(一微塵中 含十方) 있다.

⑩ 단일의식은 자신을 스스로 드러내지 못한다

단일의식은 자신을 스스로 드러내기 위해서는 시·공간에서 매개체에 의존하여서만 자신을 드러낸다. 이때 개체는 단일의식으로부터 생명력을 부여받아 '존재감'이 생겨나 대상을 인식하게 된다. 이때 '가아'가 생겨나는데, 주체 의식을 가진 독립적 존재로 자신을 '착각'하여, 가상의 '나(我)'를 받아들여 구체화시켜 버린다.

단일의식은 물질적 형태의 매개체인 몸·마음이 없으면 자신을 현상化하여 드러내지 못한다. 이때 단일의식으로부터 생기를 받은 몸·마음은 개념의 구조체로 드러난 절대의 반영이지만 시·공간의 제약을 벗어날 수 없다.

그러므로 개체가 사라지면 의식도 동시에 사라진다. 개체인 육체는 지, 수, 화, 풍, 공, 의 다섯 가지 요소로 이루어진 음식물의 정수로 유지된다. 음식물의 정수인 몸이 어떻게 주체 의식을 가질 수 있겠는가?

단지 의식의 매개체인 도구에 불과하다. 그러므로 단일의식으로부터 생명력을 부여받지 못하면 나무토막과 같은 시체로 바로 버려져야 한다.

⑪ 나(我)라는 개체의식의 '가아'가 사라지면 실체가 저절로 드러난다

현상계에서 어떤 주체가 있어서 그 주체가 보는 게 아니라, 단일의식인 '실존'의 절대 자각으로 인지되는 현상이며 나는 단지 본체의 아바타인 도구로 사용 되어지고 있는 허상체인 '無我'임을 알아차려야 한다.

현상계에서 주체와 객체의 분리는 단지 개념적 분리 현상으로 드러날 뿐, 본체인 절대 자각 외에 주체적 지위를 가지는 자는 있을 수 없다. 연기에 의해 저절로 일어나는 현상이다. 연기를 보면 공을 보고, 공을 보면 여래를 본다고 연기법에 강설하고 있다.

다시 한번 상기해 보자. '無我'이기 때문에 '緣起'하고, 연기하기 때문에 공이며 공을 보면 곧 여래를 본다.라고 하였다. 이 모두가 단일의식의 작용이며, 이 단일의식 이야말로 '신'이며 '앎'이며 깨달음의 전부다.

아직은 좀 혼란스러워 잘 이해가 가지 않을 것이다. 그러나 걱정하지 말라. 중요한 부분은 반복하여 탐구하고 있으므로 잘 따라오면 곧 우주를 품에 안는 단일의식의 경이로운 묘용의 '봄 (비춤, 대각)'이 저절로 드러날 것이다. '실존'이 저절로 모습을 드러내게 될 것이다. 아침에 잠에서 깨어나듯이 저절로다.

⑫ 본체는 그림자에 영향받지 않는다

바다에 수없이 많은 파도가 일어나고 사라지지만 본체인 바다의 작용은 단지 물의 출렁이는 현상일 뿐이지 바다는 그대로이며 파도에 영향받지 않는다.

진흙으로 수없이 많은 토기 그릇인 항아리, 화분, 꽃병 등 많은 형상을 만들어 내지만, 형상이 다를 뿐 본질인 진흙에는 아무런 변함이 없다.

황금으로 수없이 많은 목걸이, 팔찌, 반지, 부처상 등의 형상을 만들지만 결국 본질인 황금임은 변함이 없다.

　이처럼 『대승기신론』에서 드러나는 모든 것은 언설상, 명자상, 심연상으로 시·공에서 개념의 구조체인 도구에 의해 개념으로 생겨난 '환영'이므로 '실존'은 드러나는 현상으로부터 영향받지 않는 '일원성'임을 강설한다.

　『금강경』에서

　'일체 유위법 여 몽 환 포 영 여로 역 여전(一切 有爲法 '如 懷 幻 泡 影 如 露 亦 如 電, 應 作 如 是 觀) 일체가 있다고 하는 것은 꿈과 같고, 환상과 같고, 물거품과 같으며, 그림자와 같고, 이슬과 같으며, 또한 번개와 같으니, 응당 이와 같이 관하라'고 하였다. 이와 같이 시·공간 개념의 자궁에서 태어난 실체가 없는 '환'으로 강설하였고, 오직 '단일의 식'만이 실존한다.

　『반야심경』에서

　'照 見 五 蘊 皆 空 道 一切 苦 厄'(조 견 오 온 개 공도 일체 고액) 오온이 공하다는 것을 비추어보고 모든 괴로움에서 벗어났다. 이처럼 일체가 '환영'과 같은데, 거기 어디에 고통과 괴로움이 붙을 자리가 있겠는가?라고 강설하고 있다.

　경전에서 한결같이 경계의 대상인 너와 세계의 펼쳐짐은 의식의 작용에서 출발하므로, 내가 보고, 듣고, 생각하고 말하고 행동하는 모든 지각 작용이, 의식 안에서, 의식에 의해, 연기로 펼쳐지므로, 불법은 의식에 대한 탐구로 집중될 수밖에 없다.

의식을 총체적으로 이해하면 마음공부는 90퍼센트 이상을 이해한 것으로, 깨달음의 문고리는 이미 잡은 상태로 이제 문만 열면 저절로 실체가 드러날 것이다. 이미 본성의 드러남과 실체를 여러 번 언급하였기 때문에 깨달음에 대하여 감을 잡아, 알아차린 도반도 있을 것이다.

⑬ '제1원인' 과 '공'에 대한 자명한 논거의 제시

절대의식, 단일의식, 전체의식은 생각 발현 이전, 일원성의 자리인 '무아'로 체험할 자가 없는데 누가 있어 체험하는가?라는 의구심에서 대다수 수행자들은 有·無·空의 화두를 잡고 '無我'인데 누가 있어 무엇을 체험하게 되는가?
"이! 뭐꼬?"로 의문을 던진다. 도대체 체험하는 자는 누구인가? 하는 데서 수행은 시작된다.
체험자가 없는데 참나, 진아, 자성, 견성, 불성을 깨달았다는 자는 누구인가 하는 의구심은 당연히 일어난다.

우선 스스로 존재하는 '자존성'과 만물의 창조성에서 걸림이 없이 자유로울 수 있는 그 '무엇'에 의문을 던질 때 우리는 그러한 존재를 결코 찾을 수 없으므로 그 무엇인 원인자를 '제1원인'으로 방편을 상정한다.

존재의 문제에서 '있다(有)'고 할 때, 이 세상에 홀로 스스로 존재하는 자존성의 문제에서 '있다(有)'는 결코 자유로울 수 없다. 왜냐하면 일체는 서로 의존해서 연기로 존재하기 때문이다.

그러면 존재에서 '없다(無)'는 만물의 창조성에서, 無에서 無의 창조는 이루어질 수 없다. 그래서 각각 논거에 흠결이 있으므로 '유(有)'와 '무(無)'는 원인자인 '제1원인'의 논거 흠결이 있으므로 상정할 수가 없다.

그래서 도교에서 '제1원인'을 항상 물이 모여 샘솟는 계곡을 상징하는 '곡(谷)'을, 불교에서 용수보살은 감각으로는 인지할 수 없지만 묘하게 생명 작용이 일어나고 있는 '공(空)'을 제시하였다.

그래서 불교는 용수보살이 제시한 '공(空)' 사상이라고 한다. 『금강경』이나 『반야심경』을 한마디로 축약하면 '공'에 대한 풀이다.

문제는 이 세상은 연기로 존재하는 실체가 없는 현상이므로 '공'으로 관하라고 경전에 근거하고 있다. 그러나 이것은 논거에 의하여 받아들이기를 이성은 거부한다.

왜냐하면, 『반야심경』의 "조견 오온(색,수,상,행,식) 개공", "색즉시공 공즉시색", "색불이공 공불이색",을 제시한 방편에서 이는 연기에 의해 실체가 없으므로 '공'으로 관하라고 강설하기 때문이다.

그러나 우리가 논거에 의하여 쉽게 받아들이지 못하는 것은 실체는 없지만 현상은 성성히 오관에 의해 인지되고 있는데 '공'으로 관할 수가 있을까?

상대성의 현상계에서 대상이 감각기관에 인식되는 순간 着으로 개념화되어 현상으로 드러나는데 논리적으로 어떻게 '공(空)'으로 관할 수 있을까?

분별을 관장하는 우리의 좌뇌는 그것을 수용하지를 못하므로 우리는 '공'을 연기에 의해 실체가 없다는 '공(空)'이라고 이론으로는 받아들이지만 실제로 '공'을 깨닫지 못하는 원인은 논리적 증명에 의하여 현상을 끊어 내지 못하고 언어로서 공을 덮어버려 찌꺼기를 남기게 되므로 '공(空)'을 연기법으로 받아들이기에 한계가 있으므로 '공'을 확실하게 받아들이지 못하고 있다.

왜냐하면 현상의 着에 의해서 개념으로 드러난 현상(환영)에 끌려가기 때문에 논리적 증명으로 '공'을 수용하지 못하므로 着에 의해 실존(實存)이 투명하게 드러날 수가 없는 것이다.

싯다르타는 세 분의 스승으로부터 참나, 진아, 해탈, 열반의 경지에 올랐으나 스승들을 작별하고 홀로 수행길에 올랐다. 왜냐하면 차원의 변경 없는 3차원의 상대적 의식의 세계에서는 착(着)의 작용은 끊을 수 없다는 것을 覺 하였기 때문이다.

그러므로 자존성과 창조성으로부터 자유로운 '유'도 '무' 도 아니면서 사유의 논거에 의하여 불법에서 제시하는 '공(空)'을 '제1원인'으로 정견 하여 "제1원인 = 空 = 實存"을 논리적 근거로 증명하여 항복받아야만 스스로 존재하는 본래의 자리인 '실존'으로 돌아가 '공(空)'을 자명하게 받아들일 수 있다.

그러므로 '제1원인'에 대한 자명한 논거로 현상에 대한 착의 작용을 해소하여 '공'에 대한 유루(현상)의 의문을 해소하여 海印으로 항복받아야만 '공'을 깨달을 수 있다.

⑭ 제1원인에 대한 자존성과 창조성의 논리적 근거

인류는 현상계에서 스스로 존재하는 자존성과 만물의 시작점인 창조성으로부터 자유로운 실존을 찾기 위해 지난한 노력을 해 왔음에도 현재까지 찾지를 못하고 있다.

근접한 것으로 도교에서는 만물의 생명수인 물이 모여드는 '곡(谷)'을 불교에서는 용수보살이 진공이지만 묘유로 작용하는 '공(共)'을 제시하였으나 자존성과 창조성으로부터 자유로운 것으로 받아들이기에는 한계가 있다.

그러므로 유(有)도 무(無)도 아니면서 유와 무가 상생하는 X를 자존성과 창조성을 충족시킬 수 있는 원인자를 '제1원인'의 방편으로 상정하여 보자.

무엇이든지 존재하는 물건을 예로 든다면 책상 위에 있는 이 연필은 어디에서 나온 것일까? 그것은 틀림없이 '제1원인'에서 나올 수밖에 없다. '제1원인' 이 제1원인이 아닌 다른 것을 만들어 낼 수는 없다.

그러므로 연필은 틀림없이 제1원인에서 나온 것이며, 제1원인 인 것이 틀림 없다. 그러면 존재하는 모든 만물은 제1원인이며 거기엔 나도 포함된다.

그래서 일체가 우주이며, '우주'가 곧 '나'이며 '실존'이고 '단일의식'이며 '공'이다. 그러므로 "제1원인 = 우주 = 본래면목 = 실존 = 단일의식 = 공 = 불성"이라는 등식이 성립한다.

그러나 3차원 현상계에서 이것 또한 개념들의 나열이 아닐까? 볼 수도 없고 인지할 수도 없지만 '영생하는 이것', 온 우주를 품에 안고 생기를 불어넣는 생명 자체인 '지금 여기 이것' 내가 보는 것이 아니라 온 누리를 품에 안고 지켜보는 이것, 말과 시간이 끊어진 '이것' 이것만이 '실존'이다.

⑮ 나는 우주 의식이며 온 우주를 드러내는 생명 자체다

나를 본래 면목, 절대의식, 단일의식, 진여, 여래, 법신, 붓다, 참나, 한마음, 본체, 실체, 공, 불성 등 여러 가지로 부르고 있다. 그러나 이는 무엇이라고 부르든 그것은 중요하지 않다.

이는 단지 방편에 의하여 붙여진 이름으로 개념에 불과하며, 이제 깨달음의 문이 열리면 '지금 여기 이것'인 '실존' 만이 여여 할 것이다.

인간들이 이름 지었던 모든 것 즉 신, 부처도, 하나님도, 도에 이르는 불법까지도, 인간들이 설정한 개념에 불과한 '환영'이다.

다만 볼 수도, 들을 수도, 명명할 수도 없지만, 언어가 생 하기 전 잠재적 양태인 '단일의식'은 "의식의 대원경"에 스스로 자신의 그림자를 드러내고 있다. 이 모든 그림자는 '실존'이 자기 시현을 위해 드러낸 것이다. 그림자를 그림자로 정견 하면 '여여 부동한' '지금 여기 이것'의 '실존'을 직지 하게 될 것이다.

이때 '나(我, 에고)'는 단지 단일의식의 투영에 불과한 아바타(그림자. 허깨비)로서, 주어진 배역의 꼭두각시놀음을 해온 개체적 '가아(에고)'에 불과하였음을 알게 될 것이다.

나는 본래 개체적 '가아(에고)'가 아니라 개체에 생명력을 부여하는 본체 즉 '실존'임을 알게 될 것이며, 저절로 전도몽상에서 벗어나게 될 것이다.

이에 근본 무지의 구속에서 풀려난 '실존'은 삶은 내가 살아가는 것이 아니라 저절로 살아지는 것이라는 사실에, 그동안 구속의 굴레를 쓰고 고뇌 속에서 살아왔던 세월의 무게를 벗어던지고 깃털처럼 가벼운 삶에 회환의 미소를 짓게 될 것이다.

⑯ 의식의 거울인 6근을 활짝 열고 그냥 감상만 해라

우리는 의식의 창인 6근(눈, 귀, 코, 입, 몸, 생각)의 작용을 내가 하는 것으로 착각하고 있다. 감각기관인 6근의 봄, 들음, 냄새 맡음, 맛봄, 느낌, 생각의 작용은 내가 의지적으로 하는 것이 아니라 연기에 의해 저절로 의식의 거울에 비치고 있는 것이다. 그러나 우리는 내가 주체적으로 작용하고 있다고 착각하여 거울에 나타나는 대상에 끌려가 실재하는 것으로 생각한다.

그러므로 지각 기관인 6근의 창을 활짝 열고 의식의 대원경(큰 거울)을 그냥 지켜만 보라. 그러면 거울에 드러나는 그림자를 그림자로 바로 보게 되면, 그림자에 끌려가지 않다.

비춤은 내가 하는 것이 아니라, 물체가 오면 비추고 가면 사라지듯 저절로이다. 그냥! 지켜만 보라. 거기 어디에 갈등이 있는가? 작용이 일어나는 지점은 몸속이나 뇌가 아니라 의식이 작용하는 곳이다.

'지금 여기 이곳'이다. 얼굴을 들어 시선을 높이고 초점을 전체로 확장하여, '지금 여기'를 그냥 응시하라. 보고, 듣고, 말하고, 생각하고, 행위하고, 감상하는 창조적 작용이 어디에서 일어나고 있는지를 지켜보라.

6근에 의한 의식의 거울을 그냥 지켜만 보라. 생각이 끌려 가거나 움직임이 없이 마음이 편안해질 것이다. 6근의 창인 대원경(의식의 거울)에 비치는 모든 현상이 나의 의지와는 관계없이 바다의 파도처럼 인연 따라 저절로 작용하고 있음을 지켜보는 '봄'만 있고, 몸은 지각하는 도구에 불과하다는 것을 느낄 것이다.

관세음 보살님께서는 '이근 원통'으로 불법을 성취하셨다.
『능엄경』에 '이근 원통'은 소리에 집중하여 깨달음을 얻는 수행법으로 소리가 生 하는 곳은 귀나 두뇌가 아니라 소리가 生하고 滅이 작용하는 곳'은 단일 의식에 의한 공명현상으로 일어나는 것을, 의식이 듣고 분별하여 감상하고 있는 것이다.

이 모든 것은 단일의식의 한 바탕에서 단일의식의 작용으로 일어남을 알아차리는 것이다. 이 여여 부동한 '의식의 거울' 안에 비친 소리를 보는 것이다.

즉 개체의식인 내가 소리를 듣고 분별하고 생각하는 것이 아니라, 단일 의식의 여여 부동한 바탕에 "귀와 소리와 공간"에서 파동에 의한 공명현상을 일의 켜, 몸과 밖이라는 구분 없이 적멸 자체이지만 소리에 대한 '앎'만이 여여 하다.

지각 기관의 몸·마음 통하여 보고 듣고 아는 단일의식이 '실존' 자체다.

實存
만일 그대가 몸으로부터 분리하여
의식 안에 있다면,
그대는 즉시 행복하고 평화로우며,
굴레를 벗어날 것이다

―『아슈따바끄라기따』

6근의 감각 작용은 개체인 내가 하는 것이 아니라 단일의식(불성, 마음)이 작용하는 곳에서 드러난다. 즉 눈은 본다, 귀는 듣는다, 코는 냄새 맡는다, 혀는 맛본다, 몸은 감각을 느낀다, 식은 생각한다, 손은 잡는다, 발은 걷는다, 이 모든 것은 단일의식의 작용으로 몸으로부터 분리하여 의식의 장 안에서 의식으로 나타나는 의식의 그림자다.

(5) 무아와 연기는 깨달음의 문을 여는 열쇠다

우주 의식으로부터 생명력을 부여받은 의식의 매개체인 아바타에 불과한 '나(我)'는 독립된 개체라는 주체 의식을 가지고 삶을 살아가고 있다고 생각한다. 이 고정관념은 DNA에 의해서인지 학습으로 길들여진 것인지는 모르지만, 우리의 뼛속 깊이 사무쳐 있어 쇠갈고리로 긁어도 뗄 수 없다. 이를 근본 무명이라고 한다.

이 고정관념인 개체적 '가아'를 나라고 인식하는 착각으로 인하여 전도 몽상이 시작된다. 나는 연기된 현상적 개념에 지나지 않으므로 독립된 자아를 가진 주체가 될 수 없다. 왜냐하면 나라는 단일의식은 무색, 무취로 우리의 지각으로는 인지할 수 없기 때문이다.

그러므로 본체인 단일의식은 자신을 세상에 드러내기 위해서 지각을 가진 매개체에 의존하여 드러낼 수밖에 없다. 그 매개체가 인간을 포함하여 현시된 대상(만물)들이다. 그러므로 본체 입장에서는 세상에 드러난 개체는 자신을 드러내기 위한 화신의 매개체로 도구에 불과한 객관적 대상일 뿐임을 이해하여야 한다.

본체가 각 매개체에 생기를 부여하자 시·공간에서 가공된 몸-마음인 육체는 개념적 대상으로 드러나게 된다. 이때 대상으로 드러난 개체는 대상을 인식하면서 나라는 개체의식이 생겨나 허상인 '가아'를 건립하게 된다.

이 개체적 '가아'는 자신이 본체이며 본체의 투영에 의하여 생겨난 개체적 '가아'인 허상이라는 사실을 알지 못한다. 우리가 깨달아야 할 것은 나는 본래 단일의식이며 자신을 시·공에 드러내기 위하여 의식이 자신의 몸에 의존하여 현시된 본체의 그림자인 '가아'라는 사실을 명확히 깨닫는 것이다.

그러므로 현상계에서 몸-마음이 쓰러지면, 개체의식은 한 방울의 빗방울이 대양으로 흡수되듯 본체로 돌아가는데, 이것을 우리는 '죽음'이라고 한다.

그러므로 나는 독립된 개체로서는 존재하지 않는 '무아'라는 사실을 자각하고, 나라는 개체는 본체가 생기를 부여한 객체로써 본체의 투영에 의하여 드러난 아바타인 꼭두각시에 불과한 가상의 존재인 '무아'이며, 육신은 의식의 음식에 불과하다.

이러한 근본적인 문제인 '무아와 연기'에 대한 자명한 이해 없이는 깨달음은 요원하며, 평생이 아니라 몇백 년을 갈고 닦아도 출발부터가 잘못된 것이다.

① 몸은 의식의 도구이며 음식의 정수이기에 나라는 주체가 없다

절대의식은 지각기관이 없으므로 현상계에 자신을 드러내기 위해서는 시·공간 속에서 지각이 있는 개체(몸)에 의존하여 자신을 드러내게 된다. 의존체가 없으면 현상계에 자신을 드러낼 수 없다.

절대의식은 자신의 드러냄을 위한 의존체인 사람을 비롯한 태생, 난생, 습생, 화생의 4생에 생기를 불어넣어 형상화하여 시·공간에 자신을 드러내게 된다. 드러난 현상은 연기법에 따라 세상은 파노라마처럼 펼쳐지고 사라지기를 반복한다. 이것은 순전히 본성에 의한 본성의 반영인 본성의 그림자이지만 진리의 화신으로 이해하라.

수백억 조에 이르는 형상화된 대상 중에 우리의 몸-마음도 그중 하나이다. 육신은 음식의 정수에 불과한 물질로 의식의 음식이며 도구에 불과하다. 절대의식으로부터 생기를 부여받지 못하면 죽은 시체로 버려져야 한다.

또한 우주 의식이 우리의 몸-마음에 의존하여 드러나는 한은 개체적 현상으로 연기법의 한계를 벗어날 수 없으며, 주어진 배역에 따라 아바타의 임무를 수행하며 살아가게 된다.

나라는 개체는 시·공간에서 개념구조의 틀로 개념화된 개체에 불과하며, 의식을 담는 도구이면서 의식의 음식이다. 그러나 우리는 그러한 사실을 알지 못하고 인식되는 경계에 끌려가 독립된 개체로 착각하면서 시비분별에 의한 갈등을 겪으면서 살아간다.

그러나 단일의식이 드러낸 개념적 현상에 불과한 육체적 이미지는 단지 실체와 현상이라는 개념에 의한 분별만 드러난 것이지 실제로 단일의식은 분별될 수 없는 실체로서 동일성, 일원성, 단일성임을 명심하여야 한다.

왜냐하면 단일의식이 자신을 드러내기 위해 매개체인 형상에 의존하여 시·공간 개념의 구조체를 통해, 공간이라는 허공의 점유로 형상을 드러내고, 그 형상은 공간에서 머무름으로 인지되는 이미지에 불과하다는 사실을 정확히 이해하는 것이 무명을 벗어나는 길이며, 단일의식은 본래부터 분별될 수 없는 전체성, 단일성이다.

경전의 예를 들면

본체와 그림자는 바다와 파도처럼 분별할 수 없는 하나이다. 그러므로 본체가 펼쳐 내는 만물은 진리 아닌 것이 없다. 그러므로 내가 곧 우주이며, 우주가 곧 나라고 경전에서 설하고 있다.

『반야심경』: '색즉시공, 공즉시색'으로 연기(현상)와 공(공성)은, 공성(연기)과 현상(물질)은 분별할 수 없는 본래 하나인 '공'이다.

『화엄일승법계도』: 법성원융무이상 (본체의 한바탕에서 그려지는 영상은 분리될 수 없다). 본체와 영상은 하나다. 색(영상)과 공(연기)은 동시다. '불이법'으로 이해하는 것이 중요하다.

그러므로 연기를 보면 공을 보고, 공을 보면 여래를 본다.라고 강설하고 있다. 여기에서 실체와 현상은 둘이 아님을 확실하게 이해하는 것이 중요하다. 현상은 의식의 거울에 비추는 환영임을 이해하라.

② 내 몸·마음엔 나라고 할 것이 없기 때문에 無我다

나의 몸은 의식의 음식이며 도구에 불과하다. 그냥! 그냥! 가만히 지켜만 보라, 여섯 개의 창문을 활짝 열고 느낌 자체를 그냥 지켜만 보라, 내가 주체적 의지로 하는 작용이 있는가를? 모든 것이 저절로이다. 거기 어디에 나(我)가 존재하는가? 無我다.

호흡을 내가 의지적으로 하는가? 배고픔에서 배설 작용에 이르기까지 내가 의지적으로 조절하고, 통제할 수 있는 것은 무엇 인가? 생각이 내 것인가? 인연 따라 왔다가 인연 따라 가는 것은 내 것이 아니다. 내 것이 아닌 것은 내가 아니다.

우리 몸의 6근은 물론 생리적 현상뿐만 아니라 모든 기능이 저절로 이루어지고 있다. 이 모든 기능은 의식에 의한 생명 활동의 전부다. 그러므로 이 우주에 존재하는 모든 생명체는 단일의식에 의하여 저절로 이루어지는 생명 활동 자체다.

모든 개체가 이 단일의식 하나로 생명 작용을 하는 전체성이다. 그러므로 존재하는 모든 생명체는 분리된 개체의식을 가질 수 없는 단일성, 동일성, 전체성임을 확실하게 이해하라.

모든 만물은 절대인 단일의식을 벗어나서 존재할 수 없으며, 지각 작용을 내가 의지적으로 하고 있다고 착각하고 있음을 자각해야 한다. 이는 오직 단일의식만이 우주를 펼쳐 내고 거두어들이고 감상하는 '천상천하 유아독존'이다.

절대인 단일의식이 자기 시현을 위해 나타나는 모든 현상 일체가 연기로 저절로 일어나고 있음을 그냥 지켜만 보라. 일체는 주, 객으로 나눌 수 없는 연기적 변화의 과정인 현상만 드러난다. 거기 어디에 나의 의지 작용이 개입할 수 있는가?

나는 내 것이라고 할 것이 없는 '無我'이기 때문이다. 만약 이 몸, 마음이 내 것이라면, 나는 내 마음대로 나를 조절하고 통제할 수 있어야 한다. 그러나 개체인 내가 내 마음대로 할 수 있는 것은 없다. 나는 거기에 없다.

그러므로 단일의식인 '실체'는 주객이 분리될 수 없는 본래 하나다. 개체의식은 본래 있을 수 없는데 한계 속의 범위에 가두어 놓음으로 착각과 분별에서 온 것이다.

③ 생각이 일어나기 전 잠재적 양태인 순수의식('空')을 직관하라

나는 단일의식으로부터 분리된 개체의식이 아니라 본래 순수의식이다. '지금 여기 이것'의 실체를 직관하라는 것이다. 선사들은 손가락으로 허공을 가리키며 손가락을 보지 말고 달을 보라고 하는데 이것은

'공'에 의하여 손가락의 드러남이 현시되는 '색즉시공, 공즉시색'의 '공(무)' 색(유)이 둘이 아닌 일원성, 동시성인 단일의식 인 '實存'을 가리키는 것이다.

이 자리는 생각의 발현 이전으로 비춤(봄, 앎)만이 여여 하다. 드러나는 현상은 실체가 없는 '환'으로 부동이며 적멸인 전체성이다. 이때 드러나는 것은 '지금 여기 이것'이다.

일부 구도자는 이 자리를 보고 체험해 보라고 하며, 그 체험을 '견성' '불성' 깨달음으로 이야기하는데, 절대의식, 불성은 6근의 발현으로 인지되는 것이 아니라 발현 이전의 잠재적 양태인 단일의식이다.

만약 인지되는 체험이 있다면 그것은 이미 着이 化한 '환영'이지 깨달음이라 할 수 없다.

이 점을 가장 경계하여야 한다. 싯다르타가 힌두교의 '참나' '진아'를 부정하는 이유는 '無我'를 넘어서지 못한 3차원인 상대의 세계에서 차원의 변경 없이 개념에 의한 의식의 변화는 또 하나의 着이므로 생각으로 위장한 것뿐이지 5차원의 '실존'인 '無上正等覺'이 아니라는 것이다. 이점은 뒷장 '도제' 편에서 자세히 설명하겠다.

④ 진리의 참모습은 어떻게 나타나는가

진리는 시공을 초월한 지각으로 감지되지 않는 절대다. 그러므로 매개체에 의존해서 시·공간에서 인식된다. 그러므로 드러나는 일체는 단일의식의 현시이며 작용이다. 우리가 살아가는 삶이란 하루 종일 아니 평생 시·공간 개념의 구조체로 의식의 바다에서 의식이 펼쳐 내는 生, 滅 의 유희이며, 꼭두각시의 춤이다.

이 꿈속의 꼭두각시놀음을 끝내는 길은, 절대성, 전체성, 동일성, 일원성인 '지금 여기 이것'인 '진공 묘 유'의 작용임을 직지 (초발심, 일 초 직 입 여래지)하여 '實存'을 통각하는 것이다.

'본성'은 태어나기 이전에도 본래부터 이 자리에 있었으며, 생겨난 적이 없으므로 멸할 것도 없다. 우주가 멸한 후에도 여기 지금 이 자리에서 항상 지켜볼 것이다. 붓다께서 나는 생사를 해탈했다고 한 것은 이 '진공 묘 유' 이면에서 공적 영지인, 불생불멸의 '실존'을 정견 하신 것이다. 태어나기 전의 본래부터 있던 '지금 여기 이것'를 직관하라.

⑤ 대상화가 사라지면 절대성만 남는다

우리가 하루 종일 하는 일이란 이분법적 대상화 놀이에 지나지 않다. 이 모든 작용은 의식 안에서 개념화 작용으로 일어난다. 왜냐하면 깊은 잠 속에서 의식의 작용이 휴식을 취하기 위하여 물러나면 대상화는 필연적으로 멈추고 순수의식이 저절로 드러나게 된다.

그때는 나도, 너도, 우주도, 어떠한 신도 없는 순수의식 그 자체다. 본래의 성품만이 여여 하게 비추는 자리, 개념에 의한 분별 이전의 잠재적 양태, 100년 전에도 지금도, 100년 후에도 여여 하다.

드러나는 경계를 분별하여 시각의 초점을 맞추면 맞추어진 대상만 드러나는 분별 의식이 된다. 머리를 들어 관점을 높이고 초점을 넓혀 시야를 넓혀 '지금 여기 이것'을 직지 만물이 시작되기 전의 여여부동한 '지금 여기 이것' 비춤, 앎 자체가 되어 보라.

우주 밖에서 우주 전체를 직관하여 보라. 의식이 온 우주를 품고 생명의 젖줄이 연기로 드러나고 있는 생명 작용 자체를 볼 것이다. 공적하지만 '묘 유'의 생명 작용이 성성하게 일어나고 있다. 그러므로 '연기'를 보면 '공'을 보고 공을 보면 '여래'를 본다고 하였다. 그러므로 연기 = 공 = 여래라는 등식이 성립한다.

우리는 우주를 어떤 관점에서 사유하느냐에 따라 세계관은 달라진다. 과학자는 기계론적 관점에서 해석하고 있으나, 불교적 입장에서는 유기체적 관점에서 이해하는 견해다. 특히 불교적 입장은 연기적 사유로 유기체적 우주론을 설명하고 있다.

이 우주는 서로 간 맞물려 돌아가는 하나의 유기체로서 서로가 서로에게 영향을 주는 연기적 현상으로 볼 때 어떠한 사물에도 주체적 자아로서 독립적 자유의지를 가질 수 있는 존재는 연기 할 수 없다. 우주 전체가 하나의 유기체로 맞물려 돌아가면서 서로는 서로에게 하나의 상관적 의존 관계인데 어떻게 독립적 개체를 인정하겠는가?

씨줄과 날줄에 의하여 비빔밥이 되어 돌아가는 연기적 입장에서는 누구도 주체성을 가질 수 없다는 것이다. 본체는 움직이지 않으면서 꿈을 창조하고 꿈속에서 그 꿈을 감상하고 있는 절대, 이를 '천상천하 유아독존'이라 한다.

이 정보의 집합으로 만발한 이 우주는 '본체'의 반영인 그림자로 개체적 자아가 없는 '무아'로 무아란 '전체성' '절대성'을 이야기하는 것이다. 전체성은 분별할 수 없는 불이(不二)이다. 여기서 중요한 것은 단일 의식인 '실존'은 절대로서 분별할 수 없는 하나라는 것이다.

우리는 너무나 오랫동안 고정관념이 나라는 정체성에 길들여져 있을 뿐만 아니라 진공 묘유의 작용인 연기의 변화 자체가 너무나 완벽하여 내가 주체로서 스스로 자유의지를 가지고 각자의 삶을 펼쳐 가고 있다는 착각에서 벗어나지 못하고 있다. 이것이 근본 무명인 전도몽상이다.

우리의 통상적인 상식을 뒤집는 어처구니없는 전도몽상인 나도, 너도 없고, 행위자도 없다는 사실을 바로 깨치면, 6근의 창은 저절로 여여 부동인 비춤과 동시인 明은 全知(覺)로 전환 된다.

着으로 생각만 덧칠되지 않으면 절대인 실체는 저절로 드러난다. 그냥 있는 그대로가 '실존'이다. 주의할 것은 마음을 내지 마세요(이 생기심) 그냥 봄만 있다. 여기서 봄(비춤)은 우주 의식 전체이다.

이때는 그 어디에도 나(我)가 존재하지 않는 '무아'다. 아니 '무아'라는 개념 자체도 '유아'에 의하여 연상된 개념이라는 사실을 알고 있어야 한다. 상과 착은 하나이며, 분별에서 '절대'는 드러날 수 없다.

어려운가? 어려운 것은 내가 이미 '실존'이기 때문이다. 눈이 눈을 볼 수 없듯이 내가 나를 본다는 것은 차원을 높여 그 차원에서 벗어나야만 볼 수 있다.

 계속 따라오면 반복하여 논술하는 부분이 많으므로 그냥 저절로 궁극에 도달할 수 있을 것이라고 확신한다.

⑥ 개체적 자아라는 착각이 일어나는 과정을 지켜보라

 개체적 자아는 자기의 존재를 인식하게 되면서 대상에 착하여 자기중심적 자유의사를 가진 '자아'로서 마치 내가 주체적 삶을 살아가고 있다는 착각에서 세상이 자기중심적으로 굴러가야 된다는 망상에 빠지게 된다.

 일체 만물은 '實存'이 자기를 드러내기 위한 자기현시이므로 현상과 일치(실존)하며 진리 아닌 것이 없다. 나는 '무아'로서 나라고 할 개체적 자아가 없음에도 '가야'인 나를 '진아'로 착각하는 것만이 진리가 아니다.

 이때 나는 대상을 인식하면서 나와 대상을 동일시 하여 생겨난 '가아'이지만, 단일의식이 자기현시로 드러난 '실존'이다. 왜냐하면 단일의식인 실존이 드러낸 실존의 투영이기에 분리할 수 없는 '실존'이다. 그러므로 만물은 실존이 창조한 것이며 실존 아닌 것이 없으므로 우주가 나이고 내가 우주라고 한다. 깨닫고 보면 나 아닌 것이 없다.

 예를 들면.

바다의 파도는 단지 인연 따라 일어나고 사라지는 물의 출렁임일 뿐, 바다 자체에는 아무런 영향을 주지 않는 물의 출렁임일 뿐이다.

진흙으로 구운 토기는 형상과 용도 이름은 달라도 본질 자체는 진흙이다. 본질인 진흙은 형상은 변화하지만, 진흙 자체는 영향받지 않는다.

모든 전자제품의 모양과 용도는 각각 달라도 그 쓰임의 본질적 작용을 일으키는 것은 전기다. 그러나 전기는 제품에 영향받지 않는다.

그러므로 『화엄일승법계도』에서 '법성원융무이상'은 법의 '성품은 원융하여 두 모습이 아니다. '불 수 자성 수연 성' '법의 성품은 자성을 지키지 않고 인연 따라 이룬다.'라고 강설한다.

법의 성품이란?
'실존'을 말하는 것으로, 일체 무분별 지인 법의 평등성을 나타낸 것이다.

이 점을 깊이 사유하여 실체와 드러나는 현상을 둘이 아닌 일원성임을 직관하라.

⑦ 세상은 여여 부동인데 사람만 바쁘다

우리가 날마다 경험하는 것은 깊은 수면 상태, 꿈꾸는 상태, 그리고 잠에서 깨어난 현시 상태의 3단계로 구분하여 의식을 관찰할 수 있다.

이 3단계 모두가 의식에 의한 의식의 작용이며, 의식이 보고 의식이 인식하고 의식이 이해하고 감상하는 것은 단일의식의 작용이다. 그러나 이 모든 것은 단일의식의 '한 바탕' 안에서 단일의식이 펼쳐 내는 '환영'이다.

잘 관찰해 보라. 나는 무아이며 연기하는데, 우리는 나는 개체로서 실제로 존재한다고 착각하고, 내가 의지적 주체로서 3단계 과정 안에서 일어나는 모든 일들을 내가 판단하여 처리한다고 착각하므로 단일의식은 여여 한데 생각에 빠진 사람만 바쁘다고 하였다.

단일의식인 본체는 고요한데 나라는 개체의식은 경계에 착하여 일어나는 중이기도 하고, 작용 중이기도 하며, 사라지는 중이기도 하여 잠시라도 멈추지 않다. 그러나 단일의식인 본래는 일원성으로 '여여부동'이다. 바다는 고요한데 표면에서 출렁이는 파도만 바쁘다.

거기 어디에 움직임이 있는가? 드러나는 모든 현상은 단일의식인 본체가 드러내는 그림자로 시·공간에서 인지될 때 개념으로 드러난 현상이다. 그러므로 시·공간에서 의식이 파도치지 않으면 바다는 본래 여여 하다.

의식의 파도 역시 시·공간에서 생각으로 일어나는 개념의 파도이다. 생각으로 일어나는 개념의 파도는 출렁이지만 바다인 단일의식은 영향 받지 않는다.

그러므로 생각에 의한 개념의 파도만 고요하면 '실존'은 저절로 드러난다.

경전의 근거

『반야심경』에서 이를 '색 즉 시 공' '공 즉 시 색'으로 현상과 공성은 동시라고 강설하고 있다. 그러므로 현상과 공성은 단일의식 안에서 단일의식이 투영시킨 자기 시현으로 '나' 아닌 것이 없으며 내가 곧 우주이며, 우주가 곧 나다.

오직 봄, 앎, 의 절대 자각의 생명 작용만 존재한다. 그리고 진정한 본래면목은 몸이나 두뇌 속에 있는 것이 아니고 작용하는 곳에 있다. 자궁 안에서는 태아로, 몸 밖에서는 사람으로, 눈에서는 본다, 귀에서는 소리로, 손에서는 잡는다, 발에서는 걷는다. 작용한다.

그러므로 드러나는 모든 작용은 몸 안과 두뇌에서 일어나는 것이 아니라 안과 밖이 없는 전체의식의 작용임을 바로 알면 마음은 조용하고 편안해질 것이다.

그리하여 모든 것을 '의식'이 의식에 의한 의식의 작용이므로 일체를 의식에 바쳐야 한다. 여기서 바친다는 의미는 모든 것을 수용한다는 의미로 의상대사 「법성계」의 '불 수 자성 수연 성' 즉 힘든 경계를 맞이하여 흔들리지 않으려 애쓰고 노력해 자성을 지키는 게 아니라 인연 그대로가 곧 성품이란 말이다.

세상의 역경 속에서 스스로 자성을 지켜보면서 그걸 지키려 애쓰는 것은 진짜 공부가 아니라 제 마음의 분별 작용이란 말이다. 오히려 마음을 활짝 열고 있는 그대로 온전하게 다 받아들여 경험하고 지나가게 하는 것이 깨달음이다.

⑧ 본래로 돌아가 그냥 있어라

본래의 자리는 감정발현 이전의 자리다. 그러므로 착에 의해 희, 로, 애, 락의 감정의 발현되면 이미 착에 의해 생각의 개념이 덧칠된 것이지 그것은 절대가 아니고 '환영'이다.

필자도 의식 편에서 논술하였지만 '참나' 체험을 하였다. 그 체험이 '견성'이라고 받아들여 꽤 나 많은 시간을 깨달았다는 착각에 사로잡혀 시간을 보냈다. 그런데 어느 날 시·공에서 펼쳐지는 경계는 둘이 아니고 본래 하나라는 의심이 생기며, 차원의 변경 없이 의도나 의지적으로는 '공'의 전체성을 체험으로 깨닫는다는 것은 어불성설이라는 생각이 올라왔다.

왜냐하면 경계가 드러난 것은 이미 착의 작용이며, 의식 = 대상 = 착은 3차원 현상계에서는 동시성이며 본래 일원성으로 분리가 불가하므로 깨달았다는 참나, 진아, 해탈, 열반, 불성, 부처, 깨달음 등 이 모든 것들도 착에 의한 경계이며, 경계로 드러난 것은 이미 착에 의한 생각으로 '환'이란 확신이 들었다.

그러므로 한순간 경계가 와서 후려치면 여지없이 경계에 끌려가게 된다는 것은 오고 감이 있는 생멸법이지 진리가 아니다. 또한 인식되는 대상에 착이 발생한 것은 '무아'가 아니면 인식하는 존재가 있다는 것이다.

그러므로 싯다르타는 세 명의 스승으로부터 위빠사나 수행으로 진아를 찾았고, 불이의 경지인 절대에 이르렀으며, 일체 무애 하여 최고의 경지인 무아, 해탈까지 성취하였으나, 의심 삼매를 끊어 내지 못하고 홀로 수행에 오른 것은 착에 의한 고차원 생각이 정교하게 만들어 낸 허상으로 규정하였기 때문이라고 생각된다.

초발심의 상태로 돌아가 경전과 선승의 설법을 곱씹으며 마음을 다잡고 수행을 하였으나 좀처럼 허탈감에서 헤어나지 못하고 깨달음에 대한 회의감마저 들었다.

그러던 어느 날 나는 절대의식, 단일의식, 전체의식은 생각 발현 이전, 일원성의 자리인 '무아'로 체험할 자가 없는데 누가 체험하는가? 그러면 지금까지 내가 깨달았다고 체험한 '참나'는 무엇인가? 또 지금 이 순간 의구심을 일으키는 자는 누구인가?

참나, 진아, 자성, 견성, 불성을 깨달으려는 자는 누구인가? 에 대한 의구심이 마구 올라오기 시작했다.

순간 깨달으려는 자가 있다는 것은 개체의식인 '유아'다. 또 어떤 경지(참나,진아,불성 등)를 얻기 위해 추구하는 것은 생각이며 着에서 온 것이 아닌가. 着의 작용은 3차원 시·공에서 일어난 개념의 분별이 아닌가,

그러면 필자가 체험했다는 참나는 차원의 변경이 아니라 개체의식 안에서 파도처럼 일어난 좀 더 정화된 개념이 아니었던가?

여기까지 의문이 올라오면서, 개체의식이 절대의 가면을 쓴 또 하나

의 생각이라면 그것은 틀림없이 개념적 분별 작용이다. 필자가 깨달았다는 참나는 개체적 자아가 만들어 낸 개념적 '환상'이 분명하다면, 개념 이전의 자리인 '실존'이 될 수 없었다.

그러면 着이 작용하는 3차원 즉 시·공의 현상계에서는 깨달음은 요원한 것이 아닌가? 왜냐하면 차원의 변경 없이 현상계에서는 着을 벗어날 수 없기 때문이다.

다음 집성제에서 着에 대하여 좀 더 깊이 들어가 보겠다.

2. 집성제인 착의 진리에 관한 탐구

'집(集)'은 모여서 일어난다는 뜻이다. 그래서 집기(集起)라고도 한다.

비구들아, 이것이 괴로움의 발생이라는 성스러운 진리다. 재생(再生)을 초래하고, 쾌락과 탐욕을 동반하여 여기저기에 집착하는 갈애(渴愛)다.

— 『상윳따 니까야』 56:11

갈애가 세상을 이끌고, 갈애에 의해 끌려다니며, 갈애라는 하나의 법이 모든 것을 지배한다.
어떤 것이 괴로움의 발생이라는 진리인가?
느낌과 애욕을 끊임없이 일으켜 항상 탐내어 집착하는 것이다. 이것이 괴로움이 발생하는 진리다.

— 『증일아함경』 제14권

괴로움이 일어나는 원인은, 목이 말라 애타게 물을 찾듯이 몹시 탐내어 집착하는 '갈애'다. 즉 탐내기를 그칠 줄 모르는 애욕이다.

괴로움이 일어나고 소멸하는 과정을 밝힌 게 12연기인데, 그 일어나는 과정이 집성제에 해당하고, 소멸하는 과정이 멸성제에 해단한다.

사제설은 타인의 깨달음을 유도하기 위한 연기설의 법문이다. 그렇다면 과연 이 연기(緣起)란 무엇인가? 불교에 조금이라도 관심을 가져본 사람이라면, 연기하면 12지 연기론(十二支緣起論)이니, 12개의 고리를 말한다.

(1) 집착에 의한 고(苦)와 '세계'의 형성

『로히땃사경』에서 '세계'를 '사제(고,집,멸,도)'와 비슷한 표현을 사용하여 설하였으며, 거기에서 말한 '세계'는 괴로움(苦)과 같은 뜻이라고 설명하였다. 그리고 '세계'가 그러하듯 괴로움도 육근 (안(눈), 이(귀), 비(코), 설(혀), 신(몸), 의(생각)와 육경 색(물질), 성(소리), 향(냄새), 미(맛), 촉(감촉), 법(의식)에 대한 집착이 원인이 되어 생긴다고 여러 경전에서 설하고 있다.

예를 들어 상응부의 『뿐나경』에는 다음과 같은 기술이 있다.

뿐나여 눈에 의해서 인지되는 모든 색들로 마음에 들고 구하려 하고, 뜻에 맞는 사랑스러운 모든 형태로 욕(欲)이 따르는 탐심으로 물든 것이 있다. 만약 비구가 그것을 기쁘게 맞이하고 집착하고 있으면 그와 같이 기쁘게 맞아들이고 집착하는 그것에 희열이 생겨난다. 그리고 뿐나여, 이 희열이 집기(集起) 하는 데서부터 고(苦)가 집기 하는 것이라고 나는 말한다.

이와 동일하게 눈에 의해 지각된 색(色) 외에 귀(耳), 코(鼻), 혀(舌), 몸(身), 뜻(意)에 의해 인지된 소리, 냄새, 맛, 접촉, 사물에 대해서도 설한다.

즉 육근에 의해서 인지된 육경에 집착하여 기뻐하는 것이 괴로움의 원인이라는 취지의 설명이다. 그리고이어서 이와 반대로 육근에 의해 인지된 육경을 기쁘게 받아들이고, 집착을 그만두면 희열도 사라지기 때문에 고(苦)는 멸진 된다고 말한다.

이와 같이 육근 육경에 대한 집착 때문에 고(苦)가 생겨나고 그와 동시에 '세계'도 생겨난다. 그러면 그것들의 멸진 이란 어떠한 상태를 가리키는 것일까?

『육처상응』이라는 경전에서 사밋디라는 비구의 질문에 답하는 형태로 마라, 중생, 고, 세계, 각각에 대해서 말한다.

이들은 육근, 육경, 육식에 의해 인지되는 모든 법(法)이 존재할 때 함께 존재하며, 이러한 것들이 없으면 마라, 중생, 고, 세계와 그 개념은 존재하지 않는다고 말한다.

또한 『육처상응』의 24경에서는 일체 하는 곳의 육근, 육경, 육식 및 육근의 접촉과 그로부터 생기는 감수(感受)를 끊어버려야 할 것이라 설하고, 제154경에서는 만약 비구가 육근을 염리 하고 이탐 하여 멸진 해서 집착하는 일 없이 해탈하였다면 그는 '현법 열반에 이른 비구'라고 말해야 한다고 설한다.

이러한 내용을 통해 생각해 보건, 이 십이 처 또는 십팔 계의 비존재, 끊어버림, 멸진 인 상태는 육근 육경에 의한 인지가 전혀 생겨나지 않는 것, 즉 "아는 것도 없고, 보는 것도 없는" 상태를 의미한다고 할 수 있다. 하지만 붓다나 그 제자인 아라한들이 깨달은 후에도 감각기관을 가진 몸으로 계속 살면서 일상생활을 하였다는 것은 받아들이기 쉽지 않다.

그렇다면 육근 육경의 끊어버림과 멸진, 그리고 고통과 '세계'의 끝장이라는 경지, 즉 '현법 열반'(지금 이 생애에서 달성된 열반)이란 도대체 어떤 풍광을 말하는가?

현법 열반에 도달하면 육근 육경을 끊어버림과 멸진 하게 되어 '세계'를 끝낼 수 있는가?

'세계'를 끝냈다고 해서 "아는 것도 없고, 보는 것도 없는" 돌과 마찬가지인 존재가 되어 버린 것은 아닌가? 하는 풍광에 대하여 의문을 가질 수밖에 없다.

육근 육경이 '멸진' 되었을 때 존재하지 않는 것인지 그 자체라기보다는 거기에 '있다'든지 '없다'와 같은 판단을 성립 시키는 근저에 있는 '분별의 상' 즉 확산, 분화, 환상 화, 의 작용인 빠빤짜(희론: 우스갯소리와 같은 무익한 담론으로 부정적인 의미의 이야깃거리)였을 것이다. 그러므로 '세계의 끝장'에서 일어나는 것은 인지의 소실이 아니라 '희론 적멸'이라는 말이다.

(2) 着이 없으면 생각은 일어나지 않는다

시·공간의 펼쳐진 세계는 의식의 인식에 의해서 드러난다. 그러므로 언설상, 명자상, 심연상으로 일어나는 것은 이미 착의 작용이다. 이 착은 DNA의 작용인지 외부적인 학습에 의해 길 들여진 고정관념인지는 모르지만 착은 골수에 사무쳐 끊어 내기는 어렵다.

그러므로 '반야 지혜'가 아니면 불가능하다. 그래서 깨달아야만 착을 끊어 해탈의 경지를 이룰 수 있다. 싯다르타는 이 어려움의 과정을 아시고 법을 설하지 않기로 하셨던 것이다.

(3) 無我인데 着은 왜 일어나는가

경전에서는 흔히 무아라고 하는 것은 '그것은 내 것이 아니고', '그것은 나도 아니며', '그것은 나의 실체가 아니다.'를 말한다. 이와 같이 있는 그대로, 실과 허를 하나(전체성)로 볼 수 있어야 한다. 그러나 6근(안, 이, 비, 설, 신, 의)의 지각 작용은 나의 의지와는 관계없이 저절로 일어나고 사라진다.

그러므로 우리 자신이 본래의 나인 단일의식으로 깨어 있지 않으면 자신도 모르게 드러난 경계에 착을 일으켜 끌려 가게 된다. 깨어 있다는 것은 드러나는 경계가 의식의 거울에 비친 그림자로 보이지만, 깨어 있지 못한 무명의 상태에서 보면 실재하는 것으로 착각하여 그림자인 허상에 끌려가거나 배척하기 위하여 헐떡거리며 괴로움 속에서 살아가게 된다.

그러므로 시·공간 현상계에서 의식은 형상에 착 하여야만 자신을 드러내게 되므로 착의 발생은 의지로는 통제가 불가능하다.

왜일까? 착은 무명에서 일어나는 동시적 현상이므로, 깨어 있는 명의 상태에서 의식에 비친 거울에 드러나는 그림자라는 사실을 자각하게 되면 착의 작용을 멈추게 할 수 있다.

그러므로 나는 본래 단일의식임을 깨달아 나타나는 현상이 실상인 단일의식이 그려낸 그림자라는 사실을 깨달아 마치 바다와 파도가 둘이 아니라 본래 하나라는 사실을 깨닫는 것이 착을 끊을 수 있는 방편이다.

또한 시·공간 현상계에서는 연기에 의해 현상이 흘러가므로 연기법을 정견함으로써 연기를 보면 '공'을 보고 공을 보면 여래를 본다는 사실을 자각하여 '공'과 '무아'의 방편으로서 착을 끊을 수 있다.

깨닫게 되면 위의 두 가지 방편은 하나로 흡수되어 "단일의식 = 공 = 연기"를 자각하면 '실존'이 저절로 드러나게 된다. 그러므로 싯다르타는 '무아'와 연기를 깨달음의 방편으로 제시하였다.

(4) 대칭적 상대의 세계에서 着은 끊을 수 없는 것인가

생각이 일어나는 마음자리를 비워 본래의 나를 직관하는 체험을 하였다 하여도 그것은 깨달음이 아니다. 왜냐하면 이원성인 상대 세계에서는 착은 나의 의지와 관계없이 저절로 일어나는 현상이기 때문에 자의로는 멈출 수 없다.

그러나 나는 자아가 있어 나의 의지로 멈추고 행한다고 착각한다. 시·공간 대칭적 상대의 세계에서 일어나는 상(相:개념, 관념)은 유(있다)는 무(없다)로, 무아는 유아로, 참나는 비아로, 색(형상)은 공(무)으로, 상대적 관념으로 인지되기 때문에 이원성(二法)으로 인지되는 것은 반야 지혜가 아니므로 진리를 보는 것은 아니다.

그러므로 상대적으로 인지되었다는 것은 착에 의해 생겨난 관념이다. 대상이든 관념이든 경계로 드러난 것은 실상이 아닌 허상이므로 그러므로 체험에 의해 일어나는 허상 자체도 인지된 상이므로 깨달음 즉 '실존'이라 할 수 없다. 생각에 의해 일어난 개념의 가면을 띤 또 하나의 환영에 불과하다.

(5) 깨달음은 체험의 대상이 될 수 있는가

필자는 단일의식인 '공(空)'의 체험 이후 스스로 '견성' 하였다고 자부하면서 초발심으로 전체성, 일원성인 여여 부동의 자리를 직관적 알아차림으로써 순수의식의 자리에 머물곤 하였다.

한순간 의식의 파도로 번뇌 망념이 스멀스멀 올라 올 때면 의식을 전환 시켜 깨달음으로 체험된 그 자리에 머물기를 즐겼다. 그러나 한순간 경계가 나타나면 자신도 모르게 끌려가 순수의식으로 머물렀던 그 경계는 온데간데없고 또다시 망념이 차오른다.

본래는 오고 감이 없는 '여여부동'인데, 왜 이리 경계에 끌려 가게 되며 의도적으로 그 자리에 머물러야 하고 그 자리를 놓치지 않기 위하여 긴장하고 알아차려야 한다면 이건 또 하나의 깨달았다는 가면을 쓴 착의 발생이라는 것을 자각하게 되었다.

의도적으로 마음을 내어 '이생기심' 하여야 하고 또 자리를 놓치지 않기 위하여 마음을 내어 알아차려야 한다면 그것은 본래가 아니고 현상으로 '아상'의 착이 작용하고 있다는 반증이다.

본래는 '無我'이면서 저절로 연기되는 의식의 거울 속에서 드러나는 '實存'의 그림자인데 누가 있어 체험을 하고 만약 체험이 있다면 체험 자체도 대상으로 드러나는 이분법이다. 그러므로 깨달음에 대한 체험은 이분법에서 일어나는 또 하나의 개념에서 오는 환영이다.

그러므로 3차원 상대의 세계에서는 의식이 대상에 '착'하여 만 드러나므로 동시에 필연적으로 일어나는 着을 의지적으로 끊는다는 것은 언어도단이다.

이제 싯다르타가 왜 힌두교의 '참나' '진아'를 거부하고 無我, 緣起의 방편을 제시하였는지 눈치챘을 것이다. 3차원 현상계에서 필연적으로 발생 될 수밖에 없는 着을 끊기 위한 방편은 '무아'와 '연기' 외에 없다는 사실을 방증하는 것이다.

진리는 지금 여기 이렇게 자연스럽게 펼쳐지고 있는 그 자체가 바로 '실존'이다. 여여 한 의식의 거울에 대상이 오면 비추고 가면 사라지는데 누가 있어 '응무소주' 하고 '이생기심'을 하겠는가? 그냥 있는 그대로 항상 여여 한 이것이 '실존'인 깨달음 자체인 평상심이다.

임제 선사께서 설법하신 평상심시도(平常心是道)와 일치된다. '나(我)'가 있어 의지적으로 而生其心 하여 깨달음(공)을 체험한다.는 것은 싯다르타가 제시한 무아와 연기와는 배치되어 맞지 않다.

상대적 현상세계인 3차원에서는 대칭이 깨어진 5차원의 세계를 알 수 없다. 이는 한 점의 의혹이 일어나지 않는 '제1원인'을 논거 하여, '실존'이 깨달음 자체이며, 내가 곧 우주이며 존재 자체다.

경계가 사라지면 주·객이 사라지며 본래로 계합되는 것이다. 즉 말이 끊어지고(언어도단) 마음 갈 곳이 사라져(심행처멸) 여여 부동이 된다. 의식에 올라온 심연 상인 현상이 본래와 합치되어 주체와 현상이 사라진 '무아'의 상태가 된다.

이때 올바르게 주체와 객체가 하나로 계합되면 '무아'의 상태이지만, 보는 자가 있는 '유아'의 상태에서는 공적, 영지, 공, 부처, 깨달음 등 어떠한 것이 떠오르더라도 이것은 착에서 온 상이며, 이 상은 '아상'에서 생겨난 하나의 집착임을 깨달아야 한다.

보는 자와 대상이 사라진 '무아'인 그냥 존재의 상태가 '제1원인'인 '실존' 자체이며 오직 '천상천하 유아독존'인 '大覺'의 자리다. 그냥 존재하라.

(6) 착을 깨는 방편은 '반야' 외에는 없다

이는 곧 구하는 마음이 착이기 때문에 생각이 생각으로 인한 의식의 변화는 깨달음이 될 수가 없다. 집성제(집착)를 내려놓을 수 있는 방편은 '반야 지혜' 외는 없다. 의식은 물질이며 착이요, 착은 물질이며, 경계다. 이는 동시 존재이며, 고통의 원인인 착을 없애는 방법은 반야 지혜인, 깨달음 외에는 없다.

위와 같이 집성제는 괴로움이 일어나는 원인이 '갈애'임을 천명한 진리이며, 갈애의 뿌리는 '着'임을 알았다. 이처럼 着을 조건으로 괴로움이 일어나므로 이 착의 뿌리를 끊기 위해서는 대칭이 사라진 차원의 변경이 없는 상대적 개념의 세계에서는 어렵다는 것도 알았다.

왜냐하면 일체가 의식 안에서 일어나는 의식의 투영이며 의식의 장난이기 때문이다.

우리가 잠을 잘 때 잠 속에서 의지적으로 꿈을 피할 수가 있는가? 또한 꿈속에서 일어나는 사건들을 누가 있어 통제할 수 있겠는가? 다만 우리는 꿈속에 모든 일들이 나 아닌 것이 없으며, 또한 자신과 둘이 아니라는(不二) 사실도 알았다.

꿈에서 깨어나 '꿈의 상태를 떠올리면서 꿈속에는 나가 없다는 '無我'임도 알았고 꿈을 펼쳐 내고 있는 의식을 알면서 眞我를 찾았다. '꿈과 꿈 아닌 것'에 머무름이 없게 되면서 '해탈'을 이루었다.

꿈속에서 꿈이라고 안 것과 꿈에서 깨어 현실이 된 것은 어둠과 빛처럼 확연히 다르다. 그러나 누군가 꿈에서 깨어 현실로 돌아왔는데,

이것을 가지고 깨달았다고 생각하는 사람은 없을 것이다.

그러나 아침에 잠에서 깨어나 현실로 돌아오면 그냥 기지개를 켜고 하루 일과를 시작하는 평범한 사람이 된다. 거기 어디에 어떤 머무름이 있겠는가?

이처럼 온전히 깨닫게 되면 그것이 너무나 자연스러워 그 무엇보다 평범해진다. 다만 달라진 것이 있다면 꿈과 현실을 구분하지 못하는 사람들을 보면 안타깝게 보일 뿐이다. 그러나 내가 할 일은 없다.

그래서 꿈 안의 깨달음과 꿈 밖의 깨달음 이것이 바로 힌두교의 깨달음과 불교의 깨달음의 차이이다. 전자는 특출나고 위대하고 거룩하지만 후자는 평범하고 무난하고 담백하다. 세존은 '無上正等覺'을 얻기 바로 전에 위와 같은 생각을 하였을 것이다.

위와 같이 자신이 그동안 걸어온 수행의 발자취를 상기한 뒤 모든 의지처를 잊고 그냥 있게 된다. 그리고 마침내 일찍이 없었던 大覺을 이루고 본래의 자리로 돌아와 보통 사람이 되었다. 본래의 자리이지만 다른 것은 일체가 그대로이나 나 아닌 것이 없으며 처처가 내가 주인이다. 그냥 그대로 존재하는 '실존'이다.

일상이 평상심이며 도다. 平常心이 '道'이므로 이제 대칭이 사라진 '열반'에서 머물든, '이생기심' 하여 일상(현상계)으로 돌아오든 그것은 '自有(독존)'다.

결국 불법은 부모미생전 본래인 '실존'의 자리로 돌아가는 공부다.

가장 장애가 되는 것은 我相과 着이다. 부모미생전 본래의 자리인 無我로 돌아감이 '實存'이며 생명·존재 자체인 '大覺'이다.

'도성제'에서 논해야 하는 '大覺'을 미리 소환하였다. 중요한 것은 '無我'로 '着'을 끊으면 멸진처에 이르는 '해탈'을 얻는다는 구도심 즉 구하는 마음이 있는 한 깨달음은 요원하다. 싯다르타가 더 이상 구도심을 포기한 허탈감, 더 이상 갈 길이 증발하여 모든 것을 포기하고 존재 자체를 놓아 버린 상태에서 목전에 의식의 거울이 드러난다.

마치 잠에서 꿈을 펼치고 그 꿈을 의식하고 체험하는 현상은 일어나지만 꿈속의 등장 하는 인물들은 그 꿈을 펼치는 단일의식 작용을 알 수 가 없다. 잠에서 깨어나야만 꿈을 꿨다는 사실을 알게 된다.

꿈속의 모든 작용은 단일의식이 펼쳐 내고, 꿈을 보고 감상 하는 것도 단일의식이다. 꿈속에 펼치는 일체 작용은 꿈이지만 꿈을 펼치는 단일의식은 '실존'이다.

결국 깨달음의 성취는 着으로부터 벗어나는 방편은 반야 지혜인 '무아 연기'에 대한 '정견' 즉, 본래(법신)와 현상(화신)은 '의식의 거울(본래, 법신)'에 나타나는 '환영'은 본래의 화신이므로' 분별할 수 없는 본래 '不二'임을 깨달아 본래(법신)의 자리로 돌아가는 것이다. 이것이 반야지다.

3. 괴로움의 소멸이라는 멸성제에 관한 탐구

　　삶이 자신의 뜻대로 되기를 바라는 갈애의 불길이 남김없이 꺼진 상태다. 탐욕과 분노와 어리석음이 소멸한 열반의 경지다. 자아라는 생각이 해체되어 온갖 속박과 집착에서 벗어나고, 번뇌가 완전히 소멸한 것이 '해탈'이다.

　　비구들아 이것이 괴로움의 소멸이라는 성스러운 진리다. 갈애를 남김없이 소멸시켜 집착에서 벗어나 해탈하는 것이다.

— 『상윳따 니까야』 56:11 「전법륜」

　　어떤 것이 괴로움의 소멸이라는 진리인가?
　　저 애욕을 남김없이 없애버려 다시 생기지 않게 하는 것이다.
　　이것이 괴로움의 소멸이라는 진리다.

— 『증일아함경』 제14권

비구들아 무엇이 멸성제인가?

연기법의 환멸연기를 말하는 것으로 번뇌 망상이 일어남은 무명이 원인이며, 무명의 멸함이 곧 번뇌 망상의 사라짐이다.

환멸연기는 '무명'이 소멸함으로, 행이 소멸하고, 행이 소멸함으로 식이 소멸하고, 명색이 소멸함으로 6처가 소멸하고, 6처가 소멸함으로 촉이 소멸하고, 촉이 소멸함으로 수가 소멸하고, 수가 소멸함으로 애가 소멸하고, 애가 소멸함으로 취가 소멸하고, 취가 소멸하므로 유가 소멸하고, 유가 소멸함으로 생이 소멸하고, 생이 소멸하므로 늙음, 죽음, 근심, 슬픔, 고뇌가 소멸한다.

이리하여 온갖 괴로움의 무더기가 소멸한다.
비구들아 이것을 '멸성제'라 한다.

―『앙굿따라 니까야』 3

우리는 멸성제의 진리에서 '존재의 바퀴'인 환멸연기에 대하여 깊이 숙고해 보아야 한다. 환멸연기의 '무명이 소멸함으로 행(상카라)이 소멸한다.'라고 이 소멸의 바퀴를 역으로 돌리면 무명의 소멸로 인해 모든 것이 본래의 자리로 돌아감으로 이것을 다음같이 사유하여야 한다.

존재의 바퀴
존재의 바퀴의 시작은 알려지지 않았고
그것은 만드는 자도 느끼는 자도 없다.

열두 가지가 '공' 하기 때문에 '공' 하고

'공' 하기 때문에 이것은 끊임없이 항상 회전한다.

(1) 일어나고 사라짐을 관찰하는 지혜

12지 연기의 수레바퀴가 쉼 없이 돌아가면서 원인과 결과를 발생시키고 있는데 왜 그 특상(쏜)을 알아차리지 못하고 자연스럽게 이끌려 가게 되는가?

이에 대하여 세 가지 법인(진리)의 "무상, 고, 무아"가 무엇에 가려져서 알아차리지 못하는가에 대하여 알아야 하는 장이다.

① 무상함의 현상(특상)은 '상속'에 의하여 가려졌기 때문에 나타나지 않는다.
② 괴로움의 현상은 계속되는 압박을 알아차리지 않고 '행위'에 가려졌기 때문에 나타나지 않는다.
③ 무아의 현상은 오온이 여러 요소로 분해되어 실체가 없음(쏜)을 알아차리지 못하고, 견고하여 실체가 있다고 '착각'함에 가려졌기 때문에 나타나지 않는다.

여기서

㉮ 무상과 무상의 나타남의 특별한 상태는,

무상이란? 오 온(색, 수, 상, 행, 식)의 무더기 다섯 가지가 무상한 것이다. 왜 그런가? 일어나고 사라지고 변하는 성질을 가졌기 때문이다. 혹은 있다가 없어지기 때문이다.

일어나고 사라지고 변하는 것이 '무상의 특상'이다. 혹은 있다가 없어짐이라 불리는 형태의 변화가 무상의 특상이다. 혹은 정보의 덩어리로 뭉쳐져 실체가 없기 때문에 무상의 특상이다. 혹은 의식의 투영에 의하여 관념으로 뭉쳐져 있기 때문에 무상의 특상이다.

㉯ 괴로움과 괴로움의 나타남의 특별한 상태,

"무상한 것은 괴로움"이다.라는 말씀 때문에 무더기 다섯 가지가 괴로움이다. 왜 그런가? 끊임없이 압박받기 때문이다. 끊임없이 압박받는 형태가 괴로움의 특상이다.

㉰ 무아와 무아의 나타남의 특별한 상태,

괴로운 것은 무아라는 말씀에 대하여 그 무더기 다섯(오온)은 무아다. 왜 그런가? 주체적 의지 즉 지배력을 행사할 수 없는 형태가 '무아'의 특상이다.

수행자는 경계에서 벗어나기 위해서는 이 세 가지 특상의 진리를 깊이 숙고하여 벗어나야 한다. 벗어나기 위해서는 "위빠사나라" 불리는 일어나고 사라짐을 관찰하는 지혜로 이 모두를 각자의 성품에 따라 고찰한다.

수행자가 이와 같이 고찰한 뒤 반복해서 무상, 고, 무아 의 물질과 정신의 법들을 비교하여 분석해 볼 때, 그의 지혜가 예리하게 작용하면 업에서 생긴 물질의 현상이나 혹은 생각이 표상을 着 하지 않는다. 오직 부서짐, 사라짐, 무너짐, 소멸에 그의 마음 챙김을 확립한다.

이와 같이 일어나고 소멸한다.라고 볼 때 바로 이곳에서 무너짐을 관찰하는 지혜라 불리는 "위빠사나"의 지혜가 일어난다.

어떻게 해서 대상을 깊이 숙고하여 무너짐을 관찰하는 통찰 지가 위빠사나의 지혜인가?

물질을 대상으로 가졌기 때문에 마음이 생겼다가 소멸한다. 마음은 물질에 의존해서만 드러난다. 그러므로 마음과 물질은 하나이다. 그 대상을 깊이 숙고한 다음 그 마음이 무너짐을 관찰한다.

예를 들면.

마음(의식)은 의식이 가는(작용하는) 곳에만 느낌(촉)으로 드러난다. 엉덩이에 의식이 가면 엉덩이에 촉이 느껴지고, 발바닥에 촉이 가면 발바닥에 촉이 느껴지듯이 6근의 촉이 작용하는 곳에서 감지된다. 마음(의식)이 작용하지 않으면 물건을 손에 들고도 알지 못할 때가 있다.

관찰한다는 것은 어떻게 하는 것인가?

영원한 것이 아니라 무상이라고 관찰한다. 행복은 불행의 씨앗으로 괴로움이 배경 의식에 잠재해 있다고 관찰한다. 이 세상에 연기법을 피해 독자적 자아를 가질 수 있는 주체는 없으며, 하느님, 부처님, 신이나 성자 등 어떠한 존재도 연기를 피해 갈 수는 없다. 연기에 주체적 의식을 갖는 '자아'란 있을 수 없다. 그러므로 자아가 아니라 '無我'로 상대가 끊어진 자리를 관찰한다.

(2) 나는 연기로 드러나는 無我의 현상일 뿐이다

"나"는 그 요소들의 연기 관계 속에 있을 뿐이지, "내(我)"가 있어서 그 요소들의 연기 관계가 생겨나는 것은 아니다. 그러나 우리는 나라는 주체적 존재가 있어서 내가 자유의지를 가지고 이 세상을 살아가고 있다고 착각한다.

그러면 주체적 자유의지에 대해서 탐구해 보자.
감각기관인 6근, 안(봄), 이(들음), 비(냄새), 설(맛), 신(감촉), 의 (생각)은 나의 의지적 작용인가? 아니면 연기적 현상인가?
어떤 물체가 드러났을 때 저절로 비치고, 소리가 일어났을 때 저절로 들려지지 않는가? 호흡을 할 때 의도적이 아니라 저절로 하게 되고, 오장 육부의 작용도 저절로이며, 음식을 먹고 배출까지도 저절로 이루어진다. 한 생각 마저도 조건과 인연에 따라 저절로 일어나고 사라진다.

거기 어디에 나의 의지에 의해 내 마음대로 하는 작용이 있는가?

답은, "없다."이다.

이 모든 것은 연기에 의해 저절로 일어나고 있으므로 '無我'이며, 만물은 '제1원인'인 '실존'이 투영한 그림자인 환영이다. 그러나 개체는 나를 존재로 착각하고 '가아'를 건립하여 돋보이고 명확히 하기 위하여 대상에 끌려다니며 고통을 겪게 된다.

드러나는 현상은 나의 '화신'인 피조물이다. 나는 단일의식이며, 봄(앎, 覺)이며 '실존'이다.

나의 몸 마음 중에 내 것이라고 할 것이 있다면, 그것을 내가 의지적으로 마음대로 할 수 있어야 한다. 그러나 내 마음대로 할 수 있는 것은 그 어디에도 없다. '無我'인데 누가 있어 주재자가 되는가? 이 모든 것은 싯다르타가 발견한 '무아 연기'에 의해 저절로이며 거기에 나는 없다.

그러나 '가아'인 나는 주체적 자유의지를 가지고 내가 살아가고 있다는 무명에서 벗어나지를 못하고 있다. 이 얼마나 안타까운 일인가?

(3) 진리가 꾸는 우주라는 꿈을 꿈으로 바로 보자

나는 나도 모르게 두 번 태어났다는 것을 안다. 그러나 그것은 나도 모르는 사이에 저절로 받아들여졌다. 부모로부터 음식의 정수로 태어난 생물학적 현상인 몸이요, 다른 하나는 시·공간의 개념의 구조체 속에서 개념의 자궁으로 태어난 실체가 없는 환영의 '의식'이라는 사실이다.

이 두 번의 과정을 거치면서도 나의 의지가 관여한 사실은 없다. 그러나 이제 나는 단일의식으로부터 생명력을 부여받은 티끌 같은 개체적 존재가 아니라 생명력을 부여하는 단일의식인 '실존'이라는 사실을 보고 알았다.

또한 단일의식이 자신을 드러내기 위하여 시·공간 개념의 구조체를 통하여 개념의 자궁에서 개념으로 우주라는 꿈을 펼쳐 내고 있다는 사실, 이 우주는 실체가 없는 의식이 개념으로 펼쳐 낸 꿈이라는 사실을 나는 보았다.

그러므로 나는 단일의식이 펼쳐 낸 꿈속의 등장인물이 아니라, 꿈을 펼쳐 내고 꿈을 감상하는 '실존'이라는 사실도 깨달았다. 꿈속에 주체 의식을 가진 개체적 자아가 있을 수 있는가?

꿈속에 펼쳐지는 내용은 실존이 자기를 분명히 하기 위하여 드러낸 정보의 덩어리에 불과한 자신의 그림자인 환영이다.

일체는 비인격적 현상이며 오직 연기에 의하여 완전한 변화만 있을 뿐이다. 의식의 작용이 변화의 시작이요, 변화의 과정이며, 의식의 다함이 변화의 끝이라는 사실도 나는 본다.

그러나 단일의식은 우주의 종말이 와도 여여 하게 거기에 존재한다. 다만 변화하다가 육신이 수명을 다하면 의식은 본래의 자리인 '한마음'(단일의식)으로, 육신은 지, 수, 화, 풍, 공, 의 제자리로 스며들 뿐이지 본래 생겨나고 사라지는 것은 없다는 것 또한 나는 보고 안다.

본래의 나는 생겨나지도 죽지도 않는 여여 함을 본다. 나는 "천상천하 유아독존"이며 "불생불멸"이고 "봄이며 앎(覺)"이다.

그동안 독립된 개체라고 믿고 집착의 늪에 빠져 허우적거리며, 살아온 세월이 얼마인가? 이 모든 것 뜨한 인연이 그려낸 한 장르의 연극이 아니었던가? 이제라도 붓다가 발견한 지고의 진리와 인연하게 된 일대사의 인연에 합장하고 경배 올린다.

이제 이 몸-마음이 본래 성품인 절대로 스며들 때까지 절대 우주가 꾸는 꿈을 꿈으로 바로 보고 깃털처럼 가볍게 살아갈 것이다.

(4) 이 세상은 깨어나야 할 한바탕 꿈이다

당신은 꿈속에서 당신 자신을 어떻게 보는가?

우리는 하루를 깨어 있는 상태, 잠들어 꿈을 꾸는 상태, 깊은 수면의 상태로 구분할 수 있다. 이는 모두 의식 안에서 의식에 의해 일어나는 의식의 작용으로 꿈속에서의 상태는 깨어 있는 상태와 마찬가지로 나와 세상이 펼쳐지고 느낌과 감각으로 인식하게 된다.

그러므로 꿈의 상태와 깨어 있는 상태는 시공간 개념의 구조 틀에 의해서 개념으로 현상이 드러나는 것은 같다. 왜냐하면 의식이 시·공간 개념의 구조 틀을 작동하여 개념으로 인식하는 것은 깨어 있는 상태에서와 같이 꿈속에서도 꿈의 인식이 가능하기 때문이다.

그러므로 꿈속에서도 깨어 있는 상태와 같이 시·공간의 '개념의 틀을 통'하여 꿈이 인식되기 때문에 꿈을 꾸는 상태나, 깨어 있는 상태가 의식의 '한 바탕' 안에서 의식에 의해 일어나고 있으므로 다르지 않다는 사실이다.

세상은 거짓을 거짓으로, 비실재적인 것을 비실재적인 것으로, 덧없는 것을 덧없는 것으로 바로 보고 깨어나야 할 꿈이다. 전도몽상에서 깨어나야만 진실로 실재에 존재하게 된다. 현실은 진리와 항상 일치한다. 현실은 꿈과 다르지 않다. 깊이 사유해 보자.

괴로움의 소멸이라는 진리를 탐구하면서 결국 우리가 하는 선택은 우리의 자유로운 의지에 따르는 것이 아니라 꿈속에서처럼 우리가 의식하지 못하는 상태에서 저절로 연기되는 것이며, 우리의 의지에 따라 선택하고 결정하고 조정한다는 생각은 착각에 불과하다는 것을 진실로 아는 것이다.

모든 생각과 말과 행위는 대상과 더불어 상호작용에 의한 연기 법칙으로 일어나는 것이고 의식은 단지 6근으로 그것을 지각하는 역할을 할 뿐이다. 그러므로 우리는 수행에 있어 일어나는 모든 현상을 개체인 내가 선택하고 결정해서 일으킨다는 '착각'을 자각하게 된다면 행위에서 오는 업을 멸할 수 있다.

나는 의식의 거울에 비추는 하나의 개체적 그림자가 아니라, 우주가 내 의식의 거울 안에서 창조되고 비치는 절대인 '실존' 그 자체임을 '覺' 하여 일체 착에서 벗어나 멸진정에 이르는 깨달음을 얻어야 할 것이다.

여기서 우리가 잘못 인식하고 있는 것은 우리의 본래 성품은 본래가 청정하며 한 물건도 얻을 것이 없다. 그러나 우리는 탐, 진, 치의 삼독의 번뇌 망상을 끊어 내는 것을 수행으로 받아들이는 것으로 알고 있는 분들이 있다.

일체는 의식이 펼쳐 낸 의식의 분별에서 온 바다의 파도와 같다. 그러므로 바다의 파도처럼 저절로 일어나는 탐, 진, 치 삼독을 의지적으로 멸할 수도 없으며, 멸할 필요도 없다.

다만 삼독의 근원인 무명을 정견 하여 명으로 정 사유하면 삼독은 오히려 지혜로 변화하여 삶에 활력소가 된다. 이 세상은 본래의 성품에서 발현된 현상이므로 진리 아닌 것이 없다.

그러므로 번뇌 망상까지도 본래가 창조한 진리다. 나라는 '아상'도 본래는 없다. 다만 우리의 감각기관의 작용을 내가 하고 하고 있다는 개체의식이 착각함으로써 생겨난 '허상'임을 모르고 있을 뿐이다.

그러므로 팔정도의 정견으로 3독심을 반야 지혜의 연금술로 정 사유하여 보배 구술로 전환하는 것이 수행이다. 일체는 하나의 의식이다. 세상은 의식의 한바탕 안에서 의식이 펼쳐 내는 마술쇼다.

아침에 잠에서 깨어나 눈을 뜰 때 이 찬란한 마술쇼는 시작된다. 공간·시간·의식의 의해 세상이라는 무대 위에서 본래인 '실존'이 펼쳐 내는 마술쇼를 즐겨야 한다.

마술쇼 거기에 실상은 존재하지 않다. 일체가 허상임을 '정 사유'하여 보면 거기 어디에 갈애가 붙을 수 있을까? '실존'이 펼쳐 내는 실존의 '화신'임을 정견 하여 "무아이기 때문에 연기하고 연기하기 때문에 공"임을 심안으로 보는 것이 '해탈'이다.

4. 괴로움의 소멸에 이르는 길, 도성제에 관한 탐구

목전을 보라, 그리고 나라는 개체를 보라, 펼쳐져 있는 세상을 보라, 거기에 무엇이 있는가?

'실존'은 자신을 딛고, 타고, 품고, 서서 작용으로 자신을 드러내면서 심각하게 참나, 본체, 해탈, 열반이니 하면서 실존인 자신을 찾고 있다. 실존은 생명 작용으로 만물을 드러내어 자신이 펼쳐 낸 세상 풍경을 감상하고 있다.

일체 만물은 실존이 자기 시현을 위해 드러낸 의식의 거울 속에 비친 실존의 그림자 임을 무명으로 알지 못하고 있다. 개체인 '가아'는 자신이 관찰하고 체험하고 있다고 착각하여 의식의 거울 속에서 스스로 뽐내면서 사랑에 젖어 들어 있지도 않은 과거와 미래를 소집하여 오만상을 그려낸다. 개체인 '가아'는 대상화 놀이에 빠져들어 울고 웃고 괴로워하면서 힘겹게 세상을 살아간다.

실존의 입장에서 보면 안타깝고 애석한 일이지만 그 자체가 나의 그림자이기에 나의 작용에 따라 나타나므로 자각시킬 방법이 없다. 왜일까? 본체와 그림자는 본래 하나이며 본래가 그려낸 '환영'이기 때문이다.

이 장에서는 나는 이미 '실존'이기에 어떠한 방편으로도 나는 나를 볼 수 없다는 것을 자각하고 내가 그려내고 있는 환영 자체가 나의 자화상임을 알고 그냥 지켜봄이 '大覺'이다. 그냥! 무명의 스위치만 꺼라. '실존'은 저절로 드러난다.

(1) 괴로움의 소멸에 이르는 길은 8정도(八正道)이다

> 비구들아, 그러면 무엇이 괴로움의 소멸에 이르는 길이라는 성스러운 진리인가?
> 그것은 바로 8정도다. 즉 정견(正見)·정사유(正思惟)·정어(正語)·정업(正業)·정명(正命)·정정진(正精進)·정념(正念)·정정(正定)이다.
> ─『디가 니까야』 22 「대염처경」

사리풋다(사리불)의 옛 친구가 물었다.
"사리풋다여, 왜 세존과 함께 청정한 수행을 하는가?"

"벗이여, 괴로움에서 벗어나기 위해서다."

"괴로움에서 벗어나는 길이 있는가?"

"길이 있다".

그것은 8정도이니, 정견, 정사유, 정어, 정업, 정명, 정정진, 정념, 정정이다.

— 『상윳따 니까야』 38:4 「무엇을 위하여」

삶과 죽음은 몹시 괴롭지만
진리를 따르면 피안에 이른다.
세상 사람 건지는 8정도는
온갖 괴로움을 없애준다.

— 『법구경』

"비구들이여, 이것은 괴로움의 소멸로 인도하는 도 닦음의 성스러운 진리다. 이것은 바로 여덟 가지 구성 요소를 가진 성스러운 도, 즉 바른 견해, 바른 사유, 바른말, 바른 행위, 바른 생계, 바른 정진, 바른 기억, 바른 삼매다."

— 『초전법륜경』 S56:11)

① **정견**(正見, 바로 알기)

비구들아, 그러면 무엇이 정견인가?
고(苦), 집(集), 멸(滅), 도(道)에 대해 바로 아는 것, 이것이 正見이다.

― 『디가 니까야』 22 「대염처경」

② **정사유**(正思惟, 바르게 사유하기)

그러면 비구들아, 무엇이 정사유인가?
그것은 번뇌에서 벗어난 사유,
분노가 없는 사유,
남에게 해를 끼치지 않으려는 사유다.

― 『맛지마 니까야』 141 「진리의 분석경」

③ **정어**(正語, 바르게 말하기)

비구들아, 그러면 무엇이 정어인가?
거짓말하지 않고, 이간질하지 않고, 거친 말 하지 않고, 쓸데없는 말을 하지 않는 것, 이것이 正語다.

― 『디가 니까야』 22 「대염처경」

사람이 태어날 때 입에 도끼가 생겨나

어리석은 이는

나쁜 말을 내뱉어

그것으로 자신을 찍는다.

— 『상윳따 니까야』 6:9 「투두범천」

④ 정업(正業, 바르게 생활하기)

비구들아, 그러면 무엇이 정업인가?
살생하지 않고, 도둑질하지 않고, 음란한 짓을 하지 않는 것, 이것이 정업이다.

— 『디가 니까야』 22 「대염처경」

⑤ 정명(正命, 바르게 생활하기)

정당한 방법으로 생계를 꾸려가는 생활을 말한다.

비구들아, 그러면 무엇이 정명인가?
성자의 제자는 그릇된 생계를 버리고 바른 생계로 생활한다.
이것이 정명이다.

— 『디가 니까야』 22 「대염처경」

⑥ 정정진(正精進, 바르게 노력하기)

4정근을 닦는 것이다. 이미 생긴 악은 없애려고 노력하고, 아직 생기지 않은 악은 미리 방지하고, 아직 생기지 않은 선은 생기도록 노력하고, 이미 생긴 선은 더욱 커지도록 노력하는 수행이다.

⑦ 정념(正念, 바르게 알아차리기)

4념처를 닦는 것으로, 매 순간 움직이거나 일어났다 사라지는 신(身), 수(受), 심(心), 법(法)의 변화와 작용을 지속적으로 알아차려서 그것의 무상(無常), 고(苦), 무아(無我)를 거듭 통찰하고 체득하여 그 네 가지의 속박에서 벗어나는 수행이다.

여기서 법(法)은 수행 중에 일어나 마음을 산란하게 하는 5개(蓋), 5온(蘊), 12처(處) 등이다.

'알아차리기'는 '사티'의 번역이다. 사티는 지금 몸-마음에서 매 순간 움직이거나 일어났다 사라지는 변화(연기)의 작용을 분별하지 않고 있는 그대로 지속적으로 알아차리는 수행이다.

'좋다, 싫다.' 등으로 분별하면 좋은 것은 애착하고 싫은 것은 혐오하여 있는 그대로 알아차릴 수 없게 된다. 알아차리는 동안은 '지금 여기'에서 몸-마음의 무상, 고, 무아를 통찰하게 된다. 이 알아차리기는 초기 불교 수행의 근원이고 시작이다.

⑧ 정정(正定, 바르게 집중하기)

4선(禪)을 닦는 것으로, 수행자가 이르게 되는 4단계의 선정이다. 정(定)은 사마티의 번역이고, 이것을 삼매(三昧)라고 음사 한다.

> 비구들아, 그러면 무엇이 정정인가? 비구가 탐욕과 불선법(不善法)을 떨쳐버리고, 집중하는 대상에 대해 일으킨 생각과 지속적인 고찰이 있고, 탐욕 등을 떨쳐버림으로써 생기는 희열과 행복이 있는 초선(初禪)에 들어 머문다.
> 희열을 버리고 평온에 머물며, 알아차리기와 분명한 앎을 지니고 몸으로 행복을 느끼는 제3선에 들어 머문다. 행복도 버리고 괴로움도 버리며, 이전에 기쁨과 슬픔을 없애버렸으므로 괴롭지도 즐겁지도 않은 평온으로 알아차리기가 청정해진 제4선에 들어 머문다. 비구들아, 이것이 정정이다.
> ― 『디가 니까야』 22 「대염처경」

인용문에서 '불선법'은 열반에 이르는데 장애가 되는 탐욕과 분노와 어리석음의 3 독(탐, 진, 치)을 말한다. '일으킨 생각' 하나의 대상에 처음으로 마음을 일으키는 것이고, '지속적인 고찰'은 그 대상을 계속 세밀히 관찰하는 것이다.

예를 들면 전자는 벌(마음)이 꽃(대상)을 향하여 거칠게 날갯짓을 하는 것과 같고, 후자는 벌이 꽃에 이르러 윙윙거리며 세밀하게 살피는 것과 같다.

4선은 정정의 내용이면서 5근에서 정근의 내용이고, 3학(學)에서 정학(定學)의 내용이다.

『잡아함경』 제18권 1경에 염부차(閻浮車)가 사리불에게 여러 가지 질문을 한다. 어떻게 하면 번뇌가 소멸하고, 열반에 이르고, 아라한이 되고, 무명이 소멸하고, 괴로운 생존이 끝나고, 5온에 집착하지 않게 되고, 결박에서 벗어나고, 애욕이 소멸 하는지 등이다.

각각의 질문에 사리불은 모두 8정도를 닦으라고 대답한다. 이 8정도가 곧 中道이다.

> 비구들아, 그러면 무엇이 중도인가? 바로 8정도이니, 정견, 정사유, 정어, 정업, 정명, 정정진, 정념, 정정이다.
>
> ─『상윳따 니까야』 56:11 「전법륜」

(2) 8정도의 사유 과정에서 살펴본 6근의 통찰 지

① 안(眼)은 사물을 보고 인식하는 기능을 한다고 생각한다.

눈이 대상에 촉 하여 대상에 착하여 분별하며 인식하는 작용을 한다. 대상을 눈이 인식함으로 존재가 드러난다.

그럼 존재는 어떻게 드러나는가?

공을 배경으로 물체가 일정한 공간을 점유하여, 일정 기간 머무름으로 인하여 사물이 눈에 저절로 비치어 인식된다. 사물은 공간을 점유, 일정한 시간 동안 머무를 때 눈의 축은 대상에 투영되면서 대상을 분별하여 인식하게 된다.

여기서 인식되는 현상은 의식이 대상에 투영되어 개념으로 대상을 분별하여 개념으로 인식하게 된다. 그러므로 모든 작용은 '제1원인'인 '실존'이 자신을 드러내기 위해 의식 안에서 자신에 의해 드러난 "자기 현시"인 '환'이다.

그러므로 '제1원인' 은 유도 아니고 무도 아니면서 유·무의 '공'의 한 바탕에서 일어나는 연기작용이다. 의식 → 공 → 눈 → 시간 → 착 → 분별 → 인식 → 존재 순으로 펼쳐지지만 찰나와 동시다. 이 모든 현상은 연기적 작용으로 '단일의식'이 펼쳐 내고 의식이 분별하여 의식이 인식하고 감상하는 의식의 작용이다.

그러므로 단일의식 = 제1원인 은 '공'이며 '실존'이다. 그러므로 안식은 의식 = 공 = 실존이다.

② 이(耳)는 소리가 귀에 접촉하여 분별하고 인식한다고 생각한다. 소리는 의식이 귀를 통하여 발생하고, 듣고 의식이 인식함으로써 드러난다.

그럼 소리는 어떻게 존재로 드러나는가?

우선 소리가 존재하기 위한 조건으로는 소리의 파장이 흐를 수 있는 공간이 있어야 하며, 청각이 인식할 수 있는 시간적 머무름이 있어야 하고, 소리를 드러낼 수 있는 고요(침묵)의 배경이 있어야 소리가 드러나고, 청각에 비칠 수 있다.

소리 → 공간(소리의 파동이 펼쳐질 수 있는 공간) → 시간(청각이 인식할 수 있는 시간) → 촉(소리와 귀의 접촉) → 분별(소리의 종류) → 인식 → 소리의 존재로 드러난다.

이 모든 과정은 의식이 공간 속에서 귀에 의존하여 소리를 만들어 내고, 의식이 소리를 인식하고, 의식이 소리를 분별하고 인식하여 감상을 하게 되는 것이다.

그러므로 이식 = 공(공간, 고요함) = 실존이다.

③ 코(鼻)는 의식이 코에 의존하여 냄새를 만들어 내고 분별하여 인식된다.

그럼 냄새는 어떻게 존재로 드러나는가?

우선 냄새가 존재하기 위해서 의식이 작용하는 공간과 시간이 있어야 한다. 후각이 인식할 수 있는 냄새 없음의 배경인 공성이 있어야 냄새가 드러나 후각에 냄새가 보여진다.

냄새 → 공간(냄새의 파동이 펼쳐지는 공간) → 시간(냄새 인식) → 촉(코와 냄새 접촉) → 분별(냄새 분별) → 인식 → 냄새 존재.

이 모든 과정은 의식이 공간에서 코에 의존하여 펼쳐 내는 의식의 작용이다.

그러므로 비식(鼻識) = 공(냄새 없음) = 실존이다.

④ 혀(설)는 의식이 혀를 통하여 맛을 분별하고 인식된다.
그럼 맛은 어떻게 존재로 드러나는가?
우선 혀가 맛을 감지하기 위해서는 맛없음의 배경인 공성이 있어야 맛있음을 감촉할 수 있다.
혀 → 맛없음의 공성 → 혀의 촉에 의한 인식 → 맛의 드러남을 인식.
이 모든 과정은 의식이 펼쳐 내는 의식의 작용이다. 그러므로 설식 → 맛없음(공성) → 맛으로 보여진다.

⑤ 몸(신)의 감촉은 의식이 몸을 통하여 몸과의 접촉으로 인식한다.
그럼 촉감은 어떻게 존재로 드러나는가?
우선 몸이 감촉을 인지하기 위해선 감촉 없음의 배경인 공성의 바탕 위에서 대상과 접촉으로서 몸의 촉감이 존재로 보여진다.
이 모든 감촉은 의식이 몸의 촉에 의존하여 펼쳐 내는 과정이다.
그러므로 신식 → 감촉 없음의 공성 → 대상과 접촉 → 감촉으로 인식되어 존재한다.

⑥ 그럼 생각은 어떻게 존재로 보여지는가?
의식 → 대상 없음의 공성 → 5근의 작용을 종합하여 인식하고 6식에 의해 드러난다.
이 모든 과정은 6식이 5근의 정보를 종합하여 개념으로 펼쳐 내는 작용이다.

그러므로 의식 → 인식 작용 없음의 배경인 공성 → 경계 인식 → 개념의 상으로 인식된다.

6근의 작용 과정을 통찰해 보면, 인식의 배경 의식은 잠재적 '공성'임을 알 수 있다. 그러므로 없음과 있음, 유와 무는 본래 하나로 연기하는 '공'임을 알 수 있다.

그러나 유와 무는 자존성과 창조성의 조건을 갖추지 못하였으므로 자존성과 창조성으로부터 자유로운 '공(空)'을 '제1원인'으로 상정한다.

그러므로 제1원인 ='공(空) = 實存'이다. 존재 자체가 실존이다. 만물은 '실존' 자체이기 때문에 "천상천하 유아독존"이다.

여기서 주목할 것은 존재를 드러내는 '공'인 '배경 의식'이다. 배경 의식인 '공'이 없으면 존재는 드러나지 않는다. 예를 들면, 텔레비전에 모니터가 없으면 영상은 나타날 수가 없다.

이와 같이 배경 의식은 보이지 않는 '무'이면서 '有'의 작용을 한다. 무도 아니고 유도 아니면서 존재를 드러내는 것. 무이면서도 유인 존재를 드러내는 것, 이 배경 의식을 주목하고 정견 하면 '실존'이 드러난다.

4장

연기란 무엇인가

앞장에서 4성제의 설명 중 연기과 인과 관계에 대하여 존재론적 입장에서 간략하게 설명하였다. 이장에서 연기에 대해서 좀 더 깊이 들어가 보겠다.

도성제의 통찰 지는 무아와 연기다. 이것은 부처 사상의 핵심을 관통하고 있다는 중요성을 강조한 것으로, 존재와 소멸에 대한 '각(覺)'이 불법의 시작과 끝임을 강조한 것이다.

불교에 조금이라도 관심을 가져온 사람이라면, 연기에 대하여 12지 연기론이니, 12지 연기설이니, 12지 인연이니 하여 12개의 고리를 늘어놓는 것을 들어 본 적이 있을 것이다.

"연기는 의존하여 함께 일어난다는 뜻이다. 탐욕으로 분별하고
집착하는 5온으로 말미암아 12연기가 일어난다."

"이것이 있으므로 저것이 있고, 이것이 일어나므로 저것이 일어난다."

무명(無明)으로 말미암아 행(行)이 일어나고,
행으로 말미암아 식(識)이 일어나고,
식으로 말미암아 명색(名色)이 일어나고,
명색으로 말미암아 촉(觸)이 일어나고,
촉으로 말미암아 수(受)가 일어나고,
수로 말미암아 애(愛)가 일어나고,
애로 말미암아 취(取)가 일어나고,
취로 말미암아 유(有)가 일어나고,
유로 말미암아 생(生)이 일어나고,
생으로 말미암아 늙음, 죽음, 근심, 슬픔, 고뇌, 절망이 일어난다.
이리하여 온갖 괴로움의 무더기가 일어난다.

"이것이 없으므로 저것이 없고, 이것이 소멸하므로 저것이 소멸한다."

무명이 소멸하므로, 유가 소멸하므로 생이 소멸하고, 생이 소멸하므로 늙음, 죽음, 근심, 슬픔, 고뇌, 절망이 소멸한다.

— 『맛지마 니까야』 38 「갈애의 소멸에 대한 큰 경」

1. 12연기란

"이것이 있으므로 저것이 있고, 이것이 일어나므로 저것이 일어난다."

『유전연기, 순관』

① 무명(無明)으로 말미암아
② 행(行)이 일어나고, 행으로 말미암아
③ 식(識)이 일어나고, 식으로 말미암아
④ 명색(名色)이 일어나고, 명색으로 말미암아
⑤ 6처(處)가 일어나고, 6처로 말미암아,
⑥ 촉(觸)이 일어나고, 촉으로 말미암아,
⑦ 수(受)가 일어나고, 수로 말미암아,
⑧ 애(愛)가 일어나고, 애로 말미암아

⑨ 취(取)가 일어나고, 취로 말미암아,

⑩ 유(有)가 일어나고, 유로 말미암아,

⑪ 생(生)이 일어나고, 생으로 말미암아 늙음, 죽음, 근심, 슬픔, 고뇌, 절망이 일어난다. 이리하여 온갖 괴로움의 무더기가 일어난다.

—『맛지마 니까야』 38 「갈애의 소멸에 대한 큰 경」

"이것이 없으므로 저것이 없고, 이것이 소멸하므로 저것이 소멸한다."

환멸연기, 역관

① 무명이 소멸하므로 행이 소멸하고

② 행이 소멸하므로 식이 소멸하고

③ 식이 소멸하므로 명색이 소멸하고

④ 명색이 소멸하므로 6처가 소멸하고

⑤ 6처가 소멸하므로 촉이 소멸하고

⑥ 촉이 소멸하므로 수가 소멸하고

⑦ 수가 소멸하므로 애가 소멸하고

⑧ 애가 소멸하므로 취가 소멸하고

⑨ 취가 소멸하므로 유가 소멸하고

⑩ 유가 소멸하므로 생이 소멸하고

⑪ 생이 소멸하므로 늙음, 죽음, 근심, 슬픔, 고뇌, 절망이 소멸한
다. 이리하여 온갖 괴로움의 무더기가 소멸한다.
─ 『맛지마 니까야』 38 「갈애의 소멸에 대한 큰 경」

연기는 의존하여 함께 일어난다.는 뜻이다. 이 의식에 의존하여 그 것과 함께 저 의식이 일어나는, 서로 의존하여 일어나고 소멸하는 의식 작용이다.

12지 연기야말로 근본불교의 요체이며, 모든 현상이 일어나는 원리요 도리요 법이다.

팔리장경 『중니까야』 제28에 다음과 같은 유명한 말이 있다.

"연기를 보는 자는 곧 법을 보는 것이요, 법을 보는 자는 곧 연기를 보는 것이다."

"연기를 보는 자는 법을 본다. 법을 보는 자는 곧 나 부처를 본다."

이러한 말들은 우리에게 연기가 얼마나 부처 사상의 핵심을 관통하고 있는 중요한 것인가를 단적으로 설파해 주고 있다. 이러한 말 때문에 연기가 곧 지고한 '법'이라고 하는 것은, '도(道)'와 같은 지고한 원리가 아니라, 그냥 단순한 유위(有爲), 무위(無爲)의 모든 존재하는 것들, 즉 우리가 일상적으로 경험하는 일체 사물을 가리키는 것이다.

연기를 보는 자는 부처를 보는 것이라고 한 말은, 연기 그 자체가 지고의 법이라는 것을 주장하는 것이 아니라, 연기의 방식으로 사물을 볼 줄 알아야만 곧 깨달음에 도달된다는 것으로 '무아'와 '집착'의 통찰을 위한 하나의 방편으로 제시한 매우 단순한 뜻이라고 본다.

왜냐하면! 연기하기 때문에 실체는 없지만 현상은 나타나는 '유(有)'인 것이다. '유(有)'는 '무(無)'와 상생하기 때문에 드러나는 유위법(有爲法) 일 수밖에 없다. 그러나 연기를 보면 법을 보고, 법을 보는 자는 부처를 본다고 한 '법(法)'과 '부처(付處)'는 '무위법(無爲法)'으로 우리의 감각, 지각으로는 인지될 수 없다. 그러므로 연기법은 깨달음으로 가는 방편의 제시이지 깨달음은 아니다.

2. 연기는 사물의 존재하는 방식이다

사물의 존재는 연(緣)하여 일어나기(起) 때문에, 홀로 독립적으로 존재하는 실체를 가진 존재는 있을 수 없다는 것이다. 존재가 실체를 가질 수 없으므로 '무아(無我)'이며, 무아이기 때문에 연기한다는 것이다.

"내가 깨달아 얻은 이 법은 깊고 깊어 보기 어렵고, 이해하기 어렵고, 고요하고 미묘하다. 일상적 사색의 경지를 벗어나 지극히 미세한 곳을 깨달을 수 있는 슬기로운 자들만이 알 수 있는 법이다.
그런데 사람들은 탐하고 집착하기 좋아하여, 아예 탐착을 즐긴다. 그런 사람들이 '이것이 있으므로 저것이 있다'는 도리인 연기의 도리를 본다는 것은 참으로 어려운 일이다.
또한 모든 행이 고요해진 경지, 윤회의 모든 근원이 사라진 경지, 갈애가 다한 경지, 탐착을 떠난 경지, 그리고 열반의 도리를 안다는 것은 참으로 어려운 일이다.

내가 비록 법을 설한다 해도 다른 사람들이 이해하지 못한다면 공연히 나만 피곤할 뿐이다."

라고 하시면서, 세존께서는 예전에 들어 보지 못한 게송을 떠올리셨다.

"나는 어렵게 깨달음에 도달하였다.
그러나 내 지금 무엇을 말하리!
탐착에 물든 자들이 어떻게 이 법을 보겠는가?
어둠의 뿌리로 뒤덮인 자들이여."

이와 같이 깊이 사색한 세존께서는 법을 설하지 않기로 하셨다.
이것은 인간 싯다르타의 청순한 영혼의 양심이요, 위대한 각자의 최후적 양심이다.
싯다르타는 수행 과정을 회상하면서, 애욕은 마음의 심층에 잠재해 있는 견고한 습성이어서 통제가 어렵다는 것을 알았다.

이때 범천(브라흐만)이 자신의 마음으로 세존의 마음속을 알고서 이렇게 생각했다.
"아아! 세상은 멸망하는구나! 아아! 세상은 소멸하고 마는구나! 여래, 응공, 정등 각자가 마음속에만 묵묵히 담고 있고 법을 설하지 않는다면!"

그리고 세존 앞에 무릎을 꿇고 간청하였다.

세존이시어! 법을 설하소서. 선서(善逝)께 서는 법을 설하소서, 아직은 삶에 먼지가 적은 중생들도 있다. 그들이 법을 듣는다면 알 수 있을 것이 오나, 설하지 않으신다면 그들조차 쇠퇴할 것이다. 범천은 계속 간청을 올리셨다.

　그러나 응하지 않으셨다. 싯다르타는 장시간 수행으로 자신의 다리가 마비되어 감각이 없었으나 한동안 주물러 본래의 감각을 회복하시고 어떤 마음에서인지는 모르지만 5비구를 향하여 걸음을 옮긴 것은 몸이 아니라 법(法)이다.

3. 연기의 순관과 역관

무명이란 무엇인가? 무명이란 그것 자체로서 존재하는 궁극적인 그 무엇이 아니라, 정보의 다발이 생하고 멸함이 동시에 돌아가고 있는 세상의 이치를 모르는 무지를 바로 '무명'이라고 한다.

세상의 일어나고 사라짐을 있는 그대로 바른 통찰 지로 보는 자는 세상이 없다고 하지 않는다. 왜냐하면 세상을 조건으로 하여 세상의 일어남이 있기 때문이다. 단순히 일어나는 것만을 밝히신 것이 아니다.

왜냐하면 단순히 일어나는 것만을 보는 것으로는 단견이 뿌리 뽑히지 않기 때문이다. 오직 조건이 그치지 않음을 통찰함으로써, 조건이 그치지 않을 때 결과도 그치지 않기 때문이다.

만물의 드러남과 사라짐의 현상은 오직 상태로서 의식에 투영되는 그림자로 개념의 도구인 시공에서 개념으로 인식되는 현상으로 드러나는 '*實存*'이 자신을 분명히 하기 위하여 한계 지워진 그림자에 불과한 '환'으로 사유하라는 것이다.

세존께서는 이와 같이 설하셨다.

'아난다여' 이 연기는 '심오하고' 심오하여 또한 심오하게 드러난다. 심오함에는 드러나는 현상 즉 상태를 이야기하는 것이 아니라 '법(法)' 그 자체를 이야기한 것이다.

우리는 법과 드러나는 현상을 분리하여 지각할 수 있겠는가?

여기서 심오하다고 한 것은 연기로 드러나는 현상이 아니라 '법(法)'을 이야기한 것이며 '법'으로 드러내고 법이 드러낸 통찰 지를 법으로 본다는 것을 이야기한 것이지 그림자를 이야기한 것이 아니다.

그러므로 "緣起를 보는 자는 法을 보는 것이요, 法을 보는 자는 부처"를 본다라고 하셨으며, "生하는 法은 어느 것이나 모두 滅하는 法이다"라고 깨달으셨던 것이라고 하였는데,

生하고 滅하는 현상은 '존재'하는 것이며, 이는 형이 하적인 생각의 작용이므로 '無我'를 설명하기 위한 방편으로 연기를 설하셨던 것이다.

왜냐하면 '實存'의 뿌리를 증명하지 않은 상태에서는 온전한 깨달음의 경지에 이를 수 없다는 것이 싯다르타의 의문이며 이후 6년 동안 고행을 시작한 이유이기도 하기 때문이다.

4. 존재에 대한 연기법의 사유

- 『화엄일승법계도』에서

"법성원융무이상" 법의 성품은 원융하여 둘이 아니다. 본래 분별이 불가한 일원성, 전체성, 이 不二법이다.

- 『금강경』에서

"여 몽 환 포 영, 여로 역 여 전", "약 견 제상 비상 즉견 여래" 등 현상으로 드러나지 않은 것과 드러난 것은 동시다. 또한 분리할 수 없는 일원성, 절대성, 전체성에 대한 경전 상의 강설이다.

- 『반야심경』

드러난 것과 드러나지 않은 것은 동시다.

색즉시공, 공즉시색, 색이 곧 공이고, 공이 곧 색이다. 둘은 동시 존재로 분별할 수 없는 본래 하나다.

색불이공, 공불이색, 색이 공과 둘이 아니며, 공이 색과 둘이 아니다. 공과 색은 본래 하나이며 동시다.

본질적으로 나타남(色, 현상)과 나타나지 않음(空)은 본래 하나다. 둘이 아니며 동시 존재다. 현상은 본체가 드러낸 그림자로 본체 없이는 그림자 또한 없다. 그러므로 바다와 파도는 둘이 아니다.

- 노자의 도가에서

유, 무 상생, 유한과 무한은 하나다. 드러난 것과 드러나지 않은 것은 하나다.

연기로 드러나는 형이하의 상대적 개념적 현상이기 때문에 공과 현상은 하나다.

본성의 성품은 지각할 수 없는 빛의 성질과 같아 본성에 반영되어 나타나는 현상은 하나다.

순수의식(절대의식) 과 개체의식(분리 의식)은 하나다. 실재(공)와 그림자(색)는 하나다.

절대의식은 분리될 수 없으므로 지엽적 개체의식은 절대의 그림자이므로 하나다.

절대와 상대는 하나다. 나와 너는 하나다. 본체와 현상은 하나다. 이 모든 것은 의식의 투영으로 드러나는 의식의 작용이며, 시·공간 개념의 틀 속에서 개념으로 분별되는 개념작용일 뿐이다. 이는 단일의식의 투영으로 드러나는 '실존(한마음)'를 설명한 것이다. '실존'은 자신을 분명히 하고 돋보이게 드러내기 위한 과정에서 삼라만상을 펼쳐 내게 되었다. 그러므로 나는 우주이며, 우주가 곧 나다. 우주는 실존(단일의식)이 드러내는 자기현시이므로 '본래면목'이 곧 나이고 우주이다.

- 『대승기신론』에서

경계는 일체가 언설상, 명자상, 심연상으로 드러나는 개념의 현상화다.

본체와 현상은 하나다.

바다와 파도는 하나다.

모든 것이 근본적으로 하나다.

진리인 '실존'은 이원성이 아니라 원융한 무이상으로 일원성, 전체성이다.

나는 세계이며, 세계는 곧 본래면목이다. 일체는 단일의식에 의해 드러나는 거울 속의 그림자와 같다. 아침 이슬에 비추는 태양은 태양일 수 없다. 이 모든 것이 '실존'을 설명한 것이다.

일체 만물은 의식의 거울 속에 비친 그림자와 같다. 그림자를 그림자로 바로 보면 거울도 그림자도 본래 없다. 그냥! 그냥! 깨달으라! 나도 만물도 전체가 하나인 '실존'인 '공'이다.

5. 무아설에 대하여

(1) '**無我**'이기에 연기하며 연기하기에 실체가 없다

　나는 6근(눈, 귀, 코, 혀, 몸, 생각)을 가진 독립된 개체로서 주체적 자유의사를 가지고 세상을 살아가고 있다고 착각하고 있다.
　그러나 나는 인연 따라 저절로 살아지고 있는 실체가 없는 '무아'라는 사실을 알지 못하고 6근의 경계에 끌려가 망상의 늪에 빠져 고통과 괴로움을 겪고 있다.
　이 세상은 연기로 인하여 저절로 생·멸을 펼쳐 내는 단일의식의 자기현시인 그림자에 불과하다. 실체가 없는 '공(空)'으로 관하라고 하였다. 그러나 우리는 무명으로 인하여 이 사실을 알지 못한다.
　그런데 왜 우리는 개체의식이 나라고 착각하고 있는가?
　단일의식이 개체에 의존하여 6근의 작용을 관장하므로 이 몸은 의식의 도구에 불과하다는 사실을 모르고 내가 독립된 개체로서 6근의 작용을 나라고 착각하는 것이다. 이 착각으로 인하여 연기되는 실체가 없는 허상을 '나(我)'라고 인식하게 된다.

그러므로 나는 본래 '무아'이며 이 세상은 '연기'에 의해 펼쳐지는 실체가 없는 '공(空)'이라는 사실을 깨달아야 한다.

여기서 깨닫는다는 의미는 나(我)와 세상은 실체가 없는 '공(空)'임을 사유하는 것이 아니라 '초발심' 시에 시야를 넓혀 부모 미생 전 본래의 자리인 '지금 여기 이것' '여여부동'의 자리를 직지 하라는 것이다.

그런데 우리는 DNA에 의해서인지 유전인지 아니면 학습의 효과인지는 모르지만 뼛속 깊이 사무쳐 있는 고정관념을 타파하지 못하고 개체의식을 나라고 착각하여 경계에 끌려가 망상을 피우게 된다.

그러므로 싯다르타는 着을 끊기 위하여 '무아와 연기'를 방편으로 제시하였다. '나(我)'로 인하여 일어나는 着을 끊지 않으면 깨달음은 없다.

혹여 체험을 운운하면서 생각이 멈추어진 순수의식의 상태에 머물 수 있는데, 착에 의한 '아상'이 작용하는 한 잠시 나타나는 순수의식 또한 착에 의해 개념으로 설정한 경계에 불과함을 모른다.

때문에 체험은 주체가 있어 경계에서 일어나는 하나의 현상이므로 이것 또한 착에 의한 망념에 불과한 허상이 아닐 수 없다. 우리가 성취해야 하는 '실존'은 느낌이나 촉감에 의해 인지할 수 없을 뿐만 아니라 오고 감이 있는 경계의 대상이 아니다.

그러므로 여기서 직관에 대해서 이해하여야 하는데, '직관'이란? 대상을 직지 하여 생각이 발현되기 전의 언어가 생 하기 전의 상태로,

우리가 성취해야 하는 '실존'은 오고 감이 있는 경계의 대상이 아니다.

그러므로 경전은 부모 미생 전의 본래의 자리를 보라는 것이다. 여기는 나와, 시·공, 생각, 언어가 모두 끊어진 '지금 여기 이것' '여여부동' 즉 '의식의 거울'에, 비춤을 그냥 무념으로 지켜보라는 것이다.

나는 볼 수도 인식할 수도 없지만 영원히 우주를 비출 수 있는 '의식의 거울'을 당신 앞에 제시하였다. 이 거울은 나라는 자의식이 없는 '무아이며 공'이다. 오면 비추고 가면 사라진다. '무아'이지만 비춤의 오고 감이 연기한다.

거기 어디 의식의 거울에 아상이 붙을 수 있겠는가? 거울도 나도 없지만 비춤만 여여 하다. 이것이 싯다르타가 무아를 제시 진아와 참나를 부정한 중요한 근거다. 왜냐하견 주체적 의지를 가지는 존재는 없다. 그런데 거기 어디에 가아, 진아, 참나가 존재하는가 만약 비 아론으로 진아, 참나를 인정한다면 기존 힌두교의 아트만 사상과 무엇이 다른가.

깨달음! 우리가 '무아'를 비아나 진아로 인정하는 여지를 둔다면 '실존(단일의식)'에 대한 깨달음은 진정한 깨달음이 아니다.

(2) 나라는 존재는 5온(蘊)에 의하여 드러난다

5온은 탐욕으로 분별하고 집착하는 '5가지 의식의 무더기'로, 색온, 수온, 상온, 행온, 식온이다. 5온에 대하여 간략하게 알아보자.

- 색온(色蘊): 색(色) 즉 rupa는 '색깔과 형체'의 의미로서 감각적, 물질적인 것이다. 인간 존재를 말할 때는 색은 육체를 가리킨다. 육체는 물질계의 네 가지 원소인 4대—지(地, 단단함의 성질), 수(水, 젖는 성질), 화(火, 따뜻한 성질), 풍(風, 움직이는 성질)과 4대로 만들어진 소조색(所造色)이다.
  소조색은 구체적으로 다섯 가지 감각기관(안, 이, 비, 설, 신)과 그 대상인 색(色, 형상), 성(聲, 소리), 향(香, 냄새), 미(味, 맛), 촉(觸, 만질 수 있는 것)을 말한다.

- 수온(受蘊): 수는 느껴서 그 인상을 받아들이는 감수 작용이다. 다섯 가지 감각기관인 안(눈), 이(귀), 비(코), 설(혀), 신(몸, 피부) 과 그 대상인 색, 성, 향, 미, 촉, 뿐 아니라 정신적 기관인 의(마음)와 그 대상인 법(法, 생각)이 각각 접촉할 때 색(色, 형상)의 감수 작용이 생기고 역시 성(聲, 소리) 감수 작용, 향(香, 냄새)의 감수 작용, 미(味, 맛)의 감수 작용, 촉(觸, 닿음), 의 감수 작용, 법(法, 생각)의 감수 작용이 생긴다. 수온은 여섯 가지의 감수 작용의 모임이다.

- 상온(想蘊): 심상(心象)을 구성하는 표상 작용이다. 역시 여섯 가지 기관(6근)과 여섯 가지 대상(경계)이 접촉할 때 여섯 가지 표상 작용이 생긴다. 즉 색(형상)의 표상 작용, 성(소리)의 표상 작용, 향(냄새)의 표상 작용, 미 (맛)의 표상 작용, 촉(감촉)의 표상 작용, 법(생각)의 표상 작용이다. 상온은 이 여섯 가지의 표상 작용의 모임이다.

- 행온(行蘊): 행은 잠재력으로서 능동적인 마음의 형성 작용이다. 특히 의지 작용을 가리킨다. 행에는 수, 상, 식 이외의 모든 정신 작용 즉 주의, 추리, 생각, 즐거움, 슬픔, 마음의 평온, 숙고, 덕과 악덕 등이 포함된다. 여섯 가지 기관과 여섯 가지 대상이 접촉할 때 여섯 가지 형성 작용이 생긴다. 즉 색, 성, 향, 미, 촉, 법의 여섯 가지 형성 작용이다. 행온이란 이들 여섯 가지 형성 작용의 모임이다.

- 식온(識蘊): 식은 대상을 각각 구별해서 인식하고 판단하는 작용이다. 여섯 가지 기관과 여섯 가지 대상이 접촉할 때 여섯 가지 식별 작용이 생긴다. 즉 "안, 이, 비, 설, 신, 의"가 "색, 성, 향, 미, 촉, 법," 접촉할 때 식온이라는 여섯 가지 식별 작용이 생긴다.

이와 같이 5온(五蘊)이 모여 육체와 정신을 형성하면서 '나(我)'라고 불리는 것이다. 앞에서 인용한 경전의 설명처럼(『잡아함경』 제45경) "내

(我)가 존재한다고 본다면 그것은 5온(五蘊)"에서 나를 보는 것이다.

이 5요소(색, 수, 상, 행, 식)에서 나를 보는 것이다. 이 5 요소들은 하나의 '존재'를 형성하기 위해서 분리될 수 없다. "불교는 존재 관에서" 분리를 모른다. 모든 정신상태는 감각기관들(육체)에 의해 조건 지어져 있으므로 이 기관들이 없이 존재할 수가 없다.

불교인들에게는 육체를 떠나서 정신이 존재한다고 생각하는 것은 불가능한 일이다.라고 설명하고 있다. 『맛지마 니까야』도 같은 내용을 말하고 있다. 즉 수(受)와 상(想)과 식(識)은 모두 결합되어 있는 것으로서 분리되어 있는 것이 아니다. 그것들을 하나하나 분리시켜 그 차이점을 내보일 수가 없다. 왜냐하면 사람은 느끼는 것을 식별(想)하고 식별하는 것을 인식하기 때문이다.

오온 가운데 첫째 온인 색(色)은 이간의 육체로서 죽은 뒤 화장을 하면 그것은 즉시 재로 변해 흩어진다. 역시 땅속에 매장을 하는 경우에도 얼마 지나지 않아 부패 되어 흙과 물로 되돌아간다. 즉 육체는 지, 수, 화, 풍 4대로 분해되어 원래의 상태로 환원해 버린다. 이와 같은 사실 앞에서 육체가 고정 불변적인 것도 실체적인 것도 아니라는 사실을 쉽게 인정할 수 있다.

그러나 정신적인 문제는 다르다.

소위 말하는 영혼이나 아트만과 같은 실체적인 것이 존재해서 사람이 살아 있는 동안 정신적인 기능을 맡고 육체가 사라진 뒤에도 소멸되지 않는다고 생각한다.

이와 같은 생각을 떨쳐버리기는 쉽지 않다. 그렇기 때문에 경전은 육체보다 정신적인 부분에 대해 훨씬 더 많은 설명을 하고 있다.

『잡아함경』의 「무문경」에서는 이것을 구체적으로 서술하고 있다. 붓다에 의하면 사람(凡夫)들은 4대로 이루어진 육체에 대해서는 변화가 있는 것을 보이기 때문에 애착심을 갖지 않을 수 있지만 정신적인 것(心, 意, 識)에 대해서는 '이것은 나(我)다, 이것은 나의 것(我所)이다'라고 애착심을 버리지 못한다.

왜냐하면 그들은 오랜 세월 동안 이것을 보호하고 아끼면서 '나'라고 하는 것에 매달려, 얻거나 취하는 것이 있으면 '이것은 나다.', '이것은 나의 것이다.'라고 하면서 그것에 대해 싫어하는 마음을 내지 못하고 탐욕심을 떨쳐 버리지 못하기 때문이다.

그래서 붓다는 '차라리 육체에 대해서 나와 나의 것이라고 얽매일지라도 정신에 대해서는 나다, 나의 것이다.'라고 얽매여서는 안된다고 가르쳤다. 왜냐하면 육체는 10년에서 100년 동안 활동하는 것을 볼 수 있지만 정신(心, 意, 識)은 밤, 낮과 때를 다투어 생기고 소멸하기 때문이다. "이것은 원숭이가 숲속에서 쉬지 않고 나뭇가지를 옮겨 다니는 것과 같다."라고 비유를 들었다.

위에서 보았듯이 정신적 요소인 수, 상, 행, 식은 실체적 영혼과 같은 존재의 작용에 의해 발생하는 것이 아니다.

감각기관들과 그것들에 상응하는 대상들과의 관계에 의해 일시적으로 발생하는 현상이다.

안(눈), 이(귀), 비(코), 설(혀), 신(피부), 의(마음) 여섯 가지 감각기관과 그것들의 대상이 되는 색(물질), 성(소리), 향(향기), 미(맛), 촉(접촉), 법(생각)이 서로 관계를 가질 때 각각 안식(眼識), 이(耳識), 비식(鼻識), 설식(舌識), 신식(身識), 의식(意識)의 여섯 가지 정신 현상이 일시적으로 일어난다. 즉 여섯 가지 감각기관과 여섯 가지 대상이 관계를 가질 때 여섯 가지 식이 발생하는 것이다.

이것을 『잡아함경』의 「수성유경」에서는 "두 손이 서로 마주쳐서 소리를 내는 것처럼 눈과 형상으로 말미암아 안식이 생긴다(다른 5식도 마찬가지다)."라고 비유로써 설명하고 있다.

이들 식이 발생하면 그 뒤를 따라 자동으로 정신적 요소들인 수, 상, 행, 이 발생한다. 이것을 경전에서 다음과 같이 설명하고 있다.

"눈(根)과 형상(境)을 인연하여 안식이 생긴다. 이 세 가지 (根, 境, 識)가 합친 것이 촉(觸, 느낌)으로서 촉과 함께 수, 상, 행이 차례로 생긴다."

이렇게 발생한 정신 현상은 일시적으로 나타났다가 곧 사라져 버린다. '난다' 비구는 비구들에게 이것을 등불의 비유로서 설명했다.

"(누이들이여) 비유하면 기름과 심지로 말미암아 등불은 타게 된다. 그러나 기름도 변하고 심지도 변하고 불꽃도 변하고 등잔도 변한다. 그런데 기름이 없어지고 심지도 없어지고 불도 없어지고 등잔도 없어

졌는데 그것들로 말미암아 일어난 등불 빛은 변하거나 바뀌지 않는다고 말한다면 이 말은 바른말이라고 하겠는가."

물론 그렇게 말한다면 옳지 않다. 난다 비구는 다시 큰 나무의 비유를 들어 설명했다.

"나무의 줄기, 가지, 잎사귀, 뿌리들은 모두 변하는 것으로서, 이 나무의 줄기, 가지, 잎사귀, 뿌리들이 모두 없어 졌는데도 (이 나무로 말미암아 생긴) 그림자만이 변하거나 바뀌지 않고 남아 있을 수 있겠는가."

이처럼 정신적인 것은 육체적인 것보다 훨씬 더 쉽게 변하고 빨리 소멸한다는 것을 많은 경전에서 되풀이해서 설명하고 있다.

『잡아함경』은 역시 다섯 가지 요소들이 모여 인간이라는 '존재'를 구성하는 것을 수레에 비유하고 있다.

"마치 여러 가지 재목이 모인 것을 사람들이 수레라 하는 것처럼(인간의 존재를 구성하는) 여러 가지 요소(衆材, 五蘊)가 인연으로 모인 것을 임시로(假) 인간 존재(衆生)라 한다.

수레는 바퀴, 차체, 굴대 등 여러 요소가 모여 수레의 모습을 이룰 때 존재하게 되는 것일 뿐 이 요소들과 별도로 존재할 수 없다. 인간 존재도 마찬가지다. 색, 수, 상, 행, 식의 5요소가 모일 때(임시 적으로) 인간이라는 존재가 이루어지게 된다. 이 요소들이 흩어질 때 인간의 존재는 더 이상 존재할 수 없다.

인간 존재를 구성하고 있는 이들 요소들은 모두 실체가 없다는 것을 『증일아함』은 이렇게 설명하고 있다.

색(色, 육체)은 모여 있는 거품과 같고, 수(受)는 떠 있는 거품과 같고, 상(想)은 아지랑이와 같고, 행(行)은 (심이 없는) 파초와 같고, 식(識)은 허깨비와 같다. 거품, 아지랑이, 파초 줄기, 허깨비는 모두 실체가 없고 변하는 것들이다.

이 다섯 가지를 한 덩어리로 모아 놓아도 그것은 실체가 없고 변하는 것이다. 마찬가지로 인간 존재를 구성하고 있는 5요소(五蘊) 역시 모두 실체가 없고 변하는 것으로서 이와 같은 5요소로 구성된 인간 존재는 실체가 없고 변하는 존재일 뿐이다.

이것을 달리 표현하면 5온으로 구성된 존재는 실체적인 '아가 아닌 존재' 즉 비아(非我)이고 역시 그와 같은 존재에 실체적인 '아가 없다는 것' 즉 '무아(無我)'다. 이것이 바로 무아설(無我說)이다.

무아설은 인간 존재에 대한 부정적인 관점도 긍정적인 관점도 아니다. 이것은 인간 존재를 고찰한 데서 나온 객관적인 사실일 뿐이다.

무아설은 싯다르타가 힌두교의 참나, 진아가 있다는 것에 부정하며 제시한 것으로 불교를 다른 종교와 구별 짓게 하는 가장 특징적인 교리이며, 무아(無我)를 이해하지 못하면 불교라고 할 수 없다. 그러므로 필자는 무아설에 대하여 많은 지면을 할애하게 되었다.

이 점에 대해서 대부분의 학자들의 주장은 일치한다. 앙드레 바로에 의하면 "불교는 단지 인도에서뿐만 아니라 세계에서, 어느 날 끝없는 지복(至福)을 누릴 수 있는 영원한 요소 즉(영혼과 같은) 어떤 요소가 인간에게 존재한다는 것은 단호하게 부정하는 유일한 종교다.

알뿔라 라훌라 역시 "불교는 영혼, 자아 또는 아트만 과 같은 존재를 부정 하면서 인류 사상사에 홀로 우뚝 서 있다."라고 앙드레 바로와 같은 주장을 했다.

무아설에 대한 오해를 피하기 위해 간과해서는 안 될 점이 있다.

불교는 있는 그대로의 인간 존재를 부정하지 않는다는 사실이다. 불교가 부정하는 것은 "영속적이고 불변하는 실체적 존재로서 나(我)"일 뿐, 일반 적으로 말하는 '나' '너' '존재' '개인' 등으로 표현되는 '나'는 인정한다.

붓다가 정각을 이룬 뒤 5명의 비구들에게 첫 설법을 했을 때 먼저 '4성제'를 설하고 이어서 곧 5온과 무아를 가르쳤다. 그 이후 무아설은 붓다가 가장 많이 설한 교리 가운데 하나가 되었다. 붓다가 깨달은 "실존(實存), 무상정등각"은 '무아(無我), 연기(緣起)'는 깨달음을 여는 열쇠이면서 문고리다.

구도행에 있어서 '연기(緣起)와 무아(無我)'를 제대로 이해하지 않으면 깨달음은 요원하다.

(3) 세계의 끝장이 무아이며 고(苦)의 끝장이다

붓다가 세계의 끝장에 대해서 설한 부분으로, 경전은 로히땃사라고 하는 신(神)이 고타마 붓다에게 다가가서 "생사도 없고 윤회하는 일도 없는 세계의 끝장에 이동(여행)함으로써 도달할 수 있는가?"라고 질문하는 것으로 시작된다. "그렇게는 될 수 없다."라는 고따마 붓다의 답으로 이야기는 시작된다.

로히땃사(神, 天)는 전세에 대한 추억담을 말한다.

예전에 그는 공중을 걸어 다니는 신통력을 갖고 있는 선인(仙人)이었는데, 그 나아가는 속도가 동쪽 바다에서 서쪽 바다까지 한 걸음에 갈 수 있을 정도였다.

그러한 속도로 이동함으로써 세계의 끝장에 이를 수 있기를 바랐지만, 백년 동안 계속 나아가고도 결국 목적지에 도달하지 못하고 도중에 죽고 말았다고 하였다.

이 이야기를 들은 붓다의 반응이다. 물론 그렇게 이동하는 것만으로는 세계의 끝장에 도달할 수 없으며, 세계의 끝장에 도달할 수가 없는 한 고통(苦)을 끝낼 수도 없다. 세계의 끝장은 공간을 이동하여 도달할 수 있는 게 아니라 생각(想)과 의지(意)를 동반한 이 일심(一尋, 양손을 벌린 길이) 정도의 몸에서 찾아야만 한다는 것이다.

그런데 인용문 가운데 "세계와 세계의 집기(集起), 세계의 멸진, 그리고 세계의 멸진으로 이끄는 길(道)"이라는 표현은 사제(고, 집, 멸, 도)와 비슷하기 때문에 세계가 괴로움과 동일한 의미로 사용되었음을 알 수 있다.

그러므로 '세계의 끝장'은 '태어나지도 않고' '늙지도 않으며, 죽지도 않고, 죽은 다음에 다시 태어나는 일도 없는 것과 같은' 곳, 즉 생, 노, 사의 괴로움이 존재하지 않는 경지다.

그러나 이 '경지'가 어디엔가 있는 특정한 공간으로서의 장소는 아니다. 이미 확인한 바와 같이 '세계'가 욕망을 동반하는 중생의 인지에 의하여 형성되는 이상, 공간적으로 이동한다고 해도 '세계의 끝장'에 이르기는 불가능하다.

전세의 로히땃사가 여행한 기간이 백 년이 아니라 천 년이었더라도 그가 몸에 따르는 인지를 하면서 이동하는 이상, 공간적으로 이동한다고 해도 '세계의 끝장'에 이르기는 불가능하다.

그러므로 '세계의 끝장'이란 이동함으로써가 아니라 '생각(想)과 의지(意)를 동반한, 바로 이 일심(一尋) 정도의 몸에서' 실현할 필요가 있다. 다시 말하면 '세계'는 지금, 여기, 이 몸에서 내재적으로 초월되지 않으면 안 된다.

그러면 내재적 초월이란 어떤 상태를 말하는가. 6근과 6경이 작용하는 상대적 세계는 다섯 가지 욕구(五種欲)라 하고, 또 '세계의 끝장'에 도달한 사람을 '범행의 완성자'라고 한다는 데서 알 수 있듯이 '세계의 끝장'은 고(苦: 세계와 유사한)의 원인이라고 하는 갈애의 멸진과 밀접하게 관련성이 되어 있을 것이다.

실제로 『로까야띠까경』에서는 "비상비비상처(非想非非想處)를 완전히 초월해서 표상(表象)과 감수(感受)의 멸진을 성취하여 주(住)하고, 지혜로서 누(漏)가 완전히 사라진 것을 본 비구"가 '세상의 끝장'에 도달한 사람이라고 하고 있다.

지금까지 우리는 나의 형성 과정과 실체에 대하여 불교 초기 경전을 근거로 살펴보았다. 그러나 거기 어디에 나라고 할만한 실체는 없다는 것을 알게 되었다.

그러나 육근, 육경, 육식이 작용하고 있는 한은 인지 기능을 벗어날 수 없으며, 인지적 착의 작용이 있는 한 깨달음 또한 요원 하다는 것을 알게 되었고, 나에 대한 미혹은 어느 정도 무명에서 명으로 밝혀졌다고 생각한다.

또한 싯다르타가 '무아'를 주장한 이유와 '아'가 존재하는 한 '세계의 끝장'에 도달하기는 어렵다는 것과 '무아'가 곧 깨달음의 중요한 열쇠이며 깨달음의 문을 열 수 있는 문고리임을 알았다.

(4) 무아와 연기가 곧 깨달음은 아니다

무아와 연기는 붓다의 "무상정등각"을 깨닫는 열쇠다. '我見 과 我想'

4장 연기란 무엇인가 215

이 사라지지 않은 한 대극의 상대 세계에서 벗어날 수 있을까? 5온, 12처, 18계로 펼쳐지는 3차원 상대의 세계에서 착(着)은 끊을 수 있을까?

이상에서 우리가 의문을 가지는 것은 오온이건, 십이처이건, 18계이건 표현은 다르지만 이들 모두 중생의 인지를 형성하는 요소를 가리키며, "세계는 상주한다."라는 형이상학적인 인식이 나오는 것은 그중 어떤 것인가? "나(我)다."라고 간주했을 때라는 것이다.

그러면 인지의 구성 요소에 아집이 없이 "세계는 상주한다." 라든지 "세계는 유한하다." 등으로 말하는 것은 인식에 의해서만 가능한 것이 아닐까? 이 점을 알아보기 위해서 붓다가 말하는 "세상의 끝장"에 대해서 알아보자.

(5) 삶은 연기에 의해 저절로 펼쳐지고 살아지는 것

우리가 잠에서 깨어날 때 의식이 나(我)라는 존재의 인식과 동시에 경계가 인식되면서 만물이 펼쳐진다. 이때 우리는 내가 존재하고 있어 주체적인 내가 세상을 보고 있다고 생각하면서 개체인 나를 명확히 하여 진짜와 같은 '假我'를 건립하게 된다. 그러나 잘 관찰해 보라, 나는 실체가 없는 '무아'이며, 세상을 연기에 의하여 저절로 펼쳐지고 있는데, 왜 내가 세상을 인식하고 있다고 착각하게 될까?

그것은 자신을 알지 못하는 '착각'에서 일어나는 무명이다. 우선 나라고 하는 몸과 감각기관은 나라는 주체가 있어 주체적 의지로 작용하는 것이 아니라 '무아'로 저절로 작용하고 있다.

우선 6근의 감각기관이 내가 작용하고 있다고 착각하고 있으나, 사실은 내가 보는 것이 아니라, 눈에 보여지고 있고, 귀에 들려지고 있고, 코에 냄새 맡아지고 있고, 혀에 맛 보여지고 있고, 의식에 저절로 생각이 올라오고 있는 것이다.

그러므로 감관 작용은 나의 의지와는 관계없이 저절로 일어나고 있으며, 경계는 연기에 의하여 저절로 나타나고 있는 것이다. 거기 어디에 의지 작용이 간섭하고 있는가. 그러므로 싯다르타는 '無我 緣起'의 방편을 제시하신 것이다.

만약 이 과정에서 집착에 의한 나(我)가 있다면 무아와 연기라는 방편의 제시는 있을 수 없다.

그러므로 나는 나라는 개체적 자아가 있어서 내가 주체적으로 삶을 살아간다는 착각에서 벗어나 모든 것을 내려놓고 실존에 완전히 내맡길 때 진리는 온전히 드러난다. 이미 진리는 이렇게 드러나 있으며 감춰진 것은 없다. 그냥 본래부터 있었고 지금도 그리고 미래에도 항상 하는 '지금 여기 이것'이다.

여기까지 싯다르타가 깨달은 '무상정등각'을 범천의 간청에도 설하려 하지 않았으나, 싯다르타는 大覺을 얻은 뒤 삼매에서 깨어나 움직일 수 없이 마비된 다리를 장시간 동안 주물러 감각을 회복하여 발걸음을 한 걸음씩 옮기자 감각이 원래로 회복 되는 것을 알아차리고 진리를 최소한으로 중생의 입장에서 설한다면 통할 수도 있겠다고 생각하여 진리를 최소화한 '4성제'를 5비구에게 처음으로 설하셨다.

여기까지 4성제의 진리를 논거 해 보았다. 지금까지 탐구한 4성제를 토대로 싯다르타의 구도행을 따라가 無上正等覺의 문고리를 잡았다고 생각한다. 이제 문을 열기만 하면 된다.

(6) 실체가 없는 '무아 연기'에 대한 논거

앞에서 강설한 바와 같이 '무아'일 수밖에 없는 사실을 논증하였으나, 사실상 수긍하기가 어렵다. 여기 지금 이렇게 성히 존재하는 나가 있는데 왜 무아인지 '무아'와 연기에 대하여 다시 한번 탐구해 보도록 하자.

나는 분명히 독립된 육체를 가지고 있으며, 6근(눈, 귀, 코, 혀, 몸, 생각)의 작용을 분명히 하고 있다. 그러나 자세히 관찰해 보면 6근에 의한 6경(색, 성, 향, 미, 촉, 법)의 12입 처 의 지각 작용은 나의 의지적 관여가 없이 '무아'로 저절로 작용하고 있음을 관찰해 보아야 한다.

또한 본체로부터 생명력을 부여받은 개체는 주체 의식을 가질 수 없으며, 시·공에서는 결코 연기법을 피해 갈 수 없기에 주체적 의지를 가질 수 없는 연기적 대상에 불과하다. 그러므로 우리의 육신은 본체인 절대의식에 의존하여 사용하는 연기적 도구에 불과하다는 것이다.

우리는 하루 종일 자신을 관찰해 보면 '의식'이라는 거울 안에서 언설 상, 명자 상, 심연 상을 대상화의 카드놀이를 즐기는 게임에 빠져 좋다, 싫다, 내 것, 네 것, 많다, 적다 등 대상을 분별하는 개념화 작용 외에는 사실상 하는 것이 없다.

나는 '실존'이며 대상화 놀이에 빠져 있는 '가아'를 자각 단일의식의 거울에 단일의식의 투영으로 드러나는 '실존'의 그림자임을 발견하게 된다면 '실존'인 '無上正等覺'을 깨달을 것이다.

5장

싯다르타의 홀로 선
6년의 구도행

 우리는 앞장에서 논거 한 '4성제'의 진리를 토대로 싯다르타 제시한 최소한의 진리인 '無上正等覺'의 문을 여는 문고리는 잡았다고 생각한다. 이제 그의 발자취를 따라가면서 깨달음의 문을 열어 보도록 하겠다.

 감춰진 것은 아무것도 없다. 다만 내가 존재한다는 착각에 빠져 있다는 사실만 자각하여 '무아'의 자리에 머물게 되면 개체적 '나(我)'와 '眞我'는 본래 분별이 없는 '실존' 자체인 '不二'의 '반야'임을 확인하게 될 것이다.
 본래 '不二'인 '반야의 자리인 中道'에 앉게 되면, 내가 본래 부처 임을 알게 된다. 이것을 「법성계」에는 "窮坐實際 中道床, 舊來不動 名爲佛"라고 설하고 있다.
 이제 부처의 자리에 앉게 되면, 인연 따라 세간과 출세간을 자유롭게 넘나들며, '全知'인 '반야의 칼'을 시절 인연에 따라 휘두르는 '대자유인'으로 살아가게 될 것이다.

1. 수행의 목적은 깨달음에 이르는 것이다

생각을 관찰하는 이유가 뭔가? 위빠사나를 하여 대상으로부터 자유로워지기 위한 것이다. 우리의 생각이 일어나는 방향 자체가 틀렸기 때문이다. 생각은 앞서 말했듯이 나를 분명히 하려고 하는 방향으로만 일어난다.

즉 我相을 강화하려는 방향으로만 일어나기 때문에 나의 근원지로 돌아가는 방향을 잊어버렸다. 때문에 허상인 망상에 사로잡혀 길을 읽고 헤매는 것이다. 내가 돌아가야 할 본래의 자리는 만물의 시작점인 '제1원인'이다.

수행의 목적은 결국 '實存'에 이르는 것이다. 그러기에 생각이 만든 망상에서 벗어나는 것도 중요하지만, 실존의 본래 성향을 살펴 그것을 깨워 자유의 가치를 풍미하며 즐기는 것 또한 중요하다.

우리는 '나를 더욱 명확히 하기 위하여 나를 찾다가 삼라만상을 늘어놓게 되었는데, 오히려 그것이 장애가 되었다. 이로써 나를 명확히 하는 과정에서 늘어놓은 삼라만상은 실존이 늘어놓은 정보의 형태로 펼쳐져 있기 때문에 이것 또한 실존이 펼쳐 낸 진리인 것이다.

제1원인의 '실존'이 펼쳐 놓은 것은 역시 '실존'이다. 그러므로 삼라만상 모든 것이 '실존' 아닌 것이 없다. 그래서 나는 우주이며, 우주가 곧 나라고 하는 것이다.

제1원인인 실상은 움직임이 없다. 그래서 오고 가고 멈추는 것이 성립하지 않는다. 唐의 禪僧인 승조(僧肇) 역시 '물불천론(物不遷論)'을 주장했다. 만물은 움직임이 없다는 것인데,라고 그가 읊은 시에서 더욱 분명해진다.

"돌개바람이 산을 뒤흔드나 항상 고요하며, 강하가 다투어 흐르나 흘러감이 없다. 말이 먼지를 흩날리며 들판을 질주하나 움직이는 것이 없고, 일월이 하늘을 지나지만 돌지 않는다."

왜 움직임을 뻔히 보면서 움직임이 없다고 말하는 것일까?

얼핏 보면 말장난처럼 보일 수 있다. 하지만 實相을 보면 실제로 움직임이 없다. 좀 더 자세히 말 하자면 우리가 보고 느끼는 모든 것들은 사실상 5차원의 點으로 되어 있기 때문이다. 點은 위치는 있어도 면적이 없어 움직일 수가 없다.

그럼에도 현상계에 움직임이 일어나는 것은 點과 點이 연결되는 것처럼 보여지기 때문에 일어나는 착시현상이다. 다시 말해 實存의 해석에 의해 마치 움직이는 것처럼 보이는 것이다. 가령 텔레비전 화면

속의 화소(點)는 움직일 수 없다.

 하지만 화면엔 다양한 움직임이 일어난다. 실제는 움직임이 없지만 점과 점을 연결해 마치 움직이는 것처럼 꾸며진다. 이처럼 삼라만상 모든 것은 '實存'이기에 오고 가고 멈추는 게 없다. 오고 가고 멈추는 것은 실존이 해석 해낸 정보의 다발이 만개한 것이다.

 이런 이유로 如來는 오는 것도 없고 가는 것도 없다고 하는 것이다. 그야말로 여실지견(如實知見)이다.

 아무튼 실존이 정보를 일으켜 삼라만상을 수놓았다. 왜 그런 것일까?

 어떤 의도에 의해 발생한 건 아니다. 그런데 창조 현상과 동시에 實存의 감상이 일어난다.

 '실존'이 자신 펼쳐 낸 세상을 비추고 있는 상태, 이것을 불교에서는 '열반'이라 한다. 열반은 實存의 창조성에서 나온다. 자 이제 왜 관찰하며 즐기라고 했는지 이해가 갈 것이다. 바로 열반의 상태에 가까워지면 그 속에 실존의 감상이 배어 나오기 때문이다.

 선지식들이 "적멸(寂滅)만 있고 비춤(照)이 없으면 불교가 아니다."라고 한 이유가 여기에 있다.

 관찰은 부정적인 생각들을 멀리하는 수동적인 방법이고, 즐기는 건 實存의 열반에 접근해 저절로 우러나오게 하는 능동적인 방법이다. 이 두 방법 다 중요하다. 그렇기 때문에 위빠사나만 하지 말고 '법락(法樂)'을 즐기는 것도 중요하다.

그러면 어떻게 즐기는 것이 최상일까?

사람에 따라 상대적이기에 답은 없다. 다만 오감(五感)을 활성화하는 방향으로 찾아보면 된다. 시각, 청각, 후각, 미각, 촉각에 주목하라, 이 오감의 창구를 통해 5차원의 '실존' 자신이 꾸며낸 세상을 이미 감상하고 있다.

따라서 오감의 어느 하나라도 극대화할 필요가 있다. 평상적인 만족을 넘어 탄성이 우러나올 정도의 희열을 느낀다면 부지불식중 實存은 깨어난다. 하지만 대부분 탐진치로 인해 그만큼의 오감이 깨어나 즐거움을 얻지 못한다.

혹자는 오감(五感)에 집중하거나 도취되는 건 일종의 着이 아닌지 우려 할 수도 있겠다. 着에 해당하는 것은 맞다. 그런데 着엔 두 종류가 있다.

첫 번째는 나를 분명하게 하기 위한 着이 있고, 두 번째는 '대상을 감상하기 위한 着'이 있다.

후자는 창조의 목에 해당하기에 제대로만 감상하면 5차원 의식의 발현이다. 예술의 경지에 이런 현상이 즐비하다. 그래서 '화가는 佛法이 없어서 깨닫지 못하고, 스님은 佛法이 있어서 깨닫지 못한다'는 말이 나오는 것이다.

우리가 운동이나 예술에서 최상의 경지에 몰입했을 때 나와 대상이 사라지는 몰아의 상태를 경험하게 되는데 이 상태가 5차원의 '실존'이다.

만일 누군가 인생을 더할 나위 없이 즐겁게 산다면, 그 역시 수행자다. 그래서 원효는 그토록 일탈을 즐겼던 것일까?

해탈과 열반

싯다르타는 괴로움으로부터 벗어나기 위하여 기나긴 사색의 길을 택하였다.

괴로움의 벗어남이란? 해탈이다.

해탈은 우리를 묶고 있는 속박으로부터의 벗어남이라는 의미이며, 그것은 번뇌로부터 해방된 자유로운 심경 즉 마음 상태를 의미한다.

물론 해탈의 본래 뜻은 힌두 사상의 윤회의 세계로부터 벗어난다는 것을 의미한다는 것을 염두에 둘 필요가 있다. '일체(一切)가 무상(無常)'하다는 것을 때로 부처는 '일체가 불타고 있다.'라고 표현할 때가 있다.

부처는 대각 후 어느 날 천여 명의 비구들과 함께 가야 지방에 있는 가야 시사 산에 오른 적이 있다. 이때 건너편에 있는 산에 산불이 났다. 제자들은 산불을 쳐다보고 있었다. 이때 부처님께서는 다음과 같이 말씀하셨다.

"그대들은 저 산이 불타고 있다고 생각하는가? 불타고 있는 것은 저기 저 산만이 아니다. 그것을 쳐다보고 있는 그대들의 눈이 불타고 있다. 일체가 불타고 있다."

『마하박가』에는 다음과 같은 설법이 기록되어 있다.

> 비구들아 모든 것이 불타고 있다. 비구들아 무엇이 불타고 있는가?
> 눈이 불타고 색들이 불타고, 안식이 불타고 안 촉이 불타고, 안 촉에 기대어 발생한 즐거움과 괴로움, 그리고 즐겁지도 괴롭지도 않은 느낌이 불타고 있다.
> 무엇으로 불타는가? 탐욕의 불로 타고, 어리석음의 불로 타고, 출생, 늙음, 죽음, 슬픔, 눈물, 괴로움, 근심, 갈등으로 불탄다.
> 귀가 불타고 소리 들이 불타고,
> 코가 불타고 냄새들이 불타고,
> 혀가 불타고 맛들이 불타고,
> 몸이 불타고 촉감들이 불타고,
> 의지들이 불타고 법들이 불타고,
> 탐욕의 불로 타고 노여움의 불로 타고,
> 어리석음의 불로 타고,
> 출생, 늙음, 죽음, 슬픔, 눈물, 괴로움, 근심, 갈등으로 불이 탄다.

바로 우리가 열반이라고 부르는 것은 이 모든 불이 꺼진 상태를 의미하는 것이다.

'열반' 즉 니르바나는 니로다(滅, 끔)와 같은 어근의 말이다.

우리의 눈이 타고, 귀가 타고, 코가 타고, 혀가 타고, 몸이 타고, 의지가 타는 것은 바로 탐욕(貪欲) 과 진애(瞋愛), 우치(愚癡), 즉 탐, 진, 치의 삼독 때문인 것이다.

열반이란 원래 심리적 상태를 말하는 것으로 존재론적인 완벽한 멸절을 의미하는 것은 아니었다. 열반이라는 개념을 그러한 존재론적 개념으로 심화시킬 때 존재의 멸절 그 자체를 의미하게 되므로 유여열반이니 무여 열반이니 하는 따위의 구분이 생겨나게 되는 것이다.

이는 부파불교의 말류에서 생겨난 것이며, 전혀 싯다르타 자신의 논의가 아니다.

그렇다면 우리가 소박한 의미맥락에서 해탈과 열반이라는 주제를 중심으로 핍팔라 나무 밑에서 정진하는 싯다르타의 정신세계에 접근해 들어간다면, 싯다르타에게 있어 그가 일생 받을 수 있는 모든 유혹의 가능성을 압축적으로 받았고, 그 욕망의 불길을 껐다고 한다면 그는 열반을 달성했을 것이고, 열반을 통하여 그는 자유로움을 획득하고 해탈을 얻었을 것이다. 이것이 보통 싯다르타의 깨달음을 이해하는 방식이다.

그러나 싯다르타는 생로병사의 무상함을 절감하고 참된 존재를 깨닫기 위하여 기나긴 구도행에 들어간다. 당시 싯다르타는 수행을 해 본 전력이 없었고, 그렇다고 철학적 견식이 풍부한 것은 아니었다. 자 지금부터 싯다르타에 대한 선입견을 버리고 그의 구도행을 따라가 보자.

2. 싯다르타 야밤에 카빌라 성의 문턱을 넘다

　삶의 고뇌를 벗어나고자 하는 일념으로 아들 라훌라가 태어 난 지 7일, 떠들썩한 잔치 분위기도 가시지 않았다. 창문 틈으로 스며드는 고요한 달빛을 받으며 태자는 생각에 잠겼다. 궁에 깨어 있는 사람은 태자뿐이었다.
　달이 서쪽으로 기울 무렵 태자는 자리에서 일어나 태자비 방으로 소리 없는 걸음을 옮겼다. 얇은 휘장 너머로 산통과 젖먹이 치다꺼리에 지친 부인 아쇼다라가 깊은 잠에 빠져 있었다.
　눈도 뜨지 못한 아이는 달콤한 꿈이라도 꾸는지 엄마 품에서 꼬물거리며 연신 방긋거렸다. 너무나도 사랑스러운 두 얼굴을 태자는 멀찍이서 바라보았다.
　한참을 서성이던 태자는 발길을 돌려 찬나야 방으로 향했다.
　"일어나라 찬나야."
　"태자님, 이 밤에 무슨 일이십니까?"

"깐타까에게 안장을 얹어라. 갈 곳이 있다."

쥐 죽은 듯 고요한 까빌라성의 문턱을 넘으며 태자는 다짐 하였다.

'늙고 병들어 죽어야만 하는 이 고통과 근심을 해결하지 못한다면 기필코 돌아오지 않으리라, 최상의 진리를 얻기 전엔 나를 키워주신 마하빠자빠띠와 야소다라를 찾지 않으리라.' 싯다르타의 구도행은 스물아홉 되던 해인 기원전 595년 2월 8일의 일이었다.

3. 싯다르타 세 분의 스승을 만나다

첫 번째 스승과의 만남

싯다르타는 스승을 찾아 꾸시나라를 지나 왓지의 땅으로 들어섰다. 먼저 위데하족의 도시 미틸라 인근에 사는 선인 밧가와를 찾아갔다. 숲에는 밧가와를 의지해 살아가는 수행자들이 있었다. 싯다르타는 정중히 인사하고 물었다.

"당신들이 하는 고행은 흉내조차 내기 힘든 것이군요. 이런 고행으로 무엇을 얻으려는 것입니까?"

선인 밧가와가 말했다.

"천상에 태어나기 위해서다."

싯다르타가 말이 없자, 밧가와가 물었다.

"젊은이는 무엇이 알고 싶은가?"

싯다르타는 주저 없이 대답했다.

"깨달음입니다."

밧가와는 "깨달음을 얻을 수 있는 방법은 자네가 지금 보고 있는 것뿐이라네."라고 했다.

"진실로 이곳에선 깨달음을 얻을 수 있습니까?"

싯다르타는 진지한 표정으로 물었다.

그러자 밧가와가 질문을 이어 갔다.

"솔직히 자네의 출가에 대해 익히 들어 알고 있다네, 생로병사에 대한 두려움과 허망함에서 촉발되었다고 하는데, 정말 그러한가?"

"그렇습니다."

"그렇다면 내가 다시 묻겠네. 생로병사는 누구의 문제인가?"

"그야 당연히 나의 문제이지요."

"그렇지. '나'가 있음으로써 생긴 문제이지. 그런데 나는 또 누구인가?"

싯다르타가 잠시 머뭇거렸다.

"자넨 참으로 행운아일세. 여기저기 깨달음을 찾아 헤매지 않고 단번에 이곳을 찾아왔으니 말일세. 여기가 바로 그 생각 주머니인 '나'가 무엇인지를 밝혀 생로병사로부터 해방을 얻기 위하여 수행하는 곳이라네."

"생각!"

"그놈의 생각이 문제지. 생각은 진정한 내가 아니고 '假我'라네. 그 가아를 假我로 바로 보게 되면 眞我에 대한 깨달음이 열리네, 眞我를 찾으면 假我가 일으키는 모든 문제가 부질없는 것임을 알게 되지. 이것이 진정 '깨달음'이네. 생각해 보게나……."

밧가와는 假我와 眞我에 대해 설명했고, 그 논리는 매우 명확했다. 싯다르타는 참된 자아를 찾는다는 논리에 마음이 움직이기 시작했다.

"그럼 마지막으로 한 가지만 더 여쭙겠습니다. 眞我를 찾는 것과 苦行이 무슨 관계가 있습니까?"

"자넨 생각을 내 마음대로 조종할 수 있는가?"

"내 마음대로 할 수 있다면 이 자리에 오지 않겠지요."

"바로 그렇네. 우리는 한순간이라도 생각에서 벗어날 수 없네, 생각이 생각의 꼬리를 물고 되풀이만 될 뿐이지. 그래서 생각과의 분리가 필요하네.

그래서 몸에 고통을 주면 어떻겠는가? 생각이 일어나던 자리에 고통으로 차게 되면 머릿속이 터져 나갈 것이네, 그럼 무조건 고행을 그만두려고 하겠지. 그럼에도 참고 계속하면 어찌 되겠는가?

머릿속에서 고통을 자신으로부터 떼어 내려고 분리를 시도 하겠지, 다시 말해 고통의 가득 찬 생각을 바라보게 되는 것이지, 괴로워 아우성치는 생각을 관찰함으로써 생각이 사라지는 거야,

그것이 조금씩 성과를 내면서 생각을 일으키는 대상으로부터 자유롭게 되면 참된 자아, '眞我'를 깨닫게 되네."

"그렇다면 생각이 일어나는 자리에 眞我가 있다는 말씀입니까?"

"바로 그렇네, 그동안 假我가 차지했던 자리가 비워지면 眞我가 저절로 드러난다네 그럼 생로병사의 문제도 풀리게 되는 것이지……."

밧가와는 흐뭇한 미소로 싯다르타를 지그시 바라보았다. 싯다르타

는 잠깐의 대화를 나누는 동안 많은 생각을 하였다.

결국 수행은 마음 닦음이 아닌가, 마음을 닦으려면 생각으로부터 자유로워져야 하지 않겠는가! 싯다르타는 마침내 밧가와의 제자가 되기로 마음먹었다.

그날부터 싯다르타의 첫 번째 수행은 시작되었다.

苦行을 통한 생각과의 분리, 이건 당시 수행자들 사이에선 꽤 나 유행하고 있던 위빠사나 수행이다. 생각만을 관찰하는 수행자도 있었지만, 극한 상황에서 고통과 일전을 치르는 자도 있었다.

아무튼 밧가와의 지도를 받으면서 고행을 통한 위빠사나 수행에 매진했다. 그리고 마침내 밧가와가 장담했던 수행의 경지에 이르렀다. 생각이 일어나는 자리를 찾아 眞我를 깨달은 것이다.

마치 태풍의 눈 속에 들어온 것처럼 번뇌 망상이 잦아들어 고요 그 자체였다. 마음이 지극히 고요해져 외부와의 공명을 이루는 동질성이 느껴졌다.

그러나 생각을 일으켜보니 예전과 같이 그냥 올라왔다. 그러나 일으켜진 생각에 집착이 지극히 약해져 있음을 느꼈다.

싯다르타는 수행의 동기였던 생로병사를 떠올려 봤다. 나는 眞我를 깨달았다.

그렇다면 이 몸뚱이는 어떻게 되는가? 늙고 병들어 죽는다는 사실엔 변함이 없다. 眞我를 찾았다고 해서 생로병사가 없어진 게 아니다.

그런데 이상하다. 생로병사가 생로병사로 느껴지지 않는다. 그것은 마치 본래 있었던 당연한 사실로 받아들여지며 두려움이나 번뇌로 일어나지 않는다.

아! 내가 정녕 眞我를 깨달아 생로병사를 극복한 것인가?

싯다르타는 자신이 깨달은 眞我의 경지를 즐겼다. 그런 그를 바라보는 밧가와의 눈길은 흐뭇하기만 했다. 몇 달 동안은 화창했다. 그런데 어느 순간부터 싯다르타의 내면에 의심의 먹구름이 끼기 시작했다.

'지금 이 상태가 眞我'라고 하는데, 이것 역시 결국에 소멸 될 게 아닌가? 스승님은 만물의 바탕이기에 영생한다고 하지만 어떤 논리나 실질적 체험으로 증명된 것은 없지 않은가? 그렇다면 생각의 장막이 거두어지고 나타난 眞我 역시 고차원 의식이 만들어 낸 또 다른 생각인 허상이 아닌가 하는 의심의 싹이 움트기 시작했다.

'眞我'가 만물의 바탕이고 영생한다면, 眞我는 그 자체가 '實存'으로 오고 감이 없고 生하고 滅함도 없는 절대 진리여야만 한다. 싯다르타는 의심의 싹이 커지면서 마음이 흔들리기 시작했다.

眞我가 실존임이 증명되지 않은 상태에선 온전한 깨달음이라 할 수 없다는 생각이 나날이 굳어져만 갔다.

"알지 못하는 경지는 언젠가는 꺼져버릴 물거품이 아니랴!"

싯다르타는 마음을 돌렸다. 그동안의 밧가와의 가르침에 고마움의 인사를 정중히 올리고 무작정 길을 떠났다.

두 번째 스승과의 만남

싯다르타는 고행자들의 숲을 떠나 웨살리를 향해 남쪽으로 걸음을 옮겼다. 말타기에 능숙하고 장사에 탁월한 재능을 가진 랏차위족의 도시 웨살리는 부유하고 활기가 넘쳤다.

싯다르타는 여기저기 배회하며 영적 스승에 관한 소문에 귀 기울였다.

그 가운데 가장 주목을 끈 이는 바이샬리 지역에서 가르침을 펴고 있는 알라라 깔라마였다. 우선 120세라는 그의 나이와, 16세에 출가하여 무려 104년 동안이나 수행하고 있는 셈이었다.

물론 깨달음에 나이를 따지는 건 우매한 일이다. 하지만 그를 따르는 수행자들이 300명이나 된다는 사실은 싯다르타의 마음을 사로잡기에 충분했다.

싯다르타는 단숨에 알라라 깔라마를 찾았다. 허 나 그의 제자가 되기 위해서는 여러 관문을 거쳐야 한다고 했다. 싯다르타가 머뭇거릴 때 알라라 깔라마가 나타났다.

"젊은이가 싯다르타인가?"

알라라 깔라마는 어찌 된 영문인지 싯다르타의 이름을 알고 있었다.

"네 그렇습니다. 깨달음을 찾고자 이곳으로 왔습니다."

"듣기에 자네는 밧가와의 문하에서 수행하는 것으로 알고 있는데, 어찌 이곳에 왔는가?"

알라라 깔라마가 말하는 품새로 보아 그는 줄곧 싯다르타의 수행을 주시하고 있었던 것으로 보였다.

"眞我를 찾았지만 그것이 어떻게 자존하고 영생하는지 확인할 길이 없었습니다. 온전한 깨달음에 미치지 못한 것으로 판단되어 다시 이곳으로 오게 되었습니다."

싯다르타는 자신의 느낀 바를 사실대로 말했다.

"허허허, 바로 그것이네, 모르면 어떤 경지도 사상누각과 같은 것이지. 그래서 깨달음은 앎과 떨어질 수 없는 것이지. 이곳이 바로 반야(般若)로써 苦海의 강을 건너 절대에 이르는 도량이라네."

알라라 깔라마는 가슴까지 내려오는 수염을 쓰다듬으며 그윽한 눈빛을 번뜩였다. 분명 깨달음 직한 풍모였다.

"무엇을 가리켜 반야라고 합니까?"

싯다르타는 뭔가 실마리를 잡은 것 같은 희망에 들떠 다급히 물었다.

"세상을 둘로 보지 않고 하나로 볼 수 있는 지혜를 가리켜 반야라 하네."

"어떻게 이것과 저것을 하나로 볼 수 있습니까?"

"자네 방금 전 眞我를 깨달았다고 했지?"

"그렇습니다."

"허허허, 세상에서는 眞我를 찾으면 수행이 끝나는 줄 알고 있지, 하지만 반야가 없으면 모두 부질없네. 자네가 찾은 眞我가 절대적 가치를 지닌 것인지 확인 할 수 없다면 그건 일종의 신념이나 믿음 같은 것이 될 것이야. 그릇이 고만고만한 사람들은 眞我를 찾은 것에 감지덕지해 만족해하며 살겠지.

그런데 자네가 그곳을 박차고 나와 이곳을 찾은 것을 보니 자네 그릇은 남다른가 보네. 허허허."

알라라 깔라마는 싯다르타가 품었던 의심을 되짚으며 그의 호기심을 더욱 부추겼다.

"선생님, 그럼 반야가 생기면 제가 이루었다는 眞我에 대한 깨달음이 진실인지 거짓인지 확인할 수 있는 것입니까?"

"자넨 아직도 생각이 일으킨 장난에 속고 있네, 생각에서 자유로워졌다는 것은 수행에서 한 고비를 넘은 것뿐일세, 생각이 또다시 眞我를 이루고 있다는 생각은 못 해 봤는가?"

"네엣?"

"假我와 眞我를 구분하여 바라보는 것 자체가 생각에 미혹된 것이지. 그런 대칭적 구분이 있는 한 그건 참된 깨달음이 아니네."

"으음……!"

싯다르타의 입에서 부지불식간에 탄식이 흘러나왔다.

자신이 이룬 경지가 여전히 假我와 眞我라는 분별의 대칭에 걸려 있었다니…….

"자네는 假我에서 벗어나면서 그것이 일으키는 생로병사에서 해방됐다고 생각 했겠지. 하지만 眞我라고 생각하는 것의 生死 문제가 또다시 불거져 나왔네. 眞我는 어떻게 자존하며 영생할 수 있을까?"

알라라 깔라마는 싯다르타의 마음속을 꿰뚫고 있는 것처럼 논점을 던졌다.

"그렇다면 선생님, 眞我의 존재 원리는 어떻게 되는 것입니까?"

싯다르타는 급한 마음에 다그치듯 물었다.

"조금 전에 말하지 않았는가. 자네가 假我와 眞我를 둘로 보는 한 영원히 그 답을 찾을 수 없네. 더 나아가 나와 남이 하나로 보인다면 그 답은 저절로 얻게 될 것이야.

자네를 출가하게 한 생로병사 역시 그렇네. 죽음의 문제는 극복하고 해결하는 것이 아니네, 삶과 죽음이 같게 됨(둘이 아님)으로써 문제 자체가 성립되지 않게 해야 하네. 다시 말해서 不二의 반야를 증득해야만 진정한 깨달음이 열리는 것일세."

알라라 깔라마의 설법은 단순하고 명료했다. 싯다르타가 밧가와의 문하에서 나온 결정적 이유도. 반야가 아니었던가. 깨달음과 함께 온전히 수반되는 '앎인 般若' 그것이 없이는 구도의 갈증은 해소하지 못할 것이다.

싯다르타는 곧바로 예의를 갖춰 알라라 깔라마의 문하로 들어갔다.

그날부터 스승의 관심 어린 지도를 받으며 不二의 지혜를 키워 나갔다. 그리고 어느 순간 假我와 眞我가 둘이 아님을 깨닫게 되었다. 알고 보니 삼라만상 모두가 깨달음이 아닌 것이 없었다.

"아, 삼라만상 모든 것이 깨달음 그 자체로구나!"

싯다르타는 드디어 不二의 경지에 올랐다. 대칭이 깨어져 하나가 된 경지, 이름하여 절대가 아니던가. 절대라는 말 그대로 더 이상의 경지는 있을 수 없다.

싯다르타는 여러 날을 자신이 이룬 경지에 몰입해 지냈다. 그를 바라보는 알라라 깔라마의 눈길은 어느 때보다도 따사로웠다.

그런데 어느 날부터 또다시 의심이 올라오기 시작했다. 이번에는 그것을 외면하려 했지만 그럴수록 의심의 불길은 더욱 거세졌다. 나는 삼라만상 모든 것을 하나로 볼 수 있게 되었다. 둘로 가르려 해도 본질인 하나로 보인다. 절대의 반야를 지니게 된 것이다.

그런데 뭔가 알 수 없는 미진함이 마음 한편에 남는다. 혹시 지금 이룬 경지보다 더 높은 것이 있을까? 싯다르타는 생각을 일으켜 의심하고 또 의심했다. 생각 속에 파묻혔지만 그의 생각은 예전의 번뇌나 망상 같은 것이 아니었다.

자신이 이룬 경지를 진단하기 위해 꼭 필요한 생각만 내어 사용하고 있었다. 그렇기에 그는 평화로움 속에 잠겨 의심의 재미를 만끽하였다. 그러다 불쑥 한 생각이 올라왔다. 의심이 일 모라도 남아 있으면 대각(大覺)이 아니라는 것이다.

싯다르타는 생각하고 또 생각했다. 분명 더 높은 경지가 있을 거라고, 그래서 스승을 찾아가 자신의 뜻을 밝혔다.

"더 높은 경지는 없네. 자네의 뜻이 그렇다면 한번 재미 삼아 찾아보게나. 불이로 보는 것보다 더 큰 깨달음이 있다면 나에게도 알려 주게나. 허허허."

알라라 깔라마는 뭐가 그리 좋은지 껄껄 웃기만 했다. 그리고 몸소 숲 경계까지 나가 싯다르타를 배웅했다. 싯다르타는 알라라 깔라마로부터 불이의 절대 외에도 마하반야바라밀(摩訶般若波羅密)과 인과론, 윤회론, 업장론, 고해론 등을 배웠는데 이것들은 훗날 불교의 근간 이론이 된다.

빔비사라 왕과의 우정

　마가다국으로 들어선 싯다르타는 라자가하(왕사성)로 들어 섰다. 왕성을 에워싼 다섯 개의 산 가운데 하나인 빤다와 동쪽 기슭 동굴에 거처를 마련하고, 출가 사문의 법식에 따라 탁발을 하러 나섰을 때였다.
　신비한 사문에 대한 소문은 순식간에 라자가하에 퍼졌다. 마가다국의 젊은 빔비사라 왕도 소문을 들었다. 어느 날 높은 누각에서 기품이 넘치는 싯다르타의 모습을 내려다보다가, 왕은 신하에게 명하였다.
　"저분의 뒤를 따라가 어디에 머무는지 알아 오라."
　보살의 거처를 알아낸 빔비사라 왕은 직접 수레를 몰고 빤다와 산으로 찾아갔다.
　싯다르타가 머무는 산으로 직접 올라 정중히 인사를 나누었다.
　당신은 젊고 기품이 넘치는군요. 당신은 누구십니까?
　"대왕이여, 히말라야 기슭에 풍부한 재력과 기술을 갖춘 꼬살라의 백성들이 살고 있습니다. 저는 태양의 후예인 샤카족의 왕자였습니다."
　빔비사라 왕은 싯다르타에 대한 재능과 지혜가 뛰어난 자가 있다는 소문을 들어 익히 알고 있었다. 그는 "서른두 가지 대장부의 상호를 갖췄고, 전륜성왕이 될 운명을 타고난이라는 소문이 있었다. 첫눈에 범상치 않음을 알아본 빔비사라 왕은 호의를 보이며 말하였다.

"샤카족 왕자여, 만약 생존해 계신 부왕 때문에 왕위를 이어받지 못해 출가한 것이라면 내 땅을 나눠드리겠소."

"말씀은 감사하나 그건 제가 바라는 것이 아닙니다."

몇 마디로도 소문이 헛되지 않은 사람임을 알아차린 빔비사라왕은,

"작아서 싫다면 내 나라 전부를 당신께 드리겠소. 내가 당신의 재상이 되어 받들겠소. 내 나라가 싫다면 군사를 동원해 다른 나라를 정복해 그 땅을 드리겠소."

"저는 이미 왕의 자리를 버리고 출가한 사람입니다. 무엇 하리 다시 나라를 다스리려 하겠습니까. 대왕께서 순수한 마음으로 저에게 나라를 주신다 해도 싫은데 어찌 군사를 동원해 다른 나라를 빼앗겠습니까?"

"샤카족 왕자여, 당신처럼 귀한 신분에 훌륭한 재능을 갖춘 분이 사문이 된다는 것은 매우 애석한 일이오. 내가 도와드리겠소. 내가 가진 것이면 무엇이든 드릴 테니 이곳에서 삶을 즐기시오."

"욕망에는 근심이 따른다는 것을 알고 저는 검푸른 머리카락을 잘랐습니다. 쾌락은 쉽게 사라진다는 것을 알고, 저는 참다운 행복을 찾아 사문의 길로 들었습니다. 제가 원하는 것은 오욕의 즐거움이 아니라 완전한 깨달음입니다. 지금 이곳에 온 까닭도 해탈의 길을 일러줄 스승을 찾기 위해서입니다. 대왕의 청을 거절했다고 섭섭하게 생각

지 마십시오."

빔비사라 왕은 "소원대로 완전한 깨달음을 성취하시거든 가장 먼저 이 도시를 찾아 주시오. 제일 먼저 나를 깨우쳐 주시오."

이렇게 해서 이어진 빔비사라 왕과의 인연은 후일 37년 동안이나 좋은 우정으로 지속되었다.

세 번째 스승과의 만남

싯다르타는 다시 이곳저곳을 배회하면서 여러 곳을 거치다가 한 곳이 눈에 띄었다. 라즈기르 지역을 지나다가 700여 명의 수행자를 거느리는 웃다까 라마뿟따라는 영적 스승에 관한 소문을 들은 것이다.

당시 그는 비상비비상처(非想非非想處)의 경지에 올랐다고 알려져 있었다. 생각도 아니고 그렇다고 생각 아닌 것도 아닌, 즉 '해탈'의 경지에 오른 스승이라는 것이다. 싯다르타가 나타나자 한 수행자가 그를 안내해 라마뿟따에게 데려갔다.

이런 걸 보면 당시 출가자들 사이에서 싯다르타의 이름이 꽤 알려져 있었음을 짐작하게 한다.

아마 태자의 자리를 버리고 출가한 사실부터가 남달랐고, 수행에 임해 한 치의 흔들림도 없이 용맹정진하는 그의 구도 욕이 화젯거리였을 것이다. 아니면 그의 출생에 얽힌 예언, 그러니까 아시티 仙人이 싯다르타에게 한 成佛의 예언이 주요했을 수도 있다.

"자네가 밧가와에게서 위빠사나를 배우고, 알라라 깔라마에게서 不二의 반야를 터득한 싯다르타인가?"

"네 그렇습니다."

"그럼에도 뭐가 부족해서 여기를 찾아온 것인가?"

라마뿟따는 거두절미하고 싯다르타의 수행의 성과에 대해 캐물었다.

"뭔가 미진한 부분이 있는 것 같은데 꼭 집어 뭐라고 단정하기가 어렵습니다. 의심이 조금도 일어나서는 안 되는데, 제가 이룬 경지는 아직 의심이 남아 있습니다."

"아! 가히 예언대로구나! 자네가 무상의 깨달음을 얻으려는 구도행을 보니 아시타의 예언이 생각나는구나. 자네의 미진한 부분이 무엇인지 정녕 모르겠는가?"

라마뿟따는 지그시 눈을 감으며 회상에 잠기는 표정을 지었다.

"저는 眞我를 찾고, 그것마저 버림으로써 不二의 般若를 깨달아 얻었습니다. 삼라만상을 하나로 보게 되었습니다. 그저 고요하고 평화로울 뿐인데, 생각을 일으켜 이런 경지를 진단하면 아직도 의심이 남아 있습니다. 청컨대 제가 갈 길을 알려 주십시오."

싯다르타는 한껏 몸을 낮췄다. 한때는 알라라 깔라마를 제외 하고는 자신보다 높은 경지의 수행자가 없을 것이라고 생각했다. 하지만 지금 라마뿟따 앞에서는 왠지 모르게 작아지는 것이다. 라마뿟따만은 자신이 찾던 궁극의 깨달음을 이룬 스승으로 여기고 싶은 마음이 간절했기 때문인가.

"허허허, 자네는 지금 不二의 반야에 사로잡혀 있네, 절대라는 관념에 붙어 있는 것이지. 작금의 수행자들이 뭐가 문제인지 아는가? 자신들이 이룬 경지에 또다시 붙게 된다는 사실이네. 그런 것마저도 훌훌 털어 버려야 하네. 이것을 이름하여 '해탈'이라 하지. 해탈이 될 때 비로소 대자유를 얻게 될 것이며 머릿속에 의문이 하나도 남아 있지 않은 무상의 깨달음을 얻을 수 있는 것이네."

"해탈……!"

싯다르타의 입에서 흘러나온 해탈이란 두 글자는 마치 탄식과 같았다. 자신이 이룬 경지에 부지불식중 매여 있었다는 사실, 그것이 그의 심중에 대못처럼 박혔다.

"자네는 아직도 차원의 한계에 걸려 있네. 깨달은 것처럼 보이지만 사실은 깨달은 흉내를 내고 있는 것이지. 그렇게 변죽만 울려서야 어찌 大覺을 이루겠는가."

라마뿟따의 말이 떨어지기가 무섭게 싯다르타는 무릎을 꿇고 예를 갖추었다. 그날부터 싯다르타의 세 번째 수행이 시작되었다.

라마푸다가 쓰는 법은 딱 하나 착이었다. '着'이란 무언가에 붙으면서 덩어리를 이루고 그것이 커져 삼라만상이 되었다는 단순한 창조이론이다.

그런데 수행에 있어서 이 着이 매우 유용하게 된다.

중생의 무지와 고해는 바로 착에서 왔기 때문이다. 그것만 떼면 수행이 완성되는 것이다. 그래서 라마뿟따는 無所住, 無所有, 一切無碍의 법을 중심적으로 가르쳤다.

싯다르타는 이미 眞我를 찾고 不二의 절대도 이미 꿰뚫고 있었기에, 그가 이룬 경지에 머무름이 없게 함으로써 진정한 해탈이 되도록 꾀하였다.

하지만 존재와 그 존재에 대한 인식이 있는 한 해탈은 잘 이루어지지 않는다.

그래서 라마뿟따는 無我를 들고 나왔다. 假我와 眞我, 그리고 不二의 절대마저 모두 지워진 멸진처(滅盡處)로 싯다르타를 몰고 갔다.

싯다르타는 모든 것이 사라진 無의 상태에 머물다가 깨어나기를 반복했다.

그러면서 의식에 일련의 변화가 일기 시작했다. '無我'에 익숙해지다 보니 마음 어느 구석에서도 着을 찾기가 어렵게 되었다. 자신이 이룬 경지에 대한 인식은 사라진 지 오래고, 억지로 생각을 일으키려 해도 그것이 뜻대로 되지 않았다.

해탈이나 大覺에 대한 것도 까마득하고, 그가 끝까지 놓지 않았던 의심의 불씨마저 꺼졌다. 싯다르타는 일체 머무름이 없이 그냥 존재만 하는 상태가 되었다.

이를 지켜본 라마뿟따는 자신보다 해탈의 경지가 높다며 칭찬을 아끼지 않았다.

스승과 도반들의 찬사에도 싯다르타는 미동조차 하지 않았다. 그는 지극한 無我의 상태에서 해탈을 누리고 있었다.

싯다르타의 해탈 삼매는 한 달 동안 지속되었다. 그러던 어느 날 싯다르타의 눈에 돌멩이가 비쳤다. 그것이 땅에 박혀 웅크리고 있는 모습이 흡사 자신과 닮아 있었다. 눈을 감았다 뜨고 다시 돌멩이를 보았다. 그건 확실히 자신의 모습이었다.

내가 이뤘다는 해탈이 저 돌멩이와 뭐가 다른가?

싯다르타는 꺼진 줄 알았던 의심의 불씨가 살아났다. 머무르는 바가 없이 해탈의 상태라는데, 지금껏 자신이 그 해탈에 또 머무르고 있다는 생각이 들었다.

해탈하여 해탈에 또 머무르고 있었구나. 그렇다면 아무리 해탈해도 머무름에서 벗어날 수 없는 것이 아닌가. 지금 내가 이룬 경지는 진정한 해탈이 아니다.

이것 역시 생각이 교묘하게 꾸며낸 환영이다.

싯다르타는 해탈에 바싹 붙어버린 자신을 발견했다. 착에 의해 이루어진 경지는 눈속임이었다. 왜냐, 착에 의해 차원이 갈아지고 온갖 속박이 생겨나기 때문이다. 따라서 着이 있는 한 차원의 족쇄에 걸려 있는 셈이 된다.

해탈에 着이 된 싯다르타. 그는 지금껏 자신이 생각의 장난에 놀아났음을 알아챘다.

생각을 거둬 낸 바탕에 자리한 眞我, 그것 역시 잘 다듬어진 생각이다. 번뇌 망상을 일으키지 않을 뿐만 아니라 實存을 이해하고 그에 순응할 줄 안다.

참으로 고차원의 존재인 것이 틀림없지만 그것 역시 분별이다. 眞我가 '不二' 시각으로 절대를 품어도 마찬가지이며, 더 나아가 무아를 왕래하며 해탈을 도모해도 변함이 없다. 이 모든 것은 생각의 분별 노름이다. 생각이 假我도 만들고 眞我도 만들고, 無我나 절대, 해탈도 만든다.

생각의 着 그것은 정녕 벗어날 수 없는 차원의 궁극적 한계인가!

싯다르타의 시름은 깊어만 갔다. 세 명의 스승으로부터 배운 깨달음의 경지는 결국 생각의 분별이 조장한 꿈결 같은 것이었다. 당대 최고의 스승을 모시고 목숨을 바쳐 가며 수행에 매진 했건만 남은 건 허무함뿐이었다.

싯다르타의 절망하는 모습을 지켜보던 라마뿟따는 고개를 절레절레 흔들며 그에게 다가왔다.

"의심이 다시 도졌구나. 자네가 이룬 해탈은 논리와 의심, 증명마저도 머무름이 없는 경지이네. 해탈 삼매에 들었을 때 어디 그런 것들이 떠올랐던가? 자네가 다시 해탈 삼매에서 깨어나 생각을 일으키니 또다시 의심이 생겨나는 것이지."

"하지만 스승님, 해탈 삼매가 저 돌멩이와 뭐가 다릅니까? 저런 상태로 영원히 있은들 그것이 무슨 가치가 있겠습니까. 저런 영생은 필요치 않습니다."

싯다르타는 속에 담은 생각을 가감 없이 꺼냈다.

"이보게, 자네는 假我가 꿈꾸는 영생이나 열반을 기대하고 있는 것일세. 원래 자연은 저 돌멩이처럼 영생하는 것이네, 희로애락을 비롯한 일체 감정이 없이 저 돌멩이처럼 저렇게 청정히 존재만 하는 것일세. 깨달으면 뭔가 대단한 것을 얻으려는 생각부터 잘못된 것이지. 좋고 나쁜 모든 것이 소멸된 상태에서 無心으로 존재만 할 뿐이네. 이것이 참된 '實存' 깨달음의 세계이네."

라마뿟따는 잠재된 욕망으로 인해 무너져 내리는 싯다르타를 안타까워했다. 깨달음으로 뭔가를 얻으려는 생각 자체가 문제라고 본 것이다. 하지만 싯다르타의 생각은 달랐다.

깨달아 돌멩이처럼 될 바엔 차라리 번뇌 망상에 휩싸여 살다 이슬처럼 사라지는 편이 나았다. 그리고 스승이 자신의 의심병을 지적하는데, 의심을 버리면 오히려 수행이 구겨진다고 생각했다. 어떤 경지에 올라도 의심 줄을 놓으면 안 되며, 의심이 조금도 생겨나지 않는 자리에 이르러야 비로소 깨달았다 할 것이다. 라마뿟따의 설득에도 싯다르타의 닫힌 마음은 열리지 않았다.

라마뿟따는 그런 그를 안타까움 대신 따뜻한 시선으로 바라보았다.

"수행의 마지막엔 의심마저 놓아 버려야 하네. 그런데 아직은 그것이 이른 것 같네. 나의 가르침은 여기까지이니 자네의 길을 가도록 하게. 한 가지만 명심하게. 내가 전수한 해탈 이상의 경지는 그 어디에도 존재하지 않는다는 사실을."

싯다르타는 자신을 이끌어 준 라마뿟따에게 깍듯이 예를 갖추었다. 그리곤 아무런 미련 없이 그곳을 떠나 숲으로 들어갔다. 깨달음의 꿈에 흠뻑 취해 있다가 깨어난 자신을 돌아보며 정처 없이 걸었다. 가끔 번뇌가 스멀스멀 올라오는 자신을 바라보며 그냥 해탈 삼매에 들어가는 편이 낫겠다는 생각도 들었다.

하지만 싯다르타는 불굴의 구도 욕은 그런 안일한 생각을 밀어냈다. 싯다르타는 입술을 깨물며 마음을 다독였다. 무상의 깨달음을 얻기 전까지는 결코 멈추지 않으리라!

4. 싯다르타 세 분의 스승을 떠나 홀로 서다

싯다르타의 구도행이 멈추지 않고 계속 진행됐던 것은 오로지 의심 하나 때문이었다. "眞我와, 절대 不二의 반야, 그리고 해탈의 경지"에 이르러서도 의심을 놓지 않았던 싯다르타, 왜일까?

대극으로 펼쳐지는 3차원의 의식의 세계에서 着을 끊는 것은 불가능하다. 왜냐하면 着이 일어나지 않으면 세상은 펼쳐지지 않는다. 그러므로 '아상'이 존재하는 현상계에서는 着은 불가피하게 발생할 수밖에 없다는 것을 예지 하시고 '무아 연기'를 제시하셨다.

세 분의 스승을 만나 "진아, 절대 반야, 해탈"의 경지에 오른 것은 차원의 변경이 아니라 의식이 의식에 의하여 정화된 순수의식으로 착에 의한 생각의 찌꺼기가 완전히 멸하지 않은 '유루(번뇌의 찌꺼기가 남아 있음)'이지 '무루(번뇌의 찌꺼기가 없음)'의 경지가 아니기 때문에 의문을 완전히 해소하지 못하고, 더 높은 차원인 '무루'의 경지를 추구하였을 것이다.

당신은 싯다르타의 세 분의 스승을 떠나는 구도행을 보면서 무슨 생각이 드는가? 혹시 당신은 그 정도의 경지에 오르지 못했음에도 의심을 놓고 있지는 않은가?

불제자를 자처한다면 세존이 했던 것처럼 의심을 끊을 놓아서는 안 된다. 또한 자존성과 창조성에 대한 '제1원인'의 근원을 확인하고 스스로에게 항복(증명)받아야만 '全知'의 大覺이 열릴 수 있다.

그러기 위해서는 싯다르타처럼 의혹의 끈을 놓지 말고 제1원인 의 뿌리를 확인하고 증명하여 자신에게 海印의 항복을 받아야만 한다. 그렇지 않으면 그것은 着에서 오는 교묘한 의식의 자기 가면임을 알아차리기가 어렵다. 자존성과 창조성으로부터 자유로울 수 있는 '제1원인'을 증명하여 항복받는 것을 海印 삼매라 한다.

우리는 당신의 스승을 비롯해서 세간에 깨달았다는 선지식들을 의심하고, 역사적인 고승들을 의심하고, 더 나아가 不法과 붓다마저 의심하여야 한다. 그리고 당신이 이룬 경지가 무엇이 되었든 의심하라. 그 의심에, 화두를 통해 반야를 실어 냉철하고 논리적으로 파고들어 끝장을 보아야 한다.

기름이 다하면 불이 꺼지듯 의심 역시 그 끝에 이르면 저절로 소진한다.

그렇게 해서 남은 것이 바로 온전한 앎인 全知이다. 全知가 없는 覺性은 '無上正等覺'이 아니다. 이것이 바로 세존이 세 명의 스승을 떠나 홀로 서게 된 이유였다.

5. 아상이 있는 한 착은 끊어지지 않는다

당대의 내로라하는 세 분의 스승에게서 얻은 경지를 부정하고, 홀로 고행의 길을 선택한 데는 뭔가 풀리지 않은 의문과 스스로에게 증명받지 못한 '누(漏, 찌꺼기가 흐르다)'가 있었기 때문에 홀로 힘든 고행의 길을 선택하셨을 것이다.

여기에서 세 분의 스승으로부터 전수받은 '진아', '반야' 해탈의 경지도 당대, 선승들의 최고의 경지가 아니던가?

당시 힌두 교리의 참나, '진아'를 부정하고 '무아'를 제시하신 것은 나라는 '아상'이 존재하는 한 착을 벗어날 수 없다는 사실을 자각하시고 '아상'에서 벗어나 착을 끊기 위한 방편으로 '무아'를 제시하셨고, '무아'마저 유아라는 상대적 개념으로 착하게 되므로 실체가 없는 연기적 사유를 보조제로 사용하였다.

그러면 차원 변경 없이 3차원의 시·공간에서는 '나(我)'에 의한 '아상'은 끊을 수 없다는 말인가? 결코 着이 작용하는 한 생각의 가면을 벗어날 수 없다는 것은 자명한 것 같다.

  왜냐하면 의식이 작용하는 3차원에서는 의식이 곧 물질이며 물질이 곧 의식이므로 의식과 물질은 분리는 불가능하기 때문이다. 한 생각이 올라오면 着이다.

  그러므로 차원을 넘어서는 의식의 전환이 없이는 모든 것은 생각에서 생각으로 분별하고 치장하는 개념이며 실상이 아닌 '환'일 수밖에 없다.

  그러므로 '착'이 발생할 수밖에 없는 상대계에서는 깨달음은 요원하다.

  일부 도반이나 선승들께서 깨달음 체험을 이야기하는데, 체험은 이미 着이 발생하여 생각의 이미지로 색칠된 개념이지 실상이 될 수가 없다.

  나는 나를 더욱 분명히 하여 돋보이게 하기 위하여 모든 정보를 분별하고 한계 지워 구속의 굴레에 가두어 놓음으로 본래의 자신을 잊어버렸다.

  그러면 대상에 착하여 분별하고 한계 지우는 것을 멈추면 본래의 자신을 회복할 수 있을까?

  여기서 우리가 깨달아야 하는 것은, 나는 이미 오고 감이 없는 '실존' 자체라는 사실을 망각하고 아상이 의지로 마음을 내어 깨닫기 위해 무엇을 어떻게 해야 한다는 그 '생각' 자체가 문제이며 장애라는 것이다.

  깨달음은 경계를 넘어서거나 무엇을 성취하는 것이 아니라 이미 깨달아 있는 '지금 여기 이것'이 있는 그대로 그냥 '실존' 자체임을 정견하는 것이다.

그래서 의식의 출렁임이 없이 그냥! 가만히 있으면, 의식의 거울(대원경)은 그대로 이미 펼쳐 져 있으므로 비춤은 저절로 드러난다. 그냥 시각의 초점을 넓혀 '지금 여기' 여여부동을 직지 하라.

지금 여기를 지켜보는 '이것' 안에 모든 것이 저절로 드러난다. 본래부터 공적이며 영지는 즉 밝고 텅 비어 있지만 신령스럽게 알고 있다. 진공이며 묘유로 밝으며 만물을 안고 생명 작용을 펼치고 있다.

부모미생전에도 있었고 영원히 영생하는 이것, 굿이 말로 표현하자면 '지금 여기' '실존'하는 '이것'이다. '이것'을 알겠는가? 그러나 이것 또한 생각이 만든 개념이다. 여기는 언어가 시·공이 끊어진 본래의 자리다.

이제 '실존'이 본래의 자리에 앉았으니 '이생기심'과 '응무소주'는 실존의 자유다. 대자유란? 진제와 속제, 세간과 출세간, 붓다와 중생은 본래 하나이면서 둘이다. 어떤 관점에서 보는가는 '실존'의 자유다. 드러나는 이대로를 그냥 아는 것 이대로가 '대각(大覺)이다. 직관하면 생각 없이 그냥 앎으로 드러나는 것.

6. '나'가 만상의 근원이며 중심이다

싯다르타가 힌두교의 '참나' '진아'를 부정하고 '무아'를 제시한 데 대한 의문을 풀기 위하여 6근이 6경에 대한 인지기능이 끊어진, 識의 멸진정인 '현법열반'의 풍광에 대하여 간략히 알아보자.

예를 들어 우리들은 일상생활에서 아주 당연하게 '이성(異性)'을 믿고 따르기에 거기에 집착을 하지 않을 수가 없다. 그런데 異性이란 실제로는 감각에 입력된 소재를 버무려서 형성한 이미지로, 비유적으로 말하면 희론(우스개와 같은 무익한 담론)에 불과하다는 것이다.

감각의 작용에 의해 생기는 인지는 순간적으로 일어났다 사라지는 관념, 개념의 이미지 현상에 불과하며 이것은 곧 지금 여기에서 일어나는 경험 자아에 불과한 아지랑이와 같은 것이다.

그래서 우리는 일어나고 사라지는 아지랑이와 같은 이미지를 실재하는 것으로 착각함으로써 집착이 경험적 이야깃거리를 만들어 내며 살아간다.

이렇게 욕망에 따라 짜 맞춰진 다양한 이미지 속에서 '세계'라는 상을 엮어내는 것이 바로 '나(我)'라고 하는 가상(假像)이다. 그러므로 '세계'는 갈애의 着에 의해 생각이라는 범위를 설정하여 개념으로 펼쳐진다.

끊어야 하는 '무아'의 입장에서 보면 현상으로 드러나는 '가상'도 실상의 상대적 개념에서 온 着이 아닌가? 여기에서 3차원의 대칭을 넘어서야 하는 '무아'에 대한 고민이 생긴다.

그러면 싯다르타는 구조적인 대칭의 세계를 어떻게 극복하고 '無上正等覺'을 깨닫게 되었는가? 여기서 우리는 싯다르타의 처지와 심정을 충분히 이해하여야 한다.

싯다르타는 세 분의 스승들로부터 가아에서 '참나'를, 대칭적 상대에서 불이 의 '반야'와 '해탈'의 경지에까지 올랐으나, 이것 또한 착에 의한 개념으로 만족한 통찰 지를 얻지 못하고 홀로 6년 동안의 고행에서 사지를 헤매는 상황에서 이제 더 이상 경지를 기대할 수 없다는 한계에 부딪치자 싯다르타는 억장이 무너져 내렸다.

환속하여 부친에게 돌아갈 것인가 아니면 이 상태에서 수행자의 길을 갈 것인가 선택의 기로에서 더 이상 버티지 못하고 나무 그늘 밑에 쓰러지듯 주저앉았다. 무성한 잎을 늘어뜨린 보리수나무 아래였다.

바로 이 대목에서 기존 힌두교 수행과 구별되는 수행법으로 불교의 놀라운 법방이 시작된다.

싯다르타가 기존 힌두교의 수행법을 버린 건 맞다. 하지만 그가 어떤 새로운 법을 터득한 것도 아니다. 당시 싯다르타가 보리수나무 아래에서 취한 수행법은 전혀 없었다.

　이제 싯다르타의 당시 현장으로 다시 몰입해 보자. 그는 과연 어떻게 무상의 깨달음을 성취하게 되는가?

　보리수나무 아래 좌정한 싯다르타 그의 마음은 어땠을까? 무심하면서도 허탈했고, 청정하면서도 혼탁했다. 구도의 끈 자락은 이미 끊어져 맥없이 풀려나갔고 무엇을 이루어야겠다는 생각 자체가 메말라 버렸다.

　이제 싯다르타가 가야 할 길은 완전히 증발 했다. 백척간두에 선 싯다르타의 심정, 거기에 머무를 수는 없다. 어찌 되었든 발을 떼어야 한다. 존재한다는 생각이 더 이상 필요할까?

7. 존재 그 자체로 화한 싯다르타

　세상 어디에도 자신이 갈 길은 없었다. 연명할 이유가 없었지만 그렇다고 죽음에 대한 의미가 있는 것도 아니었다. 싯다르타의 의식은 마치 표류하는 부평초처럼 의지처를 잃었다. 싯다르타는 그냥 앉아 있었다. 어떤 것에도 걸림이 없는 꾸며지지 않은 있는 그대로의 상태였다.

　그건 마치 의식의 거울에 낀 얼룩이 떨어진 것 같기도 하고, 달빛을 가리던 구름이 걷힌 것 같기도 했다. 자신을 꽉 조이고 있던 어떤 것들이 모두 떨어져 나가면서 무한히 자유로우면서도 한없이 평온한 상태가 되었다.

　지금껏 그가 이루었던 진아나 절대, 해탈이 모두 증발하고 존재 자체만 남았다.

　그런데 그 존재가 돌멩이처럼 무아가 아니었다. 그렇다고 참된 나가 따로 있는 것도 아니었다. 不二의 절대나 해탈 역시 성립되지 않았다.

그것을 일체 언어나 몸짓, 표정으로 표현할 길이 없었다. 그러나 존재의 실체만은 확실했다. 존재 그 자체로 化한 싯다르타. 그는 드디어 無上正等覺을 성취한 것인가?

얼마의 시간이 흘렀는지는 모른다. 싯다르타는 한 생각을 일으켰다. 그것이 구조적으로 쉽지 않았지만 그 어떻게 하든 마음을 내어 의심의 날을 세웠다.

싯다르타는 자신이 여태껏 해오던 방식대로 깨달음을 진단하기 시작했다.

'내가 온전히 깨달았는가?'

싯다르타는 단번에 실존을 떠올렸다. '삼라만상은 어디서 왔는가?'에 대한 의문을 내자마자 '제1원인'이 돼 버렸다. 내가 곧 만물의 시작점인 '제1원인', 실존이다.

'그렇다면 나는 어디서 왔고 어떻게 존재하는가?'

싯다르타는 의심을 내는 동시에 답을 찾았다. 싯다르타는 '나는 누구인가?'에 대한 근본적 물음을 해결하였다. 그리고 다시 밖의 세계를 떠올렸다. '존재는 무엇인가?'의 화두를 떠올리자마자 역시 그냥 풀렸다.

싯다르타는 마침내 '나와 존재의 실상을 훤히 깨우쳤다. 이렇게 되자 싯다르타는 더 이상 의심을 일으킬 것이 없었다. 찰나에 의심은 뿌리까지 증발했고, 남은 것은 그냥 존재 자체였다.

존재 그 자체, 다시 말해 '실존'이 되어 버린 싯다르타. 그는 드디어

無上正等覺을 이룬 것이다. 깨달음 자체에 머물던 싯다르타는 꽤 오랜 시간이 지난 뒤에 한 생각을 일으킬 수 있었다.

비로소 無上正等覺을 이루었드다. 깨닫고 나니 존재하는 모든 것이 '실존'이로구나, 그냥 깨달으면 되는 것을 모르고 지금껏 왜곡하고 변형하여 구하려고 했으니…….

깨달음 그건 삼라만상 자체였다. 실존이 아닌 것이 없기에 깨닫고 깨닫지 않고 할 것이 없었다. 자신이 실존인데 어디 가서 실존을 찾는단 말인가. 찾으면 찾는 것이 함정인 것을 간과했던 것이다.

싯다르타는 분명히 알았다. 수행법이 없다는 사실을. 깨달음은 그냥 깨닫는 길 외에는 존재하지 않았다.

8. 그런데 왜 세상 사람들은 깨닫지 못하는 것인가

그 답은 매우 단순하다. 그냥 가만히 있지를 못해서이다. 그들은 무언가에 着이 되어 그냥 있지를 않는다. 착을 떼어 無碍한 경지로 나아가는 수행자들도 그렇다.

無碍로 간다지만 실상은 거기서도 또 착에 붙어 버린다.

싯다르타 자신도 그러지 않았는가. 가아에서 떨어져 眞我에 붙었고, 다시 不二를 가지고 절대에 붙었다. 이것저것 모두 떼어내고 해탈에 가서 붙었다. 당시 그는 모든 着이 없어졌다고 믿었지만 심연에는 자신도 인지하기 어려운 着이 작동하고 있었다.

착은 3차원 현상계에서는 '착'이 발생하지 않으면 경계가 드러나지 않는다. 대상과 분리가 불가능하다. 그렇다고 생각이 끊어져 대상을 인식할 수 없으면 살아갈 수 없다. 그렇다고 무아로 가서도 안 된다. 무아엔 착도 없지만 깨달음을 인지할 알아차림도 없다.

깨달음의 방법은 단 하나 뿐이다. 그냥 있는 그로의 상태에서 깨닫는 것이다.

싯다르타는 어느 무엇에도 착하지 않은 상태, 일모의 왜곡됨이 없이 있는 그대로의 상태에서 깨들음을 얻었다. 그리고 그것 외에 방법이 없다는 사실도 재차 확인했다.

이렇게 되자 그의 다음 화두는 자신이 이룬 경지를 어떻게 수행자들에게 전해 줄지에 대한 것이었다. 자신이 이룬 법을 도반들에게 기꺼이 알려주고 싶었다.

그런데 깨달음을 이룬 법은 '法이 없는 法'이다.

말을 꺼내는 순간 그건 법이 아니게 된다. 왜냐, 언어에는 이미 着이 담겨 있기 때문이다. 여기서 우리는 석가모니가 가섭에게 정법을 전수하는 '염화미소' 노자의 '도가도 비상도', '달마대사의 불식'은 언어가 끊어진 자리 임을 확인하게 된다. 언어가 끊어진 그냥 있는 그대로의 상태, '실존' 자체다.

6장

깨달음을 가로막는
장애 요인과 함정

　진리는 현실과 일치한다. 세상에 진리 아닌 것은 없다. 단 하나 진리가 아닌 것은 연기로 펼쳐지고 있는 우주에 주체 의식을 가질 수 있는 존재는 있을 수 없다. 나는 주체적 자유의사를 가진 개체(가아)로서 내가 삶을 살아가고 있다는 '착각'만이 진리가 아니다.

　첫째, 가장 큰 장애는 현시되는 대상은 '단일의식'이 투영한 실체가 없는 현상이다. 6근으로 존재를 인식하면서 개체적 '개아(에고)'를 '나'라고 동일시 하면서, 내가 자유의사를 가진 독립된 존재란 '가아(에고)'를 건립한 것이다.

　둘째, 우주는 거대한 하나의 유기체다. 시·공간에서 연기적 현상으로 펼쳐진 실체가 없는 현상일 뿐이다. 그런데 실재하는 대상으로 인식함으로써. 건립한 '가아(에고)'가 대상을 주체와 객체(대상)로 분리하여 존재로 실체화하는 것이다.

붓다는 이 착각에 의해 건립한 '가아'의 전도몽상에서 벗어나 정신을 똑바로 차려 보게 되면, 생각 감정 오감의 작용으로 단일의식의 거울에 비친 그림자는 실체가 없는 '환'이라는 것이다.

그러니 존재하지도 않은 아지랑이와 같은 '환'에 끌려다니면서 괴로움을 당하지 말라는 것이다. 나는 본래 단일의식으로 모든 개체에 생명을 부여하고, 품어 안고 있으며, 각 개체에 의존하여 작용으로 나를 드러내고 있으므로 처처가 나 아닌 것이 없다. 그래서 우주가 곧 나이며 내가 곧 우주라 하는 것이다.

몸-마음을 스스로 독립된 개체적 존재라고 인식하면서 대상을 연기로 펼쳐지는 실체가 없는 현상으로 정견 하지 못하고 실재의 존재로 인식하여 대상에 끌려가 제행무상과 제법 무아에 대한 갈애의 상대적 박탈감에서 오는 괴로움을 겪으며 살아간다.

셋째, 싯다르타는 무명으로 인한 전도몽상에서 벗어나게 하기 위하여 8정도를 제시 '정견'으로 '무아'와 '연기'를 바로 보고, 바르게 사유한다면 목전에 항상 여여 한 '실존'이 저절로 드러나, '허와 실'을 바로 보게 되어, '헛개비'에 끌려다니는 괴로움에서 벗어나는 해탈을 얻어 자유인으로 살아가라는 것이다.

싯다르타는 나와 만물은 의식의 거울에 비친 절대의 화신이며 연기적 현상으로 실체가 없는 '환'이므로 실체와 허상을 바로 보라는 것이다.

경전은 연기를 보는 자는 공을 보고 공을 보는 자는 나 부처를 본다고 하였다.

그러나 나는 무명으로 인하여 자유의사를 가진 독립적인 개체로서 나의 삶을 살아가고 있다고 착각한다. 스스로 범위를 설정하여 한계 지우면서 구속의 굴레를 벗어나고자 참나, 해탈, 열반을 운운하면서 깨달음을 갈구하게 된다.

이 무아를 실체적 존재인 '아상'으로, 연기적 현상을 실재적 존재로 보고 있는 전도몽상에서 깨어나 정신 차리고 잘 살자는 것이 불법이다.

이에 대한 '정견'은 연기법의 무명 → 행 → 식→ 명색 ~ 12지의 '순환 연기와 환멸연기'로 펼쳐지는 찰나 생 찰나 멸을 직관하여 실체가 없는 '공'을 보아야 한다. 이 '공'이 반 야다.

지금까지 우리는 수행의 여정에서 내가 '실존' 자체인데 왜 깨닫지 못하고 있는지 그 요인들을 곱씹어 보는 의미에서 논거 해 보았다.

싯다르타는 힌두교의 眞我, 참나를 부정하며 無我를 제시하였다. 상대적 대칭의 세계에서는 아는 주체와 알려지는 대상의 이원성은 공간작용의 '동적' 측면과 시간 작용의 '정적' 측면의 시·공간의 이원적 개념이 없는 대상을 인식할 수가 없다. 이 시·공 두 가지 측면 역시 개념적 분리다. 개념화의 작용만 멈춘다면 그들의 분리성은 사라진다.

예를 들면.

깊은 잠에 빠져 있을 때 시·공간은 물론 모든 현시도 사라진다. 왜냐하면 이원성은 개념화로 드러나기 때문이다. 분별을 멈추라. 그러면 이원성은 사라진다. 다시 말하면, 현상은 본체 없이는 존재할 수 없고 본체는 현상 없이는 나타날 수 없다. 반야심경의 색즉시공 공즉시색이다.

본체라는 관념도 개념화의 이원성 영역 안에 있다. 그러므로 개념화가 멈출 때 이원성은 끝난다. 개념화가 끝날 때 남는 것은 순수의식 그 자체이기 때문에 경험의 주체도 대상도 없다.

이 모든 걸 간단히 말하면 반대 쌍들은 필연적으로 개념적으로 분별되며, 본질적으로는 분별이 없는 하나다. 명백한 사실은 모든 현시되는 현상들은 의식 속에서 나타나고, 의식의 작용으로 의식에 의해 지각되고 인지된다는 것이다.

만약 이 사실을 확실하게 느끼고 이해한다면 의식은 일어나고 있는 중이기도 하고 작용을 지각하고 있는 중이기도 한 것이다. 그러므로 '실존'은 의식의 전 과정 자체라는 것을 알게 된다.

여기서 필자가 가지는 의문은 현상으로 개념화시키는 것은 의식이고 이 의식에 의해 모든 현상이 드러남으로 의식에 전 과정을 '참나'라고 한다면, '참나' 또한 착에 의한 상대적 개념으로 드러난 생각의 장난이라는 것이다.

'가아와 참나', '무의식'과 '의식' 또한 시·공간 3차원에서 드러나는 또 하나의 '착'이며, '착'의 작용을 시·공간에서는 벗어날 수 없는데 '참나'가 어떻게 "자존성과 창조성"으로부터 자유로운 '실존'이 될 수 있느냐 하는 것이 필자에게 사라지지 않는 의혹이다.

함정이나 장애가 될 수 있는 요인들은 정해진 것이 있을 수 없다. 개인적 성향인 발심에서부터 구도 과정이나 조건과 시절 인연에 따라 가변적일 수밖에 없다.

여기에 열거한 요인들은 필자의 구도 과정에서 개인적으로 해인삼매에 들지 못하는 의문점들에 대하여 중점적으로 탐구하면서 자각된 부분들이므로 본인의 구도행의 조건과 시절 인연에 비추어 사유해 보시기 바란다.

수행의 함정은 깨달았다고 느낄 때 더욱 교묘하게 작동된다. 차원의 변경은 생각 속의 '환영'이므로 착의 작용을 끊어 내지 못하면 깨달음의 체험은 몽중각에 불과하다는 것을 경계하고 알아야 한다. 존재를 인식하는 한 일체 생각은 자기중심적인 착에 의하여 작용한다는 것을 알아야 한다.

수행에 있어서 싯다르타가 스승들을 떠나 홀로 서게 된 요인에 대하여 제대로 사유한다면 나에 대한 아상이 존재하는 한은 착의 작용은 끊을 수 없으며, 착이 작용하는 한 깨달음은 요원하다는 것을 알아야 한다.

1. 장애 요인

(1) 作心과 發源은 획일적 방향이며 또 하나의 着이다

싯다르타가 앞에서 설법한 가야시 산에서의 '불타는 설법'에서 욕망의 불길을 완전히 멸(滅, 끔)하였다면, "해탈과 열반"을 통하여 자유를 얻어 만족하였을 것이다.

그렇다면 '無上正等覺'의 깨달음은 없었을 것이다. 그러나 탐, 진, 치 의 불을 끄는 방식으로 싯다르타의 득도를 이해하는 것은 불교 자체의 이해 방식을 폄하시키는 편벽한 소치라는 것이다.

왜냐하면 욕망의 제어라는 것은 동서고금을 통하여 대부분의 종교와 수행 인들이 일차적으로 정진하고 있는 기본적인 과제 상황임에도 불구하고, 싯다르타 자신도 세 분의 스승으로부터 욕망의 제어라는 해탈의 경지까지 중득하였으나,

무엇인가 '실존'에 미치지 못한 것은 作心과 發源은 획일적인 방향으로 나아가려는 또 하나의 생각이 만들어 낸 '着'임을 보았기 때문이다. 착에 의해 일어나는 것은 실상이 아니고 환영이다. 환영은 지가 없다. 깨달음의 원초적인 사태는 "모든 것을 알았다."다.

그렇다면 싯다르타의 성불 과정의 핵심적 테마는 무엇인가?
그가 얻으려 했던 것은 바로 "보리"(Bodhi)였다. 보리란 무엇인가? 그것은 아뇩다라삼먁삼보리다. 아뇩다라삼먁삼보리란 무엇인가? 그것은 無上正等覺이다. '無上正等覺' 이란? 무엇인가? 그것은 '覺'이다. 각이란 무엇인가? 그것은 깨달음이다. 깨달음이란 무어인가? 그것은 '앎'이다.

그럼 무엇을 어떻게 안다는 것인가?
우주와 인간, 우리가 살고 있는 세계에 대한 그릇된 앎이 아니라, 바른 앎이다. 그것이 곧 지혜요 깨달음이다.
싯다르타가 6년 동안의 선정주의와 고행주의를 떨쳐버리고 핍팔라 나무 밑으로 향했던 것은, 선정도 고행도 아닌, 선정과 고행을 초월하는 그 무엇인가 새로운 지혜를 향한 발돋움이었던 것이다. 싯다르타는 정말 알려고 몸부림 쳤던 것이다.
그러면 "정말로 아는 사람!"이란 싯다르타가 붓다가 되었다는 것은 정말로 아는 사람이 되었다는 것이다. 탐진치 욕망의 제어를 위한 획일적 방향은 또 하나의 착의 발생의 동인이며, 의지적 생각으로 욕망의 제어와 맞서는 것은 백전백패다.

  욕망의 불을 끈다는 것은 유위의 이분법적 착의 발생이다. 싯다르타가 세 분의 스승을 떠난 것은 착의 발생과 覺(앎)에 대한 의문이었다. 핍팔라 나무 밑에서 '無上正等覺'의 성취 과정은 일체를 던지고 '그냥 가만히 있음의 상태'였다. 이것은 그냥 가만히 있음의 상태가 아니라 구도에 대한 갈망이 임계점에 도달하여 일체를 던져 버림으로써 경계가 무너지는 공명 상태에 이른 것이다.

(2) 三法印에 대한 허구성

  우리가 불교를 생각할 때, 흔히 그 교리의 가장 핵심적인 것으로 먼저 떠올리는 것은 "三法印이니 사법인이니" 하는 것이다. 그렇다면 붓다의 보리수나무 밑의 성도의 내용은 이 '법인'으로 압축되는 것일까?

  삼법인의 제행무상(諸行無常), 제법무아(諸法無我), 열반적정(涅槃寂靜)이 붓다의 성도에 어떤 영향을 주었을까?

  "법인"이라는 말은 원시불교의 입장에서 보면 과히 기분 좋은 말은 아니다.

  法印이란 문자 그대로 "佛法이 되는 印證이라는 뜻이다."

여기서 불법이 있으면 타법이 있다는 상대적 二法으로 설정될 경우, '법인'이라는 말 자체가 진리를 드러내기 위한 호교론적 색채를 띠면서 후대에 설정된 개념이라는 것이다.

『잡아함경』제1권에 "색에서 생겨난 모든 것은 무상한 것이며, 무상한 것은 고통스러운 것이며, 고통스러운 것은 내가 아니다(色無常, 無常卽苦, 苦卽非我)."라고 말한 것이 후대에 말하는 三法印의 근거로서 들 수 있는 유일한 구문이지만 지금 보리수나무 밑의 인간 싯다르타의 사유의 과정에서는 大覺인 "無上正等覺"을 깨닫는 데는 着으로 인한 개념의 장애일 뿐이다.

삼법인에 대한 일반인들의 이해에도 매우 중요한 오류가 끼어들 위험이 있다.

제행무상이라, 아 덧없다! 모든 법이 다 가짜구나!, 열반 적정이라! 오, 허무하고 덧없는 세상을 버리고 고요한 열반에 들자꾸나!

여기엔 지혜가 없다. "大覺"이 없는데 어찌 깨달음이라 하리오! 싯다르타는 열반의 상태에서 돌멩이와 다름없다고 비유한 적이 있다. 大覺이 없는 지혜는 깨달음이라 할 수 없다.

(3) 無我論은 궁극적으로 非我論을 얘기하는 것이 아니다

싯다르타는 기존 힌두교의 참나, 진아, 본체를 부정하며, 제시한 것이 무아론과 연기다. 그런데 無我는 궁극적으로 非我를 말하는 것은 아니다. 무 아론에서는 '我' 즉 아트만의 존재 근거가 상실되고 해소된다. 즉 근원적, 본질적으로, 실체적 본체를 인정 하지 않는다. 그런데 '비아론'에서는 我와 非我의 상대적 분별이 생겨난다.

다시 말해서 아가 본래 자아와 본래가 아닌 비아로 분열을 일으킨다. 이 양자적 관계는 상대적 관계로 항상 서로 대립을 일으킨다. 우리가 해탈이나 열반을 말할 때 그것을 불을 끈 상태, 무엇으로부터 이탈된 상태를 이야기한다면, 거기에는 암암리 이러한 분열이 도사리고 있는 것이다. 즉 이탈, 해탈은 반드시 "A가 B로부터 벗어난다."라고 하는 상대적 사유의 개념 구조를 가지고 있으므로 着의 발생이 불가피함을 보아야 한다.

(4) 八正道가 中道이고 깨닫는 방법은 아니다

그런데 『방광대장엄경』에 보면 中道에 대한 자세한 설명이 나온다.
"비구들아, 너희들은 마땅히 두 가지 치우친 길을 버려야 하리라.

내가 이제 너희에게 中道를 설할 터이니 바로 듣고 부지런히 닦을지니라. 中道란 바른 소견(正見), 바른 생각((正思惟), 바른말(正語), 바른 행위(正業), 바른생활(正明), 바른 노력 (正精進), 바른 기억(正念), 바른 선정(正定)이니라, 이름하여 八正道로서 이와 같은 법을 일러 中道라 하느니라."

불교의 태동과 함께 시작한 핵심 교리인 八正道가 곧 中道이고 깨닫는 방법이란 얘기다. 좀 더 쉽게 말하면 "바른 생활을 실천하면 깨닫게 된다."는 평범하고 단순한 얘기다. 이런 이야기를 들으면 왜 임제가 고함을 치고 덕산이 몽둥이를 휘둘렀는지 십분 이해가 간다.

만일 세존이 실제로 그렇게 말했다면, 방편을 써서 도덕적인 삶부터 가르치려 했던 것일까? 세인들을 어린아이의 도덕처럼 취급한 것을 깨달음의 방편으로 받아들이기에는 적절한 것이 아니라고 추측된다. 대승 불교의 고심 끝에 들고나온 "쌍차, 쌍조(雙遮, 雙照)가" 중도다. 쌍이라는 것은 주관과 객관을 이야기하는 것이며, 상대의 양변을 말한다.

유와 무, 이것과 저것, 선과 악, 나와 너, 양과 음, 강과 약, 흑과 백, 남과 여 등 일체 차별 상인 2분법을 말한다. 쌍차라는 것은 양변을 막아서, 서로 숨겨 주는 것, 양 변을 떠나는 것, 극단을 떠나는 것을 말한다. 양변이 융합하여 변견을 버리면 그것이 곧 중도다.

중도는 분별이 끊어진, 머물면서도 머무름이 없는 평상심의 자리인데 상대적 사유를 필요로 하는 주·객의 상대적 현상계에서 바른 생활 실천법인 도덕적 가치에 치중한 8정도로 생각을 끊어 중도에 이를 수 있다는 것은 한 번쯤 곱씹어 의심을 가져 보아야 할 방편이라고 생각된다.

(5) 심신 이원론은 받아들이기 어렵다

『마하박가』에 기록되어 있는 설법에서 마라의 유혹에 불타고 있는 나는 '비본래적 자아'가 될 것이고, 불이 꺼진 열반에 든 나는 '본래적 자아'가 될 것이다. 이 '본래적 자아'는 '비 본래적 자아'로부터 이탈되었고 그래서 열반에 들었다.

이때 육욕에 불타는 '비본래적 자아'는 항상 나쁜 놈이고, 그 불이 꺼진 '적멸한 자아'는 항상 좋은 놈이 된다. 여기에는 항상 나쁜 놈은 육체적 자아이고 좋은 놈은 정신적 자아라는 심·신 이원론의 함정이 도사리고 있는 것이다. 이러한 해탈, 열반의 사상은 분명 불교가 아니다. 이런 "식의 '비아론' 은 '무아론'이 될 수 없다."

다시 말해서 원시불교가 비아론 적인 해탈론, 열반론을 고집하는 한에 있어서는 그것은 인도 사상의 일반 논리를 충실히 계승한 이론 밖에는 되지 않는다.

그러므로 싯다르타는 해탈, 열반의 논리를 주장한 사람이 아니다.

그는 오히려 해탈, 열반론이 풍미하는 자신의 문화 전통을 전적으로 거부함으로써 새로운 기원을 이룩한 사상가였고, 사회혁명가였으며, 종교적 실천가였다.

2. 함정 요인

(1) 반야 지를 얻었다는 데 대한 착각

　간절한 마음으로 교리를 탐독하고, 선지식이나 깨달았다는 자들의 설법을 듣거나 명상에서 화두를 들다 보면 순간적으로 생각이 멈추면서 색과 공이 일체가 되어 '불이'의 여여부동 한 적멸의 상태를 순간적으로 경험할 때가 있다.
　일반적으로 순수의식인 이 자리를 체험하는 것이 '진아'의 자리이며 '견성' 하였다고 이야기하는 도반들이 있다. 필자도 이 자리를 체험하고 '참나'의 자리로 깨달음을 얻었다고 생각하고 한동안 마음이 들뜬 상태에서 경전을 읽고 설법을 들을 때면, 내가 체험한 그 자리를 말하는 것이 분명하고 그 자리 외에는 다른 깨달음은 있을 수 없다는 확신을 가지고 생각이 올라올 때면 '여여 부동'한 그 자리에 든다. 순간 마음이 고요하고 편안한 상태에 머물곤 했다.

그러나 그 자리는 이생기심 즉 마음을 내야 하는 경지이며, 한 순간 경계가 와 후려치면 자신도 모르게 경계에 끌려가게 된다. 이생기심에 의해 체험이 가능하다면 오고 감이 있는 꿈속의 깨달음(자각몽)이라는 사실이다.

왜냐하면, 꿈속에서는 깨달음이고 깨어나면 중생이라면, 그것은 항상 하는 '실존'이 될 수가 없으며, 진리가 아니지 않는가?

오고 감이 있다면 도를 구하려는 간절함이 구함에 착하여 생각이 또 하나의 망상을 만들어 낸다. 의식은 생각이며 물질이다. 着이 작용이 있는 한은 '실존'이 아니다.

(2) 깨달음은 상태보다 전지(全知)에 있다

인성을 깨달음의 척도로 받아들여 탐진치, 팔정도, 계율을 깨달음의 잣대로 사량하려 함으로써 불교를 형이하로 재단하여 한낱 도덕철학으로 폄하하려는 학자들이 생기는 것이다.

물론 인성이 수행의 근간이라는 사실을 부정할 사람은 거의 없을 것이다. 아무튼 깨달음이 뭔지 모르다 보니 자꾸 인성 쪽으로 파고들어 『화엄경』에서 52위로 깨닫는 단계를 나누고 십지 보살을 내세운 것이나, 『대지도론』에 나오는 붓다의 32상에 대한 주장은 가히 왜곡의 절정에 이르고 있다.

깨닫게 되면 탐진치를 비롯해 그에 반대되는 진선미 같은 온갖 덕목들이 성립하지 않는다. 모든 것이 본래 하나로 대칭적 상대의 세계가 사라져 '공'이기에 있기도 하고 없기도 하다. 또한 필요에 따라 이 생기 심하여 가져다 쓰기도 한다.

세존께서는 아상, 인상, 중생상, 수자상이 없다고 하셨고, 역으로 그것들이 다 있다고도 하셨다. 이 말은 본래 상대의 세계에서 펼쳐진 속제와 진제가 본래 둘이 아님을 깨달아 해탈함으로써 우리가 그렇게 따졌던 인성과 덕목들이 죄다 성립하지 않게 됐다는 의미이다.

아무튼 깨닫지를 못했으니 불이(不二)의 반야를 알 수 없고, 자신이 속한 굴레에서 깨달음을 재단할 수밖에 없다. 깨달음은 깨달음으로만 판단해야 한다. 왜냐하면, 깨달음의 자리는 언어로서 표현할 수 없는 노자의 "도가도 비상도" 즉 '심행처멸'의 자리이기 때문이다.

그러나 현실은 어떠한가, 인성에 치우쳐 무엇인가를 얻으려는 기복신앙으로 변질되어 가는 풍토, 이에 옛 조사들은 보살행에 대해, '육도만행'을 닦아 성불하려는 것은 마치 송장을 타고 바다를 건너가는 것과 같다고 경고하고 있다.

요컨대 인격을 닦고 보살행을 실천하는 건 깨달음으로 나아가는 여러 갈래의 길 가운데 하나인 것은 사실이지만 깨달음에 좌표를 흐리게 하는 요인이 될 수 있다.

그러고 보면 불교는 너무나 차갑도록 이성적이고 논리적인 가르침이다. 그래서 과학과 궁합이 잘 맞지 않던가.

(3) 신앙심에서 비롯된 기복 의식은 깨달음과는 거리가 멀다

대개 종교라 하면 신과의 주종 관계를 근간으로 깔고 있다. 그리고 신에게 바싹 다가가 합일을 시도한다. 불교에서도 이와 비슷한 수행법이 있다. 부처님께 모든 것을 바침으로써 무아를 이루고, 그 빈자리에 불성이 솟아나 깨달음을 얻는 방법이다.

일명 '일심 귀의' 수행이라 하겠다. 온 마음을 다 바쳐 부처님께 귀의하고, 이로써 부처님이 지닌 불성을 공유하는 것이다. 이로써 기복 의식이 전혀 없던 불교에 이와 같은 종교성이 대두된 것은 절대적으로 힌두교의 영향이 크다.

세존의 가르침은 일관되게 신앙과 같은 의지처를 거부하였다. 그러니 불공과 같은 예배 의식 자체가 없었다. 세존은 일관되게 스스로 자성을 등불 삼고 불법을 지팡이 삼아 정진할 것을 가르쳤다. 그런데 대승 불교가 나타나면서 파사현정의 일 책으로 소승불교 위주의 수행 문화에 대한 과감한 혁신을 시도하게 된다.

세존은 자신이 숭배의 대상이 되는 것을 철저히 거부했기에, 그들은 어쩔 수 없이 비로자나불과 아미타불을 대안으로 내세우게 되었다. 여기에 더해 대자대비한 각종 보살들을 덧붙여 서방정토와 극락왕생의 청사진을 펼쳤다.

자연스럽게 예배를 보고 불공을 드리는 문화가 생겨났다. 이와 더불어 불교에서 금기시하던 영혼의 존재를 인정함으로써 윤회와 내세관까지 확립되었다.

세존은 힌두교에 항거하여 불법의 가치를 올렸는데 대승 불교는 다시금 힌두교의 문화를 절충 내지 전격 수용함으로써 원점으로 되돌렸다.

이것을 일러 학계에서는 '불교의 힌두화'라 한다. 비단 문화에만 국한된 것이 아니다. 사실 오늘날 대승불교의 철학을 보면 힌두교의 쌍카라 철학에 비해 크게 다른 점을 찾아보기 어렵다. 이런 일련의 이유로 인도에서의 불교는 그 독자성을 읽고 힌두교의 한 지파로 전락하고 말았다.

이처럼 불교에 힌두교의 신앙 문화가 개입되면서 부처님께 모든 것을 바치는 수행도 자리를 잡았다. 우주 최고의 신인 브라흐만에게 생각의 끝자락까지 바치는 힌두교의 수행이 이름만 바꾸게 된 것이다.

일심귀의(一心歸依) 수행은 신앙을 수반한다는 이유로 인해 종교적 시비에 휘말릴 수 있다. 그럼에도 이론적으로 어느 정도 일 리가 있다. 다만 종교적 신념에서 오는 着이 무섭도록 질기다는 사실을 염두에 두어야 한다.

그래서 신에게 모든 것을 바칠 때, 무언가에 대한 바람은 물론이고 그 신에 대한 믿음도 같이 바쳐야 한다. 믿는 마음까지 모조리 없애 버린다면 실제로 무아의 경지를 성취할 수 있다. 그리고 생로병사를 우습게 보는 의식 상태에 이를 수 있다. 그러나 깨달음과는 거리가 멀다.

요컨대 신에게 몸과 마음을 다 바치는 一心歸依 수행은 출가자에게는 다소 미진한 부분이 있지만 그래도 재가의 수행자에게는 꽤 유력한 방법이 될 수 있다. 그러나 세존의 "無上正等覺"까지는 거리가 멀지만 마음을 비우고 번뇌 망상을 다스리는 데는 효용이 있다.

(4) 위빠사나에서 얻게 되는 '참나'는 깨달음의 디딤돌이다

적잖은 수행자들이 불법을 위빠사나로 알고 있다. 싯다르타가 中道의 상태에서 위빠사나를 가지고 깨달았다는 것이다.

위빠사나를 우리말로 번역하면 '알아차림' '마음 챙김' '바로보기' 정도가 된다.

마음의 문제를 해결하기 위해 수행하는 것이니 마음을 살피는 것이 당연하다. 마음이 무엇으로 꽉 차 있는가? 바로 생각이다. 그러니 수행은 바로 생각에 대한 관찰에서 시작된다.

그런데 생각의 집착력은 너무나 강하다. 그것을 불교에서는 着으로 표현한다.

6근은 착에 의해서만 드러난다. 그러므로 3차원 상대성의 세계에서는 의식과 물질(대상)은 본래 하나이며 분리할 수가 없다. 생각의 착에 대항해 봤자 백전백패다.

왜일까? 본래가 하나인데 시공상에서 그림자로 투영된다. 그래서 생각을 떼려는 대신 그것을 '환' 즉 거울 속의 그림자로 본다. 그러면 분별이 사라지면서 순수의식만이 드러난다. 이 분별이 사라진 순수의식을 '참나'라 하고, 일종의 깨달음으로 취급한다. 이렇게 생각을 관찰하여 드러나는 순수의식인 바탕 자리를 깨닫는 것이 위빠사나다.

그런데 실제로 위빠사나에 매진 되다 보면 앞서 말한 공식대로 쉽게 진행되지 않는다. 왜냐하면, 이미 경계가 나타남은 착에 의한 현상이다. 현상은 '유(有)'이기 때문에 일시적인 순수의식으로 전환되는 현상적 착각은 있으나, 생각이 사라진 자리까지 찾아들어 가기까지는 논리적 사유가 미치지 못한다.

여기서 새로운 접근법을 찾는 것이 苦行인데 이것은 위빠사나의 또 다른 하나의 접근 법이 될 수는 있으나, 생각은 경계와 본래 하나이기 때문에 苦를 苦로 떼어 낸다는 것은 당초 발상 자체가 틀린 것이며, 객관적 관찰로서 수면이 잔잔해지듯 마음이 가라앉아 일시적으로 편안해지는 효과는 충분하다.

그러나 위빠사나의 사유 과정은 어떻든 간에 효과만 있으면 되지 않을까?

소승불교에서는 위빠사나를 깨달음의 대명사로 우수성을 강조하지만 참선을 통해 지극히 고요한 경지에 머물렀던 수행자가 깨어나면서 다시금 번뇌를 지피게 되는 사례가 그것이다.

마음이란 것이 아무리 적멸의 상태가 되어도, 바람이 불면 잔잔했던 수면에 파도가 일듯이, 외계의 정보가 감각기관을 통하여 저절로 들어오면 번뇌의 물보라가 저절로 생겨날 수밖에 없다는 것이다.

싯다르타가 세 명의 스승에게 의지해서 수행을 하였으나 실패한 이유도 의지와 상관없이 저절로 일어나는 착(着) 때문이라고 말한다. 의식은 대상에 착하지 않으면 드러날 수가 없다는 것을 명심하여야 한다.

그러면 힌두교에서 깨달음이라고 말하는 '참나'는 어떤 상태의 경지를 말하는 것인가?

의식은 분리가 불가능하므로 차원을 달리하여 정견으로 사유하여야 한다. 그러므로 대칭적 상대적인 3차원에서 위빠사나 나 참선을 방편으로 도달하는 순수의식인 4차원의 경지는 영성이나 신성의 회복 정도로 보아야 한다.

물론 본래부터 지니고 있는 영성을 회복하는 것은 결코 쉬운 일이 아니며, 위빠사나를 통해 '참나'를 찾았다면 실로 경탄하고 축하할 만한 일이다. 다만 그렇게 해서 얻어진 깨우침을 見性이나 成佛로 확대 해석 하는 건 곤란하다.

왜냐하면 위빠사나로 얻게 되는 지극한 알아차림의 경지로는 구도에 대한 갈증을 채울 수가 없기 때문이다. 위빠사나 수행에서 얻게 되는 '참나의 경지' 그건 깨달음으로 향하는 디딤돌로서 깨달음의 문을 여는 문고리임에는 확실하다.

그렇다면 위빠사나에서 언급하는 '참나'와 대승불교에서 말하는 '眞我(佛性)'는 어떤 차이가 있는가?

한글과 한자라는 차이를 빼면 의미상으로 똑같다. 하지만 그 용도에 있어서 다소 차이가 있다. '참나'는 힌두교의 아트만(Atman)에 가까운 반면 眞我는 아트만과 브라만을 합쳐놓은 개념이다. 아무튼 위빠사나의 '참나'는 생각이 일어나는 바탕에 위치한 순수의식인 영혼을 가리킨다. 자연스럽게 깨달음의 경지 즉 차원이 낮아지는 특징이 있다.

이에 반해 眞我는 '참나'에 더해 무량한 반야를 증득 하고 절대나 해탈의 경지마저 넘나드는 완전한 깨달음의 의미를 담고 있다. 그래서 '참나'는 주로 열 단계로 등급을 나누게 되고, 眞我는 많아야 見性과 成佛 정도로 구분한다.

대중적인 영성 자각 운동에 있어서는 고난도의 眞我보다 위빠사나의 '참나' 찾기가 적합하다. 그래서 근래에 들어 가장 대중적으로 유행하고 있는 수행 가운데 하나가 위빠사나다. 위빠사나를 통해 '참나'를 일깨우고자 하는 수행 문화는 재가 신도들의 호응을 얻으며 사회 곳곳으로 퍼져 나가고 있다.

여기에 더해 기라 성 같은 힌두의 구루 들이 세계 곳곳을 누비며 위빠사나를 통한 영성 회복을 천경하고 있다. 이렇게 위빠사나의 참나 찾기운동이 더욱 왕성 해져서 인류를 교화시켜 나간다면 가히 영적 혁명이라 하겠다.

다만 재가 신도들에게 깨달음의 문턱을 너무 높여 특정인만의 전유물이 되는 건 옳지 않다. 하지만 문턱을 너무 낮춰 버리면 그건 구언을 내세운 일종의 종교가 되어 버린다. '참나 참나' 하여 깨닫는 것과 '주여 주여' 하여 구원받는 것이 다르지 않은 까닭이다.

물론 혹자는 『벽암록』이나 『신심명』, 『대승기신론』 등을 언급하며, '참나'의 절대성을 주장할 것이다. 사실 그 경전들은 세존이 쓴 것이 아니지 않는가. 설령 붓다가 말했어도 상식과 논리에 어긋나면 고개를 저을 줄 알아야 한다.

요컨대 위빠사나 수행은 대중들의 영력을 한층 업그레이드 시키는 데 있어 대단히 탁월하며, 인류의 정신문명에 꼭 필요한 수행이다. 다만 여기서 얻어지는 '참나'의 경지를 가지고 붓다의 깨달음으로 과대포장 하게 되면 자칫 '我相'에 착하여 기껏 이룬 수행의 성과가 퇴색될 수 있음을 경계하여야 한다.

(5) 무아는 깨달음으로 가는 방편이지 깨달음은 아니다

사마타 수행에 깊이 몰입하다 보면 쉬운 건 아니지만 간혹 '나'가 없어지는 경험을 하게 된다. 나가 없으니 생로병사가 없고 나아가 시공도 없다. 소멸될 나가 없으니 영생이고, 일체 번뇌 망상이 없으니, 열반이 아니랴. 얼핏 보면 무상의 경지처럼 보이기도 한다. 그래서 나를 없애려는 것은 동서고금을 막론하고 수행의 교본으로 받아들여지고 있다.

그러면 無心이 되어 '나(我)'가 없으면 그것이 깨달음인가?
남방불교의 수행 지침서인 『청정도론』에 통찰 지 수행에서 오염원들을 없애는 것을 출세간 적인 통찰 지 수행의 이익이라고 말하고 있다.
얼마나 무아지경에 빠져들면 7일 이내에 나올 것을 다짐하고 수행한다고 한다. 일 예로, 인도의 수행자 라마나 마하리쉬 같은 경우에는 삼매에 한번 들어가면 거의 시체처럼 될 때까지 움직임이 없었다고 한다.
이처럼 無我 수행의 멸진정은 여느 수행자가 범접할 수 없는 높은 경지임에 분명하다.

그러면 죽은 자와 멸진정에 든 자의 차이점은 무엇인가?
경에서는 이처럼 설하셨다.
"도반이여, 죽어서 수명이 다한 자는 그의 몸의 상카라들이 소멸되고 가라앉았고, 말의 상카라들, 마음의 상카라들도 소멸되고 가라앉았습니다. 또한 목숨이 다하고 온기가 식어 버렸고, 감각기능들이 완전히 파괴되어 버렸습니다. 멸진정에 든 비구도 그의 몸의 상카라들도 소멸하고 가라앉았습니다. 그러나 목숨은 다하지 않았고 온기도 식지 않고 감각기능들도 파괴되지 않았습니다."(M.i.296)

사실 無我論에 대한 시빗거리는 꽤 많다. 논란의 시초는 초기 불교에서부터다.

『초전법륜경』에 보면 싯다르타가 중도론서 무아를 깨달았다는 내용이 나온다. 무아가 깨달음의 핵심 소재이고, 그렇다 보니 무아를 중심으로 다룬 『무아경』도 나와 있다.

힌두교의 아트만(참나)에 대비해 싯다르타가 제법무아(諸法無我)의 가치를 들었고, 이 때문에 無我가 되려는 수행은 불교에 유행처럼 번졌다.

그러나 훗날 대승불교가 나오면서 열반에 상락아정(常樂我淨)을 그려 넣었다.

無我가 아닌 淸淨法身의 眞我(본성)가 佛性이라는 주장이 은연중 대두된 것이다. 이러다 보니 수행자들 사이에서 초기 불교의 無我를 따르기도 하고 대승불교의 眞我를 추구하기도 한다. 중도론자들은 그 둘을 한꺼번에 취하기도 하고, 경우에 따라서는 一切無碍나 應無所住를 들어 그 둘을 버리기도 한다.

그렇다면 무엇이 정답인가?

단언컨대 無我 수행이든 眞我 수행이든, 그 둘 중 통합한 수행이든 모두 어긋나 있다. 그것들이 수행의 한 갈래 인 것은 맞지만 깨달음까지 이어진 정도는 아니다.

이렇게 말하면 불교의 모든 수행을 부정하는 것으로 비춰 질 수도 있겠다. 그런데 지금까지 수행자들이 해오는 수행은 불교 수행이 아니지 않은가. 거듭 말하듯 그건 싯다르타가 출세하기 전에 이미 인도 전역에서 행해지던 수행이다.

아트만(참나)을 찾아 브라만과 합일 하려는 수행과 아트만을 부정하고 에고를 철저히 부수어 無我로 돌아가려는 수행, 그리고 이 양단의 수행을 적절히 가미해 펼쳐지는 숱한 중도의 수행들.

싯다르타는 이런 부류의 수행 들로는 깨달음을 얻을 수 없다는 사실을 몸소 체득하였다. 그리고 일찍이 없었던 전혀 다른 방법으로 깨달음을 성취하게 된다. 세상이 알지 못했던 전대 미문의 수행법, 그것이 바로 '佛法'이다. 불법이 나옴으로써 불교는 독자적인 가르침으로 우뚝 설 수 있었다.

하지만 불법이 뭐냐고 물으면 또다시 원점으로 되돌아 간다. 불교의 태동기부터 오늘에 이르기까지 힌두교의 틀을 벗어나지 못하고 계속해서 맴돌고 있는 것이다.

초기 불교 수행자들은 위빠사나 수행을 불법으로 알았다. 그래서 위빠사나 수행 위주로 했다. 자신의 상념에 일어나는 것을 관찰하면서 대상으로부터 자유로워지는 경지로 나아갔다.

하지만 평생을 바쳐 수행해도 딱 거기까지였다. 번뇌 망상에서 어느 정도 해방될 수는 있지만, 이런 정도의 마음 수행으로 깨달음에 도달할 수 없었다.

깨달음이 열리지 않자 다시 수행자들은 힌두교의 다른 수행에 눈을 돌렸다. 無我와 眞我로 대표되는 사마타와 참선 수행이다.

無我와 眞我는 마치 동양 철학의 陰·陽처럼 존재를 구성하는 가장 근본적인 명제다. 이것을 다룬다는 자체가 정말 장쾌하지 않은가. 피조물인 자신의 모든 것을 철저히 없애 無로 돌아가는 수행, 그렇게 모든 것을 버리고 없앴는데도 남아 있는 超知性의 眞我 이 두 명제를 향한 수행은 초월로 몰아가고 더 나아가 해탈까지 쭉쭉 안내해 준다.

초기 불교 위빠사나 수행의 뜨뜻미지근한 것에 비하면 차원이 달랐다. 그러니 無我와 眞我 수행이 위빠사나를 어느 정도 밀어내고 불교 수행의 대간을 차지하게 된 것이 필연이었다.

싯다르타가 부정한 힌두교 수행을 아무렇지도 않게 하는 불교 수행자들, 참으로 기지 않은가. 중요한 것은 깨달음이다. 이리가든 저리 가든 목적지에만 도달하면 된다.

하지만 無我 수행을 하든 眞我 수행을 하든 깨달음은 요원하다.

왜 깨달음을 얻지 못하는지 그들은 알지 못한다. 그냥 정진만 할 뿐이다.

無我 수행과 眞我 수행, 그건 깨달음과 가장 흡사한 의식 상태를 구현한다.

그만큼 대단한 공·효가 있다. 하지만 그것을 넘어 깨달음을 성취하기까지는 구조적 한계가 있다.

구조적 한계는 무엇일까?

불교에서는 오온(五蘊)이 개공(皆空)하여 일체 無常함을 말한다. 존재하는 모든 것들은 인연 따라 합성하여 모습을 드러낸 것으로, 실체가 없는 현상에 불과하다. 그러므로 인연 따라 뿔뿔이 흩어져 없어질 허망한 것들이다.

五蘊인 나 또한 그러하다. 이러한 의미에서 無我를 이루게 되면 깨달음이라 한다. 『금강경』에 나오는 "만일 모든 상이 사이 아님을 본다면 여래를 보게 된다(若見 諸相非相 卽見如來).", 반야심경의 "현상은 곧 공이요, 공은 곧 현상(色卽 是空, 空卽 是色).", "현상은 공과 하나이고, 공은 현상과 하나(色 不二 空, 空 不二 色)."다.

이 구절이 이를 강설 한다. 이와 같이 수행자들은 하나같이 '空'의 비어 있음을 인식하고 無我를 입버릇처럼 거론한다.

제상이 공하여 무아이고, 이것의 관점에서 존재의 실상을 이해하면 깨달음이라는 것이다. 미안한 얘기지만 그런 깨달음이면 절밥 3년이면 모두 다 成佛했을 것이다.

佛法의 정수라 여겨지는 無我는 심하게 왜곡되어 있다. 마음이 텅 비면 '본래 없음'을 깨닫게 된다는 말 자체가 모순이다. 백날 마음을 텅 비워 봐야 그 구조상 깨달음은 열리지 않는다. 無라는 개념엔 有가 대칭으로 깔려 있기 때문이다.

無我는 그 자체로 상대적 분별이다. 그래서 無我나 그것에 대한 대칭적 개념을 인식하는 순간 분별된(왜곡된) 허상을 깨달음으로 착각하게 된다.

대칭의 문제가 아니더라도 싯다르타는 본체를 부정한 무아를 주장하였기 때문에 자체도 무의미하게 된다. 그래서 불교를 싸잡아 지극한 허무주의 사상이라고 비판하는 학자들도 있다.

싯다르타의 수행은 익히 알듯이 생로병사의 苦를 해결하려는 목적에서 시작됐다.

그리고 모든 苦의 뿌리인 我가 존재하지 않는다는 것을 자각함으로써 해결했다고 한다. 쉽게 말하면 '나'가 없기 때문에 '苦'의 문제도 없다는 것이다.

이런 식의 해결법은 唯物論에도 있다. '나'는 물질의 합성이기에 시간이 지나 그것들이 해체되면 '나'는 없게 된다. 어차피 시간이 지나면 저절로 無가 될 텐데, 인생을 모두 소비해 가며 그런 無를 붙잡을 필요가 있을까.

물론 불교는 이런 유물론적 무아와 차별을 두기 위해 이런 저런 구실을 대지만 무아를 가치로 내건 이상 단멸론이라는 근본 패러다임은 똑같다. 수행자들은 흔히 "나는 없지만 오감을 통해 관찰하는 어떤 현상만 뚜렷이 있다."라고 말한다.

이때 그 현상이 眞我냐고 물으면 갈팡질팡한다. 無我가 뭔지 眞我가 뭔지 전혀 모르니 그저 줄어든 번뇌 망상과 늘어난 이해력에 우쭐

할 뿐이다.

문제를 해결할 생각은 하지 않고 '나'를 무아로 놓음으로써 문제로부터 도피하려는 것은 옳지 못하다.

만일 '나 = 無我' 외에 다른 수단이 없다면 적어도 '제1원인'에 대한 明證이라도 덧붙여야 한다. '제1원인'을 통해 무아론을 규정하지 않는다면 앞서 말한 허무주의 그 이상도 이하도 아니게 된다.

무아가 이러함에도 싯다르타가 이것을 중요하게 언급 한 건 불법의 기초를 닦게 하려는 의도였다. 한마디로 일종의 방편이란 얘기다.

중생으로 전락한 가장 큰 이유를 불교에서는 着으로 본다. 어느 무엇에 달라붙어 있기에 實相을 볼 수 없게 된 것이다. 그러니 착을 떼는 것이 무엇보다 우선이다.

그렇다면 어떻게 착을 뗄 것인가?

본드를 제거할 때 윤활제처럼 중생의 착을 제거하기 위해 꺼낸 카드가 바로 無我이다. 그리고 무아를 설득력 있게 설명하기 위한 보조제로 쓰인 것이 緣起인 것이다.

나의 실체가 없다는 사실을 인식하면 대상에 대한 집착력은 큰 폭으로 줄어든다. 더 나아가 생로병사라는 매우 강력한 끈끈이도 힘을 잃는다.

이처럼 싯다르타가 들고나온 無我는 我相을 무력화시켜 분별의 장막을 거둬내려는 데에 목적이 있다. 깨달음의 요체가 아니라 중생의 着을 떼기 위한 방편으로서의 의미이다.

이 점을 알아차리는 데에 수백 년이 걸렸다. 대승 불교가 나오면서 무아론의 한계를 절감하고 아주 조금씩 眞我를 경전에 삽입해 왔다. 세존의 법통이 곧 無我라는 뿌리박힌 권위 때문에 매우 조심해서 眞我 論을 꺼낸 것이다.

그러다 보니 오늘날까지 無我와 眞我의 다툼은 끊이질 않는다. 스님들이나 불교 학자들 사이에서도 툭하면 터져 나오는 것이 이것에 대한 논쟁이다. 無我를 고집하자니 뭔가 좀 미진한 것 같고, 그렇다고 眞我를 대놓고 주장하자니 힌두교의 아류 같은 생각이 든 것이다.

아무튼 수행자들이 오매불망하는 無我엔 깨달음이 없다. 물론 無我를 통해 수많은 着으로부터 자유로워 질 수는 있다. 이렇게 해서 한층 가벼워진 의식은 더 높은 차원의 경지로 나아가는 데에 적잖은 효용이 있다.

(6) 대칭의 세계에서는 眞我, 無住로 着을 벗어날 수 없다

초기 불교는 철저히 眞我論을 배척했다. 眞我論을 철학적으로 보면 '존재론적 본체를 인정하는 주장'을 말한다. 싯다르타가 眞我 대신 본체의 존재를 부정하는 無我를 들고 나옴으로써 불교가 시작되었다.

이후 대승 불교가 출범 하면서 다시 眞我論이 대두되었다. 아비달마(Abhidharma, 阿毘達磨)에 보면 自性을 인정하는 대목 이 나오는데 오늘날까지 논란의 불씨가 되고 있다. 어쨌든 힌두교 아트만(atman)과 유사한 것이 대승 불교에 나타났는데, 이때의 眞我는 엄밀히 따져 아트만보다는 그 의미의 폭이 커졌다.

아트만은 브라만(Brahman, 梵)의 작용적 측면을 강조한 개념으로, 생각(정보)으로 얼룩지지 않은 순수한 영혼을 말한다. 이는 '참된 자아'로 해석되기에 '참나'와 비슷하다. 이에 비해 브라만은 스스로 존재하며 영원불변하는 實存의 개념이 크다. 불변수연(不變隨緣)에서 불변에 해당한다. 아트만은 브라만과 일체이지만 작용에 있어서 구분된다. 그래서 범아일여(梵我一如)라는 수식어가 따라 붙는다.

이런 수고를 덜어 준 것이 대승불교의 眞我이다. 眞我는 범아 일여를 포함함으로써 '나'를 실존과 직결 시켰다. 쉽게 말해 힌두교에서 '가아 → 아트만(참나) → 브라만'으로 승화되는 것을 '假我 → 眞我'로 압축했다. 眞我에 브라만을 포함시킴으로써 힌두교와의 차별을 꾀한 것이다.

물론 불법을 떠받치는 대들보 중 하나가 '諸法 無我'이기에 眞我라는 용어를 쓰는 것에 부담을 느낄 것이다. 그래서 本性·自性·佛性·如來藏·一心 등의 용어를 쓰는데, 실존의 성품을 구체화함으로써 無我와 대비 시킨 건 분명하다. 그렇기에 眞我論은 대승불교에 깊게 내재된 것이 사실이다.

아무튼 이렇게 해서 만들어진 것이 '自性卽佛'이다. 중생들이 본래부터 지니고 있는 참된 자아, 즉 眞我가 부처라는 얘기다. 그러니 자신의 본성인 眞我를 찾게 되면 見性이고, 더 나아가 온전한 眞我로 존재하게 되면 成佛이다.

이제 대승 불교의 교리는 힌두교의 3단계 시스템보다 간략하고 분명해 졌다. 자신의 本性만 보면 깨달음이 열리니 말이다. 바야흐로 見性의 전성 시대가 도래했다고나 할까. 見性의 유행 바람은 見性이 곧 成佛이라는 등식을 이끌어 냈다.

하지만 힌두교의 3단계 각성법에서 2단계로 줄인 것도 모자라 너무 단순하게 깨달음을 재단한다는 비판도 나왔다. 그래서 見性과 成佛의 간격을 벌리려는 움직임이 일어났다. 見性 이후에 숙성의 과정을 두자는 것이다.

하지만 見性을 함으로써 이미 자신이 붓다임을 확인 했는데, 구차하게 무슨 과정이 또 필요하냐는 반론도 만만치 않다. 이것이 한때 꽤 화제를 모았던 頓悟漸修와 漸修頓悟, 성철 스님의 頓悟頓修이다.

그렇다면 이제 원론으로 돌아와서 眞我를 찾으면 깨달은 것인지 살펴보자. 스크린에 비치는 화면이 '나'가 아닌 '대상' 이란 건 누구나 안다. 그러면서 생각이 일으키는 정보의 이합집산에 깜박 속아 그것을 '나'로 착각하며 산다.

스크린에서 펼쳐지는 희로애락이 영사기가 쏜 빛의 장난인 것처럼 우리네 생로병사 역시 생각이 만들어 낸 환영에 불과하다.

이 사실을 정확히 알기 위해서는 생각이 일어나는 곳에 자리한 '나'

眞我를 찾으면 된다. 위빠사나를 하든 참선이나 간화선을 하든 참된 자아만 찾으면 생각이 꾸며낸 苦海는 잦아들어 한낱 스크린으로 전락한다. 스크린에서 벌어지는 모든 것들에 먹구름이 없게 되어 一切無碍한 경지에 이르게 된다. 眞我를 찾게 됨으로써 진정한 깨달음을 성취하게 된다는 얘기다.

깨달음에 관한 가장 그럴싸한 묘사라 하겠지만, 여기에도 미진한 점이 남는다. 우선 생각에 대한 이분법적 태도부터가 그렇다. 생각을 타파해야 할 적으로 두는데, 그렇게 흑백으로 眞我와 假我를 가르면 절대로 생각의 문제를 풀 수가 없다. 상대 세계는 구조상 대칭으로 접근하면 더 깊은 수렁에 빠져들기 때문이다.

생각이 대폭 줄어들어 평화가 찾아와도, 그건 문제를 해결한 것이 아니라 적당히 타협을 보고 안주한 것에 불과하다. 생각을 적으로 돌리는 순간 생각과의 전쟁은 이미 패한 것이다. 물론 혹자는 생각과 거리를 두고 관찰만 하는 위빠사나는 다르지 않겠느냐고 반문할 수 있다.

생각을 대상으로 놓는 자체에 이미 着이 발생한 것이다. 그렇기에 상대 세계를 구성하는 대칭의 족쇄는 어김없이 작동한다.

그리고 머무르는 바가 없다는 無所住에 대한 것도 문제다. 『멈추면 비로소 보이는 것들』이란 어느 책 제목처럼, 대개 생각을 멈추면 수행의 실마리가 생기는 것으로 안다. 다시 말해 모든 집착을 끊고 無所住에 이르면 本性이 드러나면서 깨달음이 열린다고 믿는다.

하지만 생각을 하든 말든 생각 더미에 푹 파묻히든 아니면 생각을 일으키는 자리로 옮겨가든, 그 어디에도 깨달음은 없다. 물론 생각에 일방적으로 끌려가지 않으면서 영성이 회복되는 현상은 가히 놀랄만 하다. 영성이 밝아지면서 실존에 대한 이해 역시 깊어지는데 이것은 3차원의 틀이 깨지면서 오는 4차원의 발현 때문이다. 이때 의식에 놀라운 변화가 일기에 충분히 깨달은 것으로 오인할 수 있다.

왜 眞我를 찾고 無所住의 경지에 이르렀는데도 깨닫지 못하는가?

그건 새롭게 드러나는 眞我에 부지불식중 머무름이 생겨나기 때문이다. 머무름이 없다는 無所住의 경지도 마찬가지다. 머무름이 없어졌다고 아무리 외쳐도 이미 자신도 모르게 그 무소주의 경지에 또 머물러 있다. 보이지 않는 4차원의 상념이 작동하여 부지불식중 또 하나의 着을 이루고 있는 것이다.

상대의 세계는 그 구조상 착을 떼면 또 다른 착에 붙게 되어 있다. 着이 드러나지 않는다고 없는 것이 아니다. 着이 있게 되면 실존(제1원인)에 대한 진리적 자각이 근본적으로 불가능하다.

그래서 착을 동반한 기존의 깨달음엔 全知가 없다. 쉽게 말해 아무것도 모른다는 얘기다. 실존의 자존성과 창조의 원리를 철학 내지 수학적 논리로 풀어낼 수 없다면 깨달음에 이른 것이 아니다.

깨달음의 경지는 언어로 묘사할 수 없지만, 다행히 그것이 어떻게 스스로 존재하며, 삼라만상을 일으키는지에 대한 논리적 근거는 매우 정확히 기술할 수 있다. 이름하여 '實存의 설계도'다. 이것의 득실에 따라 '無上正等覺'의 성패가 나뉜다.

  어쨌든 이런 일련의 이유로 인해 지금껏 깨달았다고 외치는 사람들은 자신이 이룬 경지에 뭔가 부족함이 남아 있다는 사실을 안다. 그래서 대개 자신의 깨달음을 세존의 밑에 놓는 겸손함을 보인다. 앞서 말했듯 깨달음에 서열은 없다. 눈동자의 크기는 제각각이지만 눈을 떴다는 사실은 같다.

  이렇듯 깨닫는 과정과 방식은 서로 다르지만 깨달았다는 사실만은 동일하다. 그래서 불교는 절대 평등한 가르침이다. 그렇기에 자신이 성취한 깨달음이 세존보다 못하다는 생각이 든다면 그건 깨닫지 못한 것이다. 너무나 가혹한 말이지만 無上正等覺을 위해서는 무엇보다 냉정해야 한다.

  아무튼 상대 세계의 패러다임에 의한 착으로 인해 수행자들이 말하는 '眞我'를 찾았다. '無所住에 이르렀다.'란 오도송엔 깨달음이 존재하지 않는다. 깨달은 것으로 믿고 싶은 마음만 교묘하게 감춰져 있을 뿐이다.

7장

싯다르타가 본체를 거부하고 무아 연기를 제시한 이유

　우리가 부인할 수 없는 것은 진리에 대한 힌두교의 태동에서 불교가 싹트게 된 것은 사실이다. 싯다르타는 세 분의 스승으로부터 眞我, 절대, 해탈을 등지고 무아와 연기를 제시한 것이 힌두교와 불교의 갈림길이다. 불제자 입장에서는 이 갈림길에 주목할 필요가 있다.

　구도는 본래를 찾아가는 과정이라 할 수 있다. 또한 본래의 자기를 찾아가는 것은 언어만 다를 뿐 힌두교나 기독교 등도 같은 방향임에는 틀림이 없다. 다만 가는 길에 있어서 다소 차이가 있을 수 있다는 것이다. 힌두교는 본체를 인정하고 가지만 싯다르타는 본체를 거부하고 무아와 연기를 제시하였다. 방편에 있어 다름을 인정하면서도 깨닫지 못한 중생의 입장에서는 물음표를 던지지 않을 수 없다.

1. 불교의 실존과 힌두교의 참나와의 차이점

싯다르타가 굳이 힌두교의 '眞我'를 부정하며 '무아'와'연기'를 방편으로 제시한 것은 형이하 적인 관념의 분별로는 着을 끊을 수 없다는 것을 보신 것이 아닌가? 의식은 "색에 着 하여서만 드러난다.

시·공간에서는 색과 의식은 본래 하나다. 지각 기관에 인식되었다는 것은 착은 이미 일어났으며, 착이 없으면 사물을 인식할 수가 없다. 그러므로 형이하적인 3차원의 세계에서 착은 끊을 수 없다.

싯다르타가 세 분의 스승에게 참나, 반야, 해탈을 전수받았음에도 의문을 풀지 못하고, 홀로 수행길에 오른 것은 "무아와 연기다. 3차원 상대의 세계에서는 착을 떠나서는 일체 인식이 불가능하다는 사실을 알았기 때문이 아닐까?

그러면 무아와 연기를 바르게 사유하는 근본원리는 무엇인가?
나라고 인식하는 '오온은 개공'이며, 실제로 인식의 주체(나)와 보이는 객관적 대상(객체)은 시·공간의 개념적 토대 위에서 연기로 펼쳐진다. 현상은 찰나에 생멸하는 실체가 없는 '공'이다. 우리는 나의 존재를 모든 만물의 중심에 두고 내가 보고, 듣고, 생각하고, 말하고, 행위한다고 생각한다.

이 고정관념은 DNA에서 온 건지 아니면 학습효과 인지는 모르지만 뼛속까지 스며들어 있는 '아상'을 버릴 수 없다. 나는 주체적 자아가 없는 '무아'이고 인식되는 모든 것은 연기적 '현상'이다.

결국, 나라고 할 수 있는 주재자가 있을 수 없는 '무아'다. 무명으로 이 사실을 알지 못하고 나라는 '아상'을 중심에 두고 나의 존재를 더욱더 명확히 하기 위하여 대상에 착(집착) 하게 된다. 착으로 인하여 나를 더욱더 돋보이게 하기 위하여 한계 지워 개념의 굴레에 가두고 갈애를 일으켜 소유하려 한다.

그러나 현상계는 연기에 의하여 고정된 실체가 없는 '환'의 세계가 펼쳐지고 있다. 일체가 제행무상과 제법무아에이프로 고통이 뒤따르는 것이다. 무아와 연기를 통찰하지 못하는 것을 무명이라 하며, 본래로 돌아가기 위해선 무명에서 명의 스위치를 켜야 한다.

무명으로 닫혀있는 6근(눈 : 봄, 귀 : 들음, 코 : 냄새, 혀 : 맛, 몸 : 감촉, 의식 : 생각)의 창은 이미 활짝 열려 있다. 나는 6근의 감각기관을 내가 의지적으로 사용하고 있다고 착각하고 있다. 의식의 거울(6근)에 비친 환영의 그림자는 연기에 의해 저절로(무위) 비치고 사라진다. 거기 주재자는 없다. 무아이며 연기적 현상으로 펼쳐질 뿐이다.

의식의 거울인 대원경에 비친 그림자는 '환'이다. '배경 의식'인 대원경은 인지할 수 없는 '공'이다. 이는 마치 잔잔한 호수의 표면에 인연 따라 출렁이는 물결과 같다. 호수 자체는 물결에 영향 받지 않으며, 호수와 물결은 둘이 아니다.

그러나 주시자는 물의 출렁임인 물결에 착하여 생각을 일으켜 상을 만든다. 이것은 연기적 자연 현상이다. 그러나 호수에 비치는 의식의 거울엔 작용의 주재자도 없으며 출렁이는 물결도 실체가 없는 현상이다. 이렇게 펼쳐지는 무아와 연기를 통찰 하라는 것이다.

위에서 언급한 바와 같이 나는 실체가 없는 '무아'인데 누가 있어 대상을 보는가?

주시자가 사라지지 않으면 대상은 자연 발생적이다. 그러나 의식의 대원경은 항상 여여 하게 사물을 드러낸다. 대원경 자체엔 주시자가 없다. 거울에 의지가 있는가? 그 자리가 우리가 돌아가려고 하는 본래 면목의 자리다. 싯다르타는 보는 주시자가 있는 한 착을 끊을 수 없다는 것을 아시고 '무아'로 돌아가야만 그림자를 드러내고 있는 대원경의 비춤에 계합할 수 있다는 것이다.

주시자가 있는 한은 착을 끊을 수 없다. 의식의 거울 속에 드러나는 그림자도 내가 보는 것이 아니라 거울 자체가 비추고 보고 인식하는 覺 자체이며 '實存'인 '공'이다.

2. '아상'이 사라지지 않는 한 착은 자연 발생적이다

　세상에 드러나는 모든 것은, '제1원인'이 자신을 명확히 하는 과정에서 드러낸 '실존'의 그림자다. 실존의 자기현시이기에 진리 아닌 것이 없다. 다만 무아와 연기를 '공'으로 사유하지 못한 착각만이 진리가 아니다. 그러므로 팔정도의 제일 순위인 정견으로 사유함이 곧 見性이다.

　그러면 '정견'이란? 어떻게 보라는 것일까?
　각자에 따라서 생각에 차이가 있을 수 있다. 그러나 추구하는 목적지는 같으나 방편에서 다소 관점의 차이가 있다.

　대표적인 관점의 차이가 힌두교와 불교다. 싯다르타는 힌두교의 참나에 반기를 들어 '무아와 연기'로 제시하였다. 이것은 실체를 인정하는 것은, 형이하의 대칭적 (상대적) 관점에서는 着이 발생하는 주체를 인정하게 된다. 주체적 아상이 존재하는 한 착을 끊을 수 없기 때문에 진정한 '실존'이 아니라 개념에 의한 환영이라는 것이다.

그러므로 착의 발생 과정을 확연히 이해하는 것은, 싯다르타가 힌두교의 참나를 거부하고 '실존'인 '무상정등각'을 성취하게 된 과정을 되짚어 볼 필요가 있다는 것이다.

힌두교와 불교의 관점의 차이

관점은 이 세상을 바라보는 창이다. 그 창의 크기와 모양새 색상이 사람마다 다를 수밖에 없다. 그래서 세상을 자기 눈 높이에서 바라볼 수밖에 없다. 돼지 눈에는 돼지, 부처 눈에는 부처만 보인다고 하지 않았던가.

① 소승불교 - 연기에 의한 무아론(無我論) - 만물은 연기에 의하여 변화하는 현상에 불과하며 주체성을 가지는 실체가 없다.
② 힌두교 - 몽환(夢幻)에 의한 眞我論 - 만물은 實存(브라만)의 꿈이며 실존하는 건 참된 자아뿐이다.
③ 대승불교 - 연기에 의한 진아론 - 만물은 연기에 의해 변화하는 현상으로 주체적 실체가 없지만 그 배경에 있는 心(佛性) 만은 상주 불변한다.

④ 과학 - 물리법칙에 의한 우물론 - 마음이나 神, 같은 것은 인간이 자기중심적 욕구에서 개념으로 그려낸 것이다. 존재하는 것은 오직 물질밖에 없다.

싯다르타가 참나를 부정하고 무아를 제시한 것에 대한 차이를 비교하여 봄은 깨달음에 대한 좌표를 설정하고 정진하는 데 중요한 기점이 될 수 있다.

실존이 자기현시를 위하여 만물에 의존하여 작용으로 자신을 드러내게 된다.

본래의 입장에서 보면 의식이라는 거울에 비친 그림자에 불과하므로 본래가 둘이 아닌 하나다.

개체적 아상의 입장에서는 거울에 비친 그림자를 실재 존재로 착각하여 착이 발생 대상을 인식하면서 주관과 객관, 진제와 속제, 실체와 현상, 유와 무로 이원화시켜 상대의 세계가 펼쳐지게 된다.

이는 시·공간에서 개념의 틀로 통하여 개념으로 드러난 환영이다. 그러나 자신을 주체로 착각하고 있는 아상(에고)은 실재 존재로 믿어 전도몽상을 펼치게 된다.

중요한 것은 나는 본래가 현시한 그림자로 주체가 없는 '무아'인데 '착'에 의하여 대상을 인식하게 되면서 전도몽상인 망념이 시작된다. 그러므로 인식의 주체로 착각하게 되는 요인인 아상(에고)을 연기로 사유, '무아'로 자각하고, 드러나는 현상은 실재가 아니라 연기에 의해 펼쳐진 실체가 없는 '공'으로 관하여야 한다.

그래야만 착각과 대상의 인식에서 오는 착을 끊어 낼 수가 있다는 것이다. 가아(에고) 가 자신을 실체로 인식하는 한 대상에 끌려가게 되는 착을 끊을 수 있는 방편은 없다. 그러므로 싯다르타는 힌두교의 참나, 진아인 실체를 거부하고 '무아와 연기'를 착을 끊는 방편으로 제시한 것이다.

위의 소승, 대승, 힌두, 과학 네 가지로 분류한 것 역시 차원의 변경에 의한 깨달음의 경지가 아니라 사유에 의해 이해 과정 개념으로 분류한 것에 불과하다.

인식에 의한 개념의 작용에서 착과 대상은 동시에 작용하며 분리가 불가능하다.

그러므로 무아 연기의 방편으로 착을 끊지 않으면 '실존'의 깨달음은 지난하다.

着의 발생은 관념 작용으로 '환영'이다. 본래인 실존이 드러나기 위해서는 그림자인 환영이 사라져야 한다.

'실존'은 자존성과 창조성으로부터 자유로운 '제1원인'이다. 우주를 품고 생명 작용을 하고 있는 있는 목전에 펼쳐져 있는 거울을 심안으로 보라 '여여부동'인 '지금 여기 이것' '천상천하 유아독존'이다. 비춤으로 드러나는 大覺 자체다.

'실존 = 봄 = 앎 = 대각'의 등식이 성립한다.

3. 꿈속(몽중각)의 깨달음과 의식(6문)의 열림

싯다르타가 깨달은 無上正等覺과 힌두교가 본체로 인정하는 '참나', '眞我'에 대한 차이점에 대한 이해를 돕기 위해서, 필자의 몽중각(夢中覺)에 대한 견해를 논술해 보겠다.

인류 수행사는 결국 아래의 네 가지에 국한되어 있다고 하겠다.

① 소승불교 : 緣起에 의한 無我論
② 힌두교 : 몽환(夢幻)에 의한 眞我論
③ 대승불교 : 緣起에 의한 眞我論
④ 과학 : 물리법칙에 의한 唯物論

깨달음에 대한 네 가지 화두

　수행 중인 도반들은 위 네 가지 화두를 염두에 두고 사유에 든다. 이것 또한 생각이며 분별이다. 지금 무엇을 생각하고 있는가? 의식의 거울은 고요한데, 비치는 그림자만 오고 감에 분주하다. 즉 이 우주는 그저 있는 그대로 자연스러워 아무 일도 없는데, 사람만이 의식에 비친 그림자에 着 하여 관념에 사로잡혀 생각의 마찰로 굉음을 내지만 정작 하는 일은 없는데 홀로 바쁘기만 하다.
　잠의 상태는 있는 그대로 고요하여 아무 일이 없다. 그러나 꿈은 단지 의식 안에서 의식이 펼쳐 내는 파노라마처럼 일어난다. 꿈꾸는 자도 행위자도 없는데 무슨 일이 그렇게 복잡하게 일어나는가. 꿈을 통해 위의 네 가지 화두를 알아보도록 하자.

　꿈을 비유로 풀어보면, 필자는 어릴 때부터 중국 무술의 기공과 공중 부양에 대하여 많은 관심을 가지고 있었다. 그래서 나름대로 수련을 하였고, 자주 꿈속에서 공중을 날아다니는 꿈을 종종 꾸었다.
　공중을 나는 꿈을 꾸다가 어느 순간에 약간의 의식이 어렴풋이 깨어나 아, 지금 공중 부양 하는 이 현상이 꿈이라는 사실을 희미하게 알아차리면서 공중을 날아다니는 이 순간을 즐기기 위해서 꿈에서 깨어나지 않기를 바라며 의도적으로 다시 꿈으로 빠져들어 어렴풋이 깨어 있는 상태에서 공중을 나는 꿈을 즐기곤 했다.
　이때 어렴풋이 잠에서 깨어 있는 상태에서도 꿈은 진행된다. 잠자는 의식 안에서 의식이 꿈을 펼쳐 내고, 그 꿈을 인지하고 감상하는 것도 '의식'이다. 의식이야말로 '신'이 아닌가?

그러나 어찌 되었든 그 꿈은 내 의식 안에서 의식이 펼쳐 내고 보고 감상하고 있는 것은 분명하다. 그러다 공중 부양 상태가 꿈속의 일이라는 사실을 어렴풋이 알게 될 때 이것이 꿈속의 '자각몽'이라는 사실을 알게 되면서 잠에서 깨어나 꿈속에서 좀 더 날아다녔으면 하는 아쉬움을 갖고 깨어난다.

잠에서 깨어나서야 꿈속의 모든 일들이 의식 안에서 의식이 펼쳐 낸 자신과 분리될 수 없는(不二) 하나인 단일의식이라는 사실을 알게 된다.

그리고 꿈에서 펼쳐진 모든 사건이 나의 의식 안에서 의식이 펼쳐 낸 것이라는 사실도 알게 된다.

그리고 꿈에서 완전히 깨어나면 공중 부양에 대한 집착도 사라지고, 한낱 꿈속의 일이라는 사실, 꿈속의 모든 사건들이 자신과 분리될 수 없는(不二) 것이라는 사실, 그 꿈은 의식이 펼쳐 낸 "天上天下 唯我獨尊"이라는 사실도 안다.

또한 꿈속의 나는 존재하지 않았다는 사실을 알면서 '無我'를 알았고, 잠에서 꿈을 펼쳐 내는 그 어떤 존재(의식)가 있다는 사실, 그 어떤 존재가 바로 '실존'이라는 사실을 알았다.

또한 그 '꿈과 꿈이 꿈 아닌 것'에 머무름이 없게 되면서 '해탈'을 보았다.

정녕 나는 꿈속에서 깨달음을 얻은 것인가?

꿈속에서 꿈이라는 것을 안 것과, 꿈에서 깨어나 현실이 된 것은 빛처럼 자명하고 확연히 다르다. 누군가 아침이 되어 눈을 떴다. 잠에서 현실로 돌아왔는데, 이것을 가지고 깨달았다고 생각하는 사람은 없을 것이다.

이렇듯 깨달음에 연연하는 것은 꿈속에서나 가능한 꿈속의 일이다. 이런 이유로 꿈속에서 깨달으면 성인(聖人)이나 붓다가 되어 거룩하게 빛나지만, 꿈에서 깨어 현실로 돌아오면 그냥 기지개를 켜고 하루 종일 일과를 시작하는 평범한 사람이 된다.

왜냐? 꿈에서 깨면 현실이라는 것이 너무나 당연하여 그것에 대한 그 어떤 머무름도 없기 때문이다.

흔히 머무름이 없는 無住를 수행의 유력한 방법으로 거론 하는데, 전혀 맞지 않는 얘기다. 상대 세계는 착의 머무름에 의해 형성된 세상이기 때문에 생각의 미세함은 물론이고 착에 의한 생각이 없으면 현상이 드러나지 않는다.

그러므로 현상(세상)이 펼쳐졌다는 것은 着이 이미 발생한 것이다. 그래서 수행자들은 머무름의 함정에 감쪽같이 속고 있는 것이다.

無住인 꿈속의 허상에서 깨어나 實像을 바로 볼 때의 '평상심 시도'가 '실존'임을 깨달아야 한다.

꿈속의 깨달음과 꿈 밖의 깨달음

이것이 바로 힌두교의 깨달음과 불교의 깨달음의 차이다. 힌두교의 깨달음은 특출나고 위대하고 거룩하지만 불교는 평범하고 무난하고 투박하고 담백하다.

세존은 無上正等覺을 얻기 전에 바로 이 생각을 하였다. 돌이켜 보면 그가 중생으로 일으킨 마지막 생각인 것 같다.

자신이 걸어온 수행의 발자취를 상기하면서 아, 이제 더 이상의 성취할 깨달음은 없다는 말인가. 궁궐의 성을 넘으면서 한 자신과의 약속을 떠올렸다.

노, 병, 사의 문제, 존재에 대한 문제를 풀지 않고는 기필코 돌아오지 않으리라는 그 맹세, 그러나 성취의 방법은 묘연했고 모든 의지처가 증발된 백척간두에서 한 발짝도 움직일 수 없는 모든 것이 끊어진 그 자리.

체념의 상태에서 모든 것을 던져 버리고 백척간두에서 발을 떼야 하는 그 순간, 일체가 사라지면서 달을 막고 있던 희미한 구름이 걷히고 '한줄기의 빛'이 되었다.

마침내 잠에서 깨어나듯이 명(明)이 한순간에 열리면서 드러난 그대로가 大覺이었다. 알고 모름이 없는 그냥 있는 그대로 '실존'이었다. 언어도단이지만 굳이 말로 표현해야 하기에 '실존'이다. '覺' 자체다. 수행자로서의 독특한 머무름에서 벗어나 평상심으로 돌아와 보통 사람이 되었다. 깨닫고 말고 할 법이 없었다. 이미 나는 '실존' 그 자체였다.

이때부터 세존은 어느 누구보다도 평범했다. 다섯 명의 비구에게 자신이 경험하고 깨달은 바를 가감 없이 얘기해 주었고, 이후에 인연 따라 찾아오는 수행자들에게 각자의 근기에 맞는 가르침을 전했다. 그러다 제자들의 수가 늘어나자 좀 더 큰 그림을 그리게 되니 그것이 바로 불교다.

싯다르타는 머무름이 없는 평범한 수행자의 모습으로 돌아와 한평생 살다가 말년에 위염으로 고생 좀 하다가 죽었다. 이랬던 세존이 죽은 다음부터 한량없이 존귀하고 위대한 존재로 거듭났다.

힌두교의 브라만처럼 꿈속의 제왕으로 이미지를 탈바꿈하게 된 것이다. 깨달음에 이상적인 장밋빛을 기대했던 필자는 한편으로 재밌기도 하고 한편으로는 허탈감에 씁쓸하기도 했다.

그러나 달라진 것은 존재하는 모든 것이 나 아닌 것이 없으며, 드러나는 만물은 바다(공) 속의 나타난 달그림자, 그러나 만물은 원래 그대로 '실존'이며 '大覺'이다.

『불경』에 나오는 깨달음이나 옛 조사들로부터 내려오는 깨달음, 그런 것들은 죄다 힌두교의 깨달음으로 치장되어 있다. 다시 말해 꿈속의 깨달음(夢中覺)이다. 몽중각으로는 '나는 누구인가?'의 화두를 풀 수 없을 뿐만 아니라 '實存'의 깨달음을 기약할 수 없다.

붓다의 깨달음, '無上正等覺'은, 그건 우리가 생각하는 그런 깨달음의 범주를 크게 넘어서 있다. '無'나 '모름'의 화두를 통해 멍때리는 정도의 체험으로는 얻을 수 있는 경지가 아니다.

　위빠사나의 알아차림과 삼매(三昧)의 멸진처(滅盡處), 참선의 열반과 無住의 해탈로도 범접할 수 없는 고고한 경지다. 높고 높기에 한 없이 낮아 그냥 깨달으면 되는 평범한 자리이기도 하다.

　그러므로 佛法은 法이 없다. 그냥 평상심으로 돌아와 자연과 공명하는 생명 자리에 머물러라.

8장

깨달음으로 가는 열쇠를 찾아라

수행의 목적은 단적으로 '제1원인'을 찾는 과정을 의미한다.

제1원인이란? 스스로 존재하는 자존성과 우주 만물을 드러내는 시작점인 창조성을 가진 그 무엇이다. 이 자존성과 창조성의 두 가지의 조건을 충족시킨다면 당연히 '제1원인'인 '實存'이다.

그러면 이 두 가지 조건을 충족시키는 것이 존재하는지를 알아보자. 우선 기독교에서 말하는 하느님 역시 예외는 아니다. 하나님이 원인 없이 어떻게 스스로 존재하는지에 대한 논거를 대지 못하면 自存性은 성립하지 않는다.

생각이나 마음, 불성, 참나, 진아 같은 것도 마찬가지다. 이것 역시 自存 하는 근거를 대지 못하면 實存이 아닌 관념의 일종에 불과하다. 그러면 우주, 세계, 진리, 절대, 사랑, 미움 등은 어떠한가?

이것들 역시 자존하는 근거를 인정할 수 없는 관념에 불과하다. 그러므로 이 우주에 존재하는 만물 중에 스스로 존재하는 '실존'을 찾은 자는 없었다.

　인류는 오랜 세월 동안 공들여 '실존'을 찾았으나 결과적으로 '제1원인'을 충족시킬 만한 實存을 찾지 못했다. 그러나 이것을 찾았다고 외친 자가 있었으니 그가 바로 싯다르타였다.

　'제1원인'을 찾을 수 없다면 다른 방법으로 접근할 필요가 있다. 주변에 있는 대상물 아무거나 손에 쥐든가 쳐다보아도 상관없다. 필자는 책상 위의 커피잔을 손에 잡았다.

　이 커피잔이 과연 제1원인인가 아닌가?

　분명한 건 커피잔은 '제1원인'에서 나왔다는 사실이다. 제1원인에서 파생되어 나오면 그건 제1원인 아닌 것인가? 바다는 물로서 파도를 만들어 내듯이 제1원인은 제1원인 아닌 것을 만들어 낼 수가 없다.

　앞에서 설명하였듯이 하나님, 불성, 우주, 세계, 절대, 참나, 진아 등 실존이 될 수 없는 것은 우리의 의식에 의한 관념(개념)으로 존재한다는 것이다.

　그러므로 『대승기신론』에서 일체는 언설상, 명자상, 심연상의 개념으로 存在하며 제1원인 외에 '實存'하는 것은 없다는 것이다.

　그러므로 '제1원인'만 '獨存'한다. 따라서 독존하는 제1원인 이 변화를 일으켜 삼라만상을 창조해도 제1원인이 아닌 새로운 것이 창조될 여지가 없다는 것이다. 모조리 제1원인일 수밖에 없다.

　그러므로 필자가 응시하는 컵을 포함한 삼라만상 모든 것이 제1원인이며, 관념과 탐진치에 의하여 일어나는 번뇌 망상도 제1원인 이다. 결과적으로 제1원인이 아닌 것은 존재하지 않는다. '천상천하 유아독존'이다.

이런 논리라면 '나 = 제1원인 = 붓다'다. 그런데 왜 우리는 스스로 중생이라고 생각하면 깨달음을 갈구하고 있는가?

그 대답은 매우 간단하다. 앞에서 말했듯이 일체가 제1원인 이 아닌 것이 없기 때문에 유한이라는 범위가 없는 무한이다. 그러면 나의 범위를 없애기만 하면 제1원인을 깨닫게 되는 것인가?

바로 그렇다. 그래서 세존은 나의 범위를 없애라는 의미에서 緣起와 無我를 가르쳤다. 緣起와 無我는 깨달음의 대상이 아니라 한정된 범위를 없애기 위한 방편이었다.

이제 독자들은 싯다르타가 왜 그토록 참나와 眞我, 佛性을 배척하고 무아와 연기를 강조하셨는지 이해할 것이다.

그러므로 시·공간에서 개념의 도구로 인식되는 3차원의 세계에서는 차원의 값을 변화시키지 않으면 깨달음은 요원하다. 서양 철학자 데카르트는 "나는 생각한다. 고로 나는 존재한다."라고 하였다. 생각이나 개념은 3차원의 세계에서는 우리는 어떻게 할 수가 없도록 프로그램화 되어 있기 때문에 설정값을 5차원으로 변화시켜야 한다.

그것을 싯다르타는 '그냥 있어라.' 그냥 깨달으라고 하였다. '나'가 본래 제1원인인 깨달음 자체이기 때문이다. 지금 여기 펼쳐지고 있는 일체는 '실존'이 나를 명확히 하는 과정에서 펼쳐 낸 정보의 덩어리로 관념 속에만 존재한다.

만물은 有도 아니면서 無도 아닌, 有 而 無, 非有 非無도 아닌 '有 無 相生' 작용의 '제1원인'인 '실존(空)'이다. 이미 내가 '제1원인'이며 깨달음 자체이기에 다른 어떤 방편으로도 접근할 수단이 없다. 오히려 수단 자체가 장애다. 그냥! 가만히 있는 그대로 깨닫는 방법 외에는 없다.

우리가 익히 알고 있는 내용이지만 생각 감정 오감(五蘊)에 의해 인지되는 모든 현상은 내면(주관)적인 것이든 외적인(객관) 것이든 그 모두가 원인이나 조건에 의해 형성된 시·공간에서 펼쳐진 감·관의 작용이다. 감·관의 작용은 대상과 분리될 수 없는 하나의 '의식'이다. 그러므로 생각, 감정, 오감의 작용은 절대의식과 '不二'로 하나 될 때에만 바로 '着'을 끊을 수 있다.

이 着의 작용을 멈추게 하는 길은 나라는 존재 의식을 무아로 끊어 내는 길 밖에는 없다. 그러자면 의식의 차원을 3차원 상대 계에서 4차원 순수의식, 5차원 절대의식으로 차원을 변경시키는 길 밖에는 없다. 그러므로 절대의식을 개체의식으로 분별하지 말고 그냥 6근의 창문만 활짝 열고 자연과 공명 상태인 무위의 '봄(비춤)' 자체에 "그냥 있어라."라고 하였다.

싯다르타가 본인이 추구하던 모든 길이 증발한 처절한 상태에서 모든 것을 놓아 버리고 '그냥 있는 상태', 잠에서 그냥 깨어나듯이 '무위'의 상태에서 '실존'은 그냥 드러나는 것이다.

이것을 선지식은 세수하다 코 만지기보다도 쉽지만, 어려우면 이것보다 더 어려운 것이 없으므로 깨닫지 못한다고 하셨다.

대칭적 상대의 세계에서는 바다와 파도는 전체가 물이지만 바다가 파도를 의식하지 못하는 것처럼, 우주 자체가 의식임에도 의식을 의식하지 못하지만 의식은 만물을 펼쳐 내고 ,인식하고, 감상하고 있다. 그러나 의식은 그 의식 자체를 의식하지 못한다.

왜냐하면 눈은 눈을 보지 못하듯이 의식은 의식을 의식하지 못한다. 의식은 물질의 의존 없이는 자신을 드러낼 수 없다. 그러므로 만물의 펼쳐짐은 곧 의식의 의존체인 투영이다. 그러나 우리는 내가 의지적으로 보고, 듣고, 말하고 행동하고 있다고 착각한다.

그러므로 3차원 상대 세계에서 착을 벗어나기는 고기가 물을 벗어나는 것과 같이 어렵다는 것이다. 그래서 싯다르타는 이 着에서 벗어나는 방편으로 '무아와 연기'를 제시하신 것이다. 왜냐하면 차원의 변경 없이는 내가 체험한 참나, 진아는 着의 가면을 쓰고 인연 따라 일어나는 현상이다. 연기에 의해 生 한 의식의 장난인 '환'은 곧 사라진다는 사실을 보아야 한다.

그러면 필자가 그동안 깨달았다고 착각했던 것은 무엇이었는가?

꿈속에서 꿈을 꾼 상사각(자각몽, 유사한 깨달음)이었다는 사실이다. 꿈속에서 꿈을 꾼 것처럼 즉 의식이 의식 안에서 의식이 꿈을 펼쳐 내고 감상하다가, 꿈에서 깨어나면 의식에 '착' 하였던 모든 것은 연기처럼 사라진다. 그러니 의식 안에서 의식에 의한 의식의 장난에 불과하다는 것이다.

깨달음의 가면이 너무도 섬세하고 사실적이어서 알 수가 없다. 이 꿈속의 깨달음에서 벗어나기 위해서는 '제1원인'의 화두를 잡아 자존성과 창조성의 근원인 '실존(實存)'을 깨달아 평상심으로 돌아와야 "응무소주와 이생기심"으로부터 진정으로 자유로울 수 있다.

'실존'이 깨달음 자체이며 '**大覺**'인데 "응무소주와 이생기심"은 누가 할 것이며, 할 것이 무엇이 있겠는가, 드러난 모든 것이 '**大覺**'이다.

1. 유, 무, 공의 화두를 잡아 근원을 보라

실존에 대하여 궁극을 구하는 것은 인류에게 이성이 싹트면서 시작되었다. 고대의 철인들은 '實存'에 대한 자존성과 삼라만상의 창조성에 대한 실마리를 풀기 위하여 노력하였으나 자존성과 창조성의 벽을 넘지 못하고 있다.

현대 과학은 아인슈타인의 상대성 이론에서부터 양자이론에 이르기까지 숱한 이론과 법칙을 제시하고 있으나 이는 하나의 모자이크 퍼즐에 불과하다. 有에서 스스로 자존할 수 있다는 실존을, 無에서 삼라만상의 창조를 풀어낼 수 있다고 접근하였으나, 결국 자존성과 창조성의 답을 구하지 못하고 있다.

결국 고대의 哲人들은 자존과 창조로부터 자유로운 '實存' 문제를 풀기 위하여 道敎에서 "곡(谷神不死)"을, 불교는 용수 보살이 "공(空)"을 들고 나왔다.

谷이란 글자 그대로 깊은 계곡에서 샘이 솟듯 무언가가 무한히 흘러나오는 자존성을, 그리고 '空'은 텅 빈 허공에서 뭔가를 계속해서 만들어 내는 창조성으로 보았다.

그래서 谷과 空은 有而無다. 有이면서 동시에 無다.

그런데 수학으로는 간단히 有와 無가 같다는 사실을 증명할 수 있다. 가령 '1 ÷ 0 = A'라고 하면, '1 = A × 0'이 된다. 결국 '1 = 0'이 되어 有와 無는 같은 것이 된다. 그래서 '有 = 無'가 말이 안 된다고 본 수학자들의 '0의 나눗셈'을 금지했다.

칸트를 비롯한 서양 철학자들은 어떤 모순이 나오면 이율배반이라 하여 무조건 배제하는 경향이 짙다. 3차원 현상계의 입장에서 당연한 일이지만 道學에선 그 이상의 가능성까지 염두에 두어야 한다.

그렇다면 有와 無를 동시에 만족하는 것을 찾아보자. 쉽게 떠오르지 않을 것이다. 그래서 일단 제3의 존재 형태인 X라고 가정하고 넘어가자.

이와 같이 등식을 놓고 생각해 보자. 제1원인 = '불교의 空과 '도교의 谷'을 즉 有而無(유와 무는 같은 것)로 보자. 위와 같이 등식을 놓으면 성립될까? 이게 그렇게 간단한 문제가 아니다.

첫째로 有而無의 空 역시 有가 아닌지 의심해 봐야 한다. 1+0= 1인 것처럼 有無가 공존하는 空을 有로 봐야 하는 것 아니냐는 점이다. 이것을 푸는 것이 화두다. 또한 그렇게 해서 답을 찾았다고 해도 그것이 어떻게 自存 하며 만물을 창조하는지에 대한 논리적 답을 찾아야 한다.

일찍이 龍樹는 『論─觀有無品』에서 有와 無를 심도 있게 다루었다. 有와 無를 따로 떼어 놓을 수 없다는 그의 지론은 탁월했다. 다만 그것의 풀이 과정에서 다소 복잡하고 모호해졌다는 아쉬움이 남는다.

가령 勝義諦(절대계)와 世俗諦(상대계)로 '공(空)'을 재단 하면서, 人無我 (我空), 法無我 (法空)이 현상으로 드러나는 '유루'임에도 '空'으로 해석하여 오해를 불러일으킬 단초를 제공했다.

그래서 훗날 유식 학파가 중관파의 空을 무상하고 공허한 것으로 잘못 이해하고 唯識論을 주장하게 된다. 만일 용수의 공이 분명하게 잘 전달되었다면 唯識論과 같은 군더더기는 필요치 않았을 것이다.

아무튼 '有와 無와 空'은 존재의 세 가지 형태다. 여기서 '제1원인'을 '實存'으로 추론하지 못하면 생각이 만들어 내는 허상의 세계에서 벗어날 수 없다.

그러므로 有·無·空 화두는 반야의 근간이며, 實存을 깨닫기 위한 충실한 토대이며 내공이 된다.

그러니 필히 有·無·空 화두를 잡아 實存의 존재 원리에 대해 이해할 수 있는 '제1원인'에 대한 正見을 갖추어야 한다.

2. 제1원인과 유, 무, 공 화두

모호하고 부정확한 잣대를 가지고는 정확한 답을 낼 수가 없다. 마찬가지로 모호한 언어와 논리를 가지고는 진리를 알아갈 수 없다. 그렇기에 가장 분명한 언어인 有와 無를 측정 도구로 삼아 보자. 그리고 有와 無가 적용될 수 없는 경우를 가정해서 X에 해당하는 '空'을 덧붙여 보자.

그런데 空 이 알 수 없는 X라고 해서 모호하고 추상적으로 몰고 가서는 안된다. 지금 당장은 답을 풀지 못해서 X로 설정한 것이지 그것의 실체가 불분명한 것은 결코 아님을 알아야 한다.

龍樹가 지은 『회쟁론(廻諍論)』에 보면, 「세상의 모든 것은 인연에 의해 生·滅 하며 고정된 실체가 없는 '空'이다.」라고 쓰여 있다. 이 뜻을 풀어보면 여러 有들이 계속해서 이합집산 하기에 현상만 있지 실체가 없고, 그래서 '空'이라는 얘기다.

空을 有·無와 다른 어떤 존재 형태로 본 것이 아니라, 有·無가 변화하는 과정에 생겨나는 머무름이 없는 현상(운동성) 정도를 가리키고 있다.

『반야심경』의 "색불이공(色不異空) 공불이색(空不異色) 색즉시공(色卽是空) 공즉시색(空卽是色)" 역시 같은 문제를 안고 있다. 佛法의 정수로 꼽을 만큼 유명한 구절이지만 '공(空)'에 대한 정의가 불분명하여 본질이 호도되고 있다.

오온개공(五蘊皆空)도 예외는 아니다. 연기하므로 실체는 없는 '공'이지만 변화하는 운동성의 현상은 '유'라는 것이다.

대개 "색수상행식(色受想行識)"의 '오온'이 합성하여 '나'를 이루지만 그 실체가 없어 '空'이라고 해석하는데, 이것 또한 실체는 없지만 현상은 존재하므로 '空'은 독자성을 잃어 有와 無에 종속되는 논리가 되고 만다는 것이다.

결과적으로 '공(空)'을 가치로 세울 하등의 이유가 없게 된다. 이러니 空論은 논리를 벗어난 허무주의적 공론을 양생한다는 얘기가 나오는 것이다.

싯다르타는 참나, 眞我를 부정하고 無我를 제시하셨다. 그러므로 佛教는 本體를 부정한다. 그런데 본체를 부정하면 영생이나 열반도 없고, 존재하는 의미도 없다. 無我에는 어떠한 가치도 부여할 수 없기 때문이다.

그래서 소멸되지 않고 남아 있는 佛性이 필요하다. 이렇게 되면 참나를 인정하는 힌두교에 편승하는 꼴이 되고 만다. 초기 불교의 無我를 따르자니 앞이 안 보이고, 그렇다고 '진아'를 바꾸자니 불교의 존립 근간이 허물어진다.

이러지도 저러지도 못하는 상황에서 龍樹의 공이 등장한다. 물론 용수는 제3의 존재 형태로서 '空'을 주창했으나, 이것을 이해할 수 없었던 대부분의 수행자들은 無我와 眞我의 편 가르기를 무마하는 수단으로서의 '空'을 받아들였다. 문제를 풀기보다는 문제를 모호하게 해서 감춘 꼴이 되었다.

그렇게 해서 나온 것들이 『반야심경』의 색즉시공(色卽是空) 공즉시색(空卽是色)이고 색수상행식(色授想行識)의 오온개공(五蘊皆空)이다.

空을 비롯해 有와 無 같은 양자 모순의 것들은 어떤 이유나 수식을 써서 답을 내리면 안 된다. 그건 머리로 억지로 짜맞춘 것이지 논리적으로 체득한 것이 아니기 때문이다. 수학에서는 정답 못지않게 풀이 과정을 중시하지만, 화두참구(話頭參究)에서는 직관에 의한 自覺을 강조한다.

그래서 有·無·空 화두를 풀 때 "~하기 때문에"라는 풀이 과정이 들어가면 답을 맞히고도 정답이 아니게 된다. 다시 말해 "實相이 없는 ~", "本體가 없는~", "텅 비어 있는~" 같은 "X에 Y가 없다."라는 식의 구조가 되면 안 된다.

또한 "有와 無가 양립하지만 中道에서 보면 원융·무애하다."라는 식의 표현 역시 부적절하다. 수행자들이 有, 無, 空 화두를 놓고 '이론적으로 충분히 이해가 되는데도 잘 모르겠다'고 하소연하는 것도 이 때문이다.

불교에서는 존재를 인정하면서도 본체를 부정하기 위해 모호한 표현을 쓴다. 하지만 이런 방식으로 사고가 길들여지면 평생토록 언어의 분별에서 벗어날 수 없다. 왜냐, 논리적 답을 찾을 수 없기 때문이다.

물론 혹자는 佛法 자체가 언어의 분별을 뛰어넘고 있기에 무리하게 논리를 따지면 안 된다고 주장한다. 논리의 초월은 더 이상 논리가 적용될 수 없는 한계점에서 저절로 발생한다. 의심과 논리로 충분히 따질 수 있는 사안을 미리부터 不立文字를 운운하며 건너뛰게 되면 그야말로 용두사미가 되고 만다.

돌이켜 보면 수천 년 동안 본체의 有·無에 관한 문제로 다투어 왔는데, 그건 마치 물 밖에서 헤엄을 치려는 물고기와 같다. 영원히 행위를 반복해도 답을 얻을 수 없기 때문이다.

뭇 철학의 시작점은 삼라만상의 시작점을 찾는 것이다. 그것이 바로 제1원인(實存)이다. 이 부분의 철저한 논리적 이해 없이 제법무아(諸法無我), 제행무상(諸行無常), 불생불멸(不生不滅), 불변수연(不變隨緣), 색즉시공(色卽是空), 불상부단(不常不斷), 불일불이(不一不二), 불래불거(不來不去)…… 등을 입에 담는 것은 근본 논리적 바탕이 없이 생각을 생각으로 분별하는 소득 없는 일이다. 튼튼한 열쇠를 놔두고 지푸라기로 자물쇠를 따려 해서야 따지겠는가.

어떤 화두이든 有·無·空 열쇠를 가지고 논리를 따져야 한다. 가령 색즉시공(色卽是空)에서 色을 空이라 하지 말고, 먼저 色이 有인지 無인지부터 따져봐야 한다. 不法의 근간이라고 하는 緣起를 말할 때도, 緣起의 주체와 대상에 해당하는 것들의 실체가 有인지 無인지를 가려야 한다.

緣起는 본체는 부정이지만 현상의 존재 자체는 인정한다. 그러므로 그 존재의 有·無만은 충분히 헤아릴 수 있다.

『화엄경(華嚴經)』의 핵심 사상인 일체유심조(一切唯心造)의 마음 역시 有인지 無인지 답을 가려 봐야 한다. '만일 마음이 有이지만 실체가 無이다.'라고 한다면 헤어 나올 수 없는 논리 상실에 늪에 빠지게 된다. 무조건 수식이나 설명을 빼고 有와 無만으로 답을 내야 한다.

서양철학의 존재론에서도 有, 無의 잣대는 유효하다. 가령 아리스토텔레스는 삼라만상의 본질은 神이라고 했다. 제1원인으로서의 神은 움직이지 않으면서 만물을 움직인다고 한다. 이런 경우에도 그 神에 有와 無의 잣대를 써서 분석해야 한다.

앞서 말했듯 神이 有이면 자존의 근거를 대고, 神이 無이면 창조의 근거를 대면 된다.

이렇게 有·無를 가지고 '제1원인'인지를 진단하면 삼라만상 그 어떤 것도 답을 찾을 수 없게 된다. 이렇게 되면 저절로 제3의 존재 형태인 '空'으로 초점이 모인다.

이때 '空'의 화두를 잡으면 된다. 이 空이 뭐꼬?

어떻게 有도 아니고 無도 아닌 空이 존재할까?

어떻게 有이면서 동시에 無인 空이 성립할까?

'空'에 대한 이해가 없이는 5차원 實存은 고사하고 4차원의 터럭도 잡을 수 없다. 그래서 有·無·空 화두는 아무리 강조해도 부족함이 없다.

필자 자신도 돌이켜 보면 『반야심경』의 "오온개공(五蘊皆空), 色不異空 空不二色, 色卽是空, 空卽是色, 緣起法, 一切唯心造"를 공부하면서 有·無의 잣대를 사용하여 空의 화두를 잡지 않고, 모호하게 현상은 있지만 실체가 없어서 '空'이라고 하는 이해에 그침으로써 명확한 '海印三昧'의 경지에 이르지 못해, 애매모호한 상사각에 사로잡혀 있었다.

그러므로 공의 이론에 대해서 有·無·空의 화두를 잡아 '제1원인'을 논리적으로 철저히 분석하여 正見으로 實存을 통찰 하여야 한다.

이것을 놓치게 되면 통달을 하여도 아는 게 아는 게 아닌 상사각(相似覺)이 된다. 상사각은 그냥 어떻다고 생각으로 상상하는 것일 뿐 '전지(大覺)의 실존'에 이른 것이 아니다.

'空'을 제대로 통달하게 되면, 그와 동시에 다음과 같은 과정을 거쳐 깨닫게 된다.

앎 → 너무 당연하여 그것에 대한 머무름이 일어나지 않음 = 평상심 = 잠에서 깨어난 상태와 동일 → 그냥 있게 됨(平常心是道) → 깨달음 = 實存

이상의 공식은 매우 빠르게 진행된다. 그래서 '空'을 아는 순간이 곧 깨달음이다.

필자의 경험에 의하면 제1원인과 有·無·空 에 대한 화두를 잡고 논리적 이해로 '海印三昧'에서 정견 하여 '空'을 아는 것이 깨달음의 관건이다.

"~하기 때문에"라는 풀이 과정이 들어가면 답을 맞히고도 정답이 아니게 된다. 다시 말해 "實相이 없는~", "本體가 없는~", "텅 비어 있는~" 같은 "X에 Y가 없다."라는 식의 구조가 되면 안 된다.

또한 "有와 無가 양립하지만 中道에서 보면 원융무애하다."라는 식의 애매모호한 표현 역시 부적절하다. 수행자들이 有, 無, 空 화두를 놓고 '이론적으로 충분히 이해가 되는데도 잘 모르겠다'라고 하소연하는 것도 이 때문이다.

끝까지 좌뇌의 분석 논리로 타파하여 海印을 항복받으라, 깨달음에 얼버무림은 진리와 멀어질 뿐이다.

3. 연기법을 통찰하여 정사유하라

연기법은 싯다르타가 無上正等覺을 깨닫는 데 중요한 토대이면서 문고리 역할을 한 것임에는 틀림이 없다. 초전 법륜 경에 부처의 말씀을 듣고 法眼을 얻었을 때를 『마하박가』는 다음과 같이 표현하고 있다.

"생 하는 법은 어느 것이나 모두 멸하는 법"이라고 깨달았던 것이다. 이 한마디를 깨달은 것은 연기법으로 '法眼'이 열렸다고 말하는 것이다. 법안이란 곧 유전연기와 환멸연기를 동시에 전관(全觀) 할 수 있는 지혜의 눈을 말하는 것이다. 붓다는 연기를 알면 법을 보고, 법을 보면 나를 안다고 말했던 것이다.

여기서 나(我)는 無我를 말하는데 연기법은 형이하로써 실체는 없으나 현상은 존재하므로 법안의 정견이 모호하다. 그러므로 有而無의 화두를 잡고 '空(無我), 이 뭐꼬?'의 화두를 들어 '실존인 無上正等覺'을 直觀하여야 한다.

5觀(안, 이, 비, 설, 신)인 의식의 창문은 활짝 열려 비춤 그 자체다. 보는 자는 없고 비춤만 있다. 이때 비춤은 의식의 거울에 나타나는 '각'이며 '공' 자체다.

이전부터 인간의 고통인 이원성 즉 형이하의 연기적 현상의 존재를 형이상의 有而無(유와 무는 다르지 않다)의 '제1원인'의 논리적 궁극의 전체성, 일원성인 '空'의 화두를 잡지 못해서이다. '空'은 가히 佛法의 정수이며 깨달음의 문고리다. "有·無·空"의 화두를 잡아야 한다. '空', 이 뭐꼬?

일찍이 대주(大珠) 스님은 "有와 無를 보지 않으면, 곧바로 부처님의 참모습을 본다."라고 하였다. "不見有無 卽時見佛質身", 『금강경』에서 "凡所有相이 皆是虛妄 若見諸相非相 卽見如來", 분별만 하지 않으면 붓다를 본다고 하셨다.

有·無를 나누어 보지 않다고 해서 깨달을 수 있는 것은 아니다. 하지만 "5차원 實存"에 대한 반야를 증득함으로써 깨달음을 얻을 수 있는 토대가 생긴다. 그것만으로 有·無를 꺾어 '공'을 손에 쥔 보람은 충분하다.

4. 대극을 타파하여
상대성의 차원을 넘어서라

육체를 인식하는 출발점은 무엇인가?

다시 말해서 육체 안에 자신이나 다른 사람을 인식하는 그 무언가가 존재하는가?

삶은 의식의 탄생이요, 작용이며, 소멸이다. 그러므로 현존하고 있다는 느낌을 제공해 주는 것은 의식이다. 의식은 나(我)와 너, 그리고 우주를 펼쳐 내고 품에 감싸고 여여 하게 생명 활동을 하며 우주를 지켜본다.

의식은 무언가에 의존하여서만 드러난다. 드러난다는 것은 시·공에서 의식의 작용인 인식에 의해 정보의 다발로 드러난다는 것이다. 우리가 살고 있는 이 세계는 시·공간의 개념의 구조적 틀에 의해 의식이 인지하는 상대성의 3차원의 세계다.

그러므로 시·공간의 3차원 세계에 살고 있는 한 육체적 한계에 매여 의식이 사라지면 몸은 시체로 버려진다. 그러므로 의식이 작용하기 위해서는 몸·마음과 분리될 수 없다.

　오감의 작용으로 우리는 존재를 느끼며, 한순간도 의식은 몸을 떠날 수 없다. 의식은 나, 너, 그리고 우주 전체다. 나는 의식하는 실재다. 거기 어디에 實存 하지 않는 것이 있는가를 사유해 보라. 천상천하 유아독존이다.

5. 착에 의한 분별의 근본적 원인을 통찰하라

당신이 아침에 잠을 막 깨는 첫 순간, 의식이 서서히 돌아 오면서 존재감과 경계가 나타남과 동시에 시간과 공간이 펼쳐진다고 알고 있다. 그러나 이것은 전도몽상이다. 의식은 잠잘 때에도 일체를 지켜보고 알아차리고 있다. 다만 6근의 작용이 멈추어 본래의 자리에 여여할 뿐이다.

그러면 잠에서 깨어나 의식이 들어오면 만물이 펼쳐지는 것은 무엇인가?

그것은 의식이 사라졌다 돌아오는 것이 아니라 쉬고 있던 6근의 작용이 돌아오면서 본래의 그림자에 착하여 또다시 망상을 펼쳐 내는 것이다. 그리고 본래인 의식의 한바탕 안에서 세상이 펼쳐져 대상화 놀이가 시작된다는 것을 전혀 눈치채지 못한다.

그렇기 때문에 눈앞에 펼쳐지고 있는 이대로가 '실존'임을 깨닫지 못한다.

착에 의해 실재의 존재로 착각하여 대상에 끌려다니기가 바쁘다. 그러나 거기 어디에 나라는 개체가 사람으로 존재하는가? 단지 촉의 작용에 의한 존재감 그 자체만 느끼게 된다.

사물을 본다는 것은, 실제적으로는 나의 감각들이 나의 육체 바깥에서 온 자극에 대한 반응이다. 그리고 나의 감각들이 받아들이고 마음이 해석 해낸 것은 의식의 투영에 불과하다. 의식 속에 나타남은 시간과 공간이라는 개념이 아주 강하게 엮어진 정보의 덩어리로 일어난다.

다시 말해서 시간과 공간이라는 조합이 없이는 어떠한 나타남도 의식 안에서 일어날 수 없다. 따라서 우리는 인지하는 의식 안에서만 존재한다. 깊은 잠 속에서처럼 대상화가 중단될 때에는 대상으로서 현상세계는 사라져 버린다.

그러므로 시간과 공간의 강한 조합에 의해서 감각기관에 의식되어 인지되는 모든 현상은 언설상, 명자상, 심연상으로 인지된 의식의 개념화다. 관념으로 드러나는 현상들을 본래의 그림자인 '공(空)'으로 정견 함을 '견성'이라고 한다.

오온은 개공인데 거기 어디에 '나(我)'가 존재하는가. 생각은 바다의 파도처럼 인연 따라 왔다가 인연 따라 사라진다. 그러므로 거기 어디에 주체인 나(我)가 있을 수 있는가? 나는 단일의식인 '각(覺)'이다.

그래서 이 우주는 실체인 주체가 없으며 의식이 의식을 개념화시킨 투영에 불과하다고 한. 일체 모든 분별은 시간과 공간의 조합이 만들어 낸 의식의 투영으로 그려 낸 개념의 덩어리이며 정보의 다발이 만개한 '환영'이다.

시·공간 3차원의 세계에서는 의식이 개념(생각)으로 만들어 낸 환영의 세계이므로 4차원에서 대극이 사라진 5차원으로 초월 하지 않고는 분별에서 탈출할 수가 없다. 그러므로 생각이 생각으로 생각의 차원을 초월할 수 없는 것, 우리는 차원을 초월한 깨달음을 얻으려 하기 때문에 깨달음이 어렵다.

의식과 함께 나타남을 지각할 수 있도록 해주는 시·공의 조합이 분별이며 이를 초월하기 위해서는 『금강경』의 "응무소주 이생기심(應無所住 而生其心: 머무름이 없이 마음을 내라)"이 대표적 설법이다. 이것은 모든 것을 놓아 버리고 '그냥 가만히 있어라.' 생각과 착이 멈춘 경지가 실존인 깨달음이다.

우주의 틀 안에서는 시간과 공간이라는 조합이 없이는 그 무엇도 존재로 인식할 수 없다. 그러므로 의식이 시·공을 필요에 의해 만들어 낸 개념이다. 그러나 우리는 실재하는 것으로 착각하게 되는 것이다.

꿈을 예로 들어 보자, 꿈은 실체가 없는 환영임이 분명한데도, 꿈속의 등장인물과 펼쳐진 시·공간을 실재하는 것으로 착각 한 채 꿈은 펼쳐지고 꿈속에서는 꿈을 사실로 믿는다.

그러나 잠 속의 꿈에서 깨어나는 순간 꿈의 세계가 홀연히 사라져 버린다. 이처럼 꿈속에서 꿈을 가지고 깨달으려 하지 말고 잠에서 홀연히 깨어나야 한다.

잠에서 깨어나 존재로 돌아왔을 때 개체적 인간으로서의 존재감이 아닌 "그냥 존재 그 자체"가 평상심이며 '實存'이다. 이때 단일의식인 일원성, 전체성에서 내가 존재한다는 개체 의식으로 분리되면 중생이 된다. 본래 단일의식은 분별이 없다. 그런데 분별은 착각 속에서 존재한다.

6. 시비분별을 넘어서 원인을 관찰하라

총체적인 의식에 서 있지 않고 개체적인 관점에서 보았기 때문이다. 이러한 이미지가 만들어지는 것은 나와 남을 둘로 보는 상대적 분별심 때문이다. 이것이야말로 3차원의 상대적 세계에서 펼쳐지는 원죄라고 불리는 것이며, 3차원의 상대적 세계에서는 관념적 분별인 생각과 언어를 넘어설 수 없는 구조적 한계에 매여 있다.

본래 우리에게 필요한 것은 대상으로서의 사물에 대해 개념적으로 판단하는 생각을 그치고, 그냥 5관(안, 이, 비, 설, 신)에 대한 주관적 개체성이 사라진 무위의 비춤인 '봄' '覺'만이 존재한다. 깨달은 자는 내가 세상을 보는 것이 아니라 '실존(空)'이 온 우주를 감싸고 나를 포함해 온 우주를 비추고 있다.

그러나 시·공간 상대의 세계에서 의식은 물질적 대상이 없으면 드러나지 않으며, 의식과 물질을 분리할 수 없는 하나이다. 그러므로 주시자와 대상이 하나 되는 차원을 달리하여 순수의식화되어야 하는데, 주시자의 '有爲'로서는 무분별 지를 넘어설 수가 없다.

그것은 의식을 육체가 태어나기 이전의 상태로 되돌려서, 有而無(有이면서 無인, 無이면서 有인)를 화두로 잡고 대칭적 차원이 사라진 '空' 즉 "만물을 창조한 제1원인"을 正見 하여야 한다. '정견'은 지각된 대상을 자기 자신과 분리되어 있다는 착각에서 벗어나 일원성인 不二(반야)로 보는 것이다.

의식은 대상과 분리될 수 없는 하나로 즉 일원성(전체를 직관)으로 개념화를 멈춘 '그냥 봄(覺)' 상태만 있다. 이것이 금강경의 '應無所住 而生其心'을 넘어선 무 분별지다 함이 없이 그냥 깨달아라. 나는 이미 '실존' 자체이기 때문에 터럭같이 작은 군더더기도 오히려 장애가 된다.

7. 의식의 거울에 비치는 현상을 지켜만 보라

우리에게 인식되는 세계는 오관의 감각기관인 의식의 거울에 비친 그림자다. 오관은 비친 대상(정보)을 종합하여 시·공간이라는 개념(생각)의 틀을 통하여 인식된 것이다. 이때 우리는 경험 자아, 기억 자아로 학습된 지식(업식, 고정관념)에 의해 사물을 평가하게 되는데 '좋다, 싫다, 좋지도 않고 싫지도 않다'는 기본적인 세 가지 견해로 분별한다.

이때 의식의 대상으로 인식되는 객체는 주시자의 의지와는 아무런 관련이 없이 주관적인 주시자의 학습된 지식(경험 자아, 기억 자아)에 의해 분별되는 것이지 인식되는 대상과는 아무런 관련성이 없다.

그러나 우리는 着이 작용하여 대상을 인지하는 순간 나의 생각과 동일화시킴으로써 주관적 망상의 늪으로 빠져든다. 의식은 물질에 의존하여서만 드러난다.

상대적 물질이 없으면 의식은 드러날 수 없다. 그러므로 착은 대상과 분별할 수가 없다.

　그러나 냉철히 사유해 보면 5관의 감각기관은 주시자의 의지와는 하등의 관계가 없이 저절로 비친 것이지 의지가 작용한 것이 아니다. 예를 들면 거울 앞에 사물이 나타나면 저절로 비치고 사라지듯이 거울에는 의지적 작용이 없다.

　그러나 우리는 내가 주체적 의지를 가지고 사물을 보고, 비친 사물을 내 생각과 동일시 하는 착각을 일으켜 대상에 내가 가지고 있는 정보(업식)를 고정화(한계 지운다)시킨다.

　이것을 경전에서 아상, 인상, 중생사, 수자상이라고 이름한다.

　이 4상의 분별은 순전히 시절 인연에 의해 저절로 연기된 것이지 나라는 주체가 있어서 분별하고 판단하는 것이 아니다. 순전히 착각에 의한 '환'이라는 것을 깨달아야 한다.

　그러므로 인도의 성자 니사르가닷따 마하라지는 대상에 대한 인식의 전환을 바꿔 '無我'이기 때문에 보는 주체가 없고, 다만 감각기관에 비치는 연기에 불과하다는 것을 통찰하면 아상, 인상, 중생상, 수자상은 저절로 사라진다고 하였다.

　그러기 위해서는 감관의 인지 작용을 타자화하여 나라는 아상을 내려놓아야 한다.

　내가 대상을 눈으로 보는 것이 아니라 저절로 보여지고(비치고) 있다.

　내가 소리를 귀로 듣는 것이 아니라 저절로 들려지고 있다.

내가 냄새를 코로 맡는 것이 아니라 저절로 냄새 맡아지고 있다.

내가 맛을 혀로 보는 것이 아니라 저절로 맛보여지고 있다.

내가 몸으로 감촉을 느끼고 있는 것이 아니라 저절로 감촉되어지고 있다.

이렇게 감·관의 작용을 타자화하여 대상의 인지는 저절로 일어나고 있는 작용임을 관찰함으로써 나(我)라는 상을 내려놓아야 한다고 하였다.

그러므로 잠자기 전이나, 평소 깨어 있을 때 보여지는 대상을 타자화시켜 감각기관(의식의 거울)에 저절로 드러나고 있음을 의식화하여 반복 사유하라.

『금강경』에 "若見諸相非相 卽見如來"라 제시하고 있다. 이것은 감·관에 비친 상태 그대로가 '실존'이라는 것이다.

싯다르타는 세 명의 스승으로부터 眞我와 절대, 해탈의 경지를 배웠지만 그건 모두 대극의 상대적 차원을 넘어서지 못한 4차원의 순수 의식 구조에 걸려 있음을 간파했다. 그러나 4차원의 도약은 실로 이루 말할 수 없는 변화이며, 수행자들이 평생을 매진해도 도달하기 어려운 높고 높은 경지임은 분명 하다.

그러나 스스로 존재하고 만물을 창조하는 즉 자존성과 창조성의 '제1원인'인 5차원의 '實存'과는 거리가 멀다는 의구심을 버리지 못하고, 스승들을 떠나 홀로 구도행을 시작했다.

그러나 이 대목에 관한 얘기는 불경에 없다. 세존은 깨닫는 법에 대해서는 설하면서도 깨달음 후의에 대해서는 침묵했다. 그건 아마 수행자들이 깨달음의 상태를 관념으로 그려 허상에 사로잡힐 것을 염려했기 때문이 아닐까 생각된다.

대극이 끊어진 5차원 '실존', 이 상태에서 사물을 보면 평상시와 다름이 없다. 5관의 감·관 작용은 의식이 의식에 의해 연기하는 실체가 없는 동적 상태에 있다. 거기에는 연기의 상태만 있지 나라는 주체는 있을 수 없다.

위의 설명과 같이 타자화하여 저절로 일어나는 의식 안에서의 표상되는 생각이라는 개념작용만 있을 뿐이며 생각 역시 생·멸 하므로 내가 아니고 내 것도 아니다. 왜냐하면 생각은 내 것이 아니고 내가 아니기 때문에 내 마음대로 할 수 없다.

그냥 있는 그대로 목전에 영생하는 의식의 거울(대원경)에 비친 상태 그대로가 평상심이며 '실존'이다. 거기 어디에 주체적인 아가 있는가. 감·관의 대원경엔 비춤만 있다.

그냥 비춤 자체다. 하지만 형이하의 상대적 세계에서 돌이켜 보면 일체가 실존으로 드러나지만 그것은 나를 분명히 하려는 과정에서 분별한 현상이며 그것 또한 제1원인 이 창조한 '제1원인'임에는 틀림이 없다. 실존은 나 아닌 것이 없으며 '천상천하 유아독존'이다.

9장

싯다르타의 구도의 여정에 대한 회고

　나는 나 자신도 모르게 자연스럽게 출생일과 이름을 가진 독립된 육체를 가진 하나의 개체로서 이 세상에 존재하고 있음을 본의 아니게 받아들였다. 내가 살아갈 세상도 이미 펼쳐져 있었고 나는 세상 속에서 '나(我)'를 독립된 자아로 믿고 삶을 살아가고 있다.
　이제 몸-마음은 많은 변화의 과정을 거치면서 노화되었다. 몸도 마음도 세상도 예전과 같은 것을 찾아볼 수가 없다. 그러나 단 한 가지 '나'라는 존재감은 변화하지 않았다. 과거를 소집해서 나이 탓, 세상 탓을 하며 인생의 무상함에 회의를 느낀다. 또한 불확실한 미래를 소집 해놓고 불안과 두려움 속에 걱정스럽게 살아간다.

　그러나 불법을 접하면서 경천동지할 일들이 일어났다. 60년을 넘게 나라고 믿고 살아온 이 몸과 마음이 나가 아니며, 이렇게 펼쳐져 있는 세상 만물이, 의식의 투영에 의해 펼쳐진 만물이 본래의 그림자인

'환'이라는 사실에 놀랐다.

이렇게 성성히 존재하고 있는 나와, 펼쳐져 있는 세상 일체가 '가상'이라는 것이다. 이 얼마나 황당무계한 사건인가? 그러나 2600년 전 싯다르타는 이 우주는 3차원 시·공간에서 연기되고 있는 변화의 운동상태에 있는 실체가 없는 '공'이라는 사실을 발견했다.

이 연기법은 싯다르타가 발견하기 전에도 있었고, 또 영원히 영속된다는 것도 알았다. 그러므로 이 우주에 존재하는 만물은 이 연기의 법칙을 거슬러 갈 수 있는 존재는 있을 수 없다는 것이다.

연기 속의 모든 존재는 주체성을 가질 수 없기 때문에 '무아'이며 '무아'이기 때문에 '연기' 한다는 사실도 알았다. 그러나 나는 여기서 고민할 수밖에 없는 과제에 부딪쳤다.

우주는 연기 법칙에 의해 저절로 운동하며, 현상으로 현시되고 있는 이 세상에 주체적 지위를 가질 수 있는 자는 없는데 누가 있어 '무아'인 사실을 알고 '연기'를 보고 세상을 인식하고 감상하는 그 '자'는 도대체 누구란 말인가?

그것의 답은 '의식'이다. 우리는 지금 당장이라도 의식을 잃으면 나도 세상도 인식하지 못한다. 우리는 하루 24시간을 살면서 깊은 잠의 상태, 마취된 상태, 외부 충격에 의하여 의식을 잃은 상태에서는 자신과 대상을 인식하지 못한다.

이 상태에서 의식을 회복하지 못하면 의학적 진단에 의하여 사망 판정을 받고 시체로 버려져야 한다. 그러면 의식이 생명이며, 지각 기능의 전부이며, 삶과 죽음은 의식 여부에서 결정 되며 의식은 우주의 종자임이 틀림없다.

일어나는 모든 현상들이란 단지 의식 안에서 연기에 의하여 일어나고 인지되는 실체가 없는 '공'이라는 것이다. 또한 상대적 현상계에서는 시·공간 개념구조의 틀로서 비친 개념으로 드러나는 현상은 '환'에 불과하다는 것이다.
그러므로 지금 나라고 생각하는 개체적 '가아'는 순전히 착각에서 온 것이며, 나는 이 '가아(에고)'를 나라고 믿고 살아가고 있는 것이다.

그러면 지금 여기 이렇게 성성히 실재하는 나가 '가상'이란 말인가?
본래의 나는 단일의식인 '실존'이다. 나는 수천억의 태생, 난생, 습생, 화생에 생명을 부여하는 단일의식인 '실존'이다. 단일의식인 나는 존재의 속성상 각 개체의 지각 작용으로는 감지되지 않으므로 자기현시를 위하여 개체에 의존하여서 '작용'으로 모습을 드러낸다.

그러므로 단일의식은 외부 지향적이며 항상 물질에 의존하여 작용으로 드러난다.
그러므로 나는 개체의식이 아니라 개체의식에 생기를 부여하는 본래인 절대의식이다.
우리가 생각이라고 부르는 모든 현상은 단일의식이 펼쳐 내는 수면 위의 파도와 같다. 마치 파도가 없을 때 수면이 잔잔해지듯이 의식도

着에서 벗어나 전적으로 수용적일 때 생각은 고요해진다.

　만물은 의식의 거울에 비치는 그림자와 같이 나타났다 사라진다. 가만히 오고 가는 거울의 그림자를 지켜만 보라. 그림자를 그림자로 실체를 실체로 바로 본다면 끌려가거나 배척하지 않으며, 착으로 인해 상에 빠져들지 않게 된다.
　그러나 거울 속의 그림자에 착하여 끌려가는 순간 고해의 바다에 빠져들어 헐떡거리게 된다. 나라는 개체적 자아는 내가 존재한다는 착각에서 오는 '허상'이며 '가아'다. 세상은 연기적 현상으로 펼쳐지는 실체가 없는 허상이라는 사실도 알았다.

　그동안 개체적 '가아(에고)'를 나라고 믿고 나를 더욱더 명확히 하고 돋보이게 하기 위한 과정에서 개념으로 분별하고 한계 지어 온 개체의 식인 '가아'를 뛰어넘어 본래의 나로 돌아가야 한다. 본래의 나인 '실존'으로 돌아가는 것을 깨달음이라 한다.
　그러나 고정관념으로 길들여진 '가아'를 뛰어넘어 '실존'으로 돌아가는 길이 그리 만만치가 않다. 그러나 선사들은 '가아'인 나에서 본래의 나로 돌아가는 방법은 너무 쉽다고 한다. 너무 쉽기 때문에 어려울 수가 있다는 것이다.
　태어나 현재까지 살아오면서 단 한 가지 변하지 않는 것이 있다면, 그것은 지금 여기 내가 존재한다는 나라는 '존재감'이다. 존재감은 단 한 순간이라도 나의 몸-마음을 떠난 적이 없었다. 지각의 기능을 가진 존재감은 의식이며 생명이다. 의식이 사라지면 죽음이라고 한다.

나는 6근에 의해서 대상을 지각하게 된다. 이때 나라는 주체 의식을 가지게 된다. 그러나 나는 본체의 그림자로 연기에 의해 저절로 살아지고 있는 객체적 현상으로 의식의 도구에 불과하다.

그러나 우리는 개체의식인 '가아(에고)'를 나의 존재로 착각하고 있다는 사실을 알지 못한다. 이 몸과 마음을 더욱 확실시 하고 돋보이게 하기 위하여 나를 중심으로 한 분별적 사고가 고착화되어 본래의 나를 잃어버리고 본래로 돌아가는 길도 잃어버렸다.

그래서 싯다르타는 지금 나라고 생각하는 나는 진짜가 아니고 착각에서 생겨난 '가아'이니 본래의 너로 돌아가 고통의 늪에서 헤어나라고 하였다. 나는 돌아가는 길마저 잃어버렸다. 싯다르타는 착각에서 벗어나는 방편으로 '무아와 연기'를 제시하였다.

싯다르타는 무아와 연기의 방편 외에는 갈애에 의한 착을 끊을 수 없다는 것이다. 의식은 자기현시를 위하여 물질에 착 하여서만 모습을 드러낸다. 그러므로 의식은 외부 지향적이다. 대상의 인식은 이미 착의 작용의 선행이다. 대상과의 동시 작용으로 일어난 것으로 이를 조절하거나 통제는 불가능하다.

그러므로 착각에서 생겨난 개체의식을 '무아'로 정견 하여 주체인 나를 없애고, 외부의 세상은 연기에 의하여 실체가 없는 현상임을 통찰하면 나와 세상은 둘이 아닌 하나로서, 실체가 없는 '공(空)'의 반야 지혜인 본래로 돌아 갈 수 있다.라고 하신 것이다.

우리가 착에서 벗어나는 방법은 '무아 연기'를 정견으로 통찰하여 반야 지혜인 '공'으로 착을 끊어 내는 방법 외에는 없다는 것이다. 그러므로 깨달아야만 한다.

본래로 돌아가는 길만이 고통의 늪에서 헤어날 수 있으며, 본래의 자리인 단일의식은 생멸이 없는 불생불멸, 불구부정, 부증불감으로 자존성과 창조성으로부터 자유로울 수 있다는 것이다.

이 본래의 나를 찾는 과정을 수행이라고 하며, 본래의 나를 찾으면 생, 사 해탈은 물론 세상을 살아가면서 겪는 존재에 대한 괴로움에서 벗어날 수 있다는 것이다. 이것을 깨달음이라 한다.

고해의 바다를 펼쳐 내고 있는 것은 '아상'으로 인한 자업자득이다.

현상계에서 벌어지고 있는 모든 고뇌는 결국 내가 존재한다고 생각하는 나의 착각 때문에 빠져든 자업자득이다. 본래로 돌아갈 수 없는 가장 큰 장애는 나라는 아상에서 오는 '착'이라는 것이다. 아상에 의한 '착'만 사라지면 본래는 저절로 드러난다.

꿈속에 등장하는 꿈속의 인물들이 꿈속에서 꿈꾸고 있다는 사실을 알지 못한다. 그러나 꿈에서 깨어나면 모든 것이 사라지지만 꿈을 펼치고 내용을 감상하고 체험하는 자가 있기 때문에 꿈을 꾸었다는 사실을 알 수 있다.

그러면 그 꿈을 펼쳐 내고 알고 보고 있는 그놈은 누구인가?

바로 본래인 단일의식(한마음, 본래면목)이다. 본래가 우리 몸이라는 도구를 통하여 꿈을 창조하고 감상하고 그 내용을 보고 아는 것이다.

나는 착각의 가공인물인 '가아'가 아니라 바로 단일의식인 '실존'이며 몸은 도구에 불과하다.

그러므로 아상에서 벗어나 본래인 실존으로 돌아가 잠을 깨면 꿈이 사라지듯이 현실에서도 단일의식이 현 상황을 펼쳐 내고 감상하고 있다는 사실은 잠에서 꿈꾸는 상황과 다르지 않다는 것이다.

단지 현실이 너무나 세밀하게 연기되고, 오랫동안 현실에 길들여지고 고착화되어 알지 못하고 있다는 것이다. 그래서 꿈에서 깨어나듯이 깨달아야 안다는 것이다.

꿈에서 깨어나는 길은 잠에서 깨어나는 길이다. 현실이 꿈과 같다는 사실에서 깨어나는 방법은 '무아 연기'를 통찰하는 불이의 반야 지혜로 '실존'인 '공(空)'을 깨달아야 한다는 것이다.

여기서 구도자가 착각하게 되는 것은 실제 목전에 펼쳐지고 있는 현실은 버려야 할 대상이 아니라 심지어 번뇌 망상까지도 단일의식이 펼쳐 낸 실존이라는 것이다.

왜냐하면 나는 이미 실존 자체이므로 실존이 펼쳐 낸 그림자 역시 실존이다.

그러므로 '지금 여기' 펼쳐진 일체는 있는 그대로가 '실존'이므로 버려야 할 대상이 아니다. 그러므로 우주가 나의 자화상이고 나와 우주는 다르지 않고 하나다. 그러므로 본래 실존이 실존을 깨닫기 위해 무엇을 하겠는가? 무언가를 하려고 하는 자체가 깨달음의 장애다. 그래서 그냥 깨달으라는 것이다. 그냥!

그냥 깨달으라는 것은 본래의 실존인 내가 한 생각이라도 내는 순간 또 다른 범위의 설정으로 나를 찾는 것이니 찾는 행위 자체를 멈추고 그냥 가만히 있으라는 것이다.

나는 그동안 무엇인가를 구하기 위해 헐떡이며 여기까지 왔다. 도를 구하기 위하여 무엇을 했는가? 구할 것이 없는 지금 이대로가 진리인 것을, 이미 있는 그대로가 '실존'인 것을, 그냥 가만히 있으라.

우주를 비추고 있는 의식의 거울에는 비추는 거울도 없고 비추어지는 대상도 없다. 그러나 현상은 드러난다. 현상이 있으므로 현상을 드러내는 자가 있을 것이다. 드러내는 자가 없다면 현상은 드러나지 않는다.

만물에 생명을 불어넣고 세상을 펼치는 자 그가 누구인가?

그가 바로 '단일의식'이며 '실존'이고 '본래면목'이다. 지금 여기 목전에 펼쳐지고 있는 공적 하지만 신령스러운 이것이 '실존'이며 '천상천하유아독존'이다.

이 얼마나 경천동지(하늘을 놀라게 하고 땅을 뒤흔드는)할 일인가.

처처가 覺이요, 생명이다. 말을 꺼내는 순간 거울의 기능은 사라진다.

그냥! 그냥! 성불하라.

1. 공에 대하여 일말의 의문점이 없어야 한다

깨달음에서 해탈, 열반은 전신 현상에 불과하다. 의식을 전환하거나 차원을 달리하는 것 또한 전신 현상이다. 그러므로 깨달음은 스스로 논리적 사고로 증명해 내지 못하면 그것은 그냥 착각이나 한낮 꿈속의 일일 뿐이다.

그래서 진리에는 얼버무림이란 없다. 우리는 경전에서 많은 지식을 습득하고 있으나 '공(空)'을 깨닫지 못하는 것은 '제1원인'에 대하여 논리적으로 끝까지 간파하지 못하고 '공'을 두리뭉실하게 생각으로 덮어 버리기 때문이다.

『반야심경』이나 『화엄경』을 걸림 없이 암송은 하여도 깨달음을 얻지 못하는 것은 '공'에 대하여 논리적으로 증명하여 '제1원인'이 만물의 시작점인 뿌리임을 직접 海印으로 항복받지 못했기 때문이다. '공(空)'에 대한 자존성과 창조성에 논거 하여 그 뿌리를 살펴 조금의 의문점도 없이 海印을 찍어야 한다.

예를 들면.

'공(空)'에 대해 반야심경의 "색 즉 시공, 공 즉 시 색", "색불이공, 공불이색"에서, 시공에 펼쳐지는 6근(감각기관)에 인지되는 것은 색이요, 6근에 의해 인지되지는 않지만 잠재적으로 배경에서 현상(색)을 일으키는 잠재적 작용을 하는 것을 '공'이라고 할 때, '색' 과 '공'은 같은 것이 아니라 6근에 의하여 인지되는 '현상'은 인지되는 색임에도 두리뭉실하게 '색'을 '공'으로 덮어 버리려 하면 우리의 사고를 세분화하여 분리하고 논리적 증명으로 이해하여 받아들이는 '좌뇌'는 의식에서 순수하게 받아들이지 못하고 의문을 가지고 배척하려는 착을 일으킨다.

왜냐하면 색(현상)의 현상으로 인지되므로 논거 적 '공'으로 받아들이지 못하고 의혹이 남아 있기 때문에 즉각적으로 받아들이지 못하고 생각을 거쳐서 생각으로 현상을 '공'으로 덮어 버리게 된다, 그러므로 '공(空)'을 완전히 조복받지 못하는 것이다.

깨달음에 着(我想), 찌꺼기나(생각), 의혹(의문)이 있으면 거기엔 생각이라는 함정이 작용하고 있음을 명심하여야 한다.
『화엄일승법계도(華嚴一乘法界圖)』에서도, '법 성 원 융 무이상'에서 법의 성품이 원융하여 둘이 아닌 '공'이다,라고 받아들일 때, 법의 성품이 원융하게 작용하고 있으므로 그 작용을 우리는 '색(현상)'으로 받아들이게 되므로 공성이 두리뭉실하게 덮여 버리게 된다. 그래서 본래 청정한 '공(空)'에 안개가 끼이듯이 '공'을 얼버무려 덮어 버리게 되므로 '공'을 깨닫지 못하게 된다.

그러면 이제부터 '제1원인'이 어떻게 만물의 시작점이 되는지 탐구해 보자.

구도가 뭐냐고 단적으로 묻는다면 '제1원인(實存)을 찾는 과정」이라고 말할 수 있다. 어느 무엇에 의해 생성되지 않고 스스로 존재하는 實存, 이것을 찾는 일보다 중요한 것은 있을 수 없다.

그래서 세존의 無上正等覺을 정의하자면, '제1원인에 대한 깨달음'이 된다.

그렇다면 삼라만상 가운데 自存하는 것은 무엇일까?

우리가 익히 알고 있듯이 自存의 문제에 대하여 자유로울 수 있는 것은 없다. 기독교에서 말하는 하나님 역시 예외는 아니다. 어떻게 하나님이 원인 없이 스스로 존재하는지에 대한 논리적 증거를 대지 못하면 自存性은 성립하지 않는다.

이처럼 우리 주변에 자존성을 찾기란 지난하다. 심지어 생각이나 마음 같은 것도 매한가지다. 더 나아가 '참나'나 '眞我', '佛性', '하나님'도 그렇다. 이것들 역시 自存 하는 근거를 대지 못하면 '실존'이 아닌 관념에 불과하게 된다.

그러므로 『대승기신론』에서 이 세상에 존재하는 것은 언설상, 명자상, 심연상에 의한 관념으로 이루어지지 않은 것은 없다고 하였다. 그래서 내가 우주 속에 존재하는 것이 아니라 우주가 내 의식의 관념 속에 존재한다고 하였다. 언어나 관념은 실체를 반영하지 못한다.

그러므로 우리는 언어나 생각에 의한 관념으로는 '제1원인'을 찾을 수 없다.

상황이 이렇다 보니 無我 외엔 대책이 없어 보인다. 그래서 초기 불교의 대들보는 단연코 無我였다.

하지만 無我가 다른 것들에 비해 自存에 가까워 보이긴 하지만 그렇다고 온전한 것은 아니다. 어찌 되었든 제1원인 에 의해 만물이 비롯되었기에 창조성의 문제 또한 풀어야 한다. 그래서 무아 역시 정답에 미치지 못한다. 왜냐하면 無我 역시 眞我에 대립된 상대적 관념의 일종이다.

인류는 오랜 세월 동안 공들였지만 결과적으로 '제1원인'을 만족시킬 만한 것을 찾지 못했다. 이것을 찾았다고 처음으로 외친 이가 싯다르타였고, 그의 제자들 가운데 몇몇이 그것을 재차 확인하였을 뿐이다.

그렇다면 제1원을 찾을 수 없다면 다른 방식으로 접근할 필요가 있다. 지금 내 앞에 있는 아무것이나 손에 쥐어 보자. 눈으로 쳐다보아도 상관없다. 필자는 책상 위에 있는 마시던 커피잔을 보고 있다.

이 커피잔은 제1원인가?, 아닌가?

분명한 건 만물을 창조하는 제1원인에서 나왔다는 사실은 분명하다. 그렇다면 제1원인에서 제1원인이 아닌 것을 만들어 낼 수 있겠는가? 그러므로 이 일체 만물은 제1원인이 만들어 낸 것이 분명하다. 그렇다면 이 세상에 존재하는 것은 모두가 제1원인이며, 제1원인만 독존한다. 이것이 '천상천하 유아독존'이다.

따라서 제1원인 이 변화를 일으켜 삼라만상을 창조해도 제1원인이 아닌 새로운 것이 개입될 여지가 없다. '일체가 제1원인인 것이다.' 그러니 필자가 보고 있는 커피잔도 제1원인 이다. 더불어 보고 듣고 만지고 느낄 수 있는 모든 것들이 '제1원인'이다.

그래서 『대승기신론』에서 언설상, 명자상, 심연상의 일체가 관념에서 이루어진 '허상'이므로 제1원인인 '實存'이 될 수 없는 것이다. 그러면 우주를 포함해서 관념이 아닌 것으로 실재하는 것이 있는가?

제1원인 만이 '독존'이다. 일체는 언어적 관념으로 구성되어 있지만 제1원인에서 나왔기 때문에 '제1원인'이다. 전체성, 무한성, 단일성, 영원성의 생명 자체는 제1원인이며 '實存'이다.

이런 논리라면 '나 = 제1원인 = 붓다'다. 그런데 왜 스스로 중생이라 생각하며 깨달음을 갈구하고 있는가?

그 답은 매우 간단하다. 앞서 제1원인은 모든 것 자체이기에 범위가 없다.

그런데 나는 일정한 범위에 한정되어 있다. 이 말은 한정된 경계 안에 정보를 가두어 놓음으로써 제1원인을 망각하게 됐다는 뜻이다.

커피잔도 마찬가지다. 커피잔은 매우 한정된 좁은 방향으로 자신의 영역을 한정하고 있다. 즉 着, 我想, 我執, 我見 등으로 표현된다. 여기서 '實存'이 가려져 무명이 되고 중생이나 피조물을 자처하게 된다. 이런 관점에서 자신의 범위를 한정하고 있는 것들은 모조리 제1원인의 속성을 깜박 잊고 있는 것이 된다.

한마디로 피조물이며 중생이다.

그렇다면 나의 범위를 없애기만 하면 곧바로 제1원인을 깨닫게 되는 것인가?

바로 그렇다. 그래서 세존은 '나'의 범위를 없애라는 의미에서 '緣起'와 '無我'를 가르쳤다. 그러므로 '緣起'와 '無我'는 깨달음의 대상이 아니라 수단으로 제시한 것이다.

이제 싯다르타가 왜 자신이 수행한 '참나' '진아' '불성' 열반, 해탈 등에 의문을 제기하면서 만족하지 못하고 스승들을 떠나 버렸는지 알겠는가? 이것은 모두 관념으로 설정된 나의 범위를 지니고 있기 때문이다. 앞서 언급한 '나는 有이며 無이다.', '有도 無도 아니다.'가 정답이 되지 못했던 이유와 같다.

혹자는 힌두교의 브라만처럼 '나 = 삼라만상'으로 놓으면 '나'의 범위를 해체한 것이 아니냐고 반문할 수도 있지만. 전혀 그렇지가 않다. 그것 역시 '나'의 범위가 무한하게 있다. 무한한 것 역시 범위에 속한다. 그래서 그런 나로서는 제1원인을 깨달을 수 없다. 이것이 본체를 인정하는 힌두교의 着을 끊지 못하는 한계다.

그럼 싯다르타가 제시한 無我는 어떤가?

'나'를 철저히 없애 버리는 것이다. 그러다 보면 '나'의 범위가 지워질 것이다.

그런데 '나'를 없앤다는 것 자체엔 이미 '나'가 있다는 뜻이다. 그래서 '나'를 없애는 만큼 그 자리에 '나'가 비집고 들어온다.

이런 이유를 떠나서도 無我 역시 '나'의 범위에 포함된다. 이 점을 명확히 알기 위해서 有, 無, 空의 화두를 풀어야 한다. 결과적으로 초기 불교의 無我도 제1원인에 도달할 수 없다.

'나'를 없애도 안 되고 '나'의 바탕으로 몰입해 '참나'나 '眞我'를 일깨워도 안 된다. 혹자는 그런 것들을 외면하고 그냥 '존재한다.'는 의식만 가지면 어떠냐고 반문한다. 그 존재라는 것 속에도 '나'가 은근슬쩍 내포되고 있다.

더 머리를 굴려 '참나'나 '眞我', '佛性' '해탈' '열반' 등은 그냥 방편으로 이름만 가져다 붙인 것이라고 말할 수도 있다.

그런데 그 이름(도가도 비상도, 명가 명 비상 명)도 노자의 도덕경에서 설하고 있다. 생각으로 일으킨 개념에 불과하기 때문에 왜곡을 피할 수 없다. 그래서 그 멋들어진 말들이 있음에도 세존은 외면했던 것이다.

그럼 '나'의 범위를 없애기 위해서 할 수 있는 일은 무엇일까?

그건 '그냥 가만히 있는 것'이다. 6근의 창문만 활짝 열고 보고 듣고 '비춤'의 '무위'가 주변과 저절로 공명(共鳴)이 되어 '나'의 경계가 무너져 저절로 증발하면 남는 것이 '제1원인'인 '실존' 뿐이다. 목전에 펼쳐진 '지금 여기 영원의 창'을 보라! 그래서 그냥! 깨달으라는 것이다.

'나'를 비롯한 삼라만상 모든 것이 제1원인이었고 깨달음 자체이기 때문이다. 이것에서 한 찰나도 떨어진 적이 없다. 그렇기에 그냥 깨닫는 수 외엔 없다는 것이다.

지금 현재의 당신의 모습이 제1원인에서 왜곡되어 있다면 기존의 초기 불교나 힌두교, 대승불교에서 제시하는 수행법을 따르는 것이 맞지만, 실상은 당신의 지금 모습 그대로가 '제1원인'인데 무엇이든 전략적으로 접근하면 그것이 장애다.

그래서 어느 무엇을 가지고도 전략적으로 접근할 수가 없다. 그냥 깨닫는 수 외엔 없다. '있는 그대로'의 감각을 주변의 경계와 공명 하기 위해서는 세존은 '無我' '공'의 방편을 제시하셨으나 이것마저도 철저히 '무위(나 없음)' 하라 하셨으나, '무위'라는 개념 자체도 '有爲'에 대한 개념이다.

무엇을 전략적으로 접근할 수가 없는 '백척간두의 진일보 상황'이다. 나의 목숨마저 던져 버린다는 일념으로 수행에 관한 모든 것을 던져 버려라.

더 이상 '나'를 가지고 이러쿵저러쿵 재단하려 하지 말고 '희론 적멸' 『코티타경』이다. 불제자 사리풋다와 마하코티타 의 대화를 그린 경전인데, 여기에서 우리가 주목하는 것은 '육촉처(六觸處: 육근 육경이 접촉되는 곳)'의 남김 없는 이탐과 멸진이다.

먼저 마하코티타가 "육촉처가 남김없이 이탐 하고 멸진 했을 때 무언가 다른 것이 존재합니까?"라고 묻자, 사리풋다는 부정하였다. 계속해서 마하코티타는 "다른 것은 아무것도 존재하지 않는 것인가?", "존재하면서 존재하지 않는 것인가?", "존재하는 것도 아니고 존재하지 않는 것도 아닌 것인가?"라고 질문을 이어 갔지만 이 질문들 역시 사리풋다에게 하나하나 모두 부정된다.

보다시피 이 부분은 '무기'의 질문 형식을 답습하였다. 열거된 질문들에는 모든 논리적인 가능성이 담겨 있다. 그러나 마하코티타가 무엇으로든 선택 가능한 질문을 했음에도 불구하고 이 질문들은 모조리 부정되고 만다. 그래서 마하코티타는 이를 어떻게 이해하여야 하는지를 사리풋다에게 물었다.

이에 사리풋다는 위의 네 가지 질문은 어느쪽을 긍정해도 "분별의 상이 아닌 것을 분별의 상으로 초래하게 된다.'고 말했다. 그리고 육촉처가 기능하고 있는 한 분별의 상도 기능하고, 또 분별의 상이 기능하는 한 육촉처는 기능한다고 설한다.

그래서 육촉처가 남김없이 이탐, 멸진 했을 때 분별의 상이 멸진 하고 적멸한다고 설한다. 여기서 중요한 것은 본래는 분별되어 있지 않은 것을 분별해서 다양화한 것이기 때문에 여기서는 망상, 환상, 미혹되어 집착함이라는 뜻도 포함되어 있다.

그러면 『코티타경』으로 다시 돌아가 보면 문제의 부분에서 사리뿟다가 말한 내용은 육촉처가 남김없이 이탐, 멸진 했을 때 무엇인가 '있다'거나 '없다'고 말해 버리면 '희론(우스개와 같은 무익한 담론) 적멸(사라짐)은 원래 분별되어 있지 않은 것을 나눠서 경계를 짓고 거기에 다양성을 부여하여 복잡화시키는 작용을 하게 된다는 말이다.

그러면 우리는 왜 있는 그대로를 받아들이지 못하고 이미지를 형성하며 이야깃거리의 세계를 '세계'로 만들고 있는 것인가?
이는 앞장에서도 반복하였듯이 우리들이 오온(색, 수, 상, 행, 식), 12처(6근 × 6경 =12처), 18계(6근+6경+6촉=18계)라고 하는 인지를 형성하는 모든 요소에 욕망을 품고 거기에 집착하여 실체시(實體視)하여 나라고 간주하기 때문이다.
그와 같이 '세계'란 실제로는 가상의 이야깃거리에 불과하기 때문에, 그것이 욕망하는 '나'의 인지와는 별개로 독립적인 사실로서 유한인지 무한인지를 묻는 것은 전혀 맞지 않는 질문이고 그러한 질문을 한 사람에게 답을 해줄 수 없다.

『로히땃사경』에서 설하고 있는 바와 같이 인지가 아집을 동반하는 한 '세계'라는 가상은 어디로 이동을 하더라도 계속 생성된다. 하지만 아집이 떨어져 분별의 상(相)이 적멸해 버리면 그 가상도 지금, 여기의 '이' 몸에서 '끝장'이 난다.
즉 '오온'이든 '십이 처'든 인지를 구성하는 요소인 무상, 고, 무아를 관하고, 이를 염리 하고 이탐 하는 게 '해탈'로 가는 길이며 '공'을 조복 받는 깨달음이다.

2. 찾던 내가 바로 찾던 대상이다

그러면 본래인 실존이 실존을 찾고 있다는 말인가?

실존이란? 실제로 존재하는 것 실제로 존재한다는 것은 자존성과 창조성을 가지고 등속운동을 하여야 한다는 것이다. '등속운동'이란 스스로 저항감 없이 영원성과 항상성을 가진 운동을 말한다.

우리가 수행을 한다는 것은 생각이라는 운동성에 저항을 일으키는 着(저항력)을 끊어(없앤다) 생각 자체를 순수의식으로 전환 시켜, 생각을 일으키고 있는 의식을 지켜봄으로써 着에 의해 발생하는 저항감(머무름)을 차단하는 것이다.

우리의 몸이란 에너지, 생명력, 내가 있다는 감각, 살아 있음을 아는 것, 현존하고 있다는 느낌을 제공해 주는 의식 없이는 아무 쓸모없는 하나의 도구에 불과하다. 사실은 이 현존 의식이 진정한 나이지 육체와 같은 현상적 외양은 진정한 나가 아니다.

이 의식이 무언가에 의지할 필요성을 느끼면서, 자신을 육체라고 착각하여 자신과 동일시함으로 시간과 공간의 한계에 매여 스스로의 무한한 잠재력을 포기할 때 바로 나라는 개체가 태어나는 것이다.

개체적 나로 태어나는 순간 중생의 나락으로 떨어져 苦海를 절감하며 병들어 죽고 마는 허망함의 망상의 늪에 빠지는 것이다.

그래서 苦海를 일찌감치 절감하는 사람들은 영생과 열반에 초점을 맞추고 대부분 종교적 믿음을 통해 쉽게 얻으려 한다.

그러나 나라는 존재의 개체의식을 분별 이전인 전체의식인 實存으로 돌리지 않는 한 着으로 분별된 개체의식으로는 實存을 찾을 수도 볼 수도 없다. 着으로 인하여 '아(我)'가 있다고 착각하는 자체가 분별이고 我相이며, 나라는 개체는 본래 없으므로(無我) 깨달을 자가 없다.

수행이란 實存이 본래의 자기인 實存을 찾아가는 과정이다. 찾는 자가 찾던 대상인 것이다. 이것을 싯다르타의 탄생 설화에서 천상천하 유아독존(天上天下唯我獨尊) 즉 "온 우주에 오직 나만이 존귀하도다."라고 말했다. 그러나 모순된 것 같지만 완벽한 깨달음의 오도송이다.

물론 후대의 사람들이 꾸며낸 얘기지만 여기엔 우주의 모든 물리법칙을 설명할 수 있는 놀라운 공식이 숨어 있다고 한다. 즉 그것을 단적으로 말하면 '관찰자 절대 보존의 법칙'이라 한다.

우주 삼라만상은 관찰자 단 한 명만을 위해 존재한다. 이와 같이 양자역학을 선두로 한 현대물리학계의 총체적 결론이다.

3. 나는 이미 깨달음 자체인 각이며 실존이다

평상시에 시·공간에서 펼쳐지는 만물을 나는 어떻게 보고 있는가?

경계가 생겨나 사물이 분별된다면 이미 나라는 아상이 대상에 착하여 시·공간 개념의 구조 틀을 통하여 개념으로 분별하여 대상을 실재하는 것으로 보는 것이다. 이것은 이미 아상에 의해 着이 발생한 개체의식이 작용한 중생심이다.

3차원의 상대적 세계에서는 차원을 넘어서지 못하는 한 의식이 의식에 의해 삼라만상을 펼쳐 내고 인식하고 감상하는 의식의 작용인 생각의 희론(우스갯소리, 담론)인 허상일 수밖에 없다.

왜냐하면 3차원 상대의 세계에서는 언어가 곧 착이고 의식이 곧 물질이다. 의식은 물질에 着 해서만 드러나고 언어는 착에 의해 개념으로 드러나기 때문에 차원을 넘어서지 않는 한 의식과 물질은 동일하다.

그러므로 3차원의 상대적 세계에서 인식되는 모든 현상은 着에 의해 일어나는 분별 작용일 수밖에 없으며 이는 생각에 의한 분별 작용으로 깨달음과는 거리가 먼 허상이다.

그러므로 깨달았다는 순수의식 또한 상대적 개념으로 한시적 착각에 의해 드러난 또 하나의 생각이므로 한순간 경계가 와서 후려치면 생각은 그냥 무너져 망상이 무지개처럼 피어오르는 것이다.

깨달음은 생각과 말이 끊어진 '무아와 연기'를 정견 하지 않는 한 있을 수 없다. 그러므로 의식의 장난인 생각으로는 어떠한 방편으로도 깨달음에 접근할 수 없다. 접근하려는 시도 자체가 장애다. 그래서 싯다르타는 있는 그대로가 이미 '실존'이기 때문에 그냥! 깨달으라는 것이다.

의식의 거울에는 주체적 의지 작용이 있을 수 없다. 오면 비추고 가면 사라지는 무위다. 거울은 그냥! 비춤만 있다. 나는 이미 목전에 펼쳐진 의식의 거울 안에 그림자로 그냥 드러난다.

그냥! 깨달으라! 그러면 찰나에 '앎 → 그냥 있음 → 깨달음'이다. 거울 속의 그림자를 보지 말고 본체인 거울(空)을 보라, 거울과 그림자는 드러나는 그대로가 '실존'이고 '평상심'이며 '道'이다. 그러나 한순간 생각이 올라오면 '착'에 끌려간 중생심이다.

4. 만물은 나를 분명히 하는 과정에서 생겨난 자화상이다

 의식의 거울에 등장하는 나를 포함한 삼라만상은 有도 아니고 無도 아닌 것이다. 그러나 非有非無로 한정하자 나의 윤곽이 희미하게나마 그려진다. 하지만 이것 역시 모호하기는 마찬가지다.
 그래서 실존은 자신을 명확히 하기 위하여 시야를 좁히게 되는데, 이때 나오게 된 것이 有이며 無이다. 有와 無가 공존하는 형태의 '나'앞선 非有 非無보다는 그럴듯하게 더 명확해졌다.
 이렇게 有와 無가 공존하는, 다시 말해 서로 모순되는 것들이 하나의 유기체를 이루고 있는 세계를 4차원이라 한다. 양자역학에서 보면 소립자들의 상태 중첩으로 존재하는 기이한 현상들이 나오는데, 바로 4차원의 질서에 편승하기 때문이라 한다.

 아무튼 오랜 수고 끝에 '實存'은 有와, 無가 공존하는 형태의 '나'를 찾게 되었다. 그런데 이런 형태의 '나'도 뭔가 찜찜한 구석을 지울 수 없다. 그래서 實存은 다시 한번 시야를 좁히게 되고, 어느 순간 有와 無가 갈라져 어느 한쪽인 有로 결정된 세상이 펼쳐졌다. 바로 우리가 살고 있는 상대적 3차원의 세계다.

이제 無는 배경 속으로 잠재되었고, 보이고 만져지고 인식되는 것은 有뿐이다.

실존은 무수한 有 속에 내재 되어 그것을 '나'라고 믿고 살아가게 되었다.

3차원까지 응축해 좁혀진 實存, 그것이 바로 우리들의 자화상이다. 그래서 삼라만상 모든 것은 實存 그 자체이지만, 우리가 속한 차원에서 표현하면 "有를 '나'라고 믿는 實存"이다. 그래서 나 아닌 것이 없다.

이렇게 되고 보니 문제가 생겼다. 實存이 나를 분명히 하는 과정은 좋았다.

그러나 나에 너무 몰두하다 보니 원래의 상태로 돌아갈 길을 잊어버린 것이다.

되돌아가려는 건 고사하고 '나'를 찾던 습성에 의해 계속해서 '나'를 더욱더 분명히 하려고만 한다.

잠시도 쉬지 않고 '나'에 관해 초점을 뚜렷하게 하려는 데서 온갖 번뇌 망상이 일어나고 苦海가 되어 버린다. 자신이 實在임을 믿고 有인 '나'를 돋보이게 하려고 하는데 혈안이 되면서 중생이 生 하게 되었다.

하지만 예외는 있는 법, 有에 갇힌 實存의 일부에서 원래의 자리로 돌아가려는 움직임이 일어났다. 바로 수행자들의 구도심이다. 그런데 자세히 들여다보면 구도심에도 여전히 '나를 분명히 하려는 요구'인 아상(我相)이 남아 있다. 이것이 수행을 끊임없이 방해한다.

수행을 통해 한두 단계의 성취를 얻으면, 我相이 작동해 세 단계에서 네 단계로 격상시킨다. 我相은 너무나 집요하여 實存으로 복귀하기 전까지 왜곡을 멈추지 않는다.

가령 위빠사나로 알아차림을 각성하여 이루면 我相은 곧바로 그것을 大覺으로 포장한다. 실존이 된 것처럼 꾸며야 '나'가 더욱 분명해지기 때문이다. 이것에 속지 않고 더 정진하여 절대나 해탈의 경지에 이르렀다 해도 마찬가지다.

나를 부각시키기 위한 我相의 합리화는 여전히 살아 있다. 이러한 상대적 비교 심리를 총칭하여 분별(分別)이라 부른다. 그래서 수행자는 반듯이 분별의 함정을 살펴야 한다. 분별에 속으면 그 길로 수행은 멈춘다.

특히 명패를 조심해야 한다. 스승의 명패, 고승의 명패, 큰 스님의 명패, 覺者의 명패, 生佛의 명패…… 등과 같은 온갖 허울 말이다.

수행……! 별것 없다. 나를 옭아매고 있는 그런 허울들을 죄다 벗어 던져 보라. 다 벗었다 싶으면 생각을 칭칭 감고 있는 언어들도 외면해 버려라. 그렇게 발가벗어 원래의 모습으로 그냥 있어 보아라. 그냥! '나를 분명히 하려고 하는 분별 식'을 모조리 털어내면 깨달음은 저절로 열린다.

'무아'를 이해하면 무엇이 남을까? 존재에 대한 의문, 진리적 각성, 깨달음은 '제1원인'을 찾는 것이다. '제1원인' '공(空)'으로 돌아가 그냥 있어라, 감정의 발현은 개체의식이지 제1원인이 아니다. 다만 여래의 발현인 법신, 보신, 화신을 받아들이고 그것을 감상만 하라.

예를 들면, 달은 법신으로, 달빛은 보신으로, 물에 뜬 달의 그림자는 화신으로 본다면, 본체인 달은 변함이 없으나, 보신의 비친 빛이나, 물에 뜬 달의 그림자는 조건과 상황에 따라 변한다. 그러나 보신과 화신도 본체인 달이 그려 내는 작용이다. 그러므로 법신, 보신, 화신은 본래 하나이며, 不二의 반야다.

5. 아상(아트만)을 넘어서는 방편은 무아, 연기, 공 외에는 없다

　나는 나 자신도 모르게 연기로 존재하는 세상이라는 범선에 올라탔다. 범선(세상)은 연기라는 선장에 의해 이미 항해 중이었다. 범선에 오르는 순간 나는 시·공간 한계 지어진 상황 속에 던져진 승객에 불과하다.

　그러나 나는 범선을 확인하는 순간 내가 존재한다는 착각에 빠진다, 일체 모든 생각은 나(我)를 중심으로 나를 위해 오직 한곳으로 작용하기 시작한다. 있지도 않은 '나(我)'를 존재한다고 착각하면서, 나의 존재를 더욱더 명확히 하고 돋보이게 하기 위하여 나는 있지도 않은 '나(我)'에 대한 선장 놀이가 시작된다.

　그러나 범선은 緣起에 의해서 저절로 항해하고 있을 뿐이다. 나 역시 緣起 속에 있는 '無我'다. 그러나 無明에 의하여 나는 無我이며 緣起하고 있다는 사실을 모른다. 범선이 내 의지대로 움직이지 않으면,

항로대로 가지 않고 왜 제멋대로 가느냐고 소리치며, 두려움과 고통의 늪으로 빠져들기 시작한다.

괴로움과 공포는 '무명'에서 시작된다. 그러면 무명이란 무엇인가?
무명이란 그것 자체로 존재하는 궁극적인 그 무엇이 아니라, '無我와 緣起'의 실상을 모르는 착각에서 오는 무지다. 그러면 싯다르타가 깨달은 것이 緣起였다는 말인가.
우주와 인간, 우리가 살고 있는 세계에 대한 그릇된 앎이 아니라, '바른 앎이다.' 그것이 곧 지혜요 깨달음이다. 싯다르타가 세 분의 스승으로 부터 '고행과 선정주의'에서 체득한 것은 참나, 眞我(本性), 不二의 반야, 절대, 해탈이었다.

이 다섯 가지 명제는 오늘날까지 깨달음의 척도나 법방으로 활용되고 있으며, 큰 의미를 지닌 고차원의 경지임에도 싯다르타는 애써 그것들을 외면하고 홀로 6년 동안 고행의 길을 걸었다.
그것은 선정과 고행을 초월하는 새로운 지혜를 향한 발돋움이었던 것이다. 이 새로운 지혜, 우주와 인간에 대한 바른 통찰 이것이야말로 그가 깨달은 '중도'였다. 싯다르타의 앎에 대한 또 하나의 몸부림이었다.
고통을 통해서는 그에게 '앎'이 다가오지 않았던 것이다. 괴로움의 그 궁극적 원인을 알고 싶었던 것이다. 엉터리로 아는 것이 아니라 진짜로 알고 싶었던 것이다. 대각(大覺), 각자(覺者) 즉 "정말로 아는 사람" 싯다르타가 붓다가 되었다는 것은 정말로 아는 사람이 되었다는 뜻이다.

즉 중도를 깨달았으며, 중도는 "눈을 뜨게 하고, 앎을 일으킨다. 그의 중도가 지향했던 바는 뛰어난(殊勝) '앎'이요 바른 '大覺'이다."

그러면 뛰어난(殊勝) 앎이요 바른 大覺의 중도란?

싯다르타의 성도의 출발은 인간 욕망에서 오는 괴로움의 소멸이었다. 그러므로 인간 욕망의 본산인 육체를 학대함으로써 영혼을 해방시킨다는 고행이었다.

그러나 싯다르타는 죽음의 직전까지 극단적인 한계 상황을 거치면서 고행에는 영육 이원론의 전제가 있다는 것이다, 그러므로 이원론이 전제된 한계 상황 속에서는 영혼의 순결을 얻으려면 육체의 소멸밖에는 없다. 소멸은 죽음이다.

영혼의 자유를 위하여 육체가 소멸해야 한다면 최선의 방법은 죽음밖에는 없다.

여기서 또다시 문제 되는 것은 우리의 삶의 문제다.

그렇다고 우리의 삶은 죽음을 위하여 존재하는 것은 아니다. 죽음은 영원히 우리의 삶 속에 있다. 싯다르타가 궁극적으로 해결하려고 했던 것은 죽음의 문제가 아니라 삶의 문제였다.

그렇다면 결국 우리가 원하는 삶은 새로운 인간이다. 새로운 삶이다. 그는 지금 거룩한 사두 즉 힌두교에서 말하는 성자가 아니었다. 그렇다면 그가 말하는 새로운 인간이란 도대체 무엇인가?

고대의 모든 성자가 던진 질문은 무엇이었던가?

그것은 나에 대한 질문이다. 정말 내가 있느냐? 상주(常住), 단일(單一), 주재(主宰)하는 불변의 자아(自我)가 있는가? 그리고 자아가 있다면 그 자아는 무엇으로 구성되어 있는가?

베다의 사상가들이 이 우주의 외재적, 주관적, 궁극적 실재에 관심을 가졌다면, 우파니샤드 사상가들은 인간의 내재적 문제, 인간의 내면적 성찰, 즉 자아의 실상에 관하여 그 탐색의 방향을 전환하였던 것이다.

숨을 쉬고 있는 나가 무엇인가? 깨어 있는 나가 진짜 나인가? 잠잘 때 나가 진짜 나인가? 꿈을 꿀 때 나가 진짜 나인가? 꿈도 안 꾸고 고요하게 숙면할 때의 나가 진짜 나인가?

우파니샤드의 사상가들은 주관과 객관이 분리된 상태에서의 유한한 정신작용을 초월한 상태의 무분별한 희열, 일상 체험이 아닌 요가와 같은 수행을 통하여 도달되는 신비적 엑스타시의 어떤 체험 상태에서 아트만(我)의 궁극적 실상을 발견 하려고 노력 하였던 것이다.

그러면 브라만이란 무엇인가?

우리는 현재 과학적 세계관에서 살고 있다. 신(믿음), 불신(믿지 않음)을 막론하고, 현대에 사는 우리들은 과학의 법칙을 믿는다. 과학의 법칙이란 우주의 나타난 모습들의 배후에서 그것을 작동시키고 있는 어떤 규칙 같은 것이다.

그리고 그러한 규칙들은 막연하지만 어떤 전체적 통일성 속에서 연관되어 작동되고 있다고 믿고 있다. 최근 과학계는 우주를 양자 중첩으로 인한 가공의 세계일 확률이 99.99퍼센트라고 말하고 있다.

  이로 인하여 불교는 '공(空)' 사상의 토대를 더욱더 굳건히 하면서 불법에 대하여 믿음과 신뢰를 더하고 있다.
  마찬가지로 옛날 사람들도 이 우주가 우리의 감각기관에 나타난 대로 실재하는 것이 아니라 그 감각에 나타난 현상의 배후에 어떤 궁극적 실재가 있다고 믿었다.
  그러한 궁극적 실재는 우주의 모든 현상을 지배하는 통일적 힘이라고 생각했다. 이러한 생각이 삼라만상의 배후에서 조종하는 근원적 실재나 힘을, 여호와 하나님, 브라만, 도(道), 어떻게 불러도 좋다. 그것은 사실 언어적 표현의 차이에 불과하다.
  그러나 우파니샤드의 사상가들은 아트만(我)의 궁극적 실상 속에서 최종적으로 '브라만'을 발견하게 되는 것이다. 자아의 본질을 파고들어 가게 되면 나라고 하는 피상적인 개별적 차별성이 사라지고 브라만을 만나게 되는 것이다.
  아트만이 곧 브라만이요, 브라만이 곧 아트만이다. 내가 곧 우주요 우주가 곧 나다. 나의 본질과 우주의 본질은 본시 하나였던 것이다. 마이크로 코스모스가 곧 매크로 코스모스요, 매크로 코스모스가 곧 마이크로 코스모스였던 것이다. 네가 곧 그것이요, 내가 곧 브라만이다.
  내가 곧 브라만이라는 진리를 깨닫게 되는 자들은 모든 욕망과 두려움에서 해방된다. 자기 자신 이외에 따로 두려워 할 아무런 대상도 존재할 수 없기 때문이다. 이러한 사람들은 모든 업으로부터 자유로워지며 따라서 생전에 해탈을 얻을 수 있다는 철학이다.

우리는 여기서 한번 생각해 볼 필요가 있다. 이러한 위대한 철학이 이미 인도에 성숙 되어 있었다면 도대체 싯다르타가 새롭게 얘기할 건더기가 무엇이 있었겠는가? 윤회와 해탈과 업에 대한 명쾌한 해답이 이미 나와 있지 아니한가?

범아일여(梵我一如)라는 말을 잘 살펴보면 여기에는 깊은 함정이 있음을 발견해야 한다. 자세히 뜯어보면, 범(梵)과 아(我), 그리고 일여(一如)라는 말 자체가 모두 심각한 문제성을 내포하고 있다.

우선 범아일여의 도식 속에는 어디까지나 '범(梵)과 아(我)'가 독립적인 실체 성을 가지고 있다는 것이다. '범과 아가 하나라는 얘기는 매우 신비스럽게 들리기는 하지만, 어디까지나 하나이기 전에 그 둘이 독립적으로 존재함을 전제로 하는 것이다.

그러므로 그 내면에는 당신과 나의 실체적 분열이 심각하게 도사리고 있는 것이다. 그리고 '하나'라는 말, '일여'라는 말, 보다 정확하게 '합일'이라는 말은 많은 문제점을 내포하고 있다. 모든 신비 주의는 우주의 통일성, 제일성, 합법성의 원리로서 일자(一者, the One)을 전제로 하고 있다.

그래서 모든 신비 주의자들이 일자와 교섭이 되는 루트를 발견 하려고 애쓴다. 그리고 이러한 루트를 통해서 궁극에는 일자(一者, the One)와 하나 되는 '합일'의 경지를 추구한다.

범아일여라는 말은 범 과 아가 실체 성을 가지고 있다는 아트만과 브라만의 분열이 전제되어 있다는 것이다. 다시 말해서 합일이라는 말의 가장 위험한 요소는 일자(一者)가 나의 존재로부터 타자화되어 있다는 것이다.

다시 말해서 인간과 신의 분열이 제시되는 한 그 사이에는 신의 문제를 나 밖에 있는 어떤 존재의 양상으로 생각하는 바로 그 존재의 분열에 모든 문제의 원천이 있는 것이다.

이 문제를 해결하기 위하여 나의 존재 밖에 있는 신을 죽이려 한다면 또다시 나의 존재의 분열은 더욱더 심화되어 갈 뿐이다.

그러면 도대체 어떻게 해야 하는가?

이 난해한 문제에 대하여 싯다르타는 중도의 자각을 얻는 순간 외쳤을 것이다.

그 해결의 유일한 길은 바로 신을 생각하는 나, 이 아트만을 본질적으로 해소시켜 버리는 것이다.

상주, 불변하는, 단일의 동일자가 아트만으로서 나의 존재를 떠받치고 있다는 생각 그 자체를 해소시키는 것이다. 즉 아트만의 살해가 아닌, 아트만의 무화(無化)인 것이다.

이 아트만의 '無化'의 방향을 싯다르타는 안 아트만(anatman) 즉 "무아(無我)"를 제시한 것이다. 싯다르타의 '무아'의 각성이야말로 인류 정신사에 시작도 끝도 없는 최대의 혁명이며, 최고의 비상이며, 모든 종교의 두 번 다시 있을 수 없는 코페르니쿠스적 전환이다.

싯다르타는 기존 힌두교의 기존 수행법을 버린 것은 바로 '무아(無我)'에 대한 각성이며 아트만이 존재하는 한, 아니 나라는 我想 이 존재하는 한 생각과 말에 의한 착의 분별을 넘어설 수 없다는 한계성을 각성한 것이다. 바로 여기서부터 기존 힌두교 수행과 구별되는 불교의 놀라운 법방이 시작되었다.

6. 백척간두에서 한 발을 내디뎌 보라

어느덧 홀로 고행을 선택한 6년의 세월이 흘러갔다. 싯다르타는 야윌 대로 야위어져 살아 있다는 것이 신기하게 보일 정도였다. 『방광대장엄경』에 의하면 싯다르타의 몸은 부서진 집의 서까래처럼 갈비뼈가 드러나고, 피부는 쭈글쭈글한 것이 말라비틀어진 육포의 형상이고, 손을 들어 먼지를 털면 몸의 털이 우수수 떨어지고, 배를 문지르면 등가죽에 가서 닿았다고 한다.

체력의 한계에 달한 고독한 싯다르타는 나이란 자나 강변에 도착했다. 강에서 겨우 몸을 씻었다. 수행자가 몸을 씻는 것은 苦行을 중단한다는 의미가 있었다. 그래서 이를 지켜본 다섯 명의 수행자들은 실망이 매우 컸다. 늘 자신들에게 苦行의 本을 보여온 싯다르타가 아니던가. 여기서 강변에 아리따운 처녀가 등장한다.

이 처녀의 이름은 너무도 유명한 수자타(Sujata). 싯다르타에게 "무상정등각"의 대각을 이룰 수 있는 에너지를 제공한 수자타, 그는 최초로 싯다르타에게 유미죽을 공양할 수 있는 행운을 얻었다. 싯다르타는 참으로 오랜만에 음식다운 음식을 먹었다.

싯다르타는 그 유미죽을 먹고 32상을 회복하였다고 기술 되어 있다. 기운을 차린 싯다르타는 무턱대고 발걸음을 옮겼다. 그는 우선 우주벨라 마을을 떠나 자신의 고행의 장소였던 시타림으로 갔다.

그리고 시타림을 굽어보고 있는 매우 각박한 석산에 올랐다. 그가 정각을 얻기 전에 올랐던 산이라 하여 그 산을 전정각산(前正覺山)이라고 부른다.

그런데 싯다르타가 그 산의 정상에 올라서자 온 산이 진동하면서 난리를 쳤다.

싯다르타가 여태까지 닦아 온 공덕의 무게에 짓눌려 산신들이 요동을 쳤다고 한다.

우리말로 하자면 싯다르타는 풍수지리를 제대로 볼 줄 아는 사람이었다. 명당이란 곧 자기 몸의 기와 산세의 기가 화합되는 곳이다. 싯다르타는 전정각산의 산정에서 그 불화의 기를 감지 했던 것이다.

실로 더 이상의 경지는 없는 것인가?
이윽고 싯다르타는 핍팔라 나무 아래에 이르렀다.
싯다르타는 주변을 살피며 실로 더 이상의 경지는 없는 것인가! 만약 있다면 과거의 보살들은 어떻게 성취하였단 말인가? 그러나 채워지지 않은 성취의 갈증은 한결같았다.

신화적 기술에 의하면,

이때 우연하게 싯다르타의 옆에서 풀을 베고 있는 아동이 있었다. 이 아동은 바로 석제환인(釋帝桓因)이 변신하여 나타난 것이라고 한다. 석제환인의 원어는 "샤크라 데바 남 인드라"인데, 이때 샤크라는 "釋迦羅"라고도 음사 하는데 '위용이 있다, 힘이 있다. 강하다'는 뜻으로 신에 대한 존칭의 접두어로 쓰이고 있다. 여기 "제 환"(帝桓)은 "Deva"에서 온 것으로 하늘을 말하는 것이요 신을 말하는 것이다.

"인(因)", 인드라 (Indra)의 약어이다. 인드라는 불교 이전부터 인도의 베다 문학에서 천둥과 폭풍의 신으로 여겨져 왔으며 오른손에는 항상 금강저를 들고 있는 것이 특징이다. 후대 불교문화 속에서 인드라는 불법의 수호신으로 수미산 꼭대기에 있는 도리천의 주신인 제석천(帝釋天)으로 변모한다.

자아! 이제 싯다르타는 어떻게 되었을까? 오른편에서 풀을 베고 있던 아동은 싯다르타에게서 가깝지도 멀지도 않은 곳에서 서 있었다. 그가 들고 있었던 풀은 푸른 빛이 감도는 짙은 초록색에, 공작새의 꼬리와도 같이 부드럽고 연하여 마치 새의 깃털과 같았다.

그 풍겨 나오는 향기가 오른쪽으로 감돌면서 자오록이 피어 올랐다. 그 아동에게 싯다르타는 다가갔다.

"그대의 이름이 무엇이뇨?"

"저의 이름은 길상(吉祥)이외다."

"그것 참 신묘롭구나! 나 자신 길상 함을 얻으려 여기까지 왔는데, 그 길상 함을 여기 그대로부터 얻는 것 같구나. 이름이 길상인 그대가 내 앞에 섰으니 이제 나는 틀림없이 '無上正等覺'을 증득 하리로다."

그때 길상이 무어라 말하는데 천상에서 들려오는 이루 형언할 수 없는 맑고 깨끗한 칼라빙카 새 소리와도 같았다.

"아름다운 목소리를 가진 그대여! 나에게 그 청정한 풀을 줄 수 있느뇨?"

이렇게 해서 싯다르타는 길상에게서 얻은 풀로 자리를 틀고 나무줄기를 등에 대고 동쪽으로 향해 앉았다.

지금 핍팔라 나무 아래 가부좌를 틀고 앉아 있는 사람은 35세의 인도 청년이다.

그는 부처도 아니요 대단한 신통력을 가진 마술사도 아니다. 그는 평범한 보통 사람이다.

이 보통 사람이 핍팔라 나무 밑에서 과연 무엇을 했길래 그다지도 위대한 사람이 되었나? 과연 무엇을 했길래 보통 사람이었던 그가 붓다가 되었나?

우리는 보통 보리수나무 아래서 득도했다. 大覺을 이루었다는 싯다르타를 생각할 때, 우선 그가 가부좌를 틀고 선정에 몰입 했으며, 기나긴 마라 즉 사탄과의 싸움에서 종국적인 승리를 거두고 드디어 대각, 아뇩다라삼먁삼보리의, 무상정등각을 이루었다는 막연한 그림을 머리에 그리고 있다.

그런데 이러한 부처님의 이미지에는 도무지 혈관이 없고 따스한 살결이 없다.

우리의 부처님은 생명 없는 금동부처 아니면 차가운 돌부처일 뿐이다. 뛰어나게 선정에 몰입하고 마라의 유혹만 물리치면 어느 새벽녘엔가 홀연히 정각의 천지가 열릴 것인가?

여기에 바로 우리가 부처를 생각하는 방식의 오류가 있다. 여기에 바로 선종적인 불교의 이해 방식의 한계가 있다.

욕망은 마라인가 생명의 뿌리인가?

인간의 이중적 실체 성, 영혼과 육체 사이에서 일어나는 끊임없는 갈등의 대결, 어차피 인간은 영혼과 육체, 갈등의 결정체가 아닌가? 그러므로 영육은 분리될 수 없는 하나다. 육신이 존재하는 한 욕망에 대한 유혹을 끊어 버릴 수 있는 것인가?

인간은 욕망의 주체다. 인간 세의 모든 죄악이 이 인간의 탐욕으로부터 생겨나고 있다. 따라서 욕계(欲界)의 주인인 마라(Mara)와의 끊임없는 투쟁 속에 있다. 인간의 존재 자체가 욕망의 덩어리가 아닌가? 그런데 마라의 항복만으로 인간에게 대각이 찾아오는 것일까?

싯다르타가 핍팔라 나무 밑에 가부좌를 틀고 앉은 것은 무엇인가? 그것 또한 대각을 증득 하기 위한 욕이 아닌가? 세 분의 스승으로부터 최고도의 달통한 해탈의 경지를 얻었고 6년이라는 긴 세월 동안 홀로 고행과 선정을 통하여 해 볼 것은 다 해 보지 않았던가.

더 이상의 경지는 진정 없다는 말인가? 싯다르타는 억장이 무너지는 허탈감이 엄습해 왔다. 이제 궁극의 깨달음을 얻고자 하는 마음마저 버려야 하는가. 이제 싯다르타는 마지막 선택의 갈림길에 섰다. 환속하여 부친의 뜻에 맞춰 살아갈 것인지, 아니면 앞의 스승으로부터 배운 경지에 안주하며 수행자로서 살아갈 것인지를…….

양쪽 길 모두 마지못해 가야만 하는 불편한 길이었다. 싯다르타는 하늘이 무너지고 땅이 꺼지는 허탈감이라는 태풍의 눈으로 쓸려 들어가는 느낌이었다.

싯다르타 번뇌의 불을 끄고 해탈의 경지에 들다

"일체가 無常"하다는 것을 부처는 때로는 "一切 가 불타고" 있다고 표현할 때가 많다. 부처는 대각 후 천여 명의 비구들과 함께 가야 지방에 있는 가야시 산에 오른 적이 있다. 이때 건너편에 있는 산에 산불이 났다. 제자들은 산불을 쳐다보고 있었다.

그대들은 저 산이 불타고 있다고 생각하는가?

불타고 있는 것은 저 산만이 아니다. 그것을 쳐다보고 있는 그대들의 눈이 불타고 있다.

여기서 『마하박가』에 기록되어 있는 다음과 같은 설법을 상기해 보자.

> 비구들아, 모든 것이 불타고 있다. 비구들아 무엇이 불타고 있는가?
> 눈이 불타고, 색들이 불타고, 안식이 불타고, 안 촉이 불타고, 안 촉에 기대어 발생한 즐거움과 괴로움, 그리고 즐겁지도 괴롭지도 않은 느낌이 불타고 있다.
>
> 무엇이 불타고 있는가?
>
> 탐욕의 불로 타고 노여움의 불로 타고 어리석음의 불로 타고, 출생, 늙음, 죽음, 슬픔, 눈물, 괴로움, 근심, 갈등으로 불탄다.
> 귀가 불타고 소리 들이 불타고, 코가 불타고 냄새들이 불타고, 혀가 불타고 맛들이 불타고, 몸이 불타고 촉감들이 불타고, 의지가 불타고 법들이 불타고, 탐욕의 불로 타고 노여움의 불로 타고, 어리석음의 불로 타고, 출생, 늙음, 죽음, 슬픔, 눈물, 괴로움, 근심, 갈등으로 불탄다.
>
> 우리가 열반이라고 부르는 것은 "불이 꺼진 상태"를 의미하는 것이다.

열반, 즉 니르바나는 니로다(滅:끔)와 같은 어근의 말이다.

여기에서 당시 싯다르타가 핍팔라 나무 아래에서 '無上正等覺'을 즉 대각을 얻지 못하고 선택의 기로에 섰을 때 그때 그 마음의 상태를 『마하박가』의 불타고 있는 설법의 불이 꺼진 상태가 '니르바나(滅:끔)'의 즉 '해탈'의 경지다.

그런데 기이하게도 가장 중요한 싯다르타의 성불 과정에 대한 얘기가 없다. 경전 어느 곳에도 찾아볼 수 없고, 오히려 크게 왜곡하여 佛法을 훼손하고 있다. 싯다르타가 보리수나무 아래에 좌정할 때의 굳은 결심과 中道로써 수행에 임했단 방법론이 대표적인 왜곡이다.

『방광대장엄경』에 싯다르타가 보리수나무 아래에 앉으면서 "내가 이제 무상의 깨달음을 성취하지 못하면 차라리 이 몸을 부숴버릴지언정 이 자리에서 결코 일어나지 않으리라"라고 말하며, 스스로 굳게 다짐했다고 한다.

바로 이 장면이 금강발원(金剛發源)으로 알려진 대목이다. 금강처럼 굳건한 깨달음에 대한 원력, 여기서 싯다르타의 수행이 전환점을 맞이하게 됐다는 설명이다.

그런데 이런 다짐은 세 명의 스승을 떠나 홀로 선 이후 매일 같이 빠지지 않고 했던 수행이다. 그런데 그 다짐을 새삼스럽게 보리수나무 아래에서 할 이유가 뭐가 있으랴.

그러면 싯다르타는 왜 세 분의 스승을 등지고 홀로 서게 되었는가? 금강발원과 성불 과정은 어떠한가? 다음 장의 無上正等覺의 성취에서 탐구해 보자.

10장

싯다르타 드디어 '무상정등각'을 성취하다

　우리가 싯다르타의 구도행의 여정을 탐구한 것은 나의 본래 성품을 찾기 위해서다. 붓다는 心, 佛급 중생은 차별이 없다고 하였다. 그런데 왜 찾지 못하고 깨닫지 못하는 것일까? 절대는 상대에 의해서 시현된다.

　즉 절대는 상대의 형상이나 관념에 의존하여 현시함으로 만물은 의식의 거울에 투영된 절대의 그림자이므로 본래인 절대와 환영인 상대는 본래 둘이 아니다. 그러나 시·공의 현상계에서 오감의 작용으로 현시된 절대의 환영을 인지하게 되면서 실재의 존재로 착각하게 된 것이다.

　절대의 그림자인 만물을 생각 감정 오감으로 한계 지워 본래의 그림자인 현상을 존재로 인식하고 시·공간 상대의 세계에서 살아가고 있다. 너무나 오랜 시간 길들여지고 고착화되어 이제는 본래의 성품도 잊고, 본래로 돌아가는 길마저 잊어버렸다.

다행히 본래의 성품과 본래로 돌아가는 길을 찾았다는 성자가 있었으니, 그가 바로 싯다르타다. 그는 본래 성품을 찾아 본래의 자리로 돌아가는 깨달음을 성취하여 붓다가 되었다.

경전은 본성을 소에 비유하여 소를 타고 소를 찾는 과정을 십우도로 비유 설명하고 있다. 본래 성품은 만물을 품에 안고 생명 작용을 하는 자체인데 오랜 시간 상대의 세계에 길들어져 이제 자신마저 잊어버리고 돌아가는 길도 찾지 못하고 있다.

본래는 자신을 스스로 드러내지 못하므로 자기현시를 위해 만물에 의존하여 작용으로 드러낸다. 이는 마치 의식이라는 거울에 자신의 그림자를 투영하여 드러냅니다. 그림자는 6근에 의하여 형상이나 관념에 의존해서 비치는데 그 의존체가 바로 본래가 드러낸 화신이다. 우리는 화신을 실재하는 '나(我)'라고 믿고 착각 속에서 살아간다.

그러나 '가아'는 본래가 자기현시를 위해 투영한 그림자라는 사실을 눈치채지 못하고 '가아'를 독립적인 주체로 간주하여 자신이 자유의지를 가지고 개체적인 자신의 삶을 살아가고 있다고 생각한다.

그러나 싯다르타는 착각하고 있는 나라는 존재는 없는 '무아'다. 본래가 자기현시를 위해 시·공간에서 펼쳐 낸다. 만물은 연기의 법칙에 의하여 펼쳐지는 실체가 없는 의식의 거울에 투영된 그림자와 같다. 그러므로 '제행무상이며 제법무아'다. 나는 이러한 진리를 알지 못하고 일체개고의 고통 속에서 허덕이며 살아가고 있다는 것이다.

싯다르타는 이러한 우주의 진리를 통찰하여 꿰뚫어 보게 되면 만물은 '가아(我)'인 내가 무명에 의하여 펼쳐놓은 고통의 바다임을 깨닫게 된다는 것이다.

나는 본래 모든 생명체를 품에 안고 보배의 생명수를 뿌리고 있는 '실존'이지 독립된 개체의식이 아니므로 본래로 돌아가 이 苦海에서 벗어나라는 것이다. 무명에 의한 착각으로 '가상'의 나를 건립함으로써 자업자득으로 일으키고 있는 번뇌에서 벗어나 자유로운 삶을 살아가라는 것이다.

본래는 '시·공'이 펼쳐지기 이전으로 공적 하지만 신령스럽게 아는 자리이며 진공이지만 묘유로 만물의 생명 작용 자체인 '단일의식(실존)'인 '본래면목'이다.

그러나 우리는 본래가 투영한 그림자인 '가아(我)'를 나라고 믿고 살아온 지 오래되어 본래의 나를 잊어버리고 번뇌 망상의 속에서 살아가고 있다.

그러나 본래의 나를 찾은 자가 있었으니 그가 바로 2600년 전의 '싯다르타'다. 그가 성취한 것은 자존성과 창조성으로부터 자유로운 '무상정등각'이다. 그러므로 우리의 구도행은 인류가 풀지 못했던 '제1원인'을 발견하는 것이라 할 수 있다. 본래의 자리로 돌아가는 것을 깨달음이라 한다.

경전에서 '心·佛 급 중생 시 삼 무차별'로 '마음'과 '부처'와 '중생'은 차별이 없으며, 지금 이대로가 '본래 부처'라고 한다. 구도자들은 지금 이 시간에도 본래의 나를 찾기 위해 '나는 누구인가'의 화두를 들고 수행 중에 있다.

그런데 왜 나를 찾기가 어려운 걸까? 부처가 부처를 찾는 것이 가능할까?

『금강경』에 '범 소유상이 개시허망(凡所有相이 皆是虛妄) 약견 제상비상 즉견여래(若見諸相非相 卽見如來)'로 직설하고 있다.

절대가 자기현시를 위해 상대인 현상계를 펼치면서 형상과 관념으로 범위를 한정시켜 상으로 한계 지워 버렸다. 일체 상이 의식의 거울에 비친 그림자(개시 허망)인데 실재하는 相으로 개념화시켰다.

본래가 실체가 없는 '무아'인데 누가 깨닫는다는 말인가?

개체는 존재를 인식하면서 자기중심적 생각에 편승하여 자신을 명확히 하고 특별 해지기 위해 일체에 범위를 설정하고 한계 지우는 방향으로 발달한 촉과 착에 의해 언어와 관념의 덫인 '諸相'에서 벗어나지 못하여 깨닫지 못한다는 것이다.

또한 절대는 자신을 스스로 드러내지 못할 뿐만 아니라 상대를 인지하지 못한다. 그래서 자기현시를 위하여 현상계인 상대 세계에서 관념이나 물질인 개체에 의존하여 작용으로 드러내게 된다.

그래서 깨닫기 위해서는 범위설정으로 개념화한 만물을 상이 아닌 비상으로 의식을 4차원 순수의식에서, 대칭이 깨어진 5차원의 절대의식으로 전환시켜 시·공을 초월하여 생각이 일어나거나 머무름이 없는 자유(大覺)이어야 한다.

대칭이 깨어진 5차원에서 생각이 일어나지 않으면 나는 이미 있는 이대로가 본래 부처다. 있는 이대로가 본래인데 돌아갈 본래는 어디이며, 또다시 무슨 노력과 방편이 필요한가? 유위 행 자체가 장애임을 모른다.

'싯다르타'는 세 분의 스승으로부터 성취한 높은 경지를 뒤로 하고 6년의 구도행에서 해 볼 것은 다 해 보았다. 다시 태어난다 하여도 더 이상의 구도행을 할 수 없을 것 같다는 의문을 가졌다. 그렇다면 더 이상의 경지도 없다는 말인가?

싯다르타는 좌절과 허탈과 절망으로 무너져 내리는 마음을 겨우 지탱하며 보리수나무 아래로 들어갔다. 이제 어찌한단 말인가? 그동안 구도행에 대한 상념이 주마등처럼 지나가면서 억장이 무너지는 허탈감에 휩싸였다.

이제 남는 것은 부왕에게로 돌아가 부친의 뜻에 따르느냐, 아니면 세 분의 스승으로부터 배운 경지에 안주하며 수행자로서 살아갈지에 대한 선택의 기로에서 아무런 생각조차 없었다.

상념과 체력 모두가 고갈된 상태에서 더 이상 버티지 못하고 보리수나무 아래에 그대로 주저앉았다. 무성한 잎이 늘어진 보리수나무 아래였다.

바로 이 대목부터 기존 힌두교 수행과 다른 불교의 놀라운 법방이 시작된다.

싯다르타는 세상에 없던 전대미문의 수행법으로 '무상정등각'을 성취하게 되니 말이다. 그런데 기이하게도 가장 중요한 싯다르타의 성불 과정에 대한 얘기는 없다.

차원 역시 생각이 만들어 내는 관념이다. 생각이 멈추면 대칭이 깨어져 바다의 파도가 멈추듯이 생각이 멈추면 의식의 거울은 만물을 海印으로 드러낸다. 그러나 생각을 끊기 위한 유위 자체가 장애다. 생각으로 생각을 끊는다는 것은 백전백패다. 그러면 어떻게 해야 하는가?

싯다르타는 신체적 한계 상황에서 상념 일체가 끊어진 상태, 그냥 그대로 있었다. 더 이상 마음이 갈 곳이 증발되어 그냥 존재 자체가 되었다. 긍정과 부정, 구함과 배척, 일체가 끊어진 '쌍차 쌍조' 중도의 상태였다. '무상정등각'을 성취한 것이다.

당시 그가 취한 수행법은 전혀 없는 상태였다. 그 없는 것에 경천동지할 비밀이 숨어 있었다. 만약 지금 이대로가 '무상정등각'이 아니라면 의식을 전환 시키거나 차원을 바꾸어 발견해야 할 대상인 참나, 진아, 여래, 부처, 하느님, 해탈, 열반 등을 찾기 위한 노력이 필요하겠지만 지금 이대로가 '실존'인데 뭐가 필요한가?

그동안 깨닫지 못하고 헤매던 것은 본래가 '실존'인데 실존이 또다시 자신의 범위를 재설정하여 실존을 찾으려 한 것이 장애였다. 본래가 부처인데 자신이 또다시 부처가 되겠다고 갈구하고 배척하며 더 높은 경지의 성취를 위해 가만히 있지를 못하고 분별에 길들여진 생각의 속성에 매몰되어 있었던 것이다.

그냥 깨달으면 되는 것을, 그냥 있는 그대로 '覺'이기에 이미 깨달아 있다. 다만 이 사실을 모를 뿐이다.

여기서 싯다르타의 성불 과정의 '마하박가'의 게송을 보면,
『마하박가』를 펼치자마자 등장하는 첫 사유의 과정은 네란 자라 강변의 보리수 아래에서 깨달음을 이루신 세존께서는, 결가부좌를 하고 앉은 채 7일 동안은 오로지 한 자세로 삼매에 잠겨 해탈의 즐거움을 누리셨다고 한다.

그러던 중 새벽이 될 무렵 "연기(緣起)"를 "발생하는 대로", 그리고 "소멸하는 대로" 명료하게 사유하시었다고 설명하고 있다.

싯다르타가 보리수 밑에서 얻은 앎은 "일체를 알았다"라고 표현한 그 앎의 내용은 국부적인 하나의 앎이 아니라, 45년간의 긴 설법의 총체적 앎이라는 것이다.

그래서 그는 '나는 붓다가 되었다.' 친구들이여! 이제 나를 싯다르타라고 부르지 말라! "나는 여래요, 세존이요, 아라한이요, 정등각자"라고 서슴없이 외쳤다.

이는 한 인간의 절대적 지적 자신감 전체를 설명할 수 있는 말이어

야 하는 것이다. 과연 "연기" 이 한마디로써 그 모든 것을 설명할 수 있을 것인가?

그렇다면 싯다르타는 힌두교의 "진아, 참나, 해탈"을 거부하고 '무아와 연기'를 제시한 것은 어떻게 받아들여야 하는가?

싯다르타가 기존 힌두교의 수행법을 부정한 것은 맞다. 그렇지만 그만의 어떤 새로운 방법을 터득한 것은 아니다. 당시 싯다르타가 보리수나무 아래에서 취한 수행 법은 경전에는 없다.

그러면 그가 얻으려 했던 것은 무엇인가?

싯다르타가 6년 동안의 선정주의와 고행 주의를 떨쳐버리고 보리수나무 밑으로 행했던 것은 바로 선정도 고행도 아닌, 선정과 고행을 초월하는 새로운 '실존'을 향한 발돋움이었을 것이다. 이 새로운 지혜, 우주와 인간에 대한 바른 통찰, 이것이야말로 그가 생각했던 '中道'였을 것이다.

대각은 앎이다.

붓다가 얻으려 했던 것은 바로 '보리'(뽀리)였다.

보리란 무엇인가? 그것은 "아뇩다라삼먁삼보리"다. 아뇩다라삼먁삼보리란 무엇인가?

그것은 "無上正等覺"이다.

"무상정등각" 이란 무엇인가?

그것은 각(覺)이다.

각이란 무엇인가?

그것은 깨달음이다.

깨달음이란 무엇인가?

그것은 '앎'이다.

무엇을 어떻게 안다는 것인가?

"앎"은 곧 "봄"이다.

나는 삼라만상을 창조하고 자존하는 '실존'이며 생명 자체다.

대각은 봄이며 앎이다

더 없는 최상의 바른 앎(全知)이라는 뜻이다.

보리와 관련된 'bodha'도 이해한다. '안다'는 뜻이다. 붓다가 말하는 깨달음의 원초적 의미는 '앎(覺)'일 뿐이다. 우주와 인간 우리가 살고 있는 세계에 대한 그릇된 앎이 아니라, '정신 차려서 잘 살아가기 위한 앎이다.' 그것이 곧 전지(全知)요, '無上正等覺'인 '實存'이다.

거기 어디에 더 이상의 '이생기심'과 '응무소주'가 필요한가? 그냥 있는 그 자체가 붓다다. 생각의 사라짐이 그냥 '실존'이다. 목전에 펼쳐진 '영생의 창' '지금 여기'를 보라, 봄 자체가 '覺'이며 생명이다.

그가 "아뇩다라삼먁삼보리"를 증득 하고 카시 사르나트에 있는 5비구들을 향해 떠나면서 다음과 같이 외친다. 이것은 참으로 한 인간의 지적 자신감의 표현으로서는 극상의 포효다.

"나는 모든 것을 이겼고",

모든 것을 알았다.

나는 모든 제법에 물들여지지 않았고,

모든 것을 버렸다.

갈 애가 다한 해탈을 얻었다.

스스로 깨달았으니 누구를 스승으로 칭하리오!

나에겐 스승이 없다.

나와 비견할 자도 없다.

천신을 포함하여 이 세간에 존경 받아야 할 사람 이로다.

나는 무상의 스승이다.

나는 홀로 모든 것을 바르게 깨달아

청량하고 적정한 경지에 이르렀다.

나는 법륜을 굴리기 위해 카시의 도성으로 간다.

어두운 이 세상에 불멸의 북을 울리기 위해

싯다르타의 오도송으로 꼽히는 이 『마하박가』의 게송에서도 제일 먼저 등장하는 말은 "나는 모든 것을 이겼고", "모든 것을 알았다."다. 다시 말해서 그의 깨달음의 가장 원초적인 사태는 "모든 것을 알았다."다. 그럼 싯다르타는 과연 무엇을 어떻게 안 것인가?

『잡아함경』 제1권에 " 색에서 생겨난 모든 것은 무상한 것이며, 무상한 것은 고통스러운 것이며, 고통스러운 것은 내가 아니다."(色無常, 無常色苦, 苦卽非我)라고 말한 것이 후대에 '삼법인'의 근거로 들 수 있겠다.

그러나 지금 보리수나무 밑의 인간 싯다르타의 명상이나 사유의 과정을 추적 "無上正等覺"을 깨닫는 데 있어서 바람직한 방편이 무엇인가에 대한 의문을 제시한다. 그러나 깨달음의 과정에 대한 세세한 기록은 찾아볼 수 없다.

삼법 인의 "제행무상, 제법무아, 열반적정"에서, 제행무상과 제법 무아가 우리가 살고 있는 현상적 세계를 관념으로 구성된 질서의 부정을 의미한다면, 그에 대해 '열반 적정'은 '본체론적' 궁극, 자! 무상하고 덧없는 세계에 대하여 고요하고 적정인 '열반'의 세계를 우리 의식 속에 사유하게 되는데, "열반 적정"이라는 의미는 이해가 깊어지면 깊어질수록 열반이라는 단어는 "죽음"과 연결되고, 삶의 세계가 명을 의미한다면 열반을 상대적 개념인 어둠을 의미하게 된다.

싯다르타는 본체를 부정하고 '무아'와 '연기'를 제시하였는데, 열반은 현상적 질서에 대하여 근원적인 실체가 있고, 그 실체는 고요하고 정적인 것이라는 주장이다.

그러므로 수행자는 본체로 인정하게 되는 앎이 없는 "열반 적정"의 함정에 빠지는 것을 특히 경계하여야만 한다. 그러므로 스리랑카, 미얀마, 타이 등의 남방불교에서는 '열반 적정'을 법인으로 간주하지 않는다.

싯다르타가 힌두교의 참나, 진아, 해탈, 열반 등이 함부로 근접할 수 없는 대단한 경지인 것은 분명하나 굿이 "無我"를 제시, 힌두교의 참나, 진아, 해탈 등을 거부한 것은 "열반"과 같은 개념적 본체를 인정하는 것은 곧 着에 의해 "實存" "앎(전지)"을 깨닫는 데 장애가 되기 때문이었다.

여기 보리수나무 밑에 앉아 명상에 잠긴 싯다르타의 사유의 세계에는 더 이상의 깨달음은 없다는 상실감에서 오는 허탈함과 모든 것이 무너져 내려 증발할 것도 없는 대칭이 끊어진 존재 자체로 일체를 내려놓은 5차원의 무한 자유의 상태였다.

다만 그려지는 것은 "實存"인 깨달음 그 자체였다. 일체가 "봄(覺)" 그대로다. 모든 것이 "나" 아닌 것이 없었으나, 거기엔 나도 없으며 그냥 "비춤. 앎. 생명 자체였다. 드디어 着이 끊어진 無上正等覺, 大覺을 얻으신 것이다.

목 전에 열려 있는 영생의 창 '지금 여기' '실존'을 보라 있는 그대로가 '천상천하 유아독존'이다. 그러나 싯다르타의 깨달음 당시의 사유에 관한 세세한 기록은 찾아볼 수 없다.

1. 구도는 '제1원인'을 발견하는 것이다

여기서 '나'는 절대인 '본래면목'임에도 '가아'라는 착각에서 벗어나 본래의 나를 회복함으로써 고통이 곧 '아상'의 착에서 온다는 사실을 아는 것이 마음공부의 핵심이다.

도를 구하는 목적은 본래의 회복을 말하며 단적으로 묻는다면 만물의 시작점인 '자존성과 창조성'으로부터 자유로운 '제1원인'인 實存을 찾는 과정이라고 답할 수 있다. 이것을 찾는 일보다 중요한 것은 없다.

그래서 세존의 '無上正等覺'을 정의 하자면 '제1원인에 대한 깨달음'이 된다. 그렇다면 제1원을 찾아보자. 삼라만상 가운데 스스로 존재하는 자존성과 만물의 시작점인 창조성으로부터 자유로운 존재가 과연 있을까? 인류는 이것을 찾기 위해 지난한 노력을 하였으나 현재까지 발견하지 못했다.

익히 철학이나 종교적 측면에서 접근해 보았으나, 그 어느 것도 자존성과 창조성의 문제로부터 자유롭게 등속운동을 하는 존재는 발견하지 못하였다.

하나님, 붓다, 참나, 불성 등도 자존성과 창조성에서 자유로울 수 없다.

이토록 우리 주변에서 제1원인인 '실존(實存)'을 찾기란 지난하다. 심지어 생각이나 마음 같은 것도 매한가지다.

이것들 역시 자존성과 창조성의 근거를 대지 못하면 '實存'은 성립하지 않는다.

그래서 도교에서 노자는 '道'를 끊어지지 않으며 언제나 물이 흘러 나오는 '계곡'에 비유하면서 무한한 생명력의 원천으로 곡(谷神不死)을 예찬하였고, 불교에서 용수보살은 그의 『근본중송』에서 연기하기 때문에 실체가 없으므로 무아(無我)이고, 無我이기 때문에 '공(空)'을 만물의 실상으로 제시하였다.

그러나 노자의 谷(谷神不死)은 무한한 생명력의 원천인 자존성에서는 근접했다고 볼 수 있으나, 창조성에는 미치지 못한다. 그러면 용수보살의 '空'은 연기로 보면 실체는 없으나 현상으로는 존재한다. 그러므로 실체가 없이 스스로 존재하는 자존성에는 근접하나, 현상이라는 존재를 인정하므로 창조성에는 미치지 못한다.

그러면 노자의 '谷'은 자존성에, 용수보살의 '空'은 창조성에 미치지 못함으로 『谷과 空』은 實存 즉 '제1원인'인, 無上正等覺의 정답에 미치지 못함을 알 수 있다.

상황이 이렇다 보니 無我 외에 대책이 없어 보인다. 그래서 초기 불교의 깨달음의 대들보는 단연코 無我였다. 하지만 無我가 다른 것들에 비해 자존성에 가까워 보이기는 하지만 그렇다고 온전한 것은 아니다.

어찌 되었건 창조성의 문제 또한 풀어야 한다. 그러나 無我 역시 창조성의 정답에는 한참 미치지 못한다. 인류는 오랜 세월 동안 자존성과 창조성을 공들여 찾았으나 만족시킬 만한 것을 찾지 못했다.

이것을 처음으로 찾았다고 외친 이가 바로 싯다르타다. 그의 제자들 가운데 몇몇이 그것을 재차 확인했을 뿐이다. '제1원인' '無上正等覺'의 논거를 찾을 수 없다면 다른 방식으로 접근할 필요가 있다.

주변에 있는 아무것이나 손에 쥐거나, 바라만 보아도 상관 없다. 필자는 책상 위의 방금 마신 커피잔을 보고 있다. 이 커피잔은 과연 제1원인가, 아닌가?

분명한 건 '제1원인'에서 나왔다는 사실이다.

그럼 제1원인에서 파생되어 나오면 그건 제1원인 이 아닌가? 다시 말해 제1원인에서 제1원인이 아닌 것을 만들어 낼 수 있을까?

'제1원인'의 정의는 어느 다른 무엇에 의해 생성되지 않는 '실존'이다. 이 말은 제1원인 외에 아무것도 존재하지 않는다는 사실이다. 제1원인만 '獨存' 한다.

따라서 독존하는 제1원인 이 변화를 일으켜 삼라만상을 창조해도 제1원인 아닌 새로운 것이 개입될 여지가 없다. 제1원인 에선 제1원인만 나오며 새로운 것이 개입될 여지가 없으므로, 모조리 '제1원인'이라는 것이다.

그러니 필자가 바라보고 있는 커피잔은 '제1원인'이다. 더불어 보고 듣고 만지고 느낄 수 있는 모든 것들이 '제1원인'이다. 심지어 상상하여 꾸며내는 관념과 탐진치에 의해 일어나는 번뇌 망상도 '제1원인'이다.

결과적으로 제1원인이 아닌 것은 존재하지 않는다. 이런 논리라면 '나 = 제1원인 = 붓다'다. 그런데 왜 스스로 중생이라 생각하며 깨달음을 갈구하는 것인가?

그 답은 매우 간단하다. 앞서 '제1원인'은 모든 것 자체이기에 범위가 없다. 그런데 '나(我)'는 일정한 범위에 한정시키고 있다. 이 말은 한정된 범위 안에 정보를 가두어 놓음으로써 '제1원인'인 본래를 망각하게 됐다는 뜻이다.

커피잔도 마찬가지다. 이 녀석은 매우 좁은 방향인 한정된 자신의 영역에 着을 일으켜 범위를 我相, 我執, 偏見, 分別 등으로 한정하고 있으므로 다른 정보가 거의 개입할 여지가 없어 늘 커피잔에 가두어져 한정된다.

이런 한 관점에서 보면 자신의 범위를 지니고 있는 모든 것들은 모조리 '제1원인'의 속성을 깜박 잊고 있거나 착각하고 있는 것이 된다. 한마디로 피조물이며 중생이다.

그렇다면 한정 지어진 나의 범위를 없애기만 하면 곧바로 '제1원인'을 깨닫게 된다는 말인가?

바로 그렇다.

그래서 세존은 '나'의 범위를 없애라는 의미에서 '緣起'와 '無我'를 가르쳤다.

緣起와 無我는 깨달음의 대상이 아니라 수단이었다. 가두어 한정시킬 만한 실체를 가진 존재는 없다는 것이다.

이제 싯다르타가 왜 그토록 '참나'와 眞我, 佛性, 해탈, 열반 같은 것들을 혹독하게 다루었는지 이해할 것이다. 이것들 모두 '나(我)'라는 한정된 범위를 지니고 있기 때문이다.

앞서 언급한 '나는 有이면서 無이다.', '나는 有도 無도 아니다.'라는 것도 着에 의해 '나'를 한정시키고 있어 정답이 되지 못했던 이유도 같다.

혹자는 힌두교의 브라만처럼 '나 = 삼라만상'으로 놓으면 나의 범위를 해체한 것이 아니냐고 반문할 수 있다. 전혀 그렇지가 않다. 그것 역시 '무한'이란 '나'의 범위를 한정하고 있다.

'무한'한 것 역시 유한의 상대적 개념으로 범위에 속한다. 그래서 그런 '나'로는 '제1원인'을 깨달을 수 없다. 이것이 '불교의 無我(空)와 본체를 인정하는 힌두교의 '참나'의 한계성이다. 본체를 인정하는 한 着에 의한 관념적 환영을 넘어설 수가 없다는 것이다.

그럼 '無我'와 '참나'의 차이점은 무엇인가?

'무아'는 본체를 거부하며 철저히 '나'를 없애 버리는 것이다. 그러다 보면 언젠가는 '나'의 범위가 지워질 것이다.

그런데 '나'를 없앤다는 자체에 이미 '나'가 있다는 뜻이다. 그래서 나를 없애는 만큼 그 자리에 '나'가 생겨난다. 이런 이유를 떠나서도 '無我' 역시 '나'의 범위에 포함된다.

이 점을 명확히 알기 위해서 有·無·空의 화두를 풀어야 한다. 아무튼 초기 불교의 無我로도 '제1원인'에 도달할 수 없다.

이것이 상대 세계에서 언어와 차원이 가지는 한계다.

나를 없애도 안되고 '나'의 바탕으로 몰입해 '참나'나 '眞我'를 일깨워도 안 된다.

그러면 혹자는 그런 것들을 외면하고 그냥 '존재한다'는 의식만 가지면 어떠냐고 물을 수 있다.

그러나 그 존재라는 것 속에도 '나'가 은근슬쩍 스며들어 효용이 없다. 더 머리를 굴려 '참나'나 眞我, 佛性…… 등도 그냥 이름만 가져다 붙인 '언설상' 명자상, 심연상에서 온 관념이라고 말할 수 있다.

그런데 이름을 그런 식으로 붙이면 왜곡을 피할 수 없다. 왜냐하면, 3차원 상대의 세계에서는 언어로 표출되는 순간 착에 의한 왜곡을 피할 수 없기 때문이다. 그래서 세존께서는 그런 멋진 말들이 있지만 끝까지 無我와 緣起 외에는 외면했던 것이다.

그러면 '나(我)'의 범위를 없애기 위해서 할 수 있는 것은 무엇인가?

그것은 '실존(實存)'이다. 있는 그대로 보고, 듣고, 느끼면 저절로 외계와 공명(共鳴)하여 일체 경계가 무너져 대극이 끊어진 차원의 변경이 일어나야 한다. 이것이 법방 없는 법방 인 "그냥 가만히 있는 것" 이때 그냥 가만히 있다는 생각마저 머무름이 없이 외계와 공명(共鳴)이 이루어지면 저절로 경계가 무너지며 차원이 증발해 남는 것은 '제1원인' 뿐이다. 그래서 "그냥! 그냥! 깨달으라는" 것이다.

나를 비롯한 삼라만상은 원래부터 '제1원인'이다.

지금 나의 모습과 삼라만상이 펼쳐져 있고, 펼쳐지고 있는 현상 이대로가 제1원인이며, '實存'이다. 지금 나의 모습이 제1원인에서 조금이라도 왜곡되어 있다면 기존의 초기 불교나 힌두교, 대승불교에서 제시하는 수행법을 따르는 것이 맞다.

그러나 실상은 나의 모습 이대로가 '제1원인'인데 무엇을 다시 범위를 재설정하여 깨닫는다는 말인가? 그래서 언어적 관념을 가지고는 전략적으로 접근할 방법이 없다. 그냥 가만히 있는 것 외엔, 그냥 깨닫는 것 외엔 없다.

'있는 그대로'의 감각을 느끼게 하기 위해 세존은 海印의 방편을 설하였다.

海印이란?

세계의 모든 중생과 사물이 고요한 바다 가운데에 도장처럼 깊게 비친다는 뜻이다. 대해인, 해인삼매, 해인정이라고도 한다. 인드라 신이 아수라와 투쟁할 때 일체 군대와 병기가 바다 가운데 분명하게 드러남이 마치 인쇄된 문자와 같기에 海印이라 하였다 한다.

의상대사는 깨달은 자의 세계, 중생들의 세계, 기반으로서의 환경 세계 일체가 '해인삼매'로부터 출현한다고 하였다. 신라에서는 해인삼매가 의상의 「법성게」 가운데 이타 행의 구도로 설명되면서 5중 해인, 10중 해인으로 전개되기도 하였다.

그러니 구도자는 지금까지 한껏 치켜세운 수행의 모든 성과를 철저히 외면하라, 더불어 無我도 내려놓고, '참나', '眞我', '佛性'의 오만함도 그냥 버려라,

세존의 구도행을 돌이켜 사유해 그의 자화상을 따라가 보라, 그냥 가만히 있어라! 그냥!

싯다르타의 무상정등각 성취

몸·마음이 더 이상 버틸 수 없는 한계 상황에서 보리수나무 밑에 좌정한 싯다르타 더 이상 깨달음에 경지가 없다는 것을 자각하면서 좌절과 허탈감에 구도의 끈 자락은 끊어졌고, 무엇을 이루어야겠다는 생각조차 증발하였다.

이제 싯다르타는 백척간두에서 한발을 떼야 하는 절체절명의 상황에서 더 이상 목숨을 연명할 이유가 없었다. 그렇다고 죽음에 대한 의미가 있는 것도 아니었다.

그렇게 그냥 앉아 있었다. 그냥 존재하는 상태에서 지금까지 그가 이루었던 '진아'나 절대, 해탈까지 모두가 증발하고 '존재' 그 자체였다. 그런데 그 존재가 돌멩이처럼 無我가 아니었다. 不二의 절대나 해탈 역시 성립되지 않았다.

그것을 언어나 몸짓 표정으로 표현할 길이 없었지만 '실존'이 확실했다. 그는 드디어 '무상정등각'을 성취한 것인가?

얼마의 시간이 흘렀는지 모른다. 싯다르타는 어떻게 하든 한 생각을 내려 하였으나 마음대로 되지 않았다. 싯다르타는 여태까지 해오던 대로 의심의 날을 세워 한 생각을 돌이켰다. 내가 온전히 깨달은 것인가?

싯다르타는 단번에 '실존'을 떠올렸다. 이 삼라만상은 어디에서 왔는가에 대한 의문이 떠오르자마자 '제1원인'이 돼 버렸다. 내가 곧 만물의 '제1원인' '실존'이다. 싯다르타는 의심을 일으키자마자 마침내 '나'와 '존재'의 실상을 훤히 깨우쳤다. 있는 그대로가 '실존'이다.

존재 그 자체다. 지금까지 생각이 차원을 바꾸어 가며 겪었던 경지와는 전혀 다른 차원이었다. 드러난 그대로가 '覺'이지만 그냥 잠에서 깨어난 것처럼 의심이나 마음의 흔들림이 없는 '평상심'이었다.

깨달음 자체에 머물던 싯다르타는 꽤 오랜 시간이 지난 뒤에야 알게 되었다. 깨달음! 그건 그냥 삼라만상이었다. '영생의 창인' 의식의 거울에 비친 삼라만상 자체다. '실존'이 아닌 것이 없기에 깨닫고 깨닫지 않고 할 것이 없었다.

'천상천하 유아독존'이며 '제1원인'이다. 이것이 세존의 깨달음이며, 더 이상 위가 없는 '正等覺'이다. 붓다를 달리 '如來'라 부르는 것도, 늘 '있는 그대로의 모습', '여여 한 모습'으로 놔두기 때문이다.

이렇게 나의 범위를 한정시키지 않는 것을 가리켜 '그냥 있다.', '그냥 비춘다.'라고 하는 것이다. 나의 범위가 없어지면 세계의 모든 중생과 사물이 *海印*처럼 드러난다.

제1원인에 대한 화두, 이것이 세존이 보리수나무 아래에 앉아 일으킨 사유의 전부다. 여기에 대한 답을 찾는 동시에 그는 그냥! 있는 그대로 상태에서 '無上正等覺'을 성취했다.

혹자는 분별이 종식된 참나(眞我)의 자리에선 답을 아는데, 다시 분별을 일으키면 그 답을 언어로 표현할 수 없다고 한다. 한마디로 분별로는 답을 찾을 수 없다는 얘기다.

그렇다면 분별은 '참나'가 아닌가? 분별은 實存이 아닌가? 實存이 뭐가 그리 거창하기에 분별로 알 수 없다는 것인가? 분별로 모르면 분별을 벗어난 자리에선 더욱 모르는 법이다.

이제 세존의 법문이 어느 곳을 지향하는지 느낌이 올 것이다. 그건 無我, 緣起도 아니고 참나나 眞我, 佛性도 아니다. 더 나아가 해탈이나 열반도 아니다.

세존은 오로지 '나의 범위를 스스로 내려놓게끔 하는 방향으로 법문'을 하였다.

오직 '제1원인'을 화두로 들어 '海印'을 제시, 때와 장소, 사람에 맞게 이 원칙을 적용했다. "그 어디에도 '나'라고 할 만한 것이 없으니 그냥 있어라."라는 단 한 구절 이것을 설함으로써 불교가 등장한 것이다.

그렇다면 이제 어떻게 해야 하는가?

우리들이 지금껏 해온 수행은 오로지 '나'를 찾기 위한 여정이었다. 그런데 '나'를 찾으려는 건 바꿔 말하면 '나'의 범위를 재설정한다는 의미다.

假我에서 眞我(佛性)로 거듭난다는 것인데, 이것 역시 범위의 연장선상에 있다.

그래서 이런 수행에 매달려 봐야 깨달음은 고사하고 분별의 '我相'만 비대해질 뿐이다. 앞서 다루었던 '나는 누구인가?'의 화두를 풀지 못하는 이유도 여기에 있다. '나는 누구인가?'의 화두 자체가 이미 '제1원인'을 등지고 있으며, 이런 이유로 가장 쉬워야 할 물음이 가장 어렵게 되었다.

수행은 사실 그렇게 거창하고 복잡한 게 아니다. "無我인 '나'가 착각에 빠져 '我相'만 세우지 않으면 저절로 이루어진다." 그러나 화두의 방향이 '나'의 범위를 찾는 쪽으로 맞춰져 있지 않은가?

'無我'인데 누가 있어 누구를 찾는가? 그러나 중생은 거룩하고 고귀한 것은 물론이고 常住不變하며 不二獨尊하는 절대적 나를 꿈꾸게 된다. 결국 수행하면 할수록 내면에서 원하는 쪽의 '나'를 꾸며내 깨달음으로 포장하게 될 뿐이다.

그럼 '나'를 찾지 말아야 하는가?
나를 찾지 않으면 속세의 범인들과 다르지 않게 된다. 그냥 아등바등 살다가 죽는 것이다. 그렇게 살지 않으려면 '나'를 찾아야 하는데, 무언가를 찾고 구하면 또다시 '한계 설정의 모순'에 걸려든다.

이제 우리는 이러지도 저러지도 못한다. 비단 이것뿐만이 아니라 내가 지금껏 알고 있는 모든 佛法이란 것도 그 실상을 보면 온통 개념으로 한계 지워진 것들뿐이다.

유독 '공(空)' 이론만 범위의 설정에서 자유롭다. 다만 '공(空)'은 실체가 텅 빈 것이라고 해석하면 그 '텅 빈 것'의 범위로 인해 '空' 역시 개념의 덩어리로 자유가 말살된다. 이렇게 교학 쪽을 들여다봐도 어디 매달릴 구석이 없다. 모두가 개념화된 '범위의 짐 덩어리'만 가중시키고 있지 않은가.

여기서 범위나 한계 지워진 모든 것들은 필연적으로 着에 의해 시·공에서 개념으로 인지된다. 가령 힌두교의 참나, 眞我도 개념이다. 강을 건넜으면 나룻배를 버려야 하고, 달을 가리켰으면 손가락을 잊어야 하는데 힌두교는 본체를 인정하므로 버리지 못하고 범위를 더욱 공고화시켜 명확히 하려 하지 않는가?

우주는 어디에 존재하고 있는가? 의식 안에 의식에 의해 의식으로 한계 지워진 개념(정보)의 덩어리가 아닌가? 우주는 어디 있고 실체화시킬 수 있는 개념의 덩어리와 진리는 어디에 있는가?

그러니 이제 취할 수 있는 건 외길이다. 아니 이제 길이 증발하였다. 이것을 경전에서 '백척간두 진일보'라 하였던가. 세존의 심정을 구구절절 느껴 보아라. 그는 모든 수행에서 실패한 후 갈 길을 잃고 백척간두에 섰다.

부왕에게 돌아가 정치인으로 살아야 하는가? 그렇다고 무상의 깨달음을 얻지 못한 상태에서 힌두교의 구루(Guru) 노릇을 하자니 차마 못 할 일이었다.

이러지도 저러지도 못하게 된 세존이 취할 수 있는 건 모든 것을 여의고 '그냥 백척간두에서 일체를 던지고 진일보하는 것이다.

마찬가지로 나도 이제 갈 길을 잃었다. 지금껏 진리로 알고 깨달음을 얻었다고 생각했던 모든 것들이 한순간에 처참하게 부서졌다. 그러니 모든 것을 내려놓고 그냥 있을 수밖에 없다.

『능엄경』에 나오는 "깨달음은 쉬는 것이다."라는 말처럼…….

『능엄경』에서 오온인 색, 수, 상, 행, 식은 바로 망상의 어머니이다. 오온은 망상으로부터 오는 것이며, 망상은 5온으로부터 오는 것이다.

여기서 쉬는 것이라는 것은 오온의 분별 망상이 쉬는 것을 말한다. 분별 망상이 쉬는 것과 종식되는 것은 다르다. 전자는 분별이 한쪽으로 지나치게 쏠리던 것이 바로잡혀 균형을 이룬 것이고, 후자는 말 그대로 분별 망상이 멈춘 것이다.

물론 이 부분에서 수행의 성과는 갈리게 된다. 기존의 세존처럼 용맹정진하여 생사의 갈림길에서 진리의 근원을 海印 한 자와, 대충대충 수행으로 그 근원을 어설프게 본 자와의 깨달음의 충격은 팔만 사천 리일 것이다.

세존처럼 생사를 걸고 용맹정진 했던 분들은 뼛속 깊은 허망함에 그냥 있게 될 것이다. 백척간두에서 진일보해야 하는 심정이다. 그러나 대충대충 수행했던 분들은 내려놓는 충격파의 강도가 어정쩡하면 또 다른 분별이냐, 아니면 분별 망상의 종식(멈춤)이냐에 따라 '그냥 있는 것'의 느낌에 대한 강도의 차원이 다를 것이다.

세존의 수행 과정을 다시 한번 상기하면서 '백척간두에서 진일보해야만 하는 심정에서의 내맡김'으로 모든 분별 망상을 놓고 '그냥, 그냥 있어라.' 그러면 순간에 '앎 → 그냥 있음 → 깨달음.', '실존'이 그냥 드러날 것이다.

원인 없이 스스로 존재하고 만물을 창조하는 '實存'은 저절로 드러날 것이며, 이것이 세존이 깨달은 無上正等覺이다. 이것은 삼라만상 어느 무엇도 둘로 나눌 수 없는 '實存', '생명'이며, '빛'이며, '空'이다. 성불하라.

2. 싯다르타의 성불 과정에 대한 배경 의식

『방광대장엄경』에 보면 중도에 대한 상세한 설명이 나온다. 싯다르타가 보리수나무 아래 앉으면서 "내가 이제 무상의 깨달음을 성취하지 못하면 차라리 이 몸을 부숴버릴지언정 이 자리에서 결코 일어나지 않으리라."라고 말하며 스스로 굳게 다짐했다고 한다.

바로 이 장면이 금강발원(金剛發源)으로 알려진 대목이다. 다이아몬드처럼 굳건한 깨달음에 대한 원력, 여기서 싯다르타의 수행의 전환점을 맞이하게 되었다는 설명이다. 그러나 이후의 부분과 깨달음 성취에 대하여는 어디에도 자세한 설명이 없다. 이것은 또 하나의 아상에 대한 경계심을 염려한 것이 아닌지 추측을 해 봅니다.

이처럼 싯다르타는 목숨을 바쳐 가며 수행에 정진했다. 하지만 그에게 더 이상의 깨달음은 없었다. 眞我와 절대, 해탈을 능가하는 경지는 존재하지 않았다.

그의 마음은 철저히 무너져 내렸다.

죽을 때까지 정진해도 또 내생에 다시 태어나 정진한다 해도 기약이 없는 길이다. 아! 정녕 더 이상의 경지는 없는 것인가!

보리수나무 아래 좌정한 싯다르타. 그의 마음은 어땠을까?

무심하면서 허탈했고, 청정하면서도 혼탁했다. 구도의 끈 자락은 이미 끊어져 맥없이 나풀거리고, 무엇을 이루어야겠다는 생각 자체가 사라져 버린 상태였다.

이제 싯다르타가 가야 할 길은 완전히 증발되어 존재 자체가 부정된 상태다.

환속할 수도 없고 수행의 길을 계속 갈 수도 없다. 세상 어디에도 자신이 갈 길은 없었다. 연명할 이유가 없었지만 그렇다고 죽음에 대한 의미가 있는 것도 아니었다.

싯다르타의 의식은 마치 목적을 읽고 표류하는 부평초처럼 의지처를 잃었다.

그렇게 싯다르타는 그냥 앉아 있었다. 어떤 것도 걸림이 없는 상태가 되어 그냥 있었다. 꾸며지지 않은 있는 그대로의 상태에 머물던 싯다르타는 문득 의식에 모종의 변화가 일어났다.

그건 마치 거울에 낀 얼룩이 떨어진 것 같기도 하고 달빛을 가리던 구름이 걷힌 것 같기도 했다. 자신을 꽉 조이고 있던 어떤 것들이 모두 떨어져 나감으로써 무한히 자유로우면서도 한없이 평온한 상태가 되었다.

잠시 뒤 어디서 몰려왔는지 형언할 수 없는 희열이 한바탕 몰려오고는 그것마저 사라져 "그냥 존재하는 상태"가 되었다. 지금껏 그가 이루었던 眞我나 절대, 해탈이 모두 증발하고 존재 자체만 남게 된 것이다.

그런데 그 존재가 돌멩이처럼 無我가 아니었다. 그렇다고 참된'나'가 따로 있는 것도 아니었다. 不二의 절대나 해탈 역시 성립되지 않았다. 그것을 일체 언어나 몸짓, 표정으로 표현할 길이 없지만 존재의 실체만은 확실했다. 존재 그 자체 化 한 싯다르타.

얼마의 시간이 흘렀는지 모른다. 싯다르타는 한 생각을 일으켰다. 그것이 구조적으로 쉽지 않았지만 그는 어떡하든 생각을 끄집어내어 의식의 날을 세웠다. 싯다르타는 자신이 여태껏 해오던 방식대로 깨달음을 진단하기 시작했다.

'내가 온전히 깨달았는가?'

싯다르타는 단번에 "실존"을 떠올렸다. 삼라만상은 어디에서 왔는가? 에 대한 의문을 내자마자 "제1원인"이 돼 버렸다. "내가 곧 만물의 근원인 제1원인"이며 '無上正等覺'이고 '實存'인 大覺이다.

"그렇다면 나는 어디서 왔고 어떻게 존재하는가?"

싯다르타는 의심을 일으키는 동시에 답을 찾았다. 그것이 너무 당연하여 어떤 이유나 근거, 논리의 필요성이 없었다. 싯다르타는 '나는 누구인가?'의 근본적 물음을 해결했다. 그리고 다시 밖의 세계를 떠올렸다. '존재는 무엇인가?'의 화두를 떠올리자마자 역시 그냥 풀어졌다.

싯다르타는 마침내 '나'와 '존재'의 實相을 훤히 깨우쳤다.

이렇게 되자 싯다르타는 더 이상 의심을 일으킬 것이 없게 되었다. 찰나에 의심은 뿌리까지 말라 증발했고, 남은 것은 그냥 존재하는 것 뿐이었다.

존재 그 자체, 다시 말해 '實存'이 되어버린 싯다르타, 그는 드디어 無上正等覺을 이룬 것이다. '아, 아!'

텅 비어버린 심연의 울림이 입가로 새어 나왔다. 싯다르타는 자신이 도달한 경지를 잊었지만 그의 몸뚱이는 그것에 대한 충격으로 미미한 탄성을 간간이 토해냈다.

싯다르타가 이번에 이룬 깨달음은 기존에 그가 겪었던 경지와는 전혀 다른 차원의 것이었다. 비유하자면 감았던 눈이 번쩍 떠진 것처럼 지금껏 진리라고 알고 있던 것들이 모조리 부서지고 산산이 흩어졌다.

생각의 차원을 바꿔 가며 만들어 내던 환영들은 맥없이 가라앉고 自存하고 영원불변하는 '實存'만이 그 실체를 훤하게 드러냈다. 이렇게 '實存'으로 化 한 싯다르타는 한없이 자신의 깨달음을 누렸다.

『대본경(大本經)』에 보면 싯다르타의 깨달음에 대한 설명이 나온다.

> "세존은 사제설(四諸說 : 고, 집, 멸, 도)과 십이인연설(十二因緣設) 그리고 사선삼명설(四禪三明設)로 깨달았다. 이 가운데 三明 은 과거사를 아는 숙명통, 미래사를 아는 천안통, 번뇌를 단멸하는 누진통이다."

우리는 여기서 연기법(緣起法)을 깨우치면 그것이 '無上正等覺'이라고 이야기하는 선지식들도 있으나 연기법은 깨달음의 방편으로 이해함이 옳다고 본다.

왜냐하면, 佛法의 정수라는 緣起法은 제1원인을 배제하고 시간과 공간을 배경에 둠으로써 "형이하의 상대성"에 매여 있다. 그래서 그 자체로 온전한 이론이 아니다. 깨달음의 대상이 아니라 깨달음을 얻기 위한 여러 방편 중에 하나로 봐야 마땅하다.

어쨌든 실존의 존재 원리를 완벽하게 깨닫고 머무름이 없는 반야를 증득 한다. 해도 4차원의 의식에 진입 하기가 만만치 않다. 의식 구조에 천지개벽이 수만 번 발생하는 것과 같은 충격이 일어야 간신히 4차원에 눈 뜰 수 있다.

그럴진대 어설픈 철학 이론을 읊고 緣起法을 체득하는 정도를 가지고 어찌 세존의 '無上正等覺'을 빗댈 수 있으랴. 더군다나 깨달음을 논하는 자리에 생뚱맞게 신통력은 웬 등장인가?

각설하고, 깨달음 자체에 머물던 싯다르타는 꽤 오랜 시간이 지난 뒤에야 한 생각을 일으킬 수 있었다.

'비로소 無上正等覺을 이루었도다! 깨닫고 나니 존재하는 모든 것이 實存이로구나. 그냥 깨달으면 되는 것을 모르고 지금껏 왜곡하고 변형하여 깨달으려 했으니……'

싯다르타의 첫 번째 상념은 지금껏 걸어온 수행의 발자취였다. 그것은 사방이 꽉 막힌 번뇌의 감옥에서 빠져나와 창살이 없는 섬에 갇히는 꼴이었다. 번뇌는 잦아들지만 또 다른 늪에 빠지는 것을 간과했던 것이다.

깨달음, 그것은 그냥 삼라만상 그 자체였다. 실존이 아닌 것이 없기에 깨닫고 깨닫지 않고 할 것이 없었다. 자신이 實存인데 어디 가서 實存을 찾는단 말인가.

찾으면 찾을수록 깊은 수렁에 빠지게 되는 법.

싯다르타는 분명히 알았다. 수행법이 없다는 사실을. 깨달음은 "그냥 깨닫는 길" 외에는 접근 방법이 존재하지 않는다. 그런데 왜 세상 사람들은 깨닫지 못하는 것인가?

"그 답은 매우 단순하다. 그냥 가만있지를 못해서다. 그들은 무언가에 着이 되어 그냥 있지를 못해서다."

무언가에 着이 되어 그냥 있지를 않는다. 着을 떼어 무애(無碍) 한 경지로 나아가는 수행자들도 그렇다. 무애(無碍)로 간다지만 실상은 거기서도 또 착에 붙어 버린다.

싯다르타 자신도 그러지 않았는가. 假我에서 떨어져 眞我에 붙었고, 다시 不二를 가지고 절대에 가서 붙었다. 당시 그는 모든 着이 없어졌다고 믿었지만 마음 깊은 곳에는 자신도 인지하지 못하는 着이 작동하고 있었다.

着은 너무나 교묘하여 앞선 세 스승마저 속였다. 어느 무엇을 이루려는 마음이 티끌 만큼이라도 있으면 着은 발생한다. 그렇다고 '무아(無我)'로 가서도 안 된다.

무아엔 着도 없지만 깨달음을 인지할 알아차림도 없다. 깨달음의 방법은 단 하나뿐이다. 그냥! 있어라, "있는 그대로의 상태"에서 깨닫는 것이다.

싯다르타는 어느 무엇에도 붙지 않은 상태, 티끌만큼의 왜곡됨이 없이 "있는 그대로의 상태"에서 깨달음을 얻었다. 그리고 이것 외의 다른 방법이 없다는 사실도 재차 확인했다.

3. 착이 작용하는 한 몽중각이다

　여기에서 필자 역시도 오래전 순수의식인 알아차림, 참나를 체험하고, 見性을 했다고 생각했었다. 그리고 그 경지를 깨달음으로 알고 번뇌 망상이 불쑥불쑥 올라올 때면 의식을 재설정하여 유위로 부동의 자리인 '공'에 머물 때면 생각이 순간적으로 사라지면서 마음이 편안해짐을 느끼곤 했었다.
　그러나 한순간 경계가 와서 후려치면 나도 모르게 착으로 인해 경계에 끌려가게 되는 것은 내가 모르는 사이 뭔가에 착이 발생하고 있다는 것을 느꼈으나 알아차리지 못했다. 그러나 그 원인은 '나(我)'가 있음으로 인한 유위적 着의 작용이 분명함을 자각했다.

　그러면 전체성을 직관하여 드러나는 '여여 부동'한 자리를 인지하는 체험은 무엇인가? 이것 또한 착에서 발생한 의지적 개념화의 생각이 아닌가. '나(我)'가 존재하는 한 착은 상의 인식과 동시다.

3차원의 상대적 세계에서는 '아상'에 의한 인식 작용을 결코 벗어날 수 없다는 것을 알았다. 그러므로 6근의 작용에 의해 드러나는 일체는 의식과 분리될 수 없으며 '아상'이 있는 한 이미 착에 의해 발생한 관념임을 자각하여야 한다.

그러므로 주시자는 인지 작용에 의해 필연적으로 일어나는 '나'라고 착각하는 '아상'을 알아차리고 타파한다는 것은 불가능하기 때문에, 싯다르타는 '무아와 연기'의 방편을 가르쳤다.

상대적으로 발생하는 '아상'의 타파를 강조하였다. 그러나 '무아' 역시 비아에서 발생 된 상대적 개념의 着이라고 보아야 한다. 예를 들면, 상대방을 볼 때 의식에 이미 着의 선행 작용이 있었기 때문에 인식되는 것이지 의식이 작용하지 않으면 대상은 인식되지 않는다.

인식 작용은 거울의 비춤과 같이 대상이 나타나면 저절로 비추고 사라진다. 거울의 작용과 같이 인식 작용도 저절로다. 그러나 나는 내가 주체적 의지를 가지고 내가 대상을 본다고 착각하게 된다.

그러므로 6근(눈, 귀, 코, 혀, 몸, 생각)의 감각 작용을 나의 의지적 인식 작용으로 생각하는 한 '아상'은 타파하지 못한다. 이것은 순전히 연기에 의하여 저절로 일어나는 현상임을 알지 못하기 때문에 '나(아상)'가 자유의지로 보고, 감상하고 느끼고 행하고 있다고 착각하는 것이다.

싯다르타가 無我와 연기법을 제시한 것은, 제1원인 = 단일의식 = 실존, 이름은 다르지만 覺(앎 = 봄 = 비춤 = 공)으로 비인격적 '무위'의 작용으로 '無我와 緣起'를 제시하신 것은 着을 끊기 위한 방편이었다.

시·공의 상대적 차원을 넘어서지 않고는 착을 끊을 수 없다는 사실을 자각하신 것이다.

그러므로 着이 존재하는 3차원에서 참나, 진아, 해탈, 열반을 체험하고 깨달았다고 하는 것은 꿈속의 '몽중각'에 불과함으로 잠에서 깨어나면 그 모든 것이 꿈의 내용처럼 사라지게 된다는 것이다. 진리는 오고 감이 없는 '실존'이다.

필자도 이와 같이 생각 속에서 중생을 자처하고 생각 속에서 생각을 없애 탈출하려 많은 유위의 구도행을 했다. 생각 속에서 眞我를 만들고 절대와 해탈을 그려 냈다. 그리고 생각 속에서 자신이 이룬 경지를 체험했다.

그러나 3차원의 한계 속에서 또다시 생각의 옷을 갈아입은 착에 의한 허상임을 알아차리지 못하고 이렇게 왜곡된 행위를 반복하였던 것이다.

그러면 자의식과 着이 어떻게 작용하고, 깨달음과의 어떤 관련성이 있는지에 대하여 살펴 보자.

일체는 의식의 거울 바탕 안에서 펼쳐지는 한바탕 꿈속의 일이다.

주체인 아가 존재한다는 것은 이미 착이 작용한 것이며, 상대적 세계에서는 이미 주체와 객체는 본래 하나이기에 상의 인식은 이미 착이다. 착의 선행이 없으면 대상을 인식할 수가 없다. 착은 대상과 동시이기 때문에 분리가 불가능하다.

그러므로 싯다르타는 세 분의 스승으로부터 깨달음을 얻은 진아(참나), 不二의 절대 반야, 해탈의 경지는, 3차원 상대의 세계에서 의식이 개념으로 분별하는 또 하나의 생각으로 꿈에서 꿈을 꾸는 자각몽에 불과하다는 것을 알았다.

즉 꿈속의 일이기 때문에 꿈속에 드러나는 대상은 의식이 만들어낸 환으로 '제행무상'이다. 일체는 의식의 거울에 비추는 '환'인 '제법무아'다. 이러한 현상을 깨닫지 못하고 나와, 상을 실재하는 것으로 인식할 때 '일체개고'가 발생한다.

그러므로 우주를 비추어 드러내고 있는 현상은 의식의 대원경 속에서 펼쳐지는 꿈속의 일임을 깨달아 잠에서 깨어나듯이 현실에서 깨어나야 한다.

나는 이미 실존이기에 깨달음도 없고 불법도 없다.

대칭적 상대의 세계에서는 필연적으로 '자아'가 존재할 수밖에 없으며, 자아가 존재하는 한은 생각이 옷을 갈아입은 것과 같은 개념으로 설정한 '환'이라는 것이다.

진리는 '언어도단'이고 '불립문자'다. 노자는 이 지점에서 "도가도 비상도"라고 하였고 싯다르타는 힌두교의 본체로 인정하는 참나, 진아, 부정하고 '무아'와 연기를 제시하셨다.

무명으로 모르고 있을 뿐이지 나는 이미 '실존 자체'인데 누가 무엇을 어떻게 하여 깨닫는다는 말인가?

그래서 싯다르타는 깨달으려는 구도심을 일으키는 '아상' 자체가 장애이므로 어떤 방법으로 접근하든 무엇을 하려고 하는 의도 자체가 장애라는 것이다. 그러므로 그냥! 있는 그대로 그냥! 깨달으라는 것이다.

지각 작용에 의한 6촉의 발현 이전의 자리에서 나는 이미 의식의 거울 안에 의식의 품에 안겨 있다. 나는 거울에 비친 그림자가 아니라 "의식의 거울" 자체다. 만물은 나의 품 안에서 생명 작용으로 드러난다. 비춤인 상태에서 그냥 있어라.

눈앞에서 항상 여여 하게 만물을 드러내 보이고 비추고 있는 '언어와 시·공'이 끊어진 '지금 여기' 이것을 그냥! 지켜만 보라! 목전에 앎 → 그냥 있음 → 깨달음이다. 이것이 '실존'이다.

실존은 현상 없이는 자신을 드러내지 못하고 현상은 실존 없이 드러나지 않는다. 현상과 실존은 하나다. 눈이 눈을 보지 못하지만 사물이 인식되면 눈은 있는 것이다. 현상이 드러난다는 것은 본래가 작용한다는 것이다. 이 인지되지 않는 본래를 주시하라. '실존'인 '공'이 거기에 있다.

4. 본래의 자리로 돌아가면 깨달음도 없다

 절대의식은 6근의 감각기관으로는 인식할 수도, 감지할 수도 없는 대극이 깨어진 5차원의 공적 영지다. 절대의식은 자신을 현상계에 나타내기 위하여 몸이라는 개체에 생기를 부여하고 의존하여 작용으로서 자신을 시·공간에 드러내고 감상하고 체험하고 있다. 현상이 나타난다는 것은 절대가 작용한다는 반증이다.

 그러나 개체는 무명으로 인하여 현재 드러나는 세상이 본체인 의식의 거울 속에서의 비춤으로 드러나는 환영이라는 사실을 모른다. 실재하는 현상계로 착각하고 환영에 끌려가 '제행무상'이고 '제법 무아'의 상실감에서 오는 '일체개고'의 늪에 빠져 허우적대며 살아가고 있다.

 그러나 본체인 의식의 거울 입장에서 보면 일체가 내 안에서 나의 그림자로 나타나는 환영이다. '공적 영지' 한 의식의 거울 속에서 의식에 의해 창조된 환영을 개체의식(가아)은 무명으로 인하여 알지 못한다.

 개체의식으로 한계 지워진 몸은 의식이 자기 시현을 위한 도구로 몸·마음을 사용하고 있다는 사실을 모른다.

개체의식인 '가아'는 의식의 투영에 의해 생겨난 '환영'임을 무명에 의해 알지 못하기 때문에 오히려 스스로를 더욱더 명확히 하고 돋보이게 하기 위하여 '자아(에고)'를 강화하는 방향으로 작용하기 때문에 자신은 물론 본래로 돌아가는 길 마저 잃어버렸다.

우리가 수행을 하는 목적은 나는 단일의식으로부터 의식을 부여받는 개체적 '가아'가 아니라 만물에 생기를 부여하는 단일의식인 '실존'임을 자각하여 본래로 돌아가 일체개고로부터 벗어나 대자유를 얻기 위함이다.

본래로 돌아가는 길은 의식의 거울에 비추어지는 현상은 제행무상이며, 제법이 무아라는 사실을 통각 하여 자신을 드러내고 있는 의식의 '거울 자체'가 본래이며 '실존'임을 海印으로 항복받고 체감하여야 한다.

실존을 확인하고 체감하는 것을 '견성'이라 한다. 마음공부는 일단 본래를 확인하는 '견성'에서부터 시작된다.

고개를 들어 목전에 펼쳐지는 현상을 있는 그대로 보라. 펼쳐진 풍경 자체가 '실존'이다. 여여 부동한 의식의 거울에 드러나는 본체가 투영한 그림자는 바다에 인연 따라 나타나는 파도와 같이 바다와 파도는 둘이 아니다.

다만 바다의 출렁임일 뿐인 불이(不二)다. 이와 같이 의식의 거울에 비친 의식과 환영이 둘이 아님을 통찰하여 '여여부동' 한 '실존'인 '공(空)'을 체감하여야 한다. 나는 본래 '실존'이기 때문에 다른 어떤 노력이나 방편은 오히려 장애가 된다.

일체 모든 구하는 마음을 내려놓고 그냥 깨달으라. 그러면 '앎 → 그냥 있음 → 깨달음'이 한순간에 일어난다. 본래부터 목전의 '여여 부동'이며 '공적 영지'의 생명 작용은 있었으며 항상 하는 '영생의 창'이다.

'공(空)'을 깨달으라. 성불하라.

11장

일상에서 마음 해탈하기

　붓다가 출현하지 않은 시대에 태어난 사람들은 바른 스승을 만나 4성제를 듣고 배울 수 없었다. 괴로움의 소멸이라는 삶의 과제를 해결하기란 지난했다.

　그러나 붓다께서 출현하시어 지상 지고의 진리인 실존을 보시고 괴로움을 소멸하는 길을 일러 주셨다. 붓다는 이 법이 신묘하여 중생이 이해하고 받아들이기 어렵다고 생각하시고 전법을 하지 않으려고 하셨다.

　그래서 붓다는 고심 끝에 괴로움의 소멸을 위해 지나치지도 부족하지도 않은 최소한의 범위에서 법을 설하셨고, 그 법이 바로 성스러운 네 가지 진리인 4성제다. 이것은 인류사의 최고의 행운이다.

　이 4성제의 진리는 붓다의 숨결이 느껴지는 견해로서, 불법은 '존재의 실상'을 전도몽상으로 보지 말고 정견으로 바로 보라는 것이다. 실상을 바로 보는 것이 괴로움의 소멸이고 그것을 일러 깨달음이라고 한다. 4성제는 불법의 시작이며 전부다.

  여기서 우리가 일상에서 보고, 듣고, 생각하고, 말하고, 행동하는 것이 법 아닌 것이 없으며 몸·마음은 우리에게 깨달음을 일깨우기 위하여 드러낸 의식의 의존체인 도구에 불과하다는 사실을 이해하여야 한다.
  무명으로 인하여 우리는 전도몽상에서 고해의 바다를 헤매고 있다. 일상생활에서 불법은 어떻게 작용하고 우리의 삶에는 어떤 한 진리의 비를 내리고 있는지 살펴보는 것이 이 장이 되겠다.
  괴로움의 발생과 소멸에 불법이 어떻게 작용하고 있는지를 알아보자.

1. 나는 본래 실존이지 개체의식이 아니다

부모에게서 태어나기 전 본래 면목의 자리에서 6근이 대상을 인식하면서 나라는 개체 의식(가아)이 생겨났다. 나라는 존재를 중심에 두고 나를 더욱더 명확히 하고 돋보이게 하기 위한 과정에서 실존은 삼라만상을 펼쳐 내었다.

5근에 촉 하여 정보의 다발로 펼쳐진 삼라만상을 의식의 거울(대원경)에 비춰 저 나타나는 것이 현상계다. 나를 명확히 하는 과정에서 실존은 세상을 창조하고 자신이 창조한 세상을 감상하게 된다.

그러나 나는 단일의식인 실존으로 만물에 생기를 부여하고, 창조하고, 인식하고, 감상하는 절대임을 모르고 있다. 나는 나를 분별하고 한계 지워 분명히 하는 과정에서 본래 실존인 나를 잊어버리고, 전도몽상을 일으켜 개체적 존재로 착각하여 정보의 감옥에 가두어 괴로운 중생의 삶을 살아가게 된다.

싯다르타가 이 본래의 나를 찾아 있는 그대로 바로 보게 하기 위하여 최소한의 수행 방편을 제시한 것이 '네 가지 진리인 4성제'다.

우리는 이 4성제의 진리로 무명을 명으로 깨우쳐 본래로 돌아가 이 세상 속에 나는 하나의 개체적 존재로 살아가고 있는 것이 아니라, 실존인 내가 이 우주를 펼쳐 내고, 내가 보고, 인식하고, 감상하며 살아간다는 사실을 바로 알고 전도몽상에서 벗어나 대각을 성취하여 자유인으로 살아가라는 것이 붓다의 가르침이다.

2. 우주는 실존이 펼쳐 낸 환영이다

　모든 현상은 5근의 촉에 의한 지각 작용의 총화인 정보의 다발로 의식이 시·공간에서 관념으로 발현하여 인식하게 된다. 드러난 일체 대상은 개념으로 뭉쳐진 정보의 다발로 '환'과 같은 것이다.
　세상은 일체가 연기로 흘러가고 있으며 주체적 자아를 가진 존재는 더더욱 존재할 수 없다. 그래서 無我이며 연기한다. 모든 현상은 바닷속 달의 그림자와 같이 실체가 없는 '공'으로 자아에 의한 '아상'이 사라진 상태를 涅槃이라고 한다.

　중요한 것은 6근이 현상과의 촉을 조건으로 인식이 일어나고, 인식을 조건으로 개념이 생겨나기 때문에 현상에 대한 개념은 대상이 없으면 생겨날 수가 없다.
　따라서 어떤 현상을 분별하여 안다는 것은 그 현상에 대한 着이 선행하여 '개념(識)'이 일어난 것이다. 따라서 현상은 識의 일어나고 사라짐이다.

'교리문답의 긴 경'에서 이르길 "도반이여 느끼는 그것을 인식하고, 인식하는 그것을 분별하여 압니다."

예를 들면 '큰 돌덩어리'가 있다고 하자. 그것은 세속의 견해로 보면 '바위'라 할 수 있다. 이때 바위는 큰 돌덩어리를 지칭하는 개념일 뿐만 아니라 큰 돌덩어리 자체이기도 하다. 또 그것을 붓다의 견해로 보면 '물질'이라는 '법(法)'으로 이해할 수 있다.

'法'으로 이해한다는 것은 의식의 거울(대원경)에 비친 돌은 거울의 입장에서 보면 실체가 아닌 환영이지만, 현상계에서 육안으로 볼 때는 의식의 투영으로 형상을 가진 정보의 덩어리인 개념이다.

물질적 측면에서 보면 형상을 갖춘 큰 돌덩어리의 실상이 '변형됨'이라는 것을 알게 하는 개념일 뿐만 아니라 큰 돌덩어리 그 자체이기도 하다. 이처럼 어떤 현상을 분별하더라도 현상 자체와 그것을 알게 하는 개념은 항상 함께한다.

하지만 개념이 생길 때 그 현상에 대한 관점이 반영되기 때문에 그 현상을 어떤 관점에서 보느냐에 따라 개념은 달라질 수 있다. 위의 예에서 보았듯이 세속의 견해로 보면 바위이고, 붓다의 견해로 보면 法(현상)으로 실체가 없는 '공'이다.

특히 붓다의 견해로 현상을 이해한 것을 '法'이라 하는데, 법은 그 현상의 실상을 통찰한 개념이 함께한다는 점을 주목해야 한다.

이처럼 법을 알 때에는 현상 그 자체를 뜻하는 법(緣起)과 개념을 뜻하는 법(空)이 함께한다. 여기서 개념을 뜻하는 법은 붓다께서 깨달은 현상의 실상을 알게 하므로 개념 속에 붓다의 통찰인 '공'이 포함되어 있음을 명심하여야 한다.

예를 들어 '자신에 애착하는 마음'을 '탐욕'이라 할 때 '자신이 애착하는 마음'은 탐욕이 지칭하는 현상 그 자체이고, 탐욕은 그것의 실상에 '집착하는' 특성이 있음을 통찰한 개념이다.

이처럼 법은 현상 그 자체일 뿐 아니라 그것의 실상을 통찰한 개념이 함께 한다는 점에 주의해야 한다. 이것은 한마디로 현상과 개념은 다르지 않고 동시다. 다시 말해 '법'은 현상 그 자체일 뿐 아니라 그 현상의 실상(空)을 통찰한 개념이다.

여기서 현상의 실상을 통찰한 개념이란 무엇인가?

존재의 실상인 물질과 정신의 법을 꿰뚫어 보고 그것이 무상하고, 괴로움이며, '무아'임을 통찰함으로써, 일상에서 접하는 현상들에 대한 집착에서 벗어나면 괴로움을 소멸할 수 있다는 것을 아는 것이다.

3. 법을 알고 보면 지견이 성숙된다

　불교의 수행에서 법을 알고(知) 보는(見) 것은 아주 중요하다. 4성제의 견해로 법을 보고, 법을 조사함으로써 4성제를 알고, 아는 과정을 반복하면 지견이 성숙 되고 바른 기억이 확립되어 가는 과정이 수행이다.

　종합해 보면 법을 지(知, 알고)견(見, 본다)함으로써, 도성제는 계발되고, 고성제는 철저히 알아 지고, 집성제는 버려지고, 멸성제는 실현된다. 이 점이 불교의 수행에서 법을 알고 보아야만 하는 이유다.

4. 깨달았으면 열반을 즐겨라

앞에서 말했듯이 열반은 실현하는 것이지 열반이 의식의 대상이 될 수 없다.

그래서 마음 또는 의식이 남아 있는 상태는 열반이 실현되지 않은 상태다. 반면에 몸과 마음이 남김없이 소멸하면 열반은 실현된다.

그러므로 열반은 알 수 있는 마음이 소멸한 상태이므로 열반을 알 수 없다. 이런 이유로 열반은 실현하는 것이지 의식의 대상이 될 수는 없다. 그래서 붓다께서는 열반 자체를 직접 분별하여 설하신 적이 없다. 열반을 실현할 수 있는 바른 방법인 팔정도를 설하셨을 뿐이다.

그러므로 6근의 문은 이미 활짝 열려 있으므로 팔정도라는 큰 거울에 비치는 모든 현상은 '나(我)'라는 개체의식이 없는 무아(無我)이다. 물론 개인에 따라 차이가 있겠지만 6근(의식의 거울, 대원경지, 고경)의 문을 활짝 열고 감각을 활성화시킨 '무아'라는 전체의식의 거울. 거기엔 '나(我)'라는 개체의식이 없고 순전히 거울의 비춤만 드러난다.

우리가 일상생활에서 종종 볼 수 있는 부분은 예술이나 운동 분야에서 볼 수 있다. 예를 든다면, 당신도 경이로운 순간을 체험한 적이 있을지도 모르겠다.

우리가 등산을 하여 힘들게 정상을 정복했을 때 갑자기 눈앞에 펼쳐진 풍광을 직시하면 생각이 올라오기 전, '경이로움'에 찬 호연지기로 나도 모르게 감탄사가 터지는 순간 나와 경계가 사라진다.

경계가 사라져 뭐라고 표현할 수 없는 경이로움 그 자체다. 그 순간만큼은 나와 경계가 하나 된다. 이제 주변이 조금씩 정돈되면서 경계가 분리 의식으로 하나, 둘씩 나타나면서 나라는 존재감이 되살아나게 된다.

이때 우리가 착각하는 것은 본래 의식이 돌아오는 것이 아니라 지켜보는 본래 의식은 그대로인데 망상이 되살아나고 있는 것이다. 본래는 오고 간 적이 없다. 단지 생·멸하는 생각의 작용이 일어날 뿐이다. 직접 느껴 보시라.

운동경기에서 특히 양궁, 사격, 검도, 테니스, 골프, 조각, 미술, 음악 등 운동이나 예술 분야에서 볼 수 있는데 나라는 생각이 끊어져 대상과 내가 하나 되는 몰아의 경지에서 최고의 기량과 작품이 나오는 것을 볼 수 있다.

이때에 주체와 대상과 행위가 하나 되어 몰아 일체가 되었을 때 좋은 결과를 얻을 수 있다. 예술의 경우 창작의 극치에 도달했을 때 나라는 我가 사라지며 무위의 행위로서 그냥 표출된다. 자신도 모르게 일어나는 창조나 창작 활동이다. 이것은 무아의 경지에서 일어나는 단일의식인 '실존' 자체다.

또한 갑작스럽게 예기치 못한 차량이나 항공기, 여객선 사고가 일어날 때 사고를 당한 당사자의 얘기는 사고가 일어나는 위험을 감지하고 더 이상 방어를 할 수 없는 체념의 상태에서는 자기를 놓아 버리는 상태 즉 '백척간두의 진일보'의 상황에서는 주체와 생각과 말과 행위가 끊어진 물아일체(物我一體)의 상태다. 그냥 존재 자체인 '실존'의 상태다. 모든 것을 놓아 버릴 때 '실존' 자체만 드러난다.

붓다께서는 열반을 아라한이 죽음을 맞이하여 다시 태어나지 않는 상태, 즉 물질과 정신의 법들이 소멸한 상태라고 설하였다. 마음 또는 생각이 남아 있는 상태는 열반이 실현되지 않은 상태다.

그러므로 열반을 알 수 있는 마음이 소멸한 상태이므로 열반을 알 수 없다. 이런 이유로 열반은 실현하는 것이지 의식의 대상이 될 수 없다.

이러한 경지는 모든 생각이 끊어진 無我의 상태다. 모든 것을 놓아 버리고 그냥 가만히 있는 상태에서만 실존과 계합 된다. 왜냐하면 나는 있는 그대로가 '실존'이기에 어떠한 생각과 방편을 일으키든 그것은 장애가 된다. 모든 것을 '實存'에 맡겨 버리는 자유가 '깨달음'의 경지다.

이 순간을 장자는 "물아일체"라고 표현하였고 『화엄경』에서 "해인삼매" 즉 대양에 모든 사물이 투영되지만 깊고 고요하다.라고 표현하였다.

여기서 필자가 제시하고자 하는 것은 나와 경계가 하나 되어 생각이 끊어진 5차원 '實存'의 상태가 아니면 3차원 상대적 세계에선 생각에서 일어나는 개념의 차원 변경은 이미 착이 선행한 후의 '몽중각' 즉 꿈속에서의 깨달음인 환영에 불과하다는 것이다.

싯다르타가 참나, 진아, 불성, 해탈, 열반을 거부한 것은 생각 속에서 개념으로 붙잡고 오히려 업을 성장시키는 오류를 범하면서도 성불하였다는 상사각에서 벗어나지 못하고 있음을 보신 것이다.

그러므로 상사각에서 벗어나 "제1원인 = 평상심 = 실존"을 깨닫기 전에는 '무아와 연기'를 철저하게 '정견' 하여야 한다. 그래서 그냥! 깨달으라는 것이다.

5. 일체는 실존 자체다

생각이 끊어진 자리에서 누가 무엇을 할 수 있을까?

있는 그대로의 느낌, 의식의 문은 저절로 활짝 열려 있으며 작용도 저절로다. 의식의 파동이 우주와 공명한다. 개체의식이 우주 의식으로 공명에 의해 흡수되어 절대인 '전체의식'으로 공적하지만 '覺'의 상태다.

일체는 단일의식의 일원성인데 누가 있어 주체 의식을 가질 수 있겠는가?

모든 것이 연기적 공명 상태이며 저절로다. 저절로 보여지고 있다. 들려지고 있다. 냄새 맡아지고 있다. 맛보여지고 있다. 감각이 느껴지고 있다. 생각이 올라오고 사라지고 있다. 모든 것이 의식의 거울에 비친 覺이다.

이러한 현상들이 저절로 일어나고 사라지고 있지만 대원경(의식의 거울) 속에서의 일로 그냥 그대로다. 있는 그대로 평상심의 상태가 '實存'이다. 꿈속에서 꿈을 깬 것이 아니라 잠에서 깨어나 일상으로 돌아온 것이 '평상심'이며 중도다.

'평상심', 거기에는 "응무소주와 이생기심"은 새삼스럽게 일어나지 않는다.
 그냥 봄(앎)이다. 내가 하는 것은 없다. 만일 그대가 몸으로부터 분리하여 실존의 작용을 본다면 그대는 행복하고 평화로우며 즉시 구속의 굴레를 벗어남을 느낄 것이다.
 깨달음은 무엇을 이루는 것이 아니다. 왜냐하면 내가 깨달음 자체이므로 그냥, 그냥 그대로 있어라 앎은 저절로 깨어 있음이며 '大覺'이며 '실존'이다.

 어둠은 전등의 스위치만 켜면 저절로 사라진다. 거기 어디에 구함이 있는가?
 대칭이 깨어진 상대의 세계는 생각이 붙을 자리가 없다. 생각은 증발한다. 그냥 존재 자체다. 일체가 있는 그대로이지만 거기엔 시공을 초월한 '實存'만이 존재한다. 실존이기 때문에 나 아닌 것이 없다. 머무름 없이 그냥 '여실 지견'이다. 그냥 존재하라.

6. 삶은 연기에 의해서 저절로 살아지는 것

나라는 개체적 자아(가아)는 삶은 내가 의지적으로 자유의사를 가지고 살아가고 있다고 착각한다. 그러나 현상계에 드러나는 모든 현상(사람도 포함)은 절대의식인 '實存'이 펼쳐 내는 정보의 다발이다. 주체 의식을 가진 연기적 자아는 존재할 수 없다.

왜냐하면 시·공에 드러나는 경계는 오직 '실존'이 펼쳐 내는 연기적 작용이므로 현상은 그림자인 '환'이다. 그러므로 삶은 '주체자가 없이' '무아 연기'로 저절로 펼쳐지고 있음을 보아야 한다.

이것을 경전에서 業은 있어도 作者는 없다는 것이다. 현상은 있어도 현상의 주재자는 없다. 연기적 현상은 있어도 주재자는 있을 수 없으며 드러나는 모든 현상은 저절로 일어나고 있는 연기적 운동성을 말하는 것이다. 이것이 '무아 연기'다.

7. 깨달은 사람은 세상을 어떻게 보는가

 깨달은 사람은 대상을 꿈속에서와 같이 봅니다. 절대 계에서는 시·공 간 개념의 틀이 작동하지 않으므로 대상을 인식할 수 없다. 그러나 현상계에서 시·공간 개념의 틀이 작용하여 6근(안, 이, 비, 설, 신, 의)의 지각으로 세상이 펼쳐진다.

 그러므로 우리는 존재하는 모든 것이 의식에 의한 의식의 개념작용으로 세상이 펼쳐지고 있다는 사실을 직시하여야 한다. 실체가 아닌 개념적 '가상'으로 보아야 한다.

 당신이 내 의식 속에서만 존재하고, 나는 당신의 의식 속에서만 존재하는 한 서로 간 철저하게 객체적 대상(이미지)으로 존재하는 것이다. 그러므로 우리가 자신이라고 말하는 것은 다른 사람의 의식 속에 나타나는 이미지로 존재하는 개념에 불과한 객체이며, 주체적 지위를 가진 '나(아)'라는 존재는 없다는 것을 이해해야 한다.

그러나 사람들이 일반적으로 자기 자신이라고 생각하는 육체는 개념으로 건립된 허상체로 의식의 도구에 불과함을 알지 못한다. 즉 몸·마음을 '나(我)'로 동일시함으로써 구속의 굴레를 벗어나지 못하고 평생을 괴로움 속에서 살아가게 된다.

나는 단일의식이 시현되는 대상에 의식(생기)을 부여하는 단일의식이지 생기를 부여받은 지엽적 객체가 아님을 명심하여야 한다. 그러나 우리는 골수에 맺힌 고정관념으로 조건 지어진 타성 때문에 경계가 나타나면 자신도 모르게 대상에 着 하여 자기와의 동일시로 '나(我)'를 자동 건립한다.

'가아'가 건립됨으로써 자신의 행위에 대한 책임의 굴레를 벗어나지 못하고 고통받는 삶을 살아가게 된다. 그러므로 '나(我)'의 본래 성품은 태생, 난생, 습생, 화생에게 생기를 불어넣는 본체인 단일의식이지 분별된 개체의식이 아님을 명심하라.

이 수백억 조의 지각을 가진 개체는 주어진 시간을 살아가다가 인연이 다하여 몸체가 쓰러지면 마치 한 방울의 물이 바다로 스며들 듯이 본래인 단일의식으로 돌아간다.

생겨나고 사라지는 현상은 단일의식의 시현으로 나타나는 개체로 본체의 그림자인 '환영'이다. 그러므로 본체와 그림자는 둘이 아닌 하나다. 현상은 있으나 주재자는 있을 수 없다.

그림자는 주체 의식을 가질 수 없는 '무아'이며 무아이기 때문에 연기가 가능한 것이다. 경전에는 무아를 보면 연기를 보고, 연기를 보면 공을 보고 공을 보면 여래를 본다고 하였다. 이것은 바로 '무아 연기'다.

8. 현상은 단일의식이
자기현시를 위해 펼치는 그림자다

우리는 독립된 개체적 자아를 가지고 일상의 즐거움을 느끼며 살아가고 있다고 생각하지만, 본래가 자신의 시현을 위해 드러낸 자신의 그림자다. 우리가 지금 진리를 진리로 받아들여야 하는 것은 무엇인가?

그것은 세상은 연기에 의해 저절로 펼쳐지고 주체적인 주재자는 있을 수 없다는 '무아'이기 때문에 '연기' 한다는 사실이다.

바로 '무아'이기 때문에 연기이고 연기하기 때문에 그 어떤 실체도 있을 수 없는 '공(空)'으로, '나'도 없고, '너'도 없으며 세상 또한 '공(空)' 하다는 사실을 깨달아야 한다. 그 어떤 실체도 있을 수 없는데 누가 있어 이 세상에서 주체적 삶을 살아가고 있다고 생각할 수 있는가?

우리가 이해하고 깨달아야 할 것은 바로 이것이다. 나도 없고 너도 없는데 누가 죽었으며 누가 죽음이라는 슬픔에 빠져 몸부림치는가?

우리는 단지 절대의식의 아바타인 객체적 존재로 현상계에 드러나서 인연 따라 생겨나고 사라지는 파도 같은 존재가 아니라 우주를 품에 안고 만물에 생명을 부여하는 단일의식인 '실존'이다.

실존의 입장에서 보면 실존인 나 안에서 연기에 의해 세상이 펼쳐지고 펼쳐진 세상은 의식의 거울에 드러나는 그림자다. 만물은 인연 따라 생멸 하지만 나는 영생하며 분별되지 않는 배경 의식인 생명 자체다.

몸·마음은 인연이 다하면 본래의 자리로 돌아가지만 실체인 단일의식은 항상 여여 하다. 죽음 이란 본래 생겨난 적도 없으며 사라진 적도, 오고 간 사실도 없다. 다만 단일의식인 '실존'만이 '지금 여기' 이렇게 여여 하게 '봄'이며 '앎'이고 '비춤(大覺)'이 있을 뿐이다.

9. 우주는 절대 진리가 펼쳐 내는 한순간의 꿈이다

꿈은 실체가 없는 환상이다. 꿈에서 깨어나면 꿈 자체가 사라진다. 그러나 꿈속에서는 꿈이 '환영'이라는 사실을 알지 못한다.

우주라는 현상세계에서 하나의 독립된 개체로 살아가고 있다고 확신하고 있는 사람들 역시 시·공뿐만 아니라 자기 자신을 비롯한 우주 전체가 단지 절대 진리가 펼쳐 낸 한순간의 꿈이라는 사실을 모른다.

본래인 단일의식은 몸·마음이라는 도구에 의존하여 생시의 작용과 같이 꿈을 펼쳐 내고 체험한다.

잠에서 깨어나면 누가 꿈을 꾼 사실을 알고 있는가? 꿈속에 등장했던 나는 사라졌지만 꿈을 기억하고 있는 것은 바로 의식이다. 잠을 깬 생시에 단일의식은 몸·마음에 의존하여 만물을 꿈속에서와 같이 인연에 의해 세상을 펼쳐 낸다.

이것 또한 단일의식의 자기 시현이다. 꿈과 생시가 어떻게 다른지

숙고해 볼 일이다. 경전은 생시도 단일의식이 펼쳐 내는 우주라는 한 순간의 꿈이라고 설명한다.

10. 나는 보되 보지 않는다

　대상을 보기 위해서는 보는 주체가 있어야 한다. 나는 '가아'가 아닌 단일의식이며 우주 만물을 창조하여 비추며 모든 작용은 나 안에서 나의 의식작용으로 펼쳐진다. 그러나 나를 볼 수도 만질 수도 없지만 나는 개체를 통해 자신을 작용으로 드러낸다.

　만물은 나 안에서 개체를 통해 나에 의하여 펼쳐진다. 나는 본체인 바다이며 파도는 인연 따라 일어나는 현상에 해당한다. 중생은 현상인 파도에 착하여 생·멸의 현상만 보지만, 정견으로 보는 자는 단지 물의 출렁임일 뿐, 불이(不二)로 본다.

　그러니 나에게서 대상의 인식으로 인한 존재감이 일어나기 이전인 순수의식을 직관하는 것이 관건이다. 내가 태어나기 이전의 '여여 부동한' 태초의 자리를 전체성, 일원성으로 직지하라. 우리는 그 자리로 돌아가야 한다.

'내가 가지고 태어난 자산은 무엇이며, 내가 존재한다는 인식을 가진 후에도 충실하게 변함없이 나에게 남아 있는 것은 무엇인가?'

어디서 어떻게 생명(몸과 의식)이 존재하게 되었으며, 나에게 존재감이 생기게 된 것은 무엇인가?

단일의식은 주고받을 수 없는 절대이며, 이 모든 것은 저절로다. 이 몸이 생겨나기 전에 나는 무엇이었는가? 단일의식인 '본래면목'이다. 이 몸의 인연이 다하면 나는 무엇이 되는가? 단일의식이다.

누가 진정 태어났고 누가 죽는가? 태어나고 죽는 자는 없다. 오직 단일의식만이 독존한다.

나는 무엇인가? 나라는 존재가 대상을 인식할 때 개체의식이 일어난다. 나라는 존재감이 일어나기 이전은 단일의식이며 '본래면목'이다.

이 모든 것이 얼마나 지속될 것인가? 개체의식은 육신과 함께 사라지지만 단일의식인 '본래'는 영원하다. 이것은 단일의식 본래의 독백이다.

11. 견성이란 본래의 나로 돌아가는 것

 의식의 지각 작용으로 '존재감'이 일어나 '나(我)'가 있다는 착각에서 개체의식인 '가아'가 생겨납니다. 이 '가아'는 인식 대상이 실재한다고 생각함으로, 희로애락, 애 오욕의 감정의 늪에 빠져 고통과 괴로움을 겪게 된다.
 나(我)가 있다는 착각에서 '가아'가 생겨나 삶의 병은 시작된다. 그렇다면 비 인격인 순수의식의 상태에 머무를 수는 없을까?

 의식은 대상에 의존하여 작용으로 현상계에 드러난다. 대상을 인식한다는 것은 의식이 대상에 착하여 발생한 결과다. 의식은 대상을 찾아가기 때문에 대상과 의식은 하나다.
 만물은 의식의 투영에 의하여 시·공에서 개념으로 인식된다. 의식이 작용하지 않으면 나도 세상도 인식되지 않다. 일체는 의식의 작용이며 나와 세상을 분류할 수 없는 하나다.

즉 만물은 의식에 의존하여 세계를 펼쳐 낸다. 그러므로 나는 물론 세상은 단일의식의 투영으로 펼쳐진 그림자에 불과한 '환영'이라고 한다.

'견성'이란? 단일의식이 투영으로 드러낸 우주 만물을 무아이며 연기로 실체가 없는 '공(空)'으로 '정견'하는 것을 말한다. '공'의 자리가 본래다.

반야심경의 "색즉시공, 공즉시색"은 이 단일의식을 가리키는 것으로 선지식이 손가락을 보지 말고 달을 보라는 것은 본체인 '공(空, 실존)'을 보라는 것이다.

즉 현상으로 드러나는 그림자를 보지 말고 그림자를 투영시켜 드러내는 '실존'인 '공(空)'의 '단일의식'을 보라는 것이다. 그러나 우리의 의식으로는 드러난 경계만 보지 즉 가리키는 손가락만 보지 잠재적 배경 의식으로 작용하는 '공'을 인지할 수 없다. 그러므로 '실존'인 불성은 보지 못한다.

왜 보지 못할까?

배경 의식인 본체는 우리의 의식으로는 감지할 수 없다. 이 자리를 불법으로 불성, 실체, 본체, 부처, 본래면목, 단일의식 등으로 방편을 제시하고 있지만 그것 또한 언설상의 개념이라는 사실을 알아야 한다. 강을 건넜으면 뗏목은 버려야 한다.

일체는 의식의 거울에 비추어져 개념으로 드러나는 그림자인 '환'이다. 그림자인 '환'에 끌려가지 말고 '환'을 드러내고 있는 '배경 의식'인 본체(空)를 자각하라는 것이다.

이 본체인 '공'은 육안은 볼 수 없다. 눈은 눈을 보지 못한다. 그러나 사물이 인식되는 것은 눈이 있다는 방증이다. 심안, 혜안, 불안으로 보는 것을 '견성' 즉 깨달음이라고 한다.

그러므로 '내가 존재한다'는 개체적 '가아'는 육안에 의해 대상을 인식함으로 실체인 단일의식을 볼 수 없다. 의식을 전환하여 3차원 개체의식을 '4차원 순수의식', '대극이 깨어진 5차원'으로 의식을 전환하여야 한다.

전환하려는 것을 수행이라고 하며, 심안, 혜안, 불안을 얻는 것을 '반야'라고 한다. 배경 의식에 드러나는 현상을 둘로 보지 않고 不二의 '공(空)'으로 바로 보는 것이 '見性'이다.

경전에서 중생은 이미 불성을 가지고 있는데 다만 무명에 가리어 불성을 보지 못하므로, 무명을 명으로 전환하는 스위치만 켜면 된다고 강설한다.

나는 본래 성품인 불성을 갖추고 있기 때문에 불성을 성취하기 위한 별도의 수행이 필요치 않다는 것이다. 내가 본래 부처인데 부처가 부처 되기 위해 무엇을 해야 하는가?

다만 무명으로 본래 부처라는 사실을 모르고 있을 뿐이므로, 방법은 일체 생각을 멈추어 모든 것을 내려놓고 그냥 있으며, 외부 세계와의 공명상태로 돌아가 그냥 깨달으라는 것이다.

이미 나는 있는 이대로가 '실존'인데 '실존'이 실존을 깨달을 수는 없다.

다만 깨닫고자 하는 마음만 내려놓고 그냥 깨달으면 된다. 생각 이전의 자리다.

여기서 중요한 것은 현상은 배경 의식의 거울에 비친 본체의 그림자다. 즉 호수에 뜬 달그림자를 보지 말고 본체인 호수를 보라는 것이다. 달은 호수 없이는 그림자를 담을 수 없고, 호수는 달이 없으면 드러낼 수 없다. 그러므로 호수와 달은 둘이 아니고 불이로 실체가 없는 '공'이다.

12. 절대계와 현상계는 본래 둘이 아니다

　단일의식은 자신을 드러내기 위해 개체를 배경 의식에 투영하여 시방 세계를 드러내고 있다. 아침에 잠에서 깨어나면 의식이 서서히 돌아오면서 존재감이 생기며 동시에 만물이 배경 의식에 투영되어 저절로 드러난다.

　이때 배경 의식인 본래가 정신을 차려서 대상을 인식하는 것이 아니라 자아의식이 착을 일으켜 망상이 생겨나 본래를 가로막는 것이다. 본래인 실존은 그대로인데 아상이 착에 의해 망상을 피우는 것이다. 그냥 의식의 거울에 비치는 상태 그대로가 '실존'이다.

　보여지고, 인식되어 지는 그대로가 '실존'이다. 그냥 지켜보라. 지켜봄에 '나(我)'가 본다는 유위가 있으면 착(着)에 의해 중생심으로 떨어진다. '나(我)'가 본다는 존재감이 생기면 이미 着이 발생한 것이다.

　착의 발생으로 본 것은 그림자며 '환'이지 본래의 실상이 아니다. 생각 발현 이전 순수의식의 거울에 무위의 비춤만 있으면 '실존'이며 '대각' 자체다.

'실존'이 우주 전체이며 비춤이며 대각이며 깨달음 그 자체다. 이것이 평상심이고 道, 실존이다. 이제 3차원의 현상계에서 이생기심을 하든 5차원 실존의 경지에서 응무소주 하든 그것은 '實存 = 自由 = 大覺'이며 자유다.

경전 근거

『화엄일승법계도』에 "일미 진중함 시방, 일체 진중 역 여시" 한 점의 의식에 시방세계를 다 머금고 있다고 강설하고 있다. 여기서 중요하게 보아야 할 것은 실체와 현상세계는 분별할 수 없는 일원성, 동일성으로 범위가 없는 하나다. 이것은 육체와 의식(정신)을 분류할 수 없는 것과 같다.

또한 만물은 법신(단일의식)의 투영으로 나타나므로, 예를 들면, 3법신(법신, 보신, 화신) 중에 '달'을 본체인 '법신(空, 배경 의식)'으로 볼 때, 달의 빛은 '보신'으로, 물에 비친 달의 그림자는 '화신'으로 본다면, 보신은 달의 비춤으로 나타나고, 화신은 물속의 그림자로 현상계에 나타난다.

그러므로 본체인 달(법신, 배경 의식)과 '보신(비춤)'과 '화신(달그림자)'은 3법신인 "달과 빛과 물에 비친 달그림자"는 분별할 수 없는 '달' 하나라는 것이다. 그래서 본래 분별이 없는 일원성, 단일성으로 불이(不二)다. 이렇게 보는 것이 '반야'이며 '공'이다.

13. 시·공은 세상을 인식하는 개념구조체인 도구다

우리 몸의 감각기관인 6근(눈, 귀, 코, 혀, 몸, 의식)은 공간에서 일정 범위를 점유하고, 시간상으로 일정 기간 정지되어 있어야만 대상을 인식한다. 대상을 인식하는 순간 주체인 나를 중심으로 하여 세상 만물이 펼쳐진다.

이때 펼쳐지는 세상은 단일의식의 투영인 시·공간에서 개념구조의 틀을 통해 언 설상, 명 자상, 심연 상의 개념으로 펼쳐진다. 이때 펼쳐진 대상은 연기에 의한 현상으로 실체가 없는 '환'으로 사유하여야 한다.

이 세상은 극단적 주관주의 관점에서 시·공간이라는 개념 구조적 틀을 통하여 개념으로 펼쳐지는 실체가 없는 허상(환)이다. 시·공이라는 개념의 구조적 틀인 도구가 없으면 의식은 사물을 인식하지 못한다. 그러므로 몸은 의식의 의존체이며 도구에 불과하다.

14. 경전에서의 공(空)에 대한 이해

불교는 극단적 주관주의 관점에서 사물을 이해하려는 위치에 있다.

- 『금강경』: 일체 유위법 여 몽 환 포 영 여로역여전 응작여시관 - 이 세상에 있는 모든 것은 꿈(夢), 환상(喚想), 물거품(浦), 그림자(榮), 이슬, 번갯불과 같이 고정된 실체가 없어 '공'이다.

- 『반야심경』: 조견 오온 개공(照見 五蘊皆空)- 색, 수, 상, 행, 식의 오온은 탐욕의 무더기, 더미, 정보의 다발로 실체가 없는 '공'이다.

① 색온(色蘊): 안(眼), 이(耳), 비(鼻), 설(舌), 신(身)이 그 대상으로 색(色), 성(聲), 향(香), 미(味), 촉(觸)을 분별하는 작용의 무더기
② 수온(受蘊): 분별한 갖가지 '느낌'의 무더기
③ 상온(想蘊): 과거와 미래로 떠도는 '생각'의 무더기

④ 행온(行蘊): 하고자 하는 '의지'의 무더기

⑤ 식온(識蘊): 분별하여 아는 '인식'의 무더기

- 『반야심경』: 색즉시공 공즉시색, 색불이공 공불이색 – 색(현상)이 공이고, 공이 색(현상), 물질은 곧 공이요, 공은 곧 색이다. 그러므로 드러나는 '색'과 잠재적 양태로 색을 드러내는 '공'은 둘이 아니다.

위에서와 같이 일체가 공(空)인데 어떻게 나와 너 그리고 세계가 드러나겠는가?

니사르가닷따 마하라지에 의하면 의식의 수준에서 세 가지 양상으로 이해할 수 있다고 한다.

첫째, 색의 형태로 드러나지 않음(空). 무의식, 모든 감각과 경험이 끊어져 자신을 스스로 자각하지 못하는 공의 상태로서 색의 이면에서 내재적으로 작용하는 절대다.

둘째, 색의 형태로 드러남. 순수 존재 의식 '나는 존재한다'와 같은 순수의식 안에서 자신을 스스로 자각하는 색의 상태로서의 절대다.

셋째, 개체로서의 나. 분리 개체의식, 생명현상의 구조물(몸, 형상), 자신을 스스로 몸 마음을 나로 착각하는 의식 상태로 개념적 개체의식.

마하라지는 이러한 구분이 그저 개념적일 뿐 실제로는 존재할 수 없다고 강조한다. 마치 빛과 햇빛 사이에 본질적으로 아무런 차이가 없는 것처럼 본질적으로 나타남(色)과 나타나지 않음(空) 사이에는 차이가 없다. 그러므로 반야심경의 색즉시공, 공즉시색과 차이가 없다.

우주는 빛으로 가득 차 있어 빛이 반사되기 전에는 그 빛은 드러나지 않듯이 시·공간에서 의식의 투영으로 드러나는 것을 개체로써 에고(개체의식)다. 그러므로 시·공간 속에서 형상을 가진 물질은 항상 대상으로 드러나며 언설상, 명자상, 심연상인 개념으로 존재하므로 드러나는 모든 현상은 실체가 없는 '환(煥)'이라고 한다.

이것은 육체를 가진 개인은 실체가 없는 환(煥)으로 주체가 없는 대상이지만 이 지점에서 대상을 인식하는 순간 착(執著)이 발생한다. 주체인 내가 대상을 인식하고 있다고 착각하여 이원성의 오류를 범하여 일원성인 깨달음과는 멀어지게 된다.

그러므로 실체는 '不二'의 분별로는 깨닫지 못하게 된다. 설상가상 깨달았다고, 하더라도 그것은 시·공간 인식 도구인 착에 의한 개념으로 상사각(깨달음과 유사한)이므로 싯다르타가 깨달은 '無上正等覺'과는 거리가 멀다는 것이다.

이 지점에서 싯다르타가 깨달은 중도의 '無上正等覺'과 힌두교 깨달음 '참나'와 차별되는 것을 알아차렸다면 당신은 이미 깨달은 것이다.

15. 의식의 거울에 드러나는 존재감과 순수의식

5근이 대상을 인식하게 되면 나와 대상을 동일시하여 나라고 하는 존재감이 생겨나 개체의식으로 변형된다. 의식이 휴식을 취하는, 잠잘 때, 마취 상태에 있을 때, 기절했을 때는 존재감이 사라질까?

우리가 아침에 잠에서 막 깨어나는 순간, 의식이 휴식 상태에서 서서히 돌아오면서 존재감이 회복과 동시에 대상을 인식하게 된다. 이때 착각하는 것은 의식은 항상 여여 한데 착이 발생하여 대상을 인식하면서 '실존'을 가리는 것이다.

존재감이 회복되지 않으면 인식할 주체가 없으므로 대상이 인식되지 않는다. 대상을 인식하게 되면서 존재감이 생겨나 대상에 끌려가 생각이 덧칠되어 개체의식이 생겨난다.

이때부터 개체의식의 감관(6근)의 작용으로 착에 의해 대상에 끌려 다니게 되면서 나를 중심으로 한 세상이 펼쳐진다.

이해를 돕기 위해 여러분 앞에 의식의 거울을 제시하겠다. 이때 의식의 거울은 나의 본체인 대원경이다. 거울 안에 비치는 만물은 나의 6근의 감각 작용에 의해 나의 의식에 비치는 의식의 투영으로 나타나는 그림자다.

그러니 지금 목전에 펼쳐지고 있는 산, 강, 나무, 해와 달, 바람, 구름, 비 등등은 나의 의식의 투영으로 의식의 거울에 비친 그림자다.

그러니 본체인 단일의식의 그림자이므로 경전에서 여, 몽, 환, 포, 영이라고 관하라는 것이다. 거울의 입장에서 본다면 거울 속에 비친 그림자는 자신을 드러내기 위해 투영한 그림자인 '환'이다.

그러므로 나의 본래인 '단일의식'과 그림자는 본래 하나(不二)라는 것이다. 바다와 파도는 물의 출렁임일 뿐 본래 하나인데 바다와 파도를 둘로 분별하여 보는 것 중생심이고, 不二로 보는 것을 반야 지혜라 한다.

대상은 오직 실체가 없는 개념으로 본래 不二이며 모든 작용은 오직 단일의식이 펼쳐 내고 단일의식이 보고 단일의식이 인식하고 감상하는 단일의식의 작용이다.

이 모든 작용은 단일의식이 개체인 몸·마음에 의존하여 드러내는 자기의 시현이다. 단지 우리의 몸·마음은 의식의 도구에 불과한 꼭두각시다.

그러나 우리는 무명으로 몸·마음을 개체적으로 독립된 '나(我)'라고 착각하고 나를 중심으로 한 전도몽상을 펼치게 된다. 깨달음은 전도몽상이 펼쳐지는 과정을 통찰하여 나는 본래 개체적 존재가 아니라 본래인 단일의식인 '실존'이며 '천상천하 유아독존'임을 통찰하는 것이 깨달음이다. 다음과 같은 등식이 성립한다.

'단일의식 = 실존 = 공(空) = 천상천하 유아독존'이다.

16. 생각이 일어나기 전이 본래의 자리다

노자는 "도가도 비상도" 의식의 바탕 위에 생각(개념화)이 일어나면 개체의식이 된다.

나라는 존재감과 시공간 개념은 동시다. 道란? 개체의식 이전의 잠재적 양태인 순수의식을 가리킨다.

그러므로 방편으로 가리켜 보일 수는 있지만 말로 표현되는 순간 진리와는 멀어진다. 왜냐하면 순수의식에 생각이 덧칠되는 순간 개념화되어 실상이 아닌 허상이 되기 때문이다. '무아 연기'는 보는 주체와 행위 양태가 없는 '공'인데 누가 무엇을 한다는 말인가?

어찌 대상이 있을 수 있겠는가? 우리는 서로 간의 객관적 대상인 상대적 이미지로만 존재한다. 그러므로 진리의 증거를 찾고자 시도하는 것은 우물가에서 숭늉을 찾고자 하는 것이며, 마치 그림자가 본래의 모습을 찾고자 하는 것과 같다.

본래의 입장에서 볼 때는 찾는 자가 바로 단일의식인 자신인데 의식이 의식을 찾는 격이므로, 눈이 눈을 볼 수 없듯이 단일의식인 본래를 찾을 수가 없다. 그러나 진리는 '지금 여기' 이렇게 온 누리에 충만하여 틈새나 분리가 없는 일원성 절대성의 '여여부동'의 비춤(覺)이다. 부모미생전의 본래의 자리를 돌아보라.

분별 이전의 단일의식인 본래의 자리로 돌아가라, 이 세계는 온전히 나이며 내가 곧 이 세계다. 이 모든 것이 내 안에서 비치고 있으며 만물은 나의 투영이다.

내가 태어나기 전에도 인연 따라 흘러간 후에도 나는 영원히 여여하게 '지금 여기 이것'으로 존재할 것이다. 그냥 있는 그대로 나를 직관하라. 그것이 '견성'이다.

① '나는 존재한다'라는 의식은 지각력 있는 존재가 가지고 있는 유일한 자산이다. 의식이 없으면 지각으로 인한 인식 작용이 일어나지 않으므로 시체에 불과하다.

② 그러므로 깊은 잠 속에서와 같이 '존재 의식'이 작용하지 않으면 몸도 없고, 외부 세계도 없고, 신도 없다. 따라서 이 작은 "한 점의 의식이" 전 우주를 품고 있다는 사실은 명백하다.

『화엄일승법계도』에서는 '일미 진중함 시방 → 티끌 하나 속에 온 우주가 담겨 있고. 일체 진중 엮여 시 → 모든 티끌마다 온 우주가 들어 있네!'라고 강설하고 있다.

③ 그런데도 의식은 몸·마음에 의존하지 않고는 존재할 수 없다. 몸·마음이 사라지면 순수의식은 단일의식으로 스며든다.

④ 결국 개체의식은 영속적이지 못한 일시적이므로 인식이라는 지각을 통해 얻어지는 모든 지식은 개념으로 진리가 될 수 없다.

다시 말해서 서로 상대적인 이원성은 모두 앎의 영역인 지식에 속하며 진리가 아니다.
진리는 오로지 언어가 끊어진 인지할 수 없는 영역에 존재한다.
이러한 사실들이 분명히 이해되면 더 이상 할 일이 없어진다. 존재한다는 생각이 발현되기 전의 '존재'의 '봄'만 있을 뿐, 뭔가를 한다는 주재자는 없다.
다만 '실존'의 비춤만 존재한다. 다음을 깊이 사유해 보라.

첫째, 몸-마음을 내려놓은 상태에서 '나는 존재한다'라는 인식 이전 즉 몸을 갖기 이전(부모 미생 전)에 나는 무엇이었으며.
둘째, 이 몸-마음은 내가 알지 못한 채 저절로 주어졌으며, 단일의식인 '공'은 태어난 적도 멸한 적도 없는 불생불멸이다.
셋째, 이 몸은 시·공간의 개념구조체에 의한 개념의 자궁에서 태어났다. 개념의 구조체인 시·공간이 개념이 사라지면 한 방울의 빗방울이 바다에 합류하듯 '단일의식'으로 돌아간다. 그러므로 나는 의식도 아니며, 의식이 깃들게 하는 몸-마음의 구조물도 아니다.

넷째, 결론적으로 '나' 든가, '너'는 존재하지 않으며 분별이 끊어진 '지금 여기 이것' 여여(如如) 한 '실존'만이 존재한다. 목전의 '영생의 창'을 직관하라.

17. 현실과 꿈은 무엇이 다른가

우리는 하루를 아래의 세 가지 상태에서 살아가고 있다.

첫째, 깨어 있는 상태. 의식이 시공간에서 인식 작용을 개념화하는 깨어 있는 현시 상태.
둘째, 잠자는 상태. 잠의 상태 또는 잠 속에서 의식의 흔들림으로 잠재의식 속에서 영상이 시공에 펼쳐진 꿈꾸는 상태.
셋째, 기절 상태. 의식의 깊은 휴면 상태, 마취, 기절, 의식의 부재 상태.

이 세 가지 현상은 모두 의식작용의 조건에 따라 일어나는 것은 이론의 여지가 없으며, 시·공 속의 의식에 의한 인식의 개념작용으로 일어나는 것 또한 같다.
꿈에서 깨어나야만 의식이 개념으로 지어낸 꿈이 '환영'이었음을 알 수 있듯이, 깨어 있는 현시 상태에서는 깨닫고 보아야 일체는 역시 '환영'임을 알게 된다.

그러므로 꿈과 현시가 상황과 조건은 다르지만 의식 안에서 의식에 의해 일어난 의식의 작용임을 반론할 수 없다.

이 세상은 바다의 파도와 같이 조건과 인연에 따라 물결이 일어나고 사라진다. 의식도 이와 같아서 인연에 따라 한 생각의 파도가 일어나면 무지갯빛 현상들이 펼쳐진다.

3차원 시·공에서 모든 만물이 인연 따라 의식이 개념으로 펼쳐 낸 실체가 없는 '환'으로 관하라고 한다. 반야심경에서 '조견 오온(색, 수, 상, 행, 식) 개공'으로 '나(我)' 역시 실체가 없는 공(空), 무아임을 알았다.

무아인 나(我)가 꿈속에서 일어나는 꿈의 상황을 통제할 수 없듯이, 깨어 있는 현시의 상태에서 나는 주체적 의지를 가지고 나의 삶을 살아간다고 생각하지만, 꿈속의 일어나는 상황과 같이 삶은 연기에 의해 저절로 살아지고 있는 것이다.

그러므로 삶은 인연 따라 저절로 살아지는 것이지, 개체적 자아를 가진 나가 있어서 자유의지로 내가 삶을 살아가고 있다는 것은 또 하나의 착각이 일으킨 망상이라는 것을 자각하고, 나는 개체적 '가야'가 아니라 단일의식인 본체임을 알고 보는 것이 깨달음이다.

18. 의식은 현상의 씨앗이며 우주의 종자다

절대의식은 시공계에서 자신을 나타내기 위해서는 형상에 의존하여서만 드러난다. 우리의 몸에는 생명력과 의식이 함께 있다. 이것은 절대의식이 자신의 나툼을 위하여 생기를 불어넣은 것이다.

그러면 모든 인류의 이 같은 현상은, 다른 모든 생명체나 동물, 식물 같은 것과 다른가? 일체 만물은 단일의식에 의하여 생명을 부여받게 되므로 인간을 포함한 모든 동식물은 의식이 없으면 존재할 수가 없다.

의식은 생명 자체다. 일정한 기간이 지나서 지각기관(6근)이 작동 외부의 경계를 인식하면서 자신의 존재를 지각 '가아'를 건립한다.

예를 들면.

당신의 뒤뜰 연못에 물이 고이게 되면 모기나 곤충 같은 것이 개체가 저절로 생겨나 움직이기 시작한다. 이와 같이 4생(태생, 난생, 습생,

화생) 역시 시절 인연과 각각의 특질에 따라 일정 기간이 지나면 지각을 가진 개체로 태어난다.

이 모든 것이 '단일의식'의 나툼에 의해 드러난 '실존'의 그림자이다. 이것을 개체에 의존하여 드러낸 본체를 '단일의식' 또는 '한마음'이라고 한다.

지각기관이 작용하면서 그저 '내가 존재한다'라는 의식과 동시에 대상을 인식하면서 개체의식인 '가아'가 생겨난다. '가아'는 본능적으로 자기 존재의 부재(죽음)를 두려워하며 자기중심적으로 존재의 정체성을 위해서 살아가게 된다.

이 '가아'인 에고는 순수의식인 본체가 자신을 드러내기 위해서 매개체인 '가아'에게 생기를 부여받은 아바타에 불과하여 주체적 개체의식을 가질 수 없는 객관적 대상에 불과하다.

중생은 '무지'로 이 사실을 모르고 자기가 의식을 소유한 독립된 개체로서 자유의사를 가지고 살아가고 있다고 착각하면서, 있지도 않은 주체적 의사결정에 대한 선과 악의 책임을 지며 스스로 괴로워하게 된다.

그리고 몸이란 것도 수정된 정자가 자란 것이 아닌가? 부모가 섭취한 음식의 정수에 불과하다. 따라서 의식의 씨앗은 단순히 음식(물질)으로 규정할 수도 있지 않을까?

곧 몸이 의식의 '음식'인 것이니 몸이 죽으면 바로 의식도 본체인 단일의식으로 스며든다.

개체의식의 해방이다. 그러므로 '의식은 전 우주의 종자'다.

19. '허공성'에 대한 이해

어떠한 존재가 나타나고 존속하기 위해서는 절대의 허공성이라는 배경이 있어야 한다.

이 허공성은 부재뿐만 아니라 존재도 포함한다. 허공성이 없으면 존재는 나타날 수가 없다. 그러나 허공성을 현상적으로 실재하는 것이라 생각하지는 말라.

그러므로 허공성은 일체 개념화의 부재를 위한 방편으로 사용한다는 의미를 가지고 있음을 유의하라.

물질은 허공성을 의지해서 나타난다. 물질이 나타났다고 해서 허공이 없어졌는가? 또 물질이 사라졌다고 해서 허공이 새로 생겼는가? 생했다 멸했다 하는 것은 허공이 아니라 물질이다. 여기서 이야기한 허공성은 불법의 '공(空)'이 아닌 허공성을 설명한 것이다.

현상 세계의 관점에서 물질이 생하면 '색'이고, 멸하면 '공'이라고 분별하는 것이다.

　이것을 『반야심경』에서 "색불이공 공불이색", "색즉시공 공즉시색", "수 상 행 식 역부여시"라고 하였다. 항상 하는 '공(空)'인 이 자리가 '공성'과는 다르다. '공(空)'은 생명 자체이며 '각(覺)'이다. 텅 빈 허공과는 다른 진공이면서 묘유의 반야 지혜를 말한다.

12장

진리 탐구와 삶의 문제들

　깨달음 이후 삶의 문제들이 나에게 어떻게 다가오는가 실생활을 접하면서 반야 지혜는 나에게 어떠한 영향을 주고 있는가? 정말 알고 싶은 것들이다.

　의식의 거울에 비친 만물의 그림자들 의식과 그림자가 다른 가. 시각적으로 분별은 되지만 깨달음 이후에는 당연히 호수에 비친 달은 달이 아님을 본다.

　달이 아님이 너무나 당연하기 때문에 着이 발생하지 않으며 잔잔한 호수 자체다. 거기엔 출렁임도 없는 진공이며 묘유이다. 내 몸·마음은 호수와 공명하여 '행주좌와 어묵동정'이 저절로 이루어지고 있음을 안다.

　나는 지금 본래의 자리에 앉아서 컴퓨터 자판을 두드리며 책을 쓰고 있다. 이것은 몸·마음이 하는 것이 아니라 본래의 현시이다. 나는 지금 내가 나를 의식하지 못하지만 大覺 자체이며 '실존'이다.

　나는 그냥! 있는 그대로 '覺'이다. 정신 차려는 '반야 지'이고, 잘살자는 '지금 여기' 현실이다. '無事'이다. 이것이 깨달음의 경지다.

1. 깨닫지 못하면
업(카르마)에 얽매여 고통을 받는다

　깨달음은 성취하는 것이 아니라 붓다가 가리키는 본래의 나를 보는 것이다. 이것을 생각 완성하기라고도 한다. 분별되고 왜곡된 생각을 되돌려서 본래를 바로 보는 것이다. 우리는 깨달음을 성취한다, 증득한다, 체험한다고 한다.

　그러나 내가 본래 깨달음 자체의 '실존'인데 누가 있어 누구를 깨닫는다는 말인가? 구함이나 배척, 성취, 증득이나 체험을 이야기한다면 출발부터가 잘못된 것이다.

　필자도 위와 같이 알고 받아들였던 시절이 있어 많은 시간을 소비했으나 그래도 그런 시절 인연이 있었기에 싯다르타의 자화상을 이해하고 받아들이는 데 소중한 계기가 되었다.

　수행의 목적은 결국 본래인 實存으로 돌아가는 것이다. 그렇기 때문에 생각이 만든 허상에서 벗어나는 것도 중요하지만 '實存'의 성향을 살펴 잠자고 있는 그것을 깨울 수 있는 것도 필요하다.

　실존이 나를 찾다 삼라만상을 늘어놓게 되었다. 이 모든 것은 실존의 해석이다. 실존이 해석한 것이 정보의 형태로 펼쳐져 있는 것이다. 정보는 의식의 개념 작용이다. 그래서 실상은 움직임이 없다. 오고 가고 멈추는 것이 성립하지 않는다. 왜냐. 의식 안에서 일어나는 의식의 작용이기 때문이다.
　개념상으로 존재하기 위해서는 서로 연관된 상대개념이 있어야 한다. 빛과 어둠, 선과 악 같은 상대 개념은 의식에서의 개념적 분리다. 현상적으로는 상반되는 상대적 개념도 의식에서는 전체성인 하나로 통합된다. 이 기본적이고 필수적인 결합이 참된 통찰이다.
　이런 시각을 잃어버리면 着에 의해 대상이 분별된다. 實存에 대하여 우리가 어떻게 생각하고 이야기하든지 그것은 개념적이고 껍데기에 불과할 뿐이며, 실체를 드러낼 수는 없다.

　당의 선승인 승조 역시 '물불천론(物不遷論)'을 주장했다. 만물은 움직임이 없다는 것인데, 그가 읊은 시에서 더욱 분명해진다.

　　돌개바람이 산악을 뒤흔드나 항상 고요하며
　　강하가 다투어 흐르나 흘러감이 없다
　　말이 먼지를 흩날리며 들판을 질주하
　　움직이는 것이 없고

일월이 하늘을 지나지만 돌지 않는다

왜 움직이는 것을 뻔히 보면서 움직임이 없다고 말하는 것일까?
우리가 보고 느끼는 것은 5차원의 점으로 되어 있기 때문에 점은 면적이 없어 움직임이 없다. 그러나 움직이는 것처럼 보이는 것은 점과 점 사이를 선으로 연결되면서 움직이는 것처럼 보일 뿐이다.

예를 들면.
불을 손에 들고 원으로 돌리면 불이 마치 둥근 원으로 보이는 현상과 같다.
우주는 입자와 파동으로 구성되어 있는데 입자가 파동으로 연결되면서 의식은 자기현시를 위하여 감각 기능을 가진 개체에 부여되어 자기를 인식하는 순간 시·공간을 개념의 도구로 하여 삼라만상이 펼쳐진다.
이것은 마치 바다는 조용한 거울과 같은데, 인연 따라 너울거리는 파도처럼 표면에 파도라는 현상이 생겨나게 된다. 그러나 파도는 물의 출렁거림일 뿐이지 바다와 다르지 않다.

이처럼 삼라만상 모든 것이 그 자체로 實存이기에 오고 가고 멈추는 게 없다. 오고 가고 멈추는 것으로 보이는 것들은 제1원인의 '실존'이 그렇게 해석을함으로써 정보의 다발이 만개했기 때문이다. 이런 이유로 如來는 오는 것도 없고 가는 것도 없다고 하는 것이다. 그야말로 여실지견(如實智見)이다.

아무튼 실존이 정보를 일으켜 삼라만상을 수놓았다. 왜 그럴까? 어떤 뚜렷한 의도에 의해 발생한 것이 아니다. 그런데 창조 현상과 동시에 實存의 감상이 일어난다.

實存이 자신의 창조성과 세상을 비추고 있는 상태, 이것을 불교에서는 열반이라 한다. 열반은 실존의 창조성에서 나온다.

實存과 참나의 차이점은

여기에서 이해를 돕기 위하여 인도의 성자 니사르가닷따 마하라지의 견해를 빌려 간략히 설명해 보면……

나타난 우주 전체는 의식의 거울에 비친 그림자다. 의식의 거울인 본체가 없다면 아무것도 인식할 수 없다. 이 세계는 존재하지 않는다. 현상적 세계를 인식하는 의식은 우리 존재의 모든 것이다.

현상계에서 나는 주체로서 객체인 대상을 보지만 일체 만물은 의식의 투영에 의하여 시공간 개념의 도구에 의해 인지되는 '환'일 뿐이다. 나를 주체로 인식하는 순간 대상에 끌려가 실재하는 것으로 착각하게 된다.

본래의 입장에서 볼 때는 오직 의식 작용의 투영으로서 봄(seeing)만이 있다고 설한다.

이것은 듣고 만지고 맛보는 것 등의 다른 모든 것에도 적용된다. 모든 것은 필연적으로 작용하고 있을 뿐이다. 이런 작용은 몸을 매개로 일어나는데, 이 몸이라는 심신 구조체 또한 본체가 아니라 현상적 나타남이며, 그림자와 같이 본체의 투영일 뿐이다.

그러나 다음과 같은 일이 일어난다.

오직 절대의식인 본체만이 존재하며, 의식의 의존체인 몸·마음은 심신 구조물에 불과한 도구다. 그러나 착각에 의해서 독립된 개체로 인식 '가아'를 건립한다. '가아'를 나라고 믿고 헐떡이며 살아간다.

이 가상의 존재는 스스로 선택하고 결정하는 독립된 주체인 것처럼 행동한다. 이 가상의 존재는 이 현상계에서 일어나는 모든 것, 선과 악 등의 책임을 느낀다. 그리고 그곳에서 벗어나겠다고 자유를 갈망한다.

이제 알겠는가? 우리는 실체가 아닌 것을 본성으로 착각하고 있다. 이 실체가 아닌 것이 에고인 가상적 존재다. 이 헛된 존재가 자아라는 착각에서 구속이 일어난다. 이 가상적 존재가 죄책감과 구속에 괴로워 자유를 찾아 나선다. 실체는 감각을 느낄 기관이 없으므로 괴로워할 수 없다.

실체는 '가아'인 나를 통해서 모든 경험을 할 수 있다. 이와 같이 '가아'는 '실존'이 자기의 현시 과정에서 나를 드러내어 돋보이게 하기 위하여 자신을 일정 범위로 한계 지우면서 삼라만상을 펼쳐졌다. '참나'

를 설한 니사르가닷따 마하라지에 의하면 나타난 우주 전체는 본래 입장에서 보면 오직 의식 작용의 투영으로서 봄(seeing)이라고 하였다.

이제 實存은 창조 현상과 동시에 實存의 감상이 일어난다. 實存이 자신이 창조한 세상을 비추고 있는 상태, 이것을 불교에서는 '열반'이라고 한다. 열반은 實存의 창조성에서 나온다.

『중도론』의 저자 김준걸 님은 열반의 상태를 즐기라고 하셨는데, 열반의 상태에 가까워지면 그 속에 실존의 감상이 배어나기 때문이다. 선지식들이 "적멸(寂滅)만 있고 비춤(照)이 없으면 불교가 아니다."라고 하셨다.

그 이유는 관찰은 부정적인 생각들을 멀리하는 수동적인 방법이고 즐기는 건 實存의 열반에 접근해 저절로 우러나오게 하는 능동적인 방법이다. 이 두 방법 다 중요하다고 하셨다.

그렇기 때문에 위빠사나만 하지 말고 틈나는 대로 열반을 즐길 필요가 있다.

그러면 어떻게 즐기는 것이 최상일까? 먼저 實存의 차원에서 알아보자.

사람에 따라 상대적이기에 답은 없다. 다만 五感을 활성화하는 방향으로 찾아보면 된다. 시각, 청각, 후각, 미각, 촉각에 주목하라. 이 다섯 가지 창구를 통해 5차원 '실존'이 자신이 꾸며낸 세상을 감상하고 있다. 따라서 오감의 어느 하나라도 극대화할 필요가 있다.

평상시의 만족을 넘어 탄성이 우러나올 정도의 희열을 느낀다면 부지불식중 實存은 깨어난다. 하지만 대부분 탐진치로 인하여 그만큼의 즐거움을 얻지 못한다.

혹자는 오감에 집중하거나 도취되는 건 일종의 着이 아닌지 우려할 수도 있겠다. 착에 해당하는 것은 맞다. 그런데 착엔 두 종류가 있다.

첫 번째는 '나를 분명하게 하기 위한 着'이 있고, 두 번째는 '대상을 감상하기 위한 着'이 있다.

후자는 창조의 목적에 해당하기에 제대로만 감상하면 5차원 의식이 발현된다. 예술의 경지에 이런 현상이 즐비하다. 그래서 '화가는 佛法이 없어서 깨닫지 못하고, 스님은 佛法이 있어서 깨닫지 못한다'는 말이 나오는 것이다.

우리는 주위에서 5차원 의식이 발현된 달인들을 종종 볼 수 있다.

예를 들면, 양궁, 테니스, 사격, 검도 등 운동선수들, 화가, 조각, 미술 등 예술 관련자, 과학자들이 특히 대칭이 깨어진 경지에 오른 분들을 우리는 볼 수 있다. 그래서 원효는 그토록 일탈을 즐겼던 것이 아닐까!

깨달은 사람에게는 어떤 일이 일어나는지 알아보자

여기서 우선 중요한 것은 '실존'은 감각을 느낄 기관이 없으므로 괴로워할 것이 없다는 것이다. 나라고 부르는 착각으로 인식된 가짜 개체만이 그것이 좋은 것이든 나쁜 것이든 모든 경험을 할 수 있다.

깨달은 사람은 현상적 우주의 기본적 착각에 대해 통각 했을 뿐 아니라, 자발적 작용으로 나타나는 현상으로서 자신의 뚜렷한 역할도 통각하고 있다. 주어진 삶의 여정을 지나 고향으로 돌아가는 과정에서 그는 일어나는 현상에 매끄럽게 적응한다.

그는 보통 사람과 똑같이 살아가는 것으로 보이지만 뚜렷한 차이점은 그가 자신을 스스로 가상 존재로 여기지 않으므로 괴로움을 겪지 않는다는 점이다.

보통 사람의 경우 假我를 眞我로 착각한 존재(假我)는 뚜렷한 의지를 가진 독립된 존재라고 생각하며 꿈속 현상계를 살아간다.

그 가상의 존재는 환상의 개념을 포함하는 업(카르마)이라고 불리는 인과관계에 얽매여 고통을 겪는다. 절대는 매 순간 창조되고 파괴되는 수많은 형태로 자신을 투영시킨다. 이런 자발적 작용의 세계(실존)에서는 어떤 개체적 개념적 분별 의식이 들어설 틈이 없는 단일성, 일원성이다.

따라서 자율적이고 독립적인 존재라는 개념을 바탕으로 이루어지는 모든 행동은 '불이 일원론'의 핵심을 파악 할 수 없는 것이다. 즉 깨달을 수 없는 것이다. 스스로 깨달음을 구하는 자라고 여기고, 도(道)

를 구하려고 애쓰는 가상의 존재로 생각하는 한 괴로움은 계속 남아 있다.

찾는 자와 찾고자 하는 자가 같다는 것을 직관적으로 알아야만 불이 일원론의 실체가 드러나며, 본체의 투영에 의해 드러난 모든 가상의 '환(그림자)'이 사라지면서 속박에서 벗어나 자유를 얻게 될 것이다.

결국 '중생 = 실존(독존) = 붓다 = 봄 = 감상 = 해탈, 자유'를 통해 괴로움이 사라진 대자유를 얻을 것이다.

2. 나는 독립된 개체가 아니라 실존이다

　우리는 무지로 자신을 독립된 개체로 착각하고 있어서 스스로 구속의 굴레를 벗어나지 못하고 있다. 의식이 자발적으로 일어나 '존재감'에 독립된 '가아'라는 착각을 가지게 된다. 개체적 '가아'는 타성과 관습 고정관념에 길들어 본래는 물론 본래로 돌아가는 길도 잊어버렸다.

　실체(본체)와 현상(색)은 본래 하나다. 『반야심경』의 "색즉시공 공즉시색(공과 현상이 동시다)", 「법성계」의 "법성원융무이상(법의 성품은 원융하여서 하나다)" 개념의 발현 이전의 자리인 '단일의식'의 분리될 수 없는 전체성을 통각 하여 있는 그대로 '본성'을 확인하여야 한다. 깨어남의 전부다.

본래 성품이란

성품이 있다면 존재의 어느 시점을 이야기하는 것이며, 나의 존재 이후인가? 이전인가? 아니면 나의 존재를 있게 한 선행의 그 무엇을 말하는 것일까? 이것은 매우 중요하며 본성을 발견하는 깨달음의 전부다.

사람들은 나를 통상적으로 본래 성품, 본성, 실체, 본체, 진리, 절대, 도, 단일의식, 순수의식, 절대 자각, 한마음, 붓다, 예수, 그리스도, 하나님, 브라만 등등이라고 한다. 무엇으로 불리든 이름 자체는 그리 중요하지 않다.

이것은 순전히 필자의 주관적인 입장임을 이해해 주시기를 바라며, 필자는 불교의 한마음(일심)을 단일의식으로 대치하여 오직 본래 성품의 탐구에만 집중하였다.

나의 본래 성품은 '실존'이다. 나를 탐구하기 위해서는 나에 대한 생성과 성질, 기능, 권능, 비범함 등에 대한 이정표 정도는 '정견'으로 볼 수 있는 사전 정보가 있어야 하므로 나의 정체를 밝혀 보겠다. 이것은 필자의 체험에 의한 '실존'에 대한 독백이다

나는 우주 삼라만상 존재의 근원이며 시작점이다. 나는 나의 존재의 근원일 뿐만 아니라 너의 근원이며 이 우주 만물의 존재 근원이다.

나는 지각 작용으로 인지할 수 없으며 인지되지도 않으므로 스스로 자신을 드러내기 위해서는 만물에 의존하여 작용으로 드러낸다.

나는 절대이며 분리되지 않는 하나인데 시공간 개념의 틀을 통해서만 인식되고 분리되는데 개념으로 분리되지만 본래 하나다.

실재는 단일의식이기 때문에 '공(空 = 붓다 = 중생 = 실존)'이다.

나는 물질에 의존해서만 드러나며 의존체인 물질이 수명을 다하면 본래 그 자리에 여여 하지만, 사람들은 나를 사라졌다고 한다.

나는 절대인 존재(생명력) 자체이며 비인격적 존재에서 인격적인 나가 인식되면 관찰자가 되고, 대상을 인식하여 동일시 하면 나는 존재한다는 '개체의식'이 된다.

개체의식으로서의 나는 본래 성품인 단일의식임을 무지로 알지 못한다.

우리는 통상 본래 성품을 존재의 근원으로 뿌리를 말하며 본성, 참나, 본체, 실체, 로 이해하고 불교적 측면에서는 불성, 일심(한마음), 여래, 법신, 도, 붓다 등으로 이름하고 있다. 그러나 이는 무엇이라 명명하든 그리 중요하지 않다.

이는 방편에 의한 하나의 개념적 분별에 불과하기 때문이다. 그러면 나의 존재 근원은 부모미생전 본래면목 즉 부모로부터 태어나기 이전이며 자존성과 창조성으로부터 자유로운 '제1원인'이다.

나의 비존재는 태어나기 전과 '죽음'이다. 현대 의학적 판단은 심장 및 호흡 기능과 뇌 반사의 영구적인 소실을 '죽음'이라고 한다. 통상적으로 의식이 영구적으로 끊어진 상태라고 설명한다.

그러면 의식이 영구적으로 소실된 상태 즉 죽음을 경험한 자가 있는가?

 의식이 소실되면 나와 너는 물론 세계가 사라진다. 즉 의식하고 있던 모든 것이 사라진다는 것을 안다. 그러나 우리는 의식이 소실되었을 때도 세상은 밖에 그대로 존재한다고 경험 측에 의하여 생각하고 있다.

 그렇다면 죽은 자에게 세상이 존재하는가? 아마 영원히 이 세상은 존재할 수가 없지 않겠는가? 죽은 자에게 세상은 어디로 사라진 것일까? 그것은 우리는 알지 못한다. 그러나 다만 한 가지 분명한 것은 의식이 작용할 때만 세상은 존재한다는 것은 자명한 사실이다. 그렇다면 의식의 작용으로 이 세상이 펼쳐지고 의식이 사라지면 의식과 함께 세상이 사라진다는 사실도 틀림이 없다.

 우리는 살아가면서 죽음 이외에 의식이 사라지고 나타나는 현상을 경험할 수 있을까?
 우리는 하루를 살아가면서 대부분은 깨어 있는 상태, 깊이 잠들어 있는 수면 상태, 꿈꾸고 있는 상태에서 잠재의식의 흔들림으로 시공이 펼쳐져 꿈을 꾸는 상태, 약물로 인한 마취 상태, 어떤 충격으로 기절한 상태 등을 통하여 의식의 부재 상태를 체험할 수는 있다.
 이때 의식이 일정 시간 소실되거나 휴면 상태에 들면 나와 너 그리고 세상이 사라졌다가 의식이 돌아오면 다시 세상을 인식한다.
 이때 죽음과 다른 점은 의식이 돌아오면 다시 세상은 펼쳐지지만,

죽은 자에게는 의식과 함께 본인은 물론 세상은 영원히 사라진다는 것이다. 그러나 우리가 깨어나면 사실 관계를 분명히 알고 있다.

그러면 의식이 소실되거나 쉬는 상태에서도 이 사실을 알아차리고 있는 그자는 누구일까? 분명히 나의 개체의식이 소실되거나 휴면 상태에서 그 사실을 지켜보고 알아차리고 있는 그자가 우리가 찾는 본래 성품이다.

그러므로 찾는 자가 찾던 대상이다. 이것이 우리가 풀어야 할 중요한 과제 상황이다.

분명히 의식이 소실되었거나 휴면 상태에서 나도 너도 세상도 사라져 의식하지 못하는 상태가 분명한데, 깨어난 이후에 잠을 잘 잤다는 사실, 꿈을 꾼 사실, 마취 상태에 있었다는 사실, 기절했었다는 것을 알고 있다. 이 알고 있는 이놈이 '단일의식'인 '실존'이다.

잠잘 때 무의식에 인연 따라 흔들림이 일어나면 의식의 파동으로 꿈이 펼쳐 진다. 그 꿈을 펼쳐 내고 감상하고 있는 것도 우리의 몸을 통한 의식이다.

우리가 잠에서 깨어났을 때 꿈을 기억하고 있는 것은 꿈속의 등장한 나가 아니라 꿈을 펼치고 있는 단일의식이다. 단일의식이 우리의 몸·마음을 통하여 체험하고 그 체험을 기억하고 있는 것이다.

분명히 의식의 작용이 없는 상태에서 이러한 사실을 알고 있다는 것은 개체의식의 작용이 없음에도 일련의 과정을 지켜보고 알아차리고 있는 그 어떤 존재가 있다는 것을 방증하는 것이 아닐까?

우리는 여기서 그것을 알고 있는 그 무엇에 대하여 주목하고 깊이 숙고해 보아야 한다. 우리가 지각하고 인식하는 작용은 6근(눈, 귀, 코, 혀, 몸, 의식)의 작용에 의존하여 인식하는 것이 전부다.

그런데 6근의 작용이 부재한 상태에서 일어난 현상을 알아차리는 무엇이 있다는 것은 6근의 작용을 초월한 그 어떤 생명력의 작용이 있다는 것이다.

우리는 이 지점에서 나라고 생각하는 6근의 작용인 개체의식을 초월한 그 어떤 의식작용의 근원을 탐구해 가는 것이 곧 본성을 탐구하는 길이 될 것이다. 여기서 분명한 것은 의식이 곧 생명이며 몸은 의식의 도구에 불과함은 분명하다.

왜냐하면 의식이 소실되면 우리는 '죽음'이라고 하여 육신은 아무 쓸데 없이 치워져야 하는 한 물건에 불과하기 때문이다.

그러므로 지각 기능을 갖춘 우리의 몸은 의식이 없으면 하나의 도구에 불과하며, 죽음과 살아 있음을 판단하는 것은 '의식'이 분명하다. 결국 이 의식의 근원과 성질, 작용, 비범함, 권능에 대하여 주목하고 의문을 던질 수밖에 없으며, 우리가 찾으려 하는 본래 성품 역시 의식에서 출발할 수밖에 없다.

의식을 이해하는 것이 깨달음의 전부다. 우리가 지각하고 인식하는 일체는 6근의 작용이며 의식은 6근에 의존하여 작용하고 의식이 사라지면 나도 세상도 사라진다. 이것은 사실이다.

그러나 붓다는 2500년 전 '무아 연기'를 설하셨다. 지금 여기 이렇게 성히 살아 있는 나로서는 너는 없다고 하는 '무아'는 받아들이기 어렵다.

나는 분명히 여기 이렇게 성히 존재하고 있으며 독립된 개체로서 나의 삶을 열심히 살아가고 있다고 믿고 있다. 불교 공부는 나의 근원인 본래 성품을 찾는 것이 전부이며 그 근원은 단일의식(한마음)인 '실존'임이 분명하다.

3. 의식이 몸·마음에 의존하여
불성을 드러낸다

여기서 중요한 것은 단일의식으로 시현된 대상은 주체와 객체가 없다고 했다. 그러면 지금 여기 이렇게 성히 보고 듣는 이놈은 누구인가? 눈앞에 보이는 책상, 컵, 나무, 자동차 등등 이렇게 성히 보는 놈은 도대체 누가 보고 어떻게 존재하는 것인가?

이것은 절대의식이 몸·마음에 의존하여 드러낸 의식의 거울에 비친 영상이다. 본체의 스크린에 나타나는 연기되는 현상은 둘로 분리될 수 없는 하나다.

다시 한번 강조하면 나의 몸·마음은 단일의식이 자신을 드러내기 위한 매개체인 도구에 불과하다. 나는 우주 만물에 생기를 부여한 본체인 '단일의식'임을 명심하여야 한다.

단일의식은 자신을 나타낼 수 없으므로 몸·마음에 의존하여 시·공간에서 현상으로 드러낸 것이다. 인간은 단일의식이 본체의 작용을 대행하는 아바타에 불과하다.

  단일의식인 '실체'는 곧 작용함이다. 작용은 오직 '봄' '앎'의 절대 자각이다. 그러면 절대 자각은 어디에서 일어나는가?

  몸·마음이 작용하는 8곳에서 일어난다고 하였다. 부모의 태안에 있을 때는 몸, 밖으로 나오면 사람, 눈으로는 본다고 하고, 귀로는 듣는다, 코로는 냄새 맡는다, 손으로는 잡는다, 발로는 걷는다, 몸으로 느낀다, 로 작용하고 있으며 이것은 단일의식이 몸·마음을 도구로 사용하여 현상으로 드러내고 있다.

  일체가 의식의 거울에 비친 그림자다. 그러나 단일의식과 거울에 투영된 현상을 둘이 아니고 하나다. 이것은 바다와 파도가 둘이 아닌 것과 같다.

  작용하는 곳에서 覺의 작용이 일어나는 것은 단일의식인 '실존' 외에는 없다. 실존이 자기의 아바타를 통하여 작용한다. 의식이 의식에 의한 의식의 작용이다.

  그러므로 현상의 작용으로 드러나는 일체는 곧 '실존'이다. 나는 곧 우주이며 단일의식이며 '실존'이다.

4. 자아는 착각의 희생물이다

　우리는 몸·마음은 내가 아니라는 것을 이해해야 한다. 우리가 나라고 생각하는 개체는 시·공간에서 개념의 구조체를 통하여 의식의 자기현시를 위한 매개체인 도구에 불과하다.
　이 개체의식을 나라고 착각하여 자아의식이 생겨나 이 몸·마음을 실재하는 나라고 믿고 살아가게 된다. 이것을 무명에 의한 전도몽상이라 한다.

　나는 절대의식으로부터 의식을 부여받은 개체가 아니라 본체로서 자신의 시현을 위해 각각의 개체에 생기를 불어넣는 '단일의식' 즉 '실존'임을 자각해야 한다. 그러므로 몸·마음은 절대의식의 시현을 위한 매개체인 도구다.
　'실존'은 어떤 경우에도 상처받지 않는다. 경험하는 것은 오직 '가아'다. '이것을 이해하고 고통, 아픔, 슬픔도 그냥 받아들여야 한다. 이 세상에 내 것이라고 할 것은 존재하지 않는다. 나는 그냥 '단일의식'이기 때문에 어떤 것에도 상처받지 않는다.

나는 우주 밖에서 나를 보고 우주를 품고 있는 '단일의식'이다. 그리고 일체는 내 의식의 품 안에서 일어나는 생명 작용인 '실존'이다.

5. 깨달으면 삶에 어떤 변화가 오는가

태어나 현재까지 살아오면서 단 한 가지 변하지 않는 것이 있다면, 지금 여기 내가 존재한다는 '존재감'이다. 나라는 이 생각은 단 한 순간이라도 나의 몸-마음을 떠난 적이 없다. 지각 작용에 의한 개체적 존재감은 사라진 적이 없다.

우리는 자신이 6근에 의해서 대상을 지각하게 되면서 나라는 주체의식을 가지고 내가 내 삶을 살아가고 있다고 착각하고 있다.

그러나 우리는 나라는 6근의 인식 작용으로 인해서 이 몸과 마음을 나라고 믿고 살아가고 있다는 것이다. 그래서 싯다르타는 지금 내가 생각하는 나는 진짜 내가 아닌 가짜임으로 정신을 차려서 본래의 너로 돌아가라고 설교하신 것이 불법이며, 본래의 자리로 돌아가는 것을 깨달음이라 한다.

이 본래의 나를 찾는 과정을 수행이라고 하며, 본래의 나를 찾으면 생, 사 해탈은 물론 세상을 살아가면서 겪는 존재에 대한 괴로움에서 벗어날 수 있다는 것이다.

현상계에 벌어지고 있는 모든 고뇌는 결국 나의 착각 때문에 빠져드는 자업자득임을 통각 할 때 본래의 나는 저절로 드러나며, 깨닫고 나면 모든 괴로움에서 벗어나 깃털처럼 가벼운 삶을 살아갈 수 있다는 것이다.

장자는 이 세상살이를 꿈에 비유하였으며, 송나라 시절의 『후청록』에 "人生 一場春夢(인생은 봄날의 한바탕 꿈)"이라고 기록되어 있다. 물론 하나의 시대적 고사성어이지만 불교를 공부하면서 많은 것을 생각하게 될 것이다.

이제 당신도 아침의 풀잎에 맺힌 이슬처럼 이 세상에 왔다 갈 것이 아니라 '나는 무엇인가?'라는 인생의 화두를 잡고 나를 찾아보라. 온 세상이 증발하는 경천동지(하늘을 놀라게 하고 땅을 뒤흔드는)할 일이 일어난다.

6. 본래 성품의 자리를 직관하라

부모에게서 태어나기 전에 나는 어디에 있었나? 육체가 생기를 읽고 쓰러지게 되면 개체의식은 어디로 가는가? 부모에게서 태어나기 전의 절대의식의 자리가 본래의 자리가 아닐까? 자, 그 자리를 직지 해 보라. 거기에 무엇이 있는가? 절대인 우주 의식은 생겨난 적도 멸한 적도 없는 그 자리에서 여여 하게 '지금 여기 이렇게' 성히 지켜보고 있다.

그러므로 인간의 몸을 가지고 이 세상에 오신 부처님, 예수님, 선지식 모두가 개체의식인 육신은 사망하였으나, 절대의식인 '실존'만은 여여 부동으로 '지금 여기 이렇게' 만물을 지켜 봅니다. 반야심경에서는 이 자리를 불생불멸(생겨나고 사라짐이 없다), 불구부정(더럽고 깨끗함이 없다), 부증불감(늘어나고 줄어듦이 없다) 이것이 우리의 본래면목인 '실존'(한마음)이다.

여기서 한 가지 명심할 것은 착각에 의한 개체의식인 '가아'는 본래 없는 무아이기 때문에 '연기'하며 연기는 곧 '공성'이라는 것이다. 공성이라고 해서 텅 빈 허공은 아니다. 생명이 성히 작용하는 본체다.

시현된 개체는 연기에 의하여 변화하는 하나의 객체인 대상에 불과하다. 삶은 내가 살아가는 것이 아니라 연기에 의해 저절로 살아지는 것이다. 즉, 나는 단일의식으로 각 객체에 생기를 부여하는 실체이지 분리된 개체의식이 아니다.

그러나 우리는 자유의사를 가지고 주체적으로 살아가고 있다고 착각하여 스스로 책임감과 윤리의 늪에 빠져 괴로워한다. 나는 '무아'이며, 무아이기 때문에' 연기'하고 연기하기 때문에 주체적 자아를 가진 개체는 있을 수 없다.

7. 본래의 관점에서 경전을 이해하라

대부분 경전은 깨달은 사람의 말을 기록한 것이다. 그러나 진리의 말을 전하는 사람도 개념을 바탕으로 한 말에 의존하여 전달할 수밖에 없다.

『노자』 제1장에 "도가도(道可道) 비상도(非常道), 명가명(名可名) 비상명(非常名)"이라고 했다. 즉 개념이나 말로 발현되는 순간, 도(道) 나 이름(名)의 본질(진리)과 멀어진다는 것이다. 즉 대승기신론에서는 일체는 언설상, 명자상, 심연상의 개념적 분별에 불과하다고 하였다.

그러나 진리를 전하는 자는 세상에 나타나는 현상이 아닌 본체(단일의식)의 입장에서 방편으로 설할 수밖에 없다. 이것이 경전의 특성으로, 듣는 자의 입장에서 해석되는 것으로 많은 번역과 집필을 거쳐 오면서 시절 인연과 집필자의 본의 아닌 의도에 따라 사족이 달린 형태로 변질하는 오류가 생긴다.

그러므로 경전을 읽을 때는 내가 의식을 부여받는 개체적 자아로서가 아니라 의식을 부여하는 본체의 입장에서 읽으라는 것이다. 다시 말해 현상(객체)이 아닌 본체의 입장에서 설했기 때문이다.

그래야 지혜가 진실로 당신에게 열린다. 단일의식에 의해 단일의식으로 말하고 단일의식으로 듣고 단일의식으로 이해해야만 관통한다는 것이다.

붓다는 자 등 명, 법 등 명으로 진리를 밝히라고 하셨으며, 복을 비는 신앙인의 관점으로는 백 년, 천 년을 공부해도 참뜻을 이해할 수 없다고 하였다. 이처럼 진리를 바라보는 관점이 중요하기 때문에 팔정도 중에 정견(正見)을 제일 먼저 세운 것이다.

8. 실체는 현상계에 자신을 어떻게 드러내는가

 본체가 자신은 현시가 불가능하므로 자기 시현을 위해서는 시·공간에서 개념에 의한 상대적 분별 즉 이원성으로만 가능하며 우리의 몸·마음에 의존하여 드러낸다. 때문에 몸·마음은 의식의 도구에 불과하다.

 공간인 허공성은 형상을 드러내고, 형상이 일정 시간 공간에 머물러야만 지각 작용에 인식된다. 시·공간의 개념 구조체는 실체가 있는 것이 아니라 개념으로 대상화된 가공의 구조체로서 가공의 개념으로만 인식되는 '환, 즉 허공 꽃'과 같다.

 '본체'는 개념화 이전의 잠재적 양태로 절대성, 단일성, 동시성, 전체성으로 분별할 수 없는 '공(空)'으로 다만 개념으로만 현시됨으로, 『금강경』에서는 '일체 유위법 여몽환포영여로 역 여전 응 작 여시 관' 하라, 즉 본체가 드러내는 모든 현상은 '꿈, 환상, 물거품 같으며 그림자 같고, 이슬 같고, 또한 번개와 같으니, 응당 이처럼 관할 지니라고 강설하였다.

실체가 자신을 드러내기 위해서는 시·공간 개념 구조체가 작동해야만 인식할 수 있다.

개체적 존재란 실체가 투영한 그림자로서 수백억 조의 형상으로 드러낸 현상 가운데 아주 작은 티끌에 지나지 않다. 인간 역시 대상화된 모든 개체 중, 하나의 대상에 불과하며, 따라서 나라고 착각하는 개체적 존재는 주체적 실체가 아닌 개념으로 생겨난 '가상'의 존재다.

그러나 이 가상의 존재는 실체가 드러낸 피조물이지만 이 또한 실체가 드러낸 진리의 한 모습으로 분별할 수 없는 '불이(不二)'다.

다시 말해서, 차이점은 실체와 그림자라는 것일 뿐, 실체와 현상 사이에 어떠한 이원성도 있을 수 없는 본래 '일원성'이다. 본래 무일물임을 통찰하라.

예를 들면.

물은 시절 인연에 따라서 수증기, 안개, 비, 눈, 얼음 등으로 변화하는 것으로 고정된 실체가 있을 수 없으며, 고정된 실체가 있다면 변화는 불가능하다. 이렇게 실체가 없이 변화하는 것을 '공'으로 색(현상, 물질)과 다르지 않으며, 물이라는 본성은 하나라는 것이다. 법 계도에서 '불 수 자성 수연 성' 즉 자성을 지키지 않는 원융한 '공'을 이야기한다.

그러므로 이러한 실체와 현상 간의 기본적인 동일성을 보지 못하면 우리는 대상화와 개념의 수렁에 빠지게 될 것이다. 일단 실체가 모든 존재의 근원이고 현상은 실체가 투영한 그림자로 '환'이다.

'색즉시공 공즉시색(본체와 현상은 하나다)'이 이해되면, '본래'인 실체는 우주 현상계의 가득 차 있는 모든 생명 자체의 근본 바탕임을 깨닫게 된다.

9. 존재의 모든 것

　우리는 오직 꿈에서 깨어나야만 꿈을 꿈으로 이해한다. 개념화와 현상 화를 그만둘 때 내가 바로 실체임을 알 수 있다. 본체가 실재이고 현상은 본체의 투영이지만 이 둘은 다르지 않다. 반야심경의 색(현상) 즉시 공(본체), 공(본체) 즉시 색(현상) 강설하고 있다.

　예를 들면 본체는 거울이고 현상은 의식의 거울에 나타난 그림자다. 본체는 영화의 스크린(화면)이라면 현상은 화면 위에 스쳐 가는 영상(현상)으로 비유하여 설명하고 있다. 그러므로 본체와 현상은 둘이지만 뗄 수 없는 동시성의 하나이며, 그림자와 영상은 절대인 거울과 화면(스크린)에 영향을 줄 수 없다. 이것이 '불이(不二)의 반야지'다.

10. 노자의 도와 의상대사 법성계

　노자의 '도가도 비상도'에서 道라고 개념화되는 순간 진리가 아니라고 한 것, 의상대사 「법성계」의 "법성원융무이상' 무명 무상 절일 체, 제법 부동 본래적"은 역시 개념 이전(의식 너머의 실체, 지금 여기 이것)의 자리를 말하는 것이다.

　즉 생각이 일어나기 이전의 자리인 심 행 처 멸, 언어도단으로 말이 끊어진 절대의식(본체)을 가리키며, 바로 '본래면목'인 생명 자체를 말한다. 이미 실존인 완전한 진리 자체이기에 다른 방법으로의 접근 방법이 사실 없는데 인간들은 그냥 있질 못한다. 그냥 존재 자체가 '실존'이다.

11. 의식의 본성은 운동성이다

　우리가 잠들어 있을 때도 깨어남을 향해 움직인다. 이러한 끊임없는 움직임이 바로 그 유명한 카르마(業)다. 오직 육체를 자기와 동일시하여 행동의 책임을 지려 하고, 그것에서 비롯된 결과까지도 책임지려 한다.
　이런 겉모습의 행동은 시·공간에 펼쳐져 현상으로서 인지 가능하게 되고, 따라서 사건이 된다. 이러한 모든 행동과 사건 전체가 움직이는 세계를 만들어 낸다.
　공간과 별개일 수 없는 시간의 지속이 없다면, 현시의 인지가 일어날 수 없으므로, 탄생이란 단어는 시간에 의지한다. 시·공간은 개념에 의해 탄생했으며, 일체 현상은 개념의 자궁에서 태어난 석녀의 자식이다.

　개념상으로 존재하기 위해서는 서로 연관된 반대편이 있어야 한다. 빛과 어둠, 선과 악 같은 상대개념은 개념적으로는 서로 분리되어 있으나, 현상적으로는 서로 상반되는 상대적 개념도 전체성에 의해서 하나로 통합된다.

왜냐하면 시·공간의 개념 구조 틀로서 다시 개념화시킨 '환'이며, 본체가 투영한 그림자에 불과하며, 현시될 때는 상대개념으로 나타나지만, 분별될 수 없는 일원성의 반야 지로 보아야 하기 때문이다.

『화엄일승법계도』에서 "법성원융 무이상"으로, 법의 성품은 본래 원융하여 둘이 아니라고 강설하고 있다. 상기하라.

12. 절대에 대한 개념적 이해

　절대에 대해 우리가 어떻게 생각하고 이야기하든지 그것은 오직 개념적이고 껍데기에 불과할 뿐이며, '실체'의 본성을 대신할 수는 없다. 왜냐하면 영원성이 우리의 본성이기 때문이다. 우리가 말할 수 있는 것은 '나는 지금 여기 존재한다'는 것이다.

　'지금 여기'는 시·공의 개념이 없다. 절대 역시 시·공의 상대적 개념이다. 시공 역시도 실재가 아닌 개념적 허상이기 때문에 의식은 단 몇 초 동안에도 수십 년, 수백 년, 수천 년의 시·공까지도 만들어 낸다.

　『화엄일승법계도』에서는 "무량원 겁 즉 일념(무량의 오랜 세월도 한순간의 생각 속에 있다)", "일념 즉시 무량 겁(한순간의 생각 속에 무량 원겁의 세월이 다 들어 있다)"이라고 강설하고 있다.

　예를 들면, 현상적 삶이란 스크린 위에 끝없이 펼쳐지는 영상과 같이 실재하지 않는 시간과 공간을 타고 실재하지 않는 존재로서 살아가는 것과 같다. 그러나 본체인 스크린은 영향받지 않는 영원한 본체다.

13. 본래 성품은
태어난 적이 없는 '무생 법인'이다

석가모니 붓다가 깨닫고 나서 처음으로 한 말이 "나는 생사를 해탈했다."였다. 인간 석가모니는 분명히 80세에 죽었다. 그런데 왜 '나는 태어나지도 죽지도 않는다는 불생불멸'을 말했을까?

깨닫기 전 나라고 생각했던 이 몸이 생사를 해탈한 것이 아니라, 본래의 성품인 본체가 태어나거나 죽는 것이 아닌 영원한 존재라는 뜻이다. 본래 성품은 태어난 적이 없는 "무생법인(태어난 적이 없다)"이기 때문에 영원하다.

14. 무작위와 작위

생각은 자발적이고 근원적인 무위의 생각과 개념으로 재해석된 유위의 생각으로 해석되고 있다. 그러나 생각 자체에 무위, 유위의 차이가 있는 것은 아니다. 생각은 그냥 생각일 뿐이다.

어떤 생각이 일어났을 때 그냥 생각이라고 보지 못하고 나의 생각 또는 너의 생각으로 규정짓는 것이 바로 분별심이다. 분별심을 이차적으로 개념화시킨 것이 시비분별이다.

그러면 이원적인 분별심을 잠재우는 방법이 있을까? 이것이 문제다.

시·공간 개념의 구조체에서 일어나는 생각은 '작위적 개념'인 이원성으로 시간의 지남에 따라 상대적 개념으로 타락하게 되면서 더욱더 거대한 개념구조물이 눈덩이처럼 커져 사람들을 유혹하는 마법의 위력을 발휘하게 된다.

그러나 시·공간 개념 이전의 자리 즉 무위(무작위)의 자리에서 일어난 직관적이며, 즉각적이고도 덧칠되지 않은 순수의식은 아무런 구속도 없는 생각을 낳게 된다.

그러나 내가 존재한다는 생각이 일어나 경계를 인식하면서 관찰자가 자기중심적 생각이 되어 작위가 일어나는 요인이 되는 것이다.

작위적(유위) '나'에서 기본적이고 근원적인 이원성의 요인이 되므로, 붓다께서 '무아와 연기'를 강설하셨으며, 순수의식의 자리에서 '지금 여기 이것' 공성을 직지함으로써 나라는 개체의식은 설 자리를 잃고 단일의식인 본체로 스며들어 여여 부동한 '실체'를 찾게 되는 것이다. 이것이 '무아 연기'를 깨닫는 출발이며 끝이다.

이 몸-마음은 절대의식이 자신을 드러내기 위한 매개체로서 단지 도구에 불과하여, 주체로서 아무런 기능을 수행할 수 없으며 오직 절대 자각의 단일의식이 온 우주에 스며들어 진공이지만 묘유의 생명작용을 펼치게 된다. 고개를 들어 물속의 달을 보지 말고 실체를 보라, 지금 여기에서 일어나는 작용은 여여 하게 일어나고 있음을 직관하여야 한다.

자, 그러면 순수의식으로 관점을 바꾸는 명상을 한번 해 보자.

일체의 이미지를 지워 버리는 명상체험

자, 한번 따라 해 보라. 편안한 자세로 앉아서 정면으로 전방을 주시하시고, 경계로 드러나는 모든 대상은 내가 아니다, 라고 상상해 보라. 내가 아닌 대상은 의도적으로 전부 이미지화시켜서 지워 버리는 것이다.

보이는 대상은 가까운 것에서부터 멀리 있는 것 순으로 시작하여 나머지 하나까지, 이미지화시키는 동시에 대상을 '공성'으로 관점을 돌려 '없다'라고 지워 나가는 것이다. 그러면 남는 것이 있는가?

내 몸이 아직 남아 있을 것이다. 보이는 대상은 나가 아니므로 내 몸도 공성으로 관점을 돌려 지우라. 그러면 무엇이 남아 있는가?

허공은 대상으로서 개념화가 안 되지만 일단 허공도 전부 비우라. 전체를 다 공성으로 돌렸으면 무엇이 남아 있는가? 텅 빈 허공성, 내가 존재하기 이전의 '본래 자리' 전체를 통으로 직관해 보라. 여여 부동한 '지금 바로 이것'이다.

자, 지금 보고 명상을 하는 자가 바로 내가 찾고 있는 본체다. 자, 허공을 주시하고 있는가? 그 '허공성'이 보는 놈이다. 내가 찾는 바로 '그놈'이다. '지금 여기 이것'의 전체성을 통각 해 보라, 여여부동이면서 '공적'하지 않은가?

허공에서 무슨 생각이 일어나는가? 허공성도 비우고 온 우주를 비추는 '여여 부동'을 직관하라. 바로 '본체'만이 여여 하게 봄(비춤) 자체다. 처음이기 때문에 잘 안되실 것이다.

　필자는 해변을 자주 찾아 수평선을 바라보면서 온 우주에 스며들어 생명을 펼쳐 내는 단일의식에 머무르며 깃털처럼 가벼운 대자유를 느낀다. 구도자분들께도 시절 인연이 있기를 합장한다.

15. 환생은 개체적 의지의 착각이다

모든 것을 선택하고 행사할 수 있는 주체적 자아가 없다는 사실에 우리는 주목해야 한다. 우선 결론부터 말하면 주체적 자아가 없는 '무아'이고, 나타나는 현상(색)들은 연기되고 있는 현상의 나타남일 뿐이다.

일체 유기적 관계에 의하여 저절로 일어나고 있는 '연기' 현상(운동성)일 뿐이기 때문에, 현상적으로 나타남의 객체에 불과한 몸은 심신 복합체의 도구에 불과한데, 주체 의식(자아)을 가진 독립된 개체로서 연기에 참여하여 자유의지를 가진 선택과 행위를 하고 있다는 것은 무지에 의한 착각이 아닐 수 없다.

환생은 지엽적 의식의 착각이다

우리는 부모와 나의 의지와는 관계없이 어머니의 자궁 속에 10개월

후 이 세상에 태어나 존재해 왔으며 본인 의지와는 관계없이 변화를 거듭하고 있다. 얼마의 시간이 지나면 죽음을 맞이하게 될 것이다.

우리는 나의 의지와는 관계없이 변화를 거듭하고 있는 현상적 객체에 불과하다. 그러나 진실로 바뀌지 않는 것이 있다. 그것은 살아 있고 실재한다고 느끼는 감각, 즉 몸 마음의 복합적 도구에 지각과 에너지를 부여한 '의식'이다.

이 의식은 실재, 자아, 진아, 아트만 등 다양한 이름으로 불리고 있다. 세상은 단지 의식이 있는 동안만 존재하며 의식이 없으면 죽음이다.

깊이 잠들어 있거나, 마취 상태, 기절 상태에서는 나도 세상도 존재하지 않는다. 이제 본능적으로 우리의 존재를 인식하게 하는 것은 '의식'이라는 것이 이해되는가. 우리는 나라고 믿고 있는 것은 외적인 형상이며 실제 나 자신은 '의식'이다.

그러면 환생의 문제를 탐구해 보자.

태어난 것, 즉 물질적 육체는 때가 되면 죽게 된다. 죽으면 지, 수, 화, 풍, 공, 의 요소로 회복 불가능하게 소멸된다. 그리고 생명력은 육체를 떠나 외부의 대기와 섞이게 된다.

지각하는 존재의 물질적 부분은 파기되고 결코 다시는 같은 육체로서 환생할 수 없다.

그러나 의식은 물질이 아니며, 그 어떤 것도 아니다. 그러므로 비물질적인 의식은 태어날 수도 죽을 수도 없으며, 분명히 '환생'할 수도 없다.

이것은 현상적으로 현시된 모든 존재에 대한 부정할 수 없는 사실이다. 본성의 작용 과정으로서 현상이 나타나게 되는데 어떤 때는 창조의 형태로 또 어떤 때는 파괴의 형태로 나타난다.

누가 태어나는가? 누가 죽는가? 그리고 누가 환생하는가? 그렇다면 "카르마나 인과, 환생이라는 개념도 도대체 어떻게 생겨난 것인가?" 하고 묻는다면 그 답은 이렇다.

사람들은 모든 현상을 절대가 현시된 것으로 받아들이지 않고, 자기 자신을 개체와 동일시하여 자유의지를 가진 존재로 생각하는 망상을 일으킨 것이다. 그래서 자유의지를 가진 허상을 만들어 내고 그것이 자율적으로 선택의지를 지녀 결정하고 행동한다고 믿게 된다.

태어나서 살아가고 고통받고 죽는 것은 바로 이 허상에 의한 환영이다. 그리고 이러한 과정 속에서 이 환영은 카르마라는 거짓된 인과에 얽매이게 되고, 거짓된 '환생'을 받아들이며 상상의 '해탈'을 추구하는 것이다.

결론적으로 현상이 드러나는 자연적 과정에서 가상의 자율성과 독립성을 지녔다고 상상된 의지적 행동이 카르마, 구속, 환생에 덧씌워져 굴러가게 된다.

16. 현상계의 모든 존재는 주체적 자아가 없다

우리의 진정한 존재는 전체이며 신성하고, 본체이며 절대다. 또한 우리의 실재는 상대적 감각으로는 인지할 수 없다. '실체'가 드러내는 현상은 이원성의 시·공간 안에서만 지각되고 인지된다.

현상계는 진정한 '실체'만이 있을 뿐이고 상대적으로 나와 다른 사람이란 없다.

현시로 드러나는 대상은 상대적 개념 속에서 서로가 서로에게 이미 지적 대상으로만 존재하는 것이며 보는 주체는 없다.

나라는 개념을 갖게 되는 것은 지각 작용에 따라 내가 대상을 본다는 착각으로 자신을 주체라고 생각하여 보이는 대상을 남으로 인식하는데, 실제로는 대상이 없는 '실체'만이 있을 뿐이다.

오직 '무아 연기 법칙'만이 생명의 파도로 끝없이 밀려오고 밀려갈 뿐이다. 「법성계」의 무명 무상 절일 체, 제법 부동 본래적, '이름과 형상이 모두 끊어진, 본래부터 여여 부동한 적멸의 자리', '지금 여기 이것'은 '意識'이다.

17. 우주는 진리가 꾸는 한순간의 꿈이다

　이 세상에 존재하는 모든 것은 진리 아닌 것은 아무것도 없다. 연기적 존재로서 주체도 없이 저절로 생겨나서 인연 따라 잠시 살아가다가 인연이 다하면 풀잎에 맺힌 이슬방울처럼 사라질 수밖에 없는 이 개체적 허상을 '나(我)'라고 믿고 살아가는 '착각'만이 진리가 아니다.

　구도는 착각에서 벗어나 본래의 자리로 돌아가는 것이다. 본래의 자리에서 움직인 적이 없다. 지금 이 순간도 의식을 타고 안고 품에 안겨 생명 활동을 하고 있다. 그러나 나는 볼 수도 인지할 수도 없다.

　나는 본래 절대의식인 '법신'이면서 의식의 거울에 비춤은 '보신'이며 나타난 그림자는 '화신'이라 한다. 불교에서 말하는 이 삼신은 중생의 구제를 위해 나타난 부처님의 몸을 설명하는 철학적 개념의 분별이다.

　그러므로 우주는 6문인 의식의 거울에 비친 삼신의 작용이며 그림자다. 일체가 의식의 거울 안에서 의식에 의해 의식이 펼쳐 낸 '실존'의 그림자인 '진공'이지만. 여여 한 절대는 묘유의 생명 자체다.

'공적 하지만 신령스럽게 알고 있는' 이 자리는 인지할 수 없는 본래인 '공(空)'이며 '실존'이다. 본래의 작용이 없으면 만물은 드러나지 않는다. 본래가 자기현시를 위해 드러낸 그림자는 바다와 파도가 둘이 아니듯이 본래와 현상은 하나다. 그러므로 목전에 드러나는 현상 자체가 진리 아닌 것이 없다.

아침에 잠에서 깨어났을 때 흐릿하던 의식이 서서히 돌아 오면서 존재감과 대상이 인식된다. 거기 어디에 대상의 인식에 대한 이생기심이 일어나는가? 대상은 覺에 의해 저절로 알아 지면서 펼쳐진다.

거기엔 유위의 작용이 없으며 순수의식인 '실존'이다. 그러나 대상이 인식되는 순간 '착'에 의해 언설, 명자, 심연 상의 생각이 덧칠 되면서 찰나에 순수의식은 중생심으로 색칠된다. 이것은 사고가 그렇게 길들여져 있기 때문에 순간적이며 자연 발생적이다.

이 찰나에 자연 발생하는 착을 끊을 수 있는 방편은 '不二'의 반야지 외에는 없다. 보는 주체가 없는 무아이며, 일체는 의식의 거울 속에서 의식에 의해 펼쳐지는 不二의 반야지 인 '공(空)'을 깨달아야 한다.

목전에 펼쳐진 의식의 거울(공)에서 초점을 확장하여 전체의식으로 '실존'인 '공'을 마음의 눈으로 느껴 보라. '공'에서 일체가 드러나지만 공적한 '여여부동'이 아닌가? '여여부동' 한 '지금 여기 이것'을 직관으로 알아차리는 것이 大覺 자체가이다.

'무아'이기에 '실존'인 '천상천하 유아독존'이며 우주는 연기법 속에 존재하며 본래는 연기법을 굴리며 우주를 펼치는 '실존'이다. 존재이기 때문에 연기법이 작용한다는 것을 깊이 사유해 보라. 존재 이유는 연기임을 명심하라.

깨어 있는 이 우주라는 꿈이 진리가 꾸는 한순간의 꿈이라면 꿈을 펼치고 의식하고 이해하는 본체는 분명히 존재해야만 한다. 본래 없는 그림자는 있을 수 없다.

반야 지인 '지금 여기 이것'에 전부를 바치라. 그리고 그곳에 안주하라. 내가 할 일은 없다. 삶은 저절로이며 깃털처럼 가벼운 대자유를 얻을 것이다. 우리 전부 '한마음'에서 새로운 인연을 만들어 가자. 저 멀리 수평선 위에 뭉게구름이 두둥실 떠 있다. 그냥! 바라만 보라. 그냥! 있는 그대로가 '실존'이다.

18. 행위만 있지 행위자는 없다

 개체로서의 '너' 또는 '나'가 그 근저에 깔리지 않은 질문이 있을 수 있을까?

 본다든가 보지 않는다든가, 이해한다든가 이해하지 못한다든가, 행한다든가 행하지 않는다든가 등, 모든 경우에 있어서 관심이 있는 것은 개체로서 '나'를 중심에 두고 일어나는 생각이다.

 이러한 나를 중심에 두지 않고 '무아'로 사실을 사실대로 직시하면, 사물이 보인다든가, 어떤 일이 이해된다든가, 사건이 일어난다든가 하는 것에 주객으로 나뉜 상황이란 없다. 그저 순수한 행위(현상)가 있을 뿐이다.

 완전하고 전체적인 변화만 있을 뿐이며 그 변화는 어떠한 실체에 의해서 이루어지는 것이 아니다. 모든 것은 연기에 의해 '저절로' 있는 현상일 뿐임을 지켜보라. 즉 현상만 있지 주재자는 없으며, 업보만 있지 작자는 없다는 사실을 관 하게 될 것이다.

『화엄일승법계도』에서는 '불 수 자성 수연 성(자성을 고수하지 않고 연을 따라 이룬다.)'라고 강설하고 있다. 자성을 고수 할 주재자는 없으며 현상만 있다.

깨달아질 수 없는 까닭은 그 변화를 직접적이고 의지적으로 일으킬 주체가 있을 수 없기 때문이다. 즉 모든 것은 연기되기 때문에 저절로 변화하는 현상이며, 단지 '보는 자'라고 하는 '나'(작자, 짖는 자)를 없애고 나면 모든 것이 시비분별할 것이 없는 온전한 하나인 일원성을 이해하는 것이 진실을 곧바로 통각 하는 것이다.

통각은 개별적 존재에 의해서 이루어지는 것이 아니다. 통각은 개별적인 '나'를 찰나에 사라지게 한다. 사물들과 그들의 속성은 감각에 의해 지각되고 마음에 의해 받아들여진 것처럼 주체와 객체가 아니며, 모두가 현시된 객체적 현상일 뿐이다.

거기에는 소위 인간이라는 것도 포함된다. 결국 대상은 자유로워질 수도 없고 자유로워질 필요도 없는 것이다. 그러니 '해탈'이란 것도 굳이 설명한다면 개념이 개념을 벗어나는 것일 뿐임을 이해하시기를 바란다.

19. 몸은 경험을 기록하는 도구다

　육체는 의식에 의존하지 않으면 죽은 시체다. 의식에 의존하여야 서만 생명력 즉 지각을 갖게 된다. 그런데 우리는 몸을 자기와 동일시하여 고통과 속박을 당한다고 생각한다.
　본래 성품인 '본체'는 생명력을 불어넣는 주체로서 절대이며, 고통을 지각하는 그 모든 것을 지켜볼 뿐이다.
　'본체'는 어떠한 경험도 겪을 수 없고 오직 대상화된 '너'와 '나' 개체만이 경험을 겪을 따름이다. 이처럼 생로병사는 개념으로 일어난 허공 꽃과 같은 개체에 일어나는 착각일 뿐이다. '본래'에 머물며 관조하라.

20. 삶과 죽음은 원래 없다

 삶이라는 것은 의식의 투영으로 시작되어, 투영된 존재 의식이 사라졌을 때를 죽음이라고 하는 것이다. 죽음에 대한 공포는 어디서 올까? 단지 계속 살고자 하는 욕구, 즉 타인으로부터 독립된 나라는 환상의 실체를 계속 유지하고자 하는 욕구의 산물일 뿐이다.

 따라서 '나라는 것의 정체'를 아는 사람은 삶과 죽음이라는 표면적 이중성의 허위를 아는 것이다. 나는 현상의 객체에게 생기를 불어넣는 절대의식인 '본체'인 의식이다. 이 지점에서 지각 작용을 주체로 착각을 일으켜 개체적 자아를 가진 '진아'로 인식하게 된다. 그러나 나는 연기에 의하여 흘러가는 '무아'임을 정견 하여야 한다.

마무리하면서

⋮

  지금까지 붓다의 가르침이며 불교의 핵심인 4성제에 대하여 붓다의 출가에서부터 '무상정등각'의 성취까지의 여정을 따라 탐구해 보았다. 우리는 깨달음에 대하여 너무나 이상적인 향수에서 접근하고 있음을 알게 되었을 것이다.
  진리는 지극히 상식적이며 단순하고 지금 여기에 항상 존재해야만 한다. 오고 감이나 생·멸이 있으면 진리가 아니다. '지금 여기'에 영생토록 존재하며 만물을 품고 생기를 부여하는 생명 자체 그것은 누가 뭐라 해도 '意識'이다. 의식이 없으면 당장 쓰러져 한 점의 고깃덩어리에 불과하다.
  우리는 내가 있어 대상과 만물을 인식하는 것으로 착각하고 있지만, 의식은 온 우주를 품에 안고 생명 작용을 하는 '覺(앎)' 자체임을 알았을 것이다. 의식은 생명이며 앎이다.

  필자가 지금까지 분별할 수 없는 의식을 가지고 분별하며 논거 한 것은 당신 앞에 '의식의 거울'을 제시하는 것뿐이었다. 그러나 그 거울은 볼 수도 만질 수도 인식할 수도 없는 심안의 거울이다.

그 거울은 목전에 항상 하며 오면 비추고 가면 사라지는 현상은 저절로이며 물질에 영향받지 않다. 마치 텔레비전 화면에 영상은 지나가지만 화면은 움직임이 없으며 영상에 물들지 않는다.

깨달음은 목전에 항상 하는 절대의식이 나의 본래면목이며 의식의 거울에 비치는 그림자는 실체가 없는 '공(空)'이며 '실존'임을 바로 아는 것이다.

우리는 지금까지 만물을 비추는 의식이 본래인 줄 모르고 현시된 그림자를 나라고 믿고 살아왔다. 이제 나라고 믿어 왔던 몸·마음에 의식을 한정시키지 말고 몸·마음과 우주를 덮고 있는 의식의 생명 작용 자체가 '실존'임을 확인하면, 즉시 행복하고 평화로우며 구속의 굴레를 벗어나 자유를 얻을 것이다. 우리는 깨닫기 위해서 왔다.

우주가 의식 그 자체이며 실존이다. '지금 여기' 존재하는 '이것' 영원의 창을 보라. 大覺이며 '자유'이다. 성불하라. 수고하셨다.